田川建三

新装版

原始キリスト教史の一断面

福音書文学の成立

勁草書房

原始キリスト教史の一断面

福 音 書 文 学 の 成 立

田 川 建 三 著

勁 草 書 房

母に捧ぐ

まえがき

本書は一九六五年一月にストラスブール大学に宗教学博士の学位取得論文として提出し、翌年パリの Presses Universitaires de France 社から出版された拙著 Miracles et Evangile, la pensée personnelle de l'évangéliste Marc をもととして、それを発展させたものである。もっとも、仏語版の方は主としてマルコ福音書の奇跡物語に集中したので、その点で専門的に非常に微細な議論を重ねているから、その相当部分は割愛し、結局本書と重複するのは半分程度である。他方本書では、原始キリスト教史の中でマルコ福音書のしめている位置を全体として明らかにすることにつとめた。従って、第一部の中、ガリラヤとエルサレムの問題、民族意識の問題、第二部の一、二、五章、補論のその二は本書のために新しく書きあげた。原始キリスト教という実体は、普通考えられているよりもよほど幅の広い、複雑な諸要素のからみあっている実体である。マルコという福音書記者は、その複雑多岐な流れの中で、積極的に自らの立っている位置を明確にしようとした人物である。従って、福音書というものの特質を明らかにするためにも、また他方、原始キリスト教の複雑な幅を理解するためにも、マルコのしめていた位置を確かめる必要がある。福音書はともするとイエス伝の素材としてのみ評価されがちである。それも重要なことだが、しかしまず「原始キリスト教史の一断面」として福音書文学形成の過程を明らかにする必要がある。実際今日ではもはや、福音書記者の位置についての考察をぬきにして、原始キリスト教史を描くのは不可能である。その中でも最初の福音書であるマルコは原始キリスト教史の中で一つの改革的な試みを提出している、と言える。その意味で、福音書という文学類型をマルコが創造するにいたった理由を問う、ということが原始キリスト教史研究の重要な課題なのだ。この問を通じてマルコ福音書の全容を明らかにしよう、とするのが本書の意図である。本書の標題はもともとは「福音書の誕生」とするつもりだった。本文中にしばしばこの表現が出てくるのは、当初予定していた標題を頭において執筆しているからで、「福音書という文学類型が創造されたこと」という意味である。しかしこれでは標題として曖昧かつ狭きにすぎる、という出版者の忠告もあって、現在の標題に変えた。

本書の草稿は一昨年末にほとんど仕上っている。多少事情もあって出版が遅れたが、その後発行された諸学者の研究は残念ながら本書の論述にとりいれていない。しかし、それらの新しい文献を手にしてみても、本書の基本的な主張は強められこそすれ、訂正することはないようである。

この場をかりて、いろいろお世話になった方々に、感謝の意を表したい。前東京大学宗教史学教授大畠清先生、西洋古典学の前田護郎教授、秀村欣二教授の三先生には、学部、大学院の学生時代を通じて指導していただいた。本書の最初の出発点はこれらの先生方の御指導のもとに書いた修士論文である。日本聖書学研究所長関根正雄先生及び所員の諸先輩の方々にも感謝したい。研究所は私にとってもっとも厳しい学問的鍛練の場であった。関根先生には本書の出版についても御配慮いただいた。同研究所員、東京工業大学助教授の八木誠一氏には、研究的にも個人的にも大きな影響を与えられた。本書の出版に関しては、東洋大学の飯島宗享教授、同志社大学宗教主事の笠原芳光氏のお二人が勁草書房に推薦して下さった。このお二人と勁草書房の阿部礼次氏に改めて感謝したい。日本にはキリスト教出版社ですぐれた仕事をしているところがいくつもあるが、本書は敢えて勁草書房にお願いした。狭いキリスト教界だけの会話ではなく、クリスチャンであろうとなかろうとだれにでも通用する学問的研究なのだ、という気持を、選んだ出版社によって表現したかったのである。校正と索引づくりは、国際基督教大学卒業生小河陽、木幡藤子の両君が助けてくれた。最後に、しかし最大の感謝をストラスブール大学のE・トロクメ先生にささげたい。先生は私の学問の父である。

一九六八年憲法記念日、東京にて

田　川　建　三

目次

まえがき

序論

第一章　問題設定……1

第二章　方法論――編集史的研究の問題……8

第一部　マルコの精神的風土

第一章　著者問題……24

第二章　ガリラヤとエルサレム……35

一　問題の所在……35

二　解決の試み……46

三　ガリラヤの歴史的特異性……51

四　マルコの精神的風土……57

第三章　マルコの編集活動と地理的表象……69

一　伝承……69
二　マルコの地理的表象……73
第四章　民衆の福音書……116
一　問題設定……116
二　ラオスとオクロス……118
三　群衆を避けるイエス？……123
四　ルカの民衆観……128
五　マルコ受難物語における群衆……133
第五章　民族意識の問題……143
一　問題設定……143
二　イスラエル、異邦人……145
三　物語の分析……150

第二部　マルコの主張

第一章　福音書の構造と主題……169
一　問題設定……169
二　福音書の構造……170

三　キリスト論の主張？……182
第二章　弟子達の無理解（批判の書）……200
一　問題設定……200
二　本文の検討……203
三　譬話論（四・一〇—一三）……214
四　供食の物語……223
五　弟子の概念……233
第三章　イエス活動の二面……257
一　教えと奇跡……257
二　奇跡の概念……262
三　奇跡物語の意義づけ……270
第四章　驚きと恐れ……282
一　様式史的に……282
二　宗教史的に……288
三　マルコにおける驚き恐れの特殊な用法……292
四　マルコのイエス観……301
第五章　イエスの福音……311

補論

その一　いわゆるメシヤの秘密の問題……319
一　問題点……319
二　ヴレーデ以後……322
三　テクストの分析……327
四　結論……334
その二　マルコ受難物語に関するトロクメ仮説……338
文献目録……355
マルコ福音書引用個所索引

序論

第一章　問題設定

「福音書」は一つの文学類型である。イスラエル及びキリスト教の文学の歴史において、この文学類型は新しい。イスラエル・ユダヤの文学にはついに福音書は現れなかったと言ってもよい。福音書はむしろ初期キリスト教文学の創作した類型である。一人の人物の言葉と行為とがあのような形で一つの短い本にまとめあげられているのは他に類を見ない。これは伝記ではない。一人の人物の生涯の重要な出来事を順を追って記録し、その心理的発展段階をたどる、という意味での伝記ではない。もっとも、後の福音書ではこのような伝記的傾向がやや強くなっている場合もある。しかしそれは本来福音書の福音書たるゆえんではない。或いはまた、ここにはイエスの教えがまとめて記述されているのだが、だからといって、イエスの教えを伝えることが主たる目標でもない。初期キリスト教徒の信仰の中でイエスの全体像が把握され、その全体像がイエスの実際の生涯の記述を枠づけている。言わば、信仰と歴史とが奇妙な仕方で結合したのが福音書である。

もちろん、これに似た文学類型が他にないわけではない。旧約の預言者の記録とか、ヘレニズム世界の哲学者の伝記だとか、或いは目を広く他の世界に転ずれば、仏伝などは福音書にかなりよく似たものと言わねばならない。しかしこれらのものを頭に思い浮かべると、それはおのずと異った世界の雰囲気を呼吸しているものであることに気がつく。そしてこの何となく異った世界をつくりあげているものこそ、福音書を福音書にしているものなのである。それが何であるかを明らかにすることが福音書誕生の秘密を探ることにほかならない。これらの文書のもっている雰囲気の相違は一方ではその扱っている内容に由来する。イエス、預言者、仏陀、ヘレニズム哲学者等々の間の相違がおのずとこれらの文書に異った雰囲気を与えているのである。その限りでは、これらの文書の相違は内容の相違にしかすぎないのであって、文学類型の相違というのはあたらないかもしれない。けれどもこの論だけを通そうとすると、イエスならイエスの存在の独自性がおのずとイエスについての記述である福音書の内容と型を決定したのであって、極端に言うならば、誰が書いてもほぼ同じようなものが出来上ったに違いない、ということになる。事実、新約聖書の四福音書はだいたい似たようなものではないか、と。しかしこのような議論が一般的に成立つかどうかは別として、少なくとも福音書に関する限り、その歴史的成立を緻密に分析していくと、事情はかならずしもそうではないことに気がつく。

福音書記者は著者である。誰が書いても同じようになることを、ただ筆をとって実行に移しただけ、というのとわけが違う。確かに、一度福音書の型が創造されると、後の福音書記者はそれに従わざるをえなかった。後の福音書記者が新たに手にしえた資料のとぼしさから言っても、まったく新しい別の型にイエスについての記録を仕立て直すことは不可能だったのである。だから、それぞれの福音書記者がそれぞれの主張と傾向を持っていたとしても、それはすでに作り上げられていた型の中での叙述の変化、という仕方でしか表現することができなかった。マタイやルカが、一見、マルコとほとんど変らない福音書を書き上げた事情もそこにある。ヨハネのように、意図的に独創性を発揮しようとした福音書ですら、やはり洗礼者ヨハネの登場からはじめて、イエスの奇跡活動と教えとを交互に、或いは結合して並べていき、最後に受難物語でしめくくる、という福音書の型は踏襲したのである。断片的に伝えられている偽典福音書も、その内容はずいぶん荒唐無稽であるけれども、叙述の型としてはやはり「福音書」の型にそっていると考えられるものが多い。

とすると、最古の福音書を書いたマルコこそ、福音書という文学類型を作り出す、という独創的業績をうちたてた人物である、と言わねばならない。マルコ以前には、イエスに関する伝承は断片伝承として伝わっていたにすぎない。もちろん、受難物語とかいくつかの論争物語とか或いは似たような内容の言葉などは、すでにマルコ以前にある程度のまとまりをなして伝えられていたのは事実である。しかしこれとて、いわばやや大きな断片伝承にしかすぎない。これらをまとめあげて一つの福音書にするのは別の操作である。福音書という形でまとまると、それは単に断片伝承の総和というのとは別の次元の意味を持つ。まとめる操作、すなわち断片伝承を配列しつなぎあわせていくためには一つの構想を必要とする。そもそもどこでどのようにして断片伝承を採集するか、という点にすでにこの構想が働いている。この構想が福音書を作る。そしてマルコ以前には誰もこのような意味で福音書をつくった人はいない。もちろん、どんな独創的な業績にもかならずその準備段階を形成する先駆者がいるものである。マルコの場合にもそれがなかったわけではない。いわゆるQ資料、すなわちマタイとルカとが共通に資料として使用しているイエスの語録がそうである。Q資料の内容を今日厳密に確定するのはもはや不可能であるが[1]、マタイとルカにとどめられた痕跡から想像するに、これは主としてイエスの言葉を羅列しただけのものである。その意味でこれはまだ福音書とは言えない。けれどもイエスの言葉の羅列のほかにも、洗礼者ヨハネについての記述（マタイ三・七―一〇‖ルカ三・一―六）、サタンによるイエスの誘惑の物語（マタイ四・一―一一‖ルカ四・一―一三）なども含まれていた。だからここには、断片伝承をまとめてイエスについての一つの記録にする、という意図はあった。マルコがQ資料を直接知っていたかどうかはわからない。しかしいずれにせよ、マルコ福音書が書かれた頃には、Q資料の存在が示すように、初期教会の中にイエスについての記録をまとめる上での構想が芽生えはじめていたのは事実である。そしてマルコが福音書を書いたのも、何らかの機会にこのような構想の一つにふれたのがきっかけだったのかもしれない。少くとも、洗礼者ヨハネから話を起こし、イエスの洗礼と誘惑を序曲にイエスの活動を物語る、という型はマルコ以前にすでに存在していた構想であろう。けれどもこれはあくまでも先駆的構想にしかすぎないのであって、福音書という型を編み出した独創はマルコに帰されるべきものである。

一つの新しい文学類型が生み出されるのは、従来の他の類型では表わしきれない何物かを表現しようとする結果である。ギリシア悲劇にはギリシア悲劇の世界がある。その底に流れている思想をとり出して、他の形で解説評論することは可能である。しかしそれはあくまでも解説評論にとどまるのであって、ギリシア悲劇独特の世界はその形式と密接不可分である。もっともこの場合、悲劇の形式は徐々に成立発展した社会的産物であるから、その形式を採用するにあたっての作者の主体的決断はあまり強くない。これに対して、一つの形式を意図的に採用する場合、或いはもっと進んで新しい形式を創造する場合、それによって表現されるものの独自性を著者は意識して主張することになる。たとえば古事記の場合、神話と歴史と王朝の系図が合体した独特な型は、そこに伝えられる個々の伝承の持っている意味とは別に、全体の型が主張する意図がある。天皇家の支配を正当化するという意図が古事記のあの形式を生み出したと言ってよい。もっと明瞭な例は芭蕉の俳文であろう。漢文調でありながらしかも非常に日本語的なあの歯切れの良さは、十七文字の風雅の中に生活のすべてを徹底していった人物のおのずと生み出さざるをえなかった文章であろう。話をヘブル人の世界にもどしても、旧約の預言書の示す独特な型は、預言者の歴史的社会的宗教的実践が一つに合体した預言活動の生み出した型なのである。従って新しく生み出された文学類型を理解するということは、とりも直さず、それを生み出した者の独創的精神活動を理解することにほかならない。

その意味で我々は、福音書という型はマルコの生み出したものだという事実に注目する必要がある。マルコの福音書は原始キリスト教の歴史において一つの「新しさ」なのである。それまで伝えられていたイエスについてのもろもろの伝承と比べてみても、これは一つの新しさなのである。これは決して自然発生的に生れたものではなく、一人の著者の独特な主張をもった決断から生み出されたものである。従来、福音書の成立については常識的に次のように説明されてきた。原始キリスト教団も使徒の時代には皆イエスのことをよく知っていたし、たとえ知らない者が居ても、直接イエスを知っている使徒の話をいつでも聞ける状態にあったから、福音書が文書として書かれる必要はなかった。しかし使徒の時代もすぎて、二代目の信者の頃になると、イエスについての思い出が散逸するのを恐れて、文書として定着する必要が起こってきた。そこで福音書が書かれたのである、と。しかしこのような自然発生的説明には一つの前提がある。これによれば、福音書とはそれまでイエスについて語られてきたことを単に文書として定着しただけである。いわば、陰画を陽画に焼きつけるだけの作業をしたのだ、ということになる。福音書の構想そのものははじめから存在していたのであり、著者の独自の精神活動の結果ではない、というのが前提である。しかし後に本論の中でくわしく論証するように、マルコの仕事は決して陰画を陽画に直すだけ、というような機械的な操作ではなかった。そもそも陰画などなかったのである。画の素材はあったが画の構想はマルコがたてた。だから二代目の信者の代になって思い出の消滅するのを恐れて、などという消極的理由以上に、もっと本質的主張があったのである。またこの自然発生的説明は、実は、説明すべきことに答えていない。これは、なぜ福音書が文書になったか、という問に答えようとしているが、しかしなぜ福音書が現在見られるような型をとったのか、という問に答えようとはしていない。重要なのは後者の問である。

同様な批判は終末論の変遷による説明にもあてはまる。すなわち、初期の教会は目前にせまった終末を前にして緊張した生活を送っていたのだから、後世に残るような仕方で文書を残そうなどとは考えもしなかった。ところが待望された終末は来なかった。終末の遅延によって教会は長く続く此世の時に生きて行く態度を定めねばならなくなった。この段階になってはじめて、記録として福音書を残すということも考えられるようになったのである、と。(2) そもそも初期キリスト教の現象を何もかもすべてこのように終末の遅延から説明しようとするのは単純すぎる。しかしそれは別問題としても、この説明の場合も先の自然発生的説明と同様に、問題の焦点がずらされている。ここでもなぜ文書となったかが問われていて、なぜこのような文書になったかは問われていない。福音書が書かれたということ、特にその福音書を歓迎する読者が大勢いて、その結果これが広く世界のキリスト教徒の間にひろまった、という事実は、確かに、終末論的熱狂がさめて反省の段階にはいった教会の状態から生じた現象であろう。その限りではこの説明は正しい。しかしこの段階にはいったからとて、それなら誰が書いてもこのような福音書を書いただろう、とは言えない。マルコがなぜ福音書を書いたか、という問はやはり残るのである。

以上のような問題意識をふまえた上で、福音書の誕生の秘密を探るのが本書の目的である。従ってそれはとりもなおさず福音書記者マルコの思想の研究となる。いいかえれば福音書記者マルコの思想はこのような角度から研究さるべきなのであり、(3) 逆にまた、このような角度からマルコを研究することによって、それは単にマルコ研究にとどまらず、原始キリスト教という複雑な事象の知られざる一面にメスを入れることになるのである。

本書の内容は三部にわかれる。まず次章において方法論の問題を扱う。福音書記者の思想をそれ自体として取上げて研究するのは決して古くからなされていることではない。十年程前からようやく本格的になった新しい研究課題である。従って、その研究を可能ならしめた方法論の問題を先に明らかにしておかねばならない。

第一部と第二部が中心になる。第一部はマルコの立っている位置を明らかにしようとする。マルコはガリラヤの人である。エルサレムを中心としたユダヤ地方のユダヤ人ではない。この地理的位置がマルコの独特な精神的風土を形づくる。この精神的風土からしてはじめて我々はマルコの主張の独特な鋭さを、そしてまた他方、素朴な土の臭いをただよわせているマルコのたたずまいを理解することができる。第二部にいたって我々は福音書の誕生という問題そのものを扱う。福音書を書くことによってマルコは何を主張したか、ということである。この場合特にマルコの批判的調子に注目する。マルコはイエス理解の従来の仕方を鋭く批判するために福音書を書いている。この批判的対決を通してマルコ自身の主張がどのようにえがき出されているかを分析する。最後にこのような本論の枠内で取上げられなかった個別の問題を二つ程補論としてまとめた。これは特に、従来の常識的福音書理解を前提として本書を読む読者から当然起こりそうな批判に前もって答えることを意図している。いわゆるメシヤの秘密の問題と受難物語の問題をここで扱う。

註

1 B. H. Streeter, *The Four Gospels*, p. 271ff. などはこれを実行しようとするが、このような資料の復元を厳密になしうると考えるのは正しくない。

2 E. Gräßer, *Das Problem der Parusieverzögerung in den synoptischen Evangelien und in der Apostelgeschichte*, 1957 は、何でもかでも終末の遅延の問題に帰してしまわないと気がすまない研究の例である。しかしまた他方、O. Cullmann, Parusieverzögerung und Urchristentum, *ThLZ* 83, 1958, Sp. 1 ff. や H. W. Bartsch, Zum Problem der Parusieverzögerung bei den Synoptikern, *Ev Th* 19, 1959, S. 116—131 のようにこの問題をまったく無視してしまうのも正しくない。それぞれ両極端である。原始キリスト教の終末論はこのように単純一律に割切れるものではなく、いろいろ複雑な要素を含んでいた。

3 山谷省吾『新約聖書解題』改訂二版、一九五八年、二二二頁はこのことを正しく指摘している。また神田盾夫「マルコ福音書への一考察——主に文学史の角度から——」(『国際基督教大学人文科学科紀要』第二号、一九六三年、一—一七頁)も同じ問題意識を含んでいる。しかしどちらも、この問題を解きほぐすのに必要な方法論をもって十分に議論を展開することはしていない。

第二章　方法論——編集史的研究の問題

いわゆる共観福音書は実のところ「共観」福音書ではない。つまり、マタイ、マルコ、ルカの三福音書は相互に非常によく似ており、従ってほぼ同じ視点より書かれている、と考えるのが古典的な見方であるが、しかし、ていねいに検討してみると、この三者は確かに似ていることは似ているが、しかしその視点の相違もまた大きいのである。マタイ、マルコ、ルカのそれぞれの示している思想傾向は、単に同じ主題の変奏といって片づけてしまうにはあまりにも開きが大きい。

これらの三つの福音書を共観福音書として扱う伝統は古い。この用語はすでに十八世紀末にグリースバッハが用いている。(1) 概念自体は用語よりも古いだろう。そして実際、マタイ、マルコ、ルカがひとまとめに共観福音書と呼ばれるのもあながち無理ではないのである。一つ一つの物語において一致する部分が多く——数行にわたってまったく、或いはほとんどまったく同じ文章が三福音書に続くことが多い、——また全体の構造もよく似かよっている。そこでこれらの福音書を研究する場合には、いわゆる「共観福音書対観表」によって三者を共に並べて見ることがどうしても要求されるわけで、その限りでは、これはやはり共観福音書と呼ぶべきなのである。けれども、近代聖書学が生れて以来、学者達はあまりに共観福音書の共通点にばかり目を注ぎすぎた。なぜマタイ、マルコ、ルカの三者は互いによく似ているのか、ということの説明を追うのに急であって、三者の相違点にはおよそ目がとどかなかった。たとえとどいたとしても、そのような相違点は重要な部分ではない、として無視し続けてきた。考えてみれば、この三つの福音書が民族的にも風土的にも歴史的にも異った著者の手になっている限り、それぞれがその著者の思想、置かれた状況を反映するのは当然のことなのである。人間の書いた文書である限り、これはごく当り前のことである。それぞれの著者が個性のある人間である限り――二千年にわたるキリスト教の歴史において常にその信仰の基礎を与え続けてきた新約聖書の中でも特にその冒頭をかざる三つの文書のそれぞれの著者が、まったく没個性的な平凡な人間であったとはとても考えられない――ひっくるめて「共観」で片づけてしまうわけにはいかないのである。にもかかわらず、福音書の著者の個性は無視され続けて来た。それが、この十年来、急速に、著者としての福音書記者の思想を探ろうとする試みが数多くなされ、しかもまたたく間に非常に高度に進歩した研究がいくつも生み出された。人は名づけてこれを編集史的研究と言う。(2) その嚆矢となったのがH・コンツェルマンのルカ神学の研究である。(3)

それぞれの福音書には著者の個性が表現されている、ということは、あらゆる時代あらゆる国のすぐれた歴史的文学的著作にはかならずあてはまることであって、それだけでは単に一般的な認識にしかすぎない。しかしなぜこの当然すぎるとも思える認識に、従来の新約学はなかなかたどりつけなかったのだろうか。この点を反省してみることによって、我々の方法論を明らかにすることができるだろう。

共観福音書のもたらす興味は、第一義的には、史的イエスを知るための資料という点にある。この点は昔も今も変らない。けれども従来の研究はあまりに直接的にこの興味に密着しすぎていた。そのために、この目標にたどりつくための正当な手続をふむのを忘れて、一挙に結論を得ようとしたのである。逆にいうと、十八世紀以来の学問的な福音書研究の歴史は、右のような性急さに対して、ふむべき手続きを一つ一つ確認する過程だったのだ。はじめは、手続きを一つふめばよいと考えた。ところが学問の発達と共に、それが二つにも三つにもなり、さらに互いに入り組んで、幾段階にもわたる落着いた分析が求められるようになったのである。

始めは誰もが、四福音書の記述はそのままに史的イエスを再現していると考えた。だから四福音書の記事を合計すればそれが直ちに史的なイエス像となると考えた。ここから生れるのが、普通「四福音書の調和」と呼ばれる作業である。調和というより、文字通り合計と言った方が正鵠を得ているかもしれない。単純に、あちらの福音書の文句、こちらの福音書の文句をつぎはぎして寄木細工をこしらえていく。各福音書が互いに相違する場合には、一つの事柄の異った側面、などと言って説明できたつもりになる。同じ富士山でも南から見れば中腹に突起があり、北から見れば実に端正である。どちらが正しい富士山というのではなく、両者相まって正しい富士山がわかるのと同じだ、というわけである。このような「調和」の努力は、近代聖書学以前から、すでに古代教会以来いろいろとなされてきた努力である。しかし、一度批判的な分析が始れば、このような幼稚な作業は放棄される。各福音書間の記述の矛盾はとても調和に耐えられるようなものではないからである。甲斐の富士も駿河の富士も富士には違いない。しかし、同じイエスが過越の日（ヨハネ伝）と過越の翌日（マルコ伝）と二度死ぬわけにはいかないし、「安息日は人間のためにある」（マルコ二・二七）という言葉をイエスが語ったのも（マルコ）、語らなかったのも（マタイ、ルカ）真実である、というわけにはいかないのである。

学問的とよびうる最初の段階は、共観福音書問題の自覚にある。つまり、共観福音書が互いにこれ程よく似ているからには、共通の資料を用いているに違いないのであって、その資料こそ現在の福音書よりも一段と古い、従って、それだけイエスの史実に近い生の記録であろう、という問題意識である。ここから資料問題が生れる。そして、よく知られているように、ありとあらゆる可能性がていねいに検討され、あまたの資料仮説が提唱され、俎上にのせられた。その結果残ったのが二資料説である。マタイとルカがそれぞれ用いた資料は、マルコとそれから通常Q資料とよばれるイエス語録との二つである、という事実以上には、資料問題に関して——細部についての議論は別として、全体としては——ほかには何も確実には知りえない。もちろん二資料説は偉大な発見である。十九世紀までの福音書研究の最大の、そしてもっとも確固とした発見である、と言ってよいだろう。けれども、現存の福音書の用いた一段と古い資料にさかのぼろうとする努力だけでは、福音書研究は行きづまる。マルコとQ資料とが古い資料として確認されれば、さらにこの両者の用いた資料は何か、そのまた資料の資料はと、どんどんさかのぼりたくなるのは人情である。けれども学問的な方法で確認できるのは二資料説の段階までであって、マルコとQ資料以上の古い段階の文書資料など、たとえあったとしても（後にのべるように、これより古い段階ではまとまった文書資料などなかった）、確認できるよすがもないのである。二資料説以上に進もうとする諸資料仮説、原本マルコ説、原本ルカ説、原本マタイ説、四資料説等々の仮説が実を結ばずに消えて行かねばならないゆえんである。(4) かといって、マルコとQだけ、或いはそのどちらか一方だけがそのままイエスの史実の描写である、というわけにもいかない。(5)

福音書以前の文書資料という一つの手続きだけではすまなくなった時に、もう一つの手続きが加えられた。いわゆる様式史研究である。様式史研究については、邦語文献でもかなりよく紹介されているから、ここでは多言を要すまい。(6) 様式史研究がもたらした基本的認識は、イエスに関する伝承はマルコとQ以前の段階では断片伝承――しかもそのほとんどは口伝伝承――であった、ということである。つまり、まとまった記録としての資料はこれ以前の段階では存在しない。様式史が目をつけたのはこの断片伝承の段階である。小さな物語またはイエスの言葉の言い伝えが、一つ一つばらばらに伝承されていた。しかしこの断片伝承を形成し伝えたのは、当然、イエス自身ではなく、初期キリスト教会である。このような類の言い伝えは、特定の個人の創作ではなく、人々の口から口へ伝えられながら形をととのえていくものであるから、おのずと類型的な物語となる。従って、断片伝承の段階の研究を志せば、当然、その様式が研究の主たる対象とならざるをえないのであって、この研究が様式史とよばれるゆえんである。そしてまた、伝承をこのようなものとして把握する限り、伝承の母体となる社会集団にも目を向けねばならなくなる。誰か特定の個人、というのではなく、初期キリスト教会という社会集団が伝承の場を形成する。このようにして、福音書研究には今まで省みられなかった一つの分野がつけ加わる。福音書はイエス研究の資料である以前に、初期キリスト教団の思想状況を知る上での素材なのである。なるべくイエスの史実に近いより古い伝承へとさかのぼろうとする努力によって発見された事実は、――皮肉なことに、しかしまた当然なことに――福音書以前の伝承の段階でまさに、伝承の形成者としての教団が大きく立ちはだかっている、という事実だったのだ。ここで福音書研究は今までのように単純にイエスだけを目ざして行うわけにはいかなくなる。福音書は相変らずイエスを知るための資料だが、同時に、そしてまず最初には、福音伝承を形成した教団の思想的状況を知るための資料である。[7] ソクラテス研究がプラトン研究に連なるのと同じことなのだ。様式史の偉大さは、このような資料の要請にあわせて新しい方法論をつくり出した点にある。

ここまで来れば、第三の段階は論理的必然としておのずと認識されるはずである。断片伝承の母体となった教団に研究の目が向けられるべきであるとすれば、その断片伝承をまとめあげて福音書の体裁をととのえた福音書記者自身にも目を向けて然るべきである。すでに問題設定のところでも論じたように、断片伝承がまとめられて福音書となるには一つの質的転換があるのであり、その転換を行ったのが福音書記者である。そしてこれは今度は、断片伝承の場合のように社会集団のなすいとなみ、というのとは違って、個性的な（もちろんその個性の背景にある社会的要因にも目をとめるべきではあるが）いとなみなのである。その角度から、イエスの史実と教団の伝承に対する第三のものとして、福音書記者の思想が探究されるべきは理の当然である。そしてそれがまた、福音書研究をソクラテス研究よりも一層複雑にしている理由である。ソクラテス研究は二段ですむが、福音書研究は三段階を要する。

ところが、様式史的研究の提唱者達、殊にディベリウスやシュミットは、一つの発見の偉大さに酔って、もう一つ発見すべきことを忘れてしまった。[8] 彼等の眼中では福音書記者は初期キリスト教団一般の中に吸収されていた。さらに、その途中には第二次世界大戦という学問的空白をもたらした悲劇のおまけまでついた。その結果、様式史よりもおよそ三十五年遅れてやっと一九五〇年代の半ばになって、福音書を福音書記者自身の思想の表現として組織的に研究する方法が芽をふいた。それが我々の問題としている編集史的方法である。

名は体を表わす。編集史という語はこの研究方法の一面しかとらえていないが、それはもっとも特徴ある面である。福音書は福音書記者の思想の表現であるとは言っても、自由な創作のようにどの文もそのまま直接に福音書記者の思想の特徴を表わしているとは言いがたい。伝えられた伝承の志向するものと、記者自身の思惟とがいわば緊張関係に置かれる。記者は伝承を整理して編集するその限りでは伝承を右から左へ伝えるための仲介者にしかすぎない。しかしそれを編集する仕方に記者の思想がうち出される。この意味で我々は伝承自体と編集による枠づけとを区別しなければならない。福音書記者独自の思想が明瞭に示されるのはこの編集の枠の部分である。この部分を手がかりとして記者の思想を分析する方法であるから編集史とよばれる。

では具体的にこの編集の枠にはどのようなものが属するか。まず第一に、断片伝承の始めと終りにつけられた導入句と結びの句である。つまり文字通り伝承の枠づけの部分である。導入句は主としてその断片伝承に簡単な状況設定を与える。「幾日かたってイエスは再びカペナウムに入った。……多くの人が集って来て、戸口のあたりにすらすきまがない程に群がった」(二・一―二)などという文である。結びの句はその伝承を記者がどう理解したか、そして全体の中でその伝承をどう位置づけようとしているかを示す。「悪しきぶどう園の農夫」の譬話(一二・一―一二)の結びとして、「彼等はイエスを捕えようとしたが、群衆を恐れた。この譬話が自分達に対して語られたものだと気がついたからである。イエスを残して彼等は立ち去った」(一二節)という文が付け足されているのがその例である。もちろん、すべての伝承にこのような導入句、結びの句がつけられているとは限らない。どの文が元来の伝承に属し、どの文が記者による枠づけかを判断するのは、様式史的研究の結論、記者の用語、文体の分析などを手がかりとする。この判断は編集史研究を専門的に行った者ならばかなり確実に下しうる。さらにいくつか例をあげると、マルコ三・一九後半―二〇はベルゼブル論争に対する、四・一は種まく者の譬に対する導入句であり、三・六は安息日論争の、六・五二は湖上を歩くイエスの物語の結びの句である。(9)

第二に、記者の手による伝承の改変が編集の枠に属する。伝承の字句を一部書き変えたり、削除したり、あるいは多少の字句を附加する場合がそうである。マタイ、ルカの場合、その用いた資料が相当程度までわかっているから

（マルコとQ）、資料に対して彼等がほどこした操作も相当程度まで機械的に確認できる。この改変、削除、附加は、多くの場合、せいぜい一文か、或いは時にほんの数単語もしくは一単語にしかすぎない。それだけでは気にもならず読み過ごしそうなわずかな差が多いのだが、しかし、伝えられた資料をかなり慎重に書き写しつつ、しかも福音書記者が敢えて一単語を附加したり削ったり取りかえたりする場合には、決して、何となく文章を直してみた、などという程度のことではないはずである。一語と言えどもいろいろな気持を反映する。たとえば、マルコが「近辺のほかの村や町にも行こう。そしてそこでも宣教しよう。そのために私は来たのだから」（一・三八）と記すイエスの言葉を、ルカは「他の町々でも私は神の国の福音宣教をなさねばならない。私はこのために遣わされたのだから」（四・四三）と書き変える。かくしてルカはほんの数単語の附加により、マルコではかなり広義に把握されている「宣教」（κηρύσσειν）の意味を、「神の国の福音宣教」（εὐαγγελίζεσθαι τὴν βασιλείαν τοῦ θεοῦ）という風に狭く規定してしまう。そして「ねばならない」（δεῖ）という一単語の附加により、マルコの場合はイエス自身の自発的な意志として行われることが、ルカでは神の命令の遂行という意味あいを帯びてしまうのである。これと対応して、「来た」が「遣わされた」に変えられる。この受身形は、ルカがイエスの活動をまさに神による派遣としてとらえていたことを示す。これはほんの一例であるが、しかし、このような場合、ルカの個人的な特色は実に鮮明であって、それに目をふさげという方が無理である。

第三に、いわゆる「まとめの句」が編集の枠に属する。福音書記者は単に個々の伝承資料に編集上の枠づけを与えながら並べていくだけではなく、ところどころ、イエスの活動の一般的様相を総括的にまとめている。マルコで言えば、一・三二―三四や三・七―一二は典型的なまとめの句である。この場合、福音書記者は一つの事件や特定の言葉を記録するというのではなく、イエスが民衆にいかに人気があったか、常日頃彼等を教えることを好んでいたこと、病人を癒し悪霊祓いを行うなどがイエスの平常の活動であったこと、などを一般的な特徴の描写として書くのである。四・一、六・五三―五六、一〇・一などもそうである。また七・三六―三七、一二・三七後半などの短い句も、一見その物語だけについての描写と考えられようが、よく比較してみると、むしろまとめの句の一種であることがわかる。そしてこれらのまとめの句は、そこで強調される動機の一つ一つは多かれ少なかれ伝承から得ているのであろうが、しかしそれをこのように一般的な性格描写としてまとめるのは福音書記者の筆であり、従ってまた、福音書記者がイエスの活動のうちどのような側面を特に強調しようとしたかがこれによってわかるのである。

右の三点が編集史研究の主たる対象である。従って、このような要素を通じて表現される福音書記者の思想はあくまでも伝承を基調としたものであるが、その伝承の意味を解釈し、具体化し、そして時には、自分の実際に書き記している伝承そのものに対しても批判的に対決する。だから、福音書は決して一人の著者の手になる論文のように、首尾一貫したものではなく、光をプリズムで分析するように、いくつもの層の重りとして立体的に理解せねばならない。たとえば、「見よ、（これぞ）我が母我が兄弟なり」というイエスの言葉を、マルコは「まわりに坐っている群衆」をさしたものとしているが(三・三四)、マタイは「弟子達」をさしたものである、という風に書き直す(一二・四九)。「これぞ我が母我が兄弟」という言葉の伝承は、それだけではいわば無色透明であって、それが誰を指すのか、という実例を与えることによってはじめて意味を持つ。福音書記者は、「これぞ我が母我が兄弟」という言葉を発明したわけではないが、その意味をつくり出しているのである。従って、福音書の編集の枠は枠にしかすぎないが、非常に重要なのである。

以上の三点を補う要素として、更に次の二点があげられよう。

第四が言語的特徴である。これは右の三点を判断する場合の手がかりとなるが、それ自体としての興味もある。マルコは「福音」という名詞形は好んで用いるが、動詞形は用いず、ルカは「福音宣教をなす」という動詞形は好んで用いるが名詞形はほとんど用いない、という事実には、何らかの理由があるはずである。同様に、マルコが「イスラエル」、「ユダヤ人」、「民族(λαός)」などの語をほとんど用いないことにも特定の理由がある。マルコの編集句においては、「教え」「教える」が非常に多いという事実も考慮に価する。

第五に前後関係の問題がある。一つの物語をどのような前後関係に置くかは、記者の意見をよく反映する。たとえばルカが、ナザレにおけるイエスの物語（マルコ六・一以下）を形を変えてイエス活動の最初に置き直している場合（ルカ四・一六以下）、病人の癒しの記事（ルカ四・三一―四四）と弟子の召命の記事（ルカ五・一―一一）の順をマルコと逆にしている場合、ルカの特殊なイエス観が現れている。(10) 更に、個々の物語の前後関係だけではなく、全体の配列の仕方にも記者の見解は現れる。たとえばマタイの「山上の垂訓」のまとめ方と全体の中でしめる位置とがそうである。もっとも、福音書記者は単に似たような主題の話を列挙するだけのことも多いから、前後関係の要素に重きを置きすぎて、空想的な象徴的意味などを読みこんではならない。(11)

さて、右の諸点が編集史研究の素材となるのだが、これを手がかりとして福音書記者の思想を研究する場合、次の諸点に誤解があってはならない。

第一に、言語的特徴の場合は多少例外があるにせよ、これらの編集の枠に現れた記者の思想傾向は意識的に表現されているのである。伝承の枠づけ、伝承に加えられた変化などは、伝承に対して意識的に態度決定がなされているのでなければ行われない。つまり、伝承または資料の示している思想傾向に、福音書記者は多かれ少なかれ批判的に対決しているのである。

第二に、これが特に重要な点なのだが、このようにして示される各福音書の特色は、個々の問題、表現について福音書記者がほどこしたわずかな訂正、というような種類のものではない。それだけのことなら、すでにパピアスの証言に見られるように、古代教会の昔から考えられていた。文体、用語、文学的叙述の仕方（具体的叙景を好むとか、年代に興味を示すとか）といった形式的側面の相違にだけしか目を注がないのは正しくない。これらの編集の枠に示されている福音書記者の操作を総合してみる時に、それが実に一貫した思想活動であることがわかる。偶然の思いつきがそこここの文に無意識に示される、というのではなく、一貫した主義主張が示されるのである。

これと関連して、第三に、ここで注目されるべきは各福音書相互の、および彼等と伝承資料との間の相違であって、共通点ではない。もちろん、共通点を問うのもそれなりに重要である。けれどもその場合でも、異った歴史的状況においてもなおかくかくしかじかの点はなぜ変化しなかったか、が問われるべきなのである。そして実際に各福音書記者がそれぞれ異った独自の思想を展開している場合に、それをまずそのままに各福音書記者の特殊な思想として受け取るべきであり、それを無視して強いて共通点ばかりを探そうとするのは正しくない。このような態度は、えてして、一福音書記者の思想にしかすぎないものを新約全体の思想と取り違える、という誤謬に導く。O・クルマンが救済史神学を新約全体に拡張する場合がそうである。(12)

さて、以上のような編集史研究をマルコ福音書に適用するにあたって、マタイやルカの場合とは異った特殊な困難がある。つまり、右にあげた編集の枠の五つの要素の中、第一の狭義の編集の枠と第三のまとめの句と第四の言語的特色はマルコの場合も他の福音書記者と同様に比較的容易に知り得るが、第五の前後関係の場合、マルコ以前の資料を我々は直接手にしていないのだから、一つ一つの物語の前後関係がすでに伝承によって与えられたものなのか、マルコの作り出したものなのか、マルコが作り出したにしても、その前後関係に特別な意味をこめているのか、大して気にしていないのか、かならずしも決定しがたいことが多い。もちろん我々は間接的な判断の基準から、いろいろと推論してこの点かなり面白い結論に到達し得ることもあるのだが、しかし、いずれにせよ、マタイやルカの場合ほど容易ではない。そして特に、第二の改変、附加、削除が編集史研究のもっとも確かな手がかりを提供してくれるのだが、この点でマルコの場合は、その用いた資料が直接知られていない故に、ほとんど確かな手がかりがつかめない。

このような理由からマルコの編集史研究はマタイ、ルカと比べて難しさの度合が異る。マタイ、ルカに関しては機械的な操作だけでもって結論が出せる場合がかなり多いから、やや大げさに言えば、誰がやっても同じような結論が出る。(13)それに対して、マルコについてはまだ編集史研究は暗中模索の段階であると言ってよい。(14)けれども、むずかしいということはやらなくてもよいということを意味しない。むしろ、最初の福音書であるだけに、それをつくり出したマルコの個性は大いに研究する必要があるのであって、問題提起の部分ですでに力説した通りである。

このように技術的なむずかしさを伴う場合、その研究の成否はかかって、研究者がいかなる問題意識をもってテクストに接近するか、ということにある。というよりも、テクストに内在する問題点をいかにして研究者が見出すか、ということにある。そのために、別にマルコの研究に限ってのことではないが、しかし特にマルコの場合には留意すべきこととして、次の二点を指摘しておこう。(15)

第一に、マルコの思想をその社会的広がりにおいて把握しなければならない。これはマルコ研究に限らず、従来の新約学全般に欠けていたことである。新約学がキリスト教神学の一部門としてのみ見なされている限り、これまでの新約学は新約聖書内の神学理念にのみ目を向ける傾向が強かった。しかし、新約聖書そのものは決して単なる神学理念の記述ではないのであるから、新約学は一方ではキリスト教神学の一部門でありつつも、他方ではキリスト教神学の枠をずっと広く超えて、歴史学社会学などの領域に重なっている学問なのである。パウロ、ヨハネのように、神学理念の表白が第一義的な著者の場合は、——あくまでも一応にすぎないのだが——神学の研究をもってこと足れりとしてもよかろう。しかしマルコの場合は就中そうはいかない。マルコがどのような歴史的社会的場に立っていたか、ということを常に考慮してはじめてマルコ研究は十全に行われる。本書の前半でマルコの精神的風土を探ることに専念したのも、そこに理由がある。そしてそのことを直接の対象としない本書後半においても、特に弟子達の無理解の要素などを取扱う場合、やはり歴史的社会的場を視野から失うわけにはいかない。

第二に、これまたごく当然のことであるが、何か特定の神学理念の尺度を始めに用意して、その尺度に適合する言葉をマルコ本文からマルコの編集句であるという名目のもとに拾い出してくる、というのは方法論的に正しくなく、[16]むしろマルコ本文で強調されている事柄をマルコ思想の骨格として理解すべきなのである。これは実際この上もなく当然のことなのだが、それでいてなかなか行われ難い。たとえば、テクストの外から特定の理念を持込んでテクストをそれにあわせる、という解釈の例として、J・シュライバーの論文が挙げられよう。[17]彼によると、福音書記者マルコはユダヤ人キリスト教徒ではない、という認識から――それ自体あまりあてにならない認識だが――論理的に短絡して、マルコはヘレニズム・キリスト教的キリスト論に合わせて福音書を書いている、と帰結する。そして、このキリスト論は、ピリピ二・五―一一のキリスト讃歌によって代表されるからとて、このキリスト讃歌の文言に近いような印象を与える表現をマルコ福音書から抽き出してきて、これがマルコの神学である、という。これではまるで、マルコ本文をぬきにしてマルコを研究しているようなものである。[18]或いは、たまたま解釈者の気に入った要素をマルコ本文から任意に選び出して、それがマルコの思想であると主張する例として、J・M・ロビンスンの研究が挙げられよう。[19]彼は誘惑物語（一・一二―一三）、ベルゼブル論争（三・二二―三〇）などほんの二、三の記事にヒントを得て、マルコはイエスの出来事を天的存在であるイエスと悪霊との宇宙的な戦いとしてえがくことを目標とした、という。この二つの物語だけをにらんでいれば、そう考えて考えられないこともなかろうが、それがマルコ全篇を通じる主題であるとなると、他の文章の意味が一切無視されることになる。それに、ロビンスンは単純な二元論だの、救済史的発展段階の図式だのと、マルコには無縁の理念をあまた持込んでいる。或いは、マルコ福音書はイエスの神の子であることを示そうとして書かれた、というしばしば主張される見解もこの例である。[20]たまたま二、三ヵ所で神の子という表現が出てくるからといって――そして、イエスは神の子であるとする考えがキリスト教の根本信条であると普通言われているからといって、――それがマルコの基本主題であると直ちに結論するのでは、方法論的反省などなきに等しい。マルコの編集史的研究はそれ程易しくはない。二つ三つの個所で何かの要素が語られていても、それをマルコ自身積極的に強調したかったのか、それとも単に伝承に出てくる要素を再録しただけなのか、その要素だけ眺めていても結論は出ない。たとえ、二、三度しか出て来なくても、マルコが意図的に強調している動機がないわけではない。しかしそれをそう見分けるには、やはり全体との関連においてでなければならぬ。マルコの編集史的研究がすぐれて総合的でなければならない理由がそこにある。まず第一に、マルコ全篇を貫いて何度も繰返して強く主張されていること、しかもそれが明瞭に編集句に多く出て来る場合に、そのような要素をいくつか拾い出して、それをマルコ思想の骨格と考えるべきなのである。他の要素は、この骨格と適合する限りにおいて、マルコ思想の表現としてみなされる。(21)

だから一方では慎重にどの文が福音書記者の手になる編集句であるかを検討しつつ、他方では、社会的歴史的場を考慮しながら福音書を総合的に研究することが求められるのである。

註

1　W. G. Kümmel, *Einleitung in das Neue Testament* (Feine-Behm), 12. Aufl. 1963, S. 12による。

2　W. Marxsen, *Der Evangelist Markus, Studien zur Redaktionsgeschichte des Evangeliums* がはじめて編集史の語を用いた。

3　H. Conzelmann, *Die Mitte der Zeit, Studien zur Theologie des Lukas*, 1. Aufl, 1953; 5. Aufl, 1964.

4　このうち、今日でも多少真面目に問題となるのは原本ルカ説だけである。しかしこれとて結局は一つの想像であって決め手となる証拠はあるはずもない。最近この問題について詳細に検討を加えた高柳伊三郎「プロト・ルカ仮説について」(『福音書研究——高柳伊三郎教授献呈論文集』一九六七年、七一—九二頁)も、この仮説を積極的に採用すべき根拠はない、としている。逆にH・コンツェルマン、上掲書、はこの仮説がいかに無理なものであるかを徹底的に証明している。

5　この点、A・シュヴァイツァー『イエス伝研究史』がよく批判している。その意味でこの本は十九世紀の福音書研究にとどめをさしたものである。もっとも、とどめをさした者が同時に新しい生命を生み出すとは限らないが。

6　R. Bultmann, *Die Geschichte der synoptischen Tradition*, 1. Aufl. 1921, 3. Aufl. 1957, mit Ergänzungsheft, 2. Aufl. 1962; M. Dibelius, *Die Formgeschichte des Evangeliums*, 1. Aufl. 1919, 3. Aufl. 1959; K. L. Schmidt, *Der Rahmen der*

Geschichte Jesu, 1. Aufl. 1919, Nachdruck 1964. 様式史を紹介した邦語文献としては、山谷省吾、前掲書（一九七頁以下）がよい。

7　ということは決して、福音書がイエス研究の史的資料である、ということを否定することにはならない。様式史が福音書の歴史書としての性格を否定するかの如き紹介の仕方をするのは（たとえば山谷省吾、前掲書二一三頁）、この研究方法を正しく見ていない。同じことは、前田護郎『新約聖書概説』（一一五頁）が「伝承について、はじめに宣教ありき、と様式史はいうが、むしろ、はじめにイエスありき、でなければならない」と様式史を批判して言う場合にもあてはまる。この種の批判は、方法論的順序と史的順序とを混同している。史的順序として「はじめにイエスありき」というのはあまりに当然であって、様式史研究者もそのことは否定しないどころか当然と考えている。ただ、彼等が「はじめに宣教ありき」というのは、福音伝承を伝承するという行為は教団の（広義での）宣教活動から出発している、という事の認識なのである。伝承の史的内容がイエスの事実に基くということと、伝承するという行為が教団の宣教活動であるということとを混同してはならない。従ってまた、現在の福音書に伝えられた福音伝承を我々が読む場合には、まず最初にはこれらの伝承を形成した教団の人々に出会うのである。

8　M・ディベリウス（前掲書二頁）ははっきりと、福音書記者の著者としての役割は軽視すべきである、と言明している。R・ブルトマン（前掲書二六二頁以下）はこれに対して一応福音書記者それぞれの個性にも注意をはらっている。そして今日の進んだ研究がルカやマタイの思想に関して確認していることは、すでに大筋において皆ブルトマンが指摘しているところである。その意味でもブルトマンの業績は高く評価すべきだが、しかし、これはやはりほんの素描にしかすぎず、彼が福音書記者の思想にあまり関心を払っていないことは、*Theologie des Neuen Testaments*（邦訳『新約聖書神学』I—III）においても、福音書記者の思想には何ら言及していないことからも知られる。

9　神田盾夫「マルコ伝雑考」（『国際基督教大学人文科学科紀要』第一号一九六二年、一—一二頁）は、マルコ伝的な特徴のある句を集めてくることによって、マルコ伝の特徴を極めようとしている。その限りでは邦語文献において編集史的研究が実践されている少数の例の一つであると言えよう。もっとも、この論文ではまだ編集の枠と伝承との区別がはっきり意識されていない。なお神田教授が結論して、マルコは「矢張目証者の印象を片言隻句の端にも洩らさざるを得なかったためであろう」と言うのは（九頁）、他方で様式史研究の成果を前提して作業を進める（一頁以下）のと矛盾する。様式史研究の成果を認める限り、福音伝承は断片伝承として多くの人々の口から口へと語り継がれた後に福音書記者の手によって書き下されたのであるから、

「目証者の印象」をそのまま書き下すというのとは事情が異る。マルコが生き生きとした情景描写や「イエスの挙措姿態」の「素直な表現」を多くなす理由は、後述するように、マルコがガリラヤ民衆の物語の世界に親しんでいたからである。

10　H・コンツェルマン、前掲書邦訳『時の中心』七二頁。

11　A. Farrer, *A Study in Mark* などこの種の幻想的「研究」の典型である。

12　O. Cullmann, *Christus und die Zeit*（邦訳『キリストと時』）などその典型である。なお彼が、Que signifie le sel dans la parabole de Jésus? Les Evangélistes, premiers commentateurs du Logion, *RHPR* 37, 1957, p. 36–43 が、編集史的研究の原理を認めるようなことを口にしつつも、実は各福音書間の一致のみを強調するのは、彼の新約研究の方法論上の欠陥をよく示している。

13　ルカの場合殊にそうである。H・コンツェルマン前掲書とE. Trocmé, *Le Livre des Actes et l'Histoire* とは、片やドイツ人でブルトマン学派の俊英であり、片やM・ゴゲルやO・クルマンの薫陶を受けてはいるもののむしろかなり独自の道を歩んでいるフランスの学者であるが、ルカ思想の大筋に関しては、ほぼ同じような結論を出している。その他、ルカの編集史研究については、H・コンツェルマン『時の中心』の拙訳に附した「解題」四一三頁以下参照。もっとも、誰がやっても同じような結論になる、というのは、いわばコロンブスの卵であって、それを最初になした人の業績の偉大さを高めこそすれ減ずるものではない。

マタイの場合はそれほどはっきりした答は出ない。今日数多く出版されているマタイの編集史的研究は相互にまったく矛盾する結論を出していることも多い。これはマタイ福音書の特殊な性格に帰因するのだが――この点について、また、マタイの編集史研究の文献については、拙稿 People and Community in the Gospel of Matthew『キリスト教と文化』（国際基督教大学発行）第三号一九六七年、一六一―一八〇頁、及びその邦訳「マタイ福音書における民族と共同体」（日本聖書学研究所論集第五号に所載）参照――それでも問題によってはかなり素直に答が導き出せる。たとえば、H. J. Held, Matthäus als Interpret der Wundergeschichten, in Bornkamm-Barth-Held, *Überlieferung und Auslegung im Matthäus-Evangelium*, 1960, S. 155–288 が行ったマタイの奇跡物語の特色の研究などその一例であろう。そしてこのヘルトの論文ののっている論文集の中でG・ボルンカムが言っていること、或いはR. Hummel, *Die Auseinandersetzung zwischen Kirche und Judentum im Matthäusevangelium*, 1963 など、だいたい誰もが一致しうる結論の方向を示していると言えよう。

14　我々は、E. Trocmé, *La Formation de l'Evangile selon Marc*, 1963がこの点で決定的な業績であると評価しているが、しかし、

これがフランス語で書かれているので、なかなか独英米の学界には浸透しない。やはり学問には国境があるのだろうか。

15 この二点はマタイ研究にとってもやはり重要である。註14にあげた拙論参照。

16 これまたマルコに限ったことではない。G. Strecker, *Der Weg der Gerechtigkeit, Untersuchung zur Theologie des Matthäus*, 1962 などまさしくその欠点が顕著である。

17 J. Schreiber, Die Christologie des Markusevangeliums, *ZThK* 58, 1961, S. 154-183. これはシュライバーに限ったことではなく、観念的な分析がややともすると行き過ぎるドイツの新約学には案外根深くひそんでいる解釈である。

18 或いはまた、J. Bowman, *The Gospel of Mark, the New Christian Jewish Passover Haggadah*, 1965 なども内容はシュライバーの場合と正反対であるが、方法論的には同じ誤りを犯している。

19 J. M. Robinson, *The Problem of History in Mark*, 1957.

20 たとえば Ph. Vielhauer, Erwägungen zur Christologie des Markusevangeliums, *Aufsätze zum Neuen Testament*, 1965, S. 199-214, 山谷省吾、前掲書二二三頁、前田護郎、前掲書一五九頁。これについては後述一八二頁以下参照。

21 その点で、T. A. Burkill の近著、*Mysterious Revelation, an Examination of the Philosophy of St. Mark's Gospel*, 1963 は方法論的には正しい方向をつかんでいる。しかし内容は平凡である。従ってやはり今日のマルコ福音書の編集史的研究として重要なのは、E・トロクメ前掲書、W・マルクスセン前掲書、及びE. Best, *The Temptation and the Passion, the Markan Soteriology*, 1965の三著であろう。

第一部　マルコの精神的風土

第一章　著者問題

マルコ福音書の著者はどのような人物であろうか。福音書の内証から推論する以外に、どのような客観的手がかりがあるだろうか。結論を先に言えば、この福音書の著者について、外証は何も確かなことを伝えていない。マルコ福音書がどのような精神的風土において書かれたものかは、福音書そのものの分析から結論すべきである。しかし、この著者がどのような人物で、いつどこで福音書を書いたかについて、伝統的に言われていることがいくつかあるので、それをここでまず検討しておこう。

二世紀から三世紀にかけての教会教父の中で、殉教者ユスチノス、テルトゥリアヌス、エイレナイオス、アレクサンドリアのクレメンス、オリゲネスなど、わずかずつマルコ福音書の執筆事情について言及しているが、これらはいずれも、二世紀前半に福音書の研究を行っているパピアスの証言以上には出ておらず、おそらくパピアスに直接間接に依存しているものと考えられる。従って、マルコ福音書に関する古代の証言の中、資料的価値のあるものは、パピアスの発言だけだ、ということになる。これを、後の教会史家エウセビウスの引用するところに従って訳出してみると、

「ここでは、当然のことながら、先にあげた長老ヨハネの言葉に加えて、福音書を書いたマルコなる人物についての次のような伝承を附け加えることにする。この長老は言った。『マルコはペテロの通訳であったが、彼が記憶したことをすべて、すなわち、主の語りかつ為し給うたことを正確に書き記した。もっとも順序だてて書いているわけではない。』マルコ自身は直接主の言葉を聞いたわけでもなく、主に従ったわけでもない。彼が言うには、マルコは後になってペテロに従ったのである。ペテロは必要に応じて教えをなしたけれども、主についての記録をまとめようというつもりだったのではない。だからマルコが記憶のままにいくつかを書き記したとしても、それは間違いではない。マルコは一つのことにだけ気をつけた。すなわち、自分の聞いたことは一つももらさないように、そして聞いたことについては間違いを犯さないように、ということである。」

(エウセビウス、教会史Ⅲ・三九・一四以下)

右の訳文に見られるように、パピアス自身もマルコ福音書の執筆事情について直接には何も知らず、長老ヨハネなる人物の言葉に従って論じているのである。従って、資料的価値があるのはさらに限定されて、長老ヨハネの言葉だけとなる(右の訳文では、通説に従って、これにあたると思われる部分に『　』をつけておいた)。この内容は次の四点にまとめられる。

一、著者がマルコという名の人物であること

二、マルコはペテロの通訳であったこと

三、マルコ福音書の内容はペテロの伝えた伝承であること

四、マルコの記述は「順序だっていない」こと

この中、第二、第三の点は、新約聖書に何個所か出てくるマルコなる人物とは一致しないし、使徒行伝その他でペ

テロの活動についていろいろ描かれているが、ペテロの通訳なるマルコという人物には一度も言及されていない。さらに決定的なことは、後述するように、マルコ福音書の内容からいって、これがペテロの通訳者であった人物がペテロの話すことを忠実に書き記したものとはとても思えないのである。

とすると信憑性があるのは、この福音書の著者がマルコという名であった、ということだけになる。しかしマルコという名は平凡な名前であって、名前だけわかっても大した意味はない。

第四の点については、パピアスだけでなく、すでにルカ福音書の序文において、ルカは自分こそ「きちんと順序正しく」福音書を書くのだ、と言い切っている。ルカはこれを、自分以前の福音書著述の試みと比較して言っているので、従って、暗に、自分以前の福音書は「きちんと順序正しく」は書かれていない、と批判しているのである。ルカが知っていたルカ以前の福音書著述の試みのうち最も重要なものは疑いもなくマルコであるから、ルカのこの批判は特にマルコを目ざしたものである、と言ってよかろう。とすると、ルカにせよパピアスの伝える長老ヨハネにせよ、一世紀末頃の人物であるから、その頃には、マルコ福音書は順序正しく書かれていない、という批判がかなりあちらこちらの教会に広くひろまっていたと考えられる。とすると、パピアスの伝える長老ヨハネの証言は、このようなマルコについての世間一般の批判を認めつつも、なおこの福音書の価値を弁護しようとして、「順序だてて」書かれているわけではないが、ペテロから聞いたままに正確に書き記しているのだ、と言っていることになる。つまり、ペテロの権威だの記憶の正しさだのの動機は、マルコの正典的価値を弁護するために持込まれたものなのだ。(1)

では新約聖書の中ではマルコなる人物についてどのように記されているだろうか。別名ヨハネと言い、マリヤなる女を母とする。また、エルサレムに家がある(使徒行伝一二・一二)。バルナバとパウロはエルサレムからアンティオキア教会にもどる時にこのヨハネ・マルコを伴う(行伝一二・二五)。そして、彼等の第一回伝道旅行に助手として連れて行く(一三・五)。しかし、何の理由かはわからないが、ヨハネ・マルコはその途中で彼等と別れて単身エルサレムに引返す(行伝一三・一三)。第二回伝道旅行の時に、パウロとバルナバとの間でマルコを連れていくかどうかについて議論が起こり、結局バルナバはパウロと別れて、マルコを連れてキプロス島に行く(行伝一五・三六以下)。以上が使徒行伝の伝えるマルコなる人物である。これと同一人物かどうかわからないが、パウロの生涯の最後の獄中生活の頃、その身辺にマルコなる人物が居る(ピレモン二四)。同じことはコロサイ四・一〇からも知られる。そしてこの個所によれば、このマルコはバルナバの従弟である。とするとこれは使徒行伝の伝えるヨハネ・マルコと同じ人物なのか。もっとも、コロサイ書がパウロの真筆かどうかに従って、この個所についての判断も異ってくる。さらに、ペテロ前書五・一三では、ペテロの子とよばれるマルコが出てくる。これは実際の子か、それとも忠実な弟子の意味か。そしてそもそも、ペテロ前書はペテロが書いたのではなく、一世紀末頃の無名の人物がペテロの名を借りて書いた偽名文書であるから、このペテロの子なるマルコについても微妙な問題があろう。

以上のマルコと我々の福音書記者マルコとはどのような関係があるのか。単純にこれらのマルコをすべて同一人物だとみなす解釈者もいる(2)。その可能性をまったく排除することはできないが、マルコなどという平凡な名前の持主を全部同一人とみなすのはいささか単純にすぎよう。或いは、ペテロ前書の言及は歴史的に確かな資料とはなりえないからとて、これだけ除外して、他のすべてのマルコを同一人物とみ、それがマルコ福音書の著者であるとする見解もある(3)。或いはまた、福音書著者はこれらのマルコとはおよそ別人とも考えられる。また、ペテロ前書五・一三に関して、パピアスの証言の伝える長老ヨハネはペテロ前書のこの個所を知っていて(少なくともパピアス自身がペテロ前書を知っていたのは確かである、エウセビウス『教会史』Ⅲ・三九・一七)、それを福音書記者マルコと同一視して、ペテロの通訳兼弟子マルコが福音書を書いた、という想像をなしたのか。その他いくらでも想像はなしえよう。しかし、実のところ、たとえ福音書記者がヨハネ・マルコであろうと、或いはバルナバの従弟マルコであろうと、或いはその両方であろうと、いずれにせよそれだけでは大したことを知ったことにはならない。名前だけしか知らないのと五十歩

百歩である。ではそのマルコはどういう人物だったか、ということになると、結局福音書の内証に頼らざるをえない。(4)

さて、その内証から出発して、マルコを異邦人キリスト教徒であるとする意見が案外優勢である。その根拠として、一、マルコがパレスチナの地理を正しく知っていないこと、二、不信仰なユダヤ人を厳しく斥けていること、三、パレスチナの風俗習慣にあわない記述があること、が通常挙げられる。しかし実はこの三点いずれも正しくない。ルカがパレスチナの地理をおよそ知らないのは事実だが、マルコにはそのようなことはない。通常、マルコがパレスチナの地理を知らない例としてひかれるいくつかの個所は、解釈者の偏見からそう見えるだけなのである（この点第三章参照）。第二点についても、マルコが批判しているのはユダヤ人一般ではなく、特にユダヤの民衆ではなく、その中の特定のグループ、律法学者、パリサイ人である。第三の点はもっとひどい。たとえば、例の有名なサロメの踊りの物語（マルコ六・一四―二九、もっともマルコではサロメとは呼ばれていない）について、オリエントの踊りというのはひどくみだらなものであるから、王侯の娘が宮廷の客の前で踊った、などというのはオリエントの踊りを実際に見たことのない人だけが書ける物語だ、というのであるが、オリエントの踊りはすべて淫猥なものだなどときめてかかるのは西欧人の勝手な想像にしかすぎないのだ。或いは、盲人の乞食バルテマイの物語で、この乞食がイエスに呼ばれて喜んで「上衣をぬぎすて」踊りあがってイエスのもとに来た（一〇・五〇）というのも、パレスチナの乞食ならば上衣をざるのかわりに自分の前にしいて物乞いをしているのだから、今更「上衣をぬぎ捨てて」などというのはおかしい、これはヘレニズム世界の乞食の姿を持ちこんだものだ、というのだが、この説明も講釈師の見てきたような嘘以上には出ない。

では、ペテロの思い出をそのまま記したのだ、という説を福音書の内証に照らしてみるとどうだろうか。この説が今日でも時々保守的な学者によって支持されるのは、実は、マルコ福音書の記述の史実としての信憑性を弁護しようとする護教論的な動機があるのであって、我々としてはまずこのような護教論的動機はつとめて排除しなければならない。それに実際、このペテロの思い出説はまず様式史研究の結論と真向から衝突する。つまり、マルコ以前の福音伝承が口から口へと伝えられた断片伝承であったとするならば、それは数多くの人々の間で口づてに伝えられながら形成される文字通りの伝承であって、決して、ペテロの思い出をそのまま紙に記したものではありえない。この点に関する限り、様式史研究の結論はもはや不動の学的成果であるから、それを捨てて古典的なペテロ思い出説をとろうとするのは右に指摘した護教論的動機以外ではありえない。マルコ福音書の中でペテロが登場する場面は、まさにこの逆のことを証明する。ペテロはしばしば失策をしたり、場違いな間抜けた発言をしたり、あからさまに批判されたりする（一・三六、八・三三、九・五、一三・三、一四・三〇以下、三七以下、六六以下）。ペテロがほめられるような仕方で登場する場面はマルコにはほとんどないと言った方がよい。思い出説をとる人達は、後の時代にペテロが持っていた大きな権威からいって、後世の創作ならばむしろもっとペテロを讃めるはずで、失策が多く語られるのはかえってペテロの自己告白と考えた方がよい、と言って説明する。一応もっともな説明だが、しかし、ペテロが批判を越えた絶大な権威を持つようになったのは一世紀末頃から徐々に発展していった初期カトリシズムの流れの中においてであって、一世紀半ば過ぎに福音書を書いているマルコがこの種のペテロ崇拝を共にしたとはとても考えられない、パウロもガラテヤ書二・一一などではっきりとペテロを批判している。従ってペテロの失策が語られるのは自己告白以外ではありえない、などという論理は成り立たない。これはむしろ、ペテロだけでなく、弟子達一般もマルコでは同様に批判されていることとあわせ考えるべきであって、マルコとしてはまさにペテロを中心とする十二弟子の権威を批判することを目的として福音書を書いているのである（第二部第二章参照）。もっとも、いくつかの物語はペテロもしくはその信奉者に由来する、ということは否定できない。ペテロが弟子達の代表者として登場する物語（五・三七、八・二九、九・二、一一・二一）はその可能性が強いし、特に召命物語（一・一六—二〇）、ペテロの義母の癒し（一・二九—三一）などは、おそらくペテロ自身が人々の前で語ったことのある物語であろう。ただし、その物語がペテロに由来するということと、マルコがそれを直接聞いてそのまま書いた、ということとは同じではない。たとえもとはペテロにある物語でも、伝承の経路を経てマルコに伝わってきている。

では、マルコ福音書はどこで誰を対象として書かれたものだろうか。古典的な説明によれば、この福音書はローマで書かれたことになっている。これはもっとも古くは二世紀から三世紀初頭にかけて活動したアレクサンドリアの教父クレメンスが伝える伝承であり（エウセビウス、教会史、VI・一四・六による）、その後ずっと教会はそう考えてきた。クレメンス自身もおそらく誰かから聞いたのであろうが、現存の資料ではクレメンス以上にはさかのぼりえない。そして実際、非常に古い伝承とは考えられない。従ってそれ自体どこまで信頼できるかわからない。おそらく、マルコはペテロの通訳であった、という伝承から出発して、ペテロの晩年の活動と殉教の地と伝えられるローマでこの福音書が書かれた、という想像がなされたのであろう。とすると、マルコとペテロの関係すらそもそもどこまで確かかわからないのであるから、マルコがローマで書いたということもあまりあてにならない。

ローマ説を福音書の内証から説明しようとする試みもなされている。通常指摘されるのは次の諸点である。

㈠　マルコの文章にはラテン語的な表現が時々出てくる。

㈡　アラム語の単語を記す場合には、かならずギリシア訳を附記している。

㈢　律法、予言成就、律法学者との対決などの要素にあまり興味を示していない。(5)

㈣　マルコがマタイとルカに並んで権威を持つ福音書となりえたのは、勢力の大きな教会の後押しがあったからである。

しかし、右の四点のいずれも、ローマ説を積極的に支持する理由とはなりがたい。第四点については、たとえそれ自体正しいとしても、当時勢力の大きな教会はローマだけではなかったし、また、マルコ福音書が他の福音書と並ぶ権威を持つと考えられたのも、単に特定教会の後押しによるだけでなく、やはりこれが最初の福音書であること、しかも内容的にすぐれていることが主な理由であろう。第三点については、それだけではマルコ福音書がユダヤ人を対象としたものではなく異邦人を対象としたことの証明とはなっても、ローマで書かれたことの証明とはならない。おまけにこの観察はそれ自体正しくないのであって、律法学者との対決はマルコ福音書の主眼点の一つである。[6] 従って、ユダヤ教のはらむ問題と意識的に対決している限り、この福音書をユダヤ人に無縁のものと考えるわけにはいかない。律法、予言成就についての関心がマルコには非常に薄い、というのは事実であるが、その理由はマルコの思想傾向に求められるべきであって、著作の場所や読者対象を決定するための議論とはなりがたい。第二点については、ギリシア語で著作している限り、そこに出てくるアラム語の単語に訳語を附けるのはあまりにも当然であって、著作の場所を決定するための議論とはなりがたい。ギリシア語で書いている限り、マルコとしては決してユダヤ人だけでなく広く世界中の人々に読んでもらいたい意図を持っていた。しかし逆に、読者対象からユダヤ人を排除する気もなかっただろう。第一点については、その観察自体は正しい。しかし、ヘレニズム時代とはいえ、すでにローマの世界支配が始って一世紀以上たっている頃に書かれた文書である。たとえローマ市、もしくはイタリアで書かれたのではなくとも、ラテン語的表現がいくつか用いられるのは何ら不思議ではない。しかもそれはほとんどすべて度量衡の単位（六・三七、一二・四二）、器物の名称（μόδιος 四・二一、ξέστης 七・四）、行政・軍隊用語（λεγιών 五・九、一五、σπεκουλάτωρ 六・二七、κῆνσος 一二・一四、κεντυρίων 一五・三九、四四以下、πραιτώριον 一五・一六）に限られており、支配民族の言語が被支配民族の言語に外来語として入りこむ場合、この種の単語がまず第一に入りこむのである。もしも、マルコがこれらのラテン系外来語を用いている故にローマで執筆した、というおかしな論理が成り立つとすれば、今日日本の新聞雑誌で料理や洋裁の先生方、安手の心理学や社会学の先生方のお書きになるみっともない片仮名満載の文章は、みなニューヨークかロンドンで書かれたことになってしまう。[7]

従ってローマ説を積極的に肯定する理由はない。もっとも無理に否定することもないのであって、たまたまローマで著者が筆をとったという可能性がまったくないとはいえない。しかし実のところ、マルコ福音書にとって重要なのは、この著者がどこで筆をとったか、ということではないのであって、たまたま執筆の作業を行ったのがどこの町であろうと、それは福音書の内容にはほとんどまったく反映していないのである。読者対象についても、すでに述べたように、広く一般の読者を想定していたのであって、特にどこの国の人ということはない。もっとも、著者の関心の多くは内教会的な論争に向っているから（第二部第二章）、読者対象は教会人を主としたものであっただろう。しかし、この点で特にユダヤ人キリスト教徒と異邦人キリスト教徒を区別することはマルコはしていない。

むしろ重要なのは、著者の思想背景をなす精神的風土である。そしてこれは非常にはっきりしている。マルコは意識的にも無意識的にもガリラヤを非常に強調し（次章参照）、筆をとった場所はともかくとしても、資料蒐集はガリラヤで行っている（第三章参照）。従って、著者自身ガリラヤの土に親しんでいると共に、その福音書にガリラヤの風土の息吹を与えているのである。この意味で、たとえ直接に筆をとった場所がどこであるにせよ、マルコ福音書はガリラヤで書かれた、と主張するのは正しい。(8) マルコの精神的風土がガリラヤを中心としたものである、ということは、この福音書を理解する上で基本的に重要なことである。

著作の時については、およそ確かなことは何も言えない。一応広くひろまっている通説によれば、六〇年代後半ということになる。(9) ほかにこれという決め手がないから、次善の策として多くの学者が、強いて言うならば六〇年代後半だろう、と述べている中に、だんだんこれが通説になり、通説になると「強いていうならば」という前提がとれてしまって、ついに何となく常識化するものであるが、だからと言ってこの説に積極的な根拠があるわけではない。普通六四年から七〇年の間というのであるが、この上限の六四年という数字はエイレナイオス（二世紀後半）の言葉によっている（エウセビウス、教会史Ｖ・八・三による）。これによると、マルコが福音書を書いたのはペテロの死後である。ペテロの死は一応六四年と推定されるから、それで上限は六四年に置くのであるが、しかしこの言い伝えは、マルコとペテロの関係を前提としているものであるから、それ自体あまり信用できないし、また、ほぼ同じ時代の教父アレクサンドリアのクレメンスの先に言及した言葉によれば、マルコ福音書はペテロの生前に書かれている。従って、クレメンスを信用しないでエイレナイオスを信用する、というのは、説得力がない。下限の七〇年という数字は、ユダヤ戦争によるエルサレム崩壊の年代である。福音書の年代決定のための積極的な証拠が欠けているから、この時代の最も重要な歴史的事件をとりあげて、それがどの程度福音書の叙述に反映しているかを調べていく。その結果、これは七十年頃に書かれたものだという結論を出す。[10] しかしその推論の手がかりはあまりにも微弱であって、マルコ一三・一四はエルサレム占領を、一三・二は神殿崩壊を示唆している、という程度のことである。そしてそれとて、示唆しているというのも、そう思えばそうだ、という程度のことにしかすぎない。

むしろマルコ福音書の内証として、エルサレム教会の傾向、特に十二使徒の権威を中心としたエルサレム教会の傾向を批判しようというのが福音書に一貫した姿勢であるから、十二使徒の権威（十二使徒自身はもはや存在していないとしても、少なくともその権威の理念）が強く支配していた時としては、かなり早い時期を考えることもできよう（五十年代？）。しかしいずれにせよこの点について確かな議論はできない。

註

1　この点、F. C. Grant, *The Gospels*, 1957, p. 77 が正しく指摘している。

2　山谷省吾『新約聖書解題』二一六頁以下、高柳伊三郎『新約聖書概論』六一頁以下。X. Léon-Dufour, dans *A. Feuillet* (*ed.*), *Introduction à la Bible, Tome* II, p. 224は、第一ペテロ五・一三について一応反省した上で同じ結論を出している。

3　W. G. Kümmel, *Einleitung in das Neue Testament*, S. 53 f.

4　これを指摘している点で、W. Marxsen, *Einleitung in das Neue Testament*, 1963, S, 128は正しい。

5　他の諸点は多くの学者が共通して指摘するところだが、この点は特に、X. Léon-Dufour 前掲書二二五頁が言っている。

6　E. Trocmé, *La Formation de l'Evangile selon Marc*, p. 76 ss. 参照。

7　なお、ラテン語的表現の多くは受難物語（一四―一五章）に出てくる、という点は受難物語を評価する上で注意しておいてよかろう。本文にあげた個所のほかに、度量衡、器物名、行政軍隊用語以外のラテン語的表現はこの部分にしか見られない。*ῥαπίσμασιν αὐτὸν ἔλαβον*, 14, 65; *τὸ ἱκανὸν ποιῆσαι* 15, 15; *φραγελλοῦν* 15, 15 など。

8　W・マルクスセン、前掲書一二八頁。E・トロクメ、前掲書はマルコ一―一三章はパレスチナ地方で成立した、とする（一九六頁）。M. Karnetzki, Die galiläische Redaktion im Markusevangelium *ZNW*, 52, 1961, S. 238-272は、マルコ福音書に二段階の編集を考え、第一段階をガリラヤに置く。

9　山谷省吾、前掲書二一九頁。

10　S. G. F. Brandon, The Date of the Marcan Gospel, *NTS* 7, 1960/61, p. 126-141は、この種の議論の中で最も緻密だが、七〇年直後と想定している。

第二章　ガリラヤとエルサレム

一　問題の所在

マルコ福音書の内証から著者の立っている精神的風土を探ろうとする時に、まず顕著な手がかりとなるのが「ガリラヤとエルサレム」の問題である。これは一九三六年にE・ローマイヤーがはじめて指摘した問題であって、マルコ福音書の謎を解く鍵がここにあると言ってさしつかえない。事実、一九〇一年のW・ヴレーデの著作と共に、(1) このローマイヤーの著作は今日の編集史的福音書研究の先駆として高く評価されているのみならず、ヴレーデの指摘した「メシヤの秘密」と並んで、「ガリラヤとエルサレム」の問題がマルコの思想を理解する上での基本的な問題点と考えられているのである。(2)

どこに問題があるのか。マルコ福音書においてはガリラヤに中心的位置が与えられているのに、エルサレムには周辺的な位置しか与えられておらず、それどころか、批判的な、ほとんど敵対的な眼でもって眺められている。これは常識的な初期キリスト教の理解からすればかなり奇妙である。使徒行伝やパウロ書簡から再構成される限りでは、最初の教会はエルサレムに成立し、数十年間、おそらく紀元七〇年のエルサレム破壊の直前まで、エルサレム教会が全世界の教会の頭だったのである。それに対して、ガリラヤは何ら重要な役割を演じていない。初期のパレスチナ・キリスト教は、まだ半分ユダヤ教の中にとどまっていたのであるが、そのユダヤ人一般においては、政治的社会的にも、宗教的にも、また終末論的未来の待望においても、エルサレムこそすべての中心であったのであり、ガリラヤからは何らすぐれたものが出るはずがないと考えられていた（ヨハネ七・五二参照）。にもかかわらず、なぜマルコはエルサレムを周辺的地位におとしめ、ガリラヤ中心に福音書を書いたのか。

このことを示す個所を本文から拾いあげてみよう。最も有名なのは福音書の最後の文章である。三人の女がイエスの墓にもうでると、墓は空になっており、イエスの代りに天使が座っている。そしてこの天使がイエスの復活を告げ、「イエスは汝等を先立ち導いて（或いは、汝等より先に）ガリラヤに行く。かねて汝等に言われた通り、そこでイエスに会うことができよう」と弟子達に伝えるように、と言う（一六・七）。この「かねて汝等に言われた通り」は、同じマルコの筆によれば、イエスが逮捕される晩に、最後の食事を終えてオリーヴ山に行く道すがら、「私はよみがえった後に、汝等を先立ち導いて（或いは、汝等より先に）ガリラヤに行くだろう」（一四・二八）、と語った言葉を受けている。

とすると、復活のイエスに弟子達が会うのはガリラヤである、ということになる。これがいわゆる復活者顕現の物語を示唆しているのか、それとも別の事柄を意図しているのかは、いろいろ議論の的になったところだが、それについては後でくわしく論ずることにして、いずれにせよこれはかなり奇妙な叙述である。これが復活者の顕現を示唆しているのだとすれば、新約聖書のすべての復活伝承の中で稀有な位置をしめる。使徒行伝によれば、復活のイエスは弟子達に「エルサレムを離れるな」（一・四）と命じている。[3] これに対応して、ルカ伝では復活者はエルサレムとその近郊でのみ現れる（二四章）。ヨハネ伝でもそうである（二〇章）。復活者のガリラヤ顕現を伝えるのは、マルコがはじめてである。[4] もしも、イエスの死後復活信仰に目ざめた弟子達がエルサレムで最初の教団づくりをはじめたとするならば――この点では使徒行伝の叙述は疑うことができないようである――マルコが復活者の顕現をガリラヤに、しかもガリラヤにのみ設定しているのはかなり特異である。あまつさえ、マルコは「ガリラヤに行け」という天使の命令でもって福音書を結んでおり、[5] その弟子達が実際にガリラヤに行ったのかどうか、行ったとして、そこで果して、どのように、イエスに会ったのか、などについては沈黙している。

これを説明するのに、古典的学説では、「弟子達のガリラヤ逃亡」が語られた。イエスの死刑で気も動顚したガリラヤ出身の弟子達は、とるものもとりあえずガリラヤに逃げ帰った。ところが状勢がおさまるにつれて、彼等はまたエルサレムにもどってきた。そしてそこで教団をつくりあげていったのであるが、自分達のガリラヤ逃亡を弁護するために復活者の顕現をガリラヤに設定した物語をつくったのだ、と。(6) その物語の伝承がだんだん伝えられて、今日マルコの記しているような物語となった、というのである。しかし、弟子達のガリラヤ逃亡などという事実は新約のどこにも示唆されていない。まして、いったん弟子達がガリラヤに逃げたとすれば、むしろ説明さるべきなのは、なぜ彼等がまたすぐにエルサレムに舞いもどって来たか、ということである。復活者の啓示を受けたからか。とすれば物語は逆に、ガリラヤで弟子達に会った復活者が「エルサレムに行け」と命じた、という風につくられたはずである。おまけに、マルコでは、復活者のガリラヤ顕現の物語などは一言も語られていない。そうではなく、復活者がガリラヤに行く、という方向が示されただけで福音書は終っている。――この相違は重要である。

もしもこれが、弟子達のガリラヤ逃亡といったような、何らかの過去の事実を反映した叙述でないとすれば、むしろ福音書記者マルコの現在の思想的状況を反映しているのではないか、と視点を変えて問題を分析しようとしたのがE・ローマイヤーである。マルコは何らかの理由でガリラヤを特に強調しようとしたのではないか、と。このように視点を変えてみる、というところに歴史的研究の進歩がある。実際、その目で見てみると、マルコ福音書全体を通して、特に福音書記者の編集の筆が明らかなところに、ガリラヤがしばしば強調されていることに気がつく。はじめからガリラヤの語の出てくる個所をすべて列挙してみると、

一・九　福音書でイエスがはじめて登場するところで、「イエスがガリラヤのナザレから来て」とある。これは、いわばその本の主人公を最初に紹介する、という意味も含めた文だから、福音書記者の意図が明瞭に現れている、

と言わねばならない。そしてマタイやルカのように、イエスをユダヤのベツレヘム生れの人とし、長い系図をもって紹介したりせずに、ガリラヤ人として紹介するところにマルコの意図がある。

一・一四　イエスの最初の福音説教は「ガリラヤに来て」なされる。この一四、一五節が福音書記者の手になる文であることは、今日ほとんどすべての人が認めている。

一・一六　「ガリラヤ湖のほとりで」(これは伝承に従ってそのまま記している文と考えられる。)

一・二八　イエスは「ガリラヤのあたりすべての土地で」有名になった。これは編集句である。

一・三九　イエスは「ガリラヤ全地で」宣教した。この文も編集句であって、イエス到来の目的がガリラヤ全地で宣教することにある（三八節参照)、というのだから、イエス活動の主目的をガリラヤ地方に設定しようとする福音書記者の意図が明白である。

三・七　イエスがガリラヤ湖のほとりに居ると、ガリラヤから、またパレスチナ全土から、多くの群集がイエスのまわりに集ってくる。——三・七—一二は全体として編集上のまとめの句であって、[7]それだけに要約された形でマルコのイエス観が示されている。マルコが何らかの形でイエスの活動に終末論的成就を見ているとすれば、この文章もきわめて特異である。後期ユダヤ教の終末待望においては、イスラエルに栄光が与えられる時、全世界の民がエルサレムの山に集ってきて主を拝する。[8]エルサレムが世界の都として輝き、そこにすべての民族が集ってきてひざをかがめるのである。これに対して、マルコがイエスの活動に対してえがく像は何と対照的なことか。諸地方から人々がガリラヤ湖畔に立つイエスのもとに集ってくる。ここには後期ユダヤ教の終末待望に対して意識的な対決がある。エルサレムでなくガリラヤなのだ。エルサレムはガリラヤをめざして来る人々の出身地の一つにしかすぎない。[9]

七・三一　「イエスはツロの地方からシドンを通り、ガリラヤ湖へ、デカポリス地方の中へと来た。」これは奇妙な行程としてしばしば議論の的になる個所である。その意味するところが何であるかは別として、[10] いずれにせよマルコの編集句である。イエスはガリラヤを離れて他の地方に出て行っても、かならずまたガリラヤにもどって来て、ガリラヤから再び他の地方へと出発する。ガリラヤがイエスの活動の根拠地である。イエスがガリラヤを離れて再びもどってこないのは、十字架の死にむかってエルサレムに行く時だけである。(その時ですら、復活してイエスはガリラヤにもどる！)

九・三〇　「そこから出発してガリラヤを通った。」断片伝承の物語と物語をつなぐこの句は、明瞭に編集句である。[11] そして前後関係からいって、この個所で、ガリラヤを通った、と言わねばならない必然性はない。マルコはガリラヤという語を口にする機会さえあれば、なるべく言うようにしている、という印象を受ける。[12]

一四・二八　すでにふれた。

一五・四〇、四一　イエスの十字架を見まもっていたのは、イエスがガリラヤに居た時から従っていた女達であった。——マルコ受難物語におけるガリラヤの女達の言及も特異な句である。三個所とも（ここと一五・四七と一六・一）少しずつ名前が相違しているし、なぜ今までほとんど言及されなかったガリラヤの女達が、ここに来て三度も強調して名を上げられているのかも一つの問題である。受難物語のマルコ福音書における特殊な位置からいって、[13] この三つの句が編集句なのか伝承に由来するのか、簡単には判断できない。しかしたとえ伝承に由来するにせよ、[14] 福音書全体を通してガリラヤ動機を強調してきたマルコにとっては、この句は自分の主張にふさわしいものであっただろう。イエスの十字架の死をみとり、埋葬の場も見ており、そして天使の語る復活の告知を聞いたのは、イエスの兄弟でも使徒達でもない、「ガリラヤから」イエスに従っていた女達である。後にエルサレム教団の中心になった使徒達はこの重大な瞬間に立合わない。彼等の指導者格であるペテロは、自分がガリラヤ人であることさえ、敢えて否定しようとする（一四・七〇）。

一六・七　すでにふれた。

以上検討したすべての個所は、マルコがいかにガリラヤを重要視しているか、圧倒的な印象を与える。参考までに、このようなガリラヤ重視は後の福音書記者達の理解し支持するところではなかった、ということを確認しておこう。これにはマタイ、ルカの全体の方向を調べる必要があるが、ここでは、以上のマルコのガリラヤ個所を、マタイとルカがどう処理したか見ておこう。マルコ一・九の「ガリラヤ」をルカは削除している。マタイはこれを保存しているが、しかし両者ともイエスの洗礼物語の前に長い誕生物語を置いて、イエスが本当はガリラヤ出身ではなく、ユダヤのベツレヘム出身である、と論証しようとしている。(15) 一・一四はさすがに両者とも保存している。一・一六はマタイは保存しているが、ルカは物語全体を作りかえているので、直接この句を保存しようとしたか削除しようとしたかはわからない。しかし「ガリラヤの海」というマルコ的表現を避けて、「ゲネサレ湖」としている(五・一)。マルコ一・二八については、マタイは平行記事を欠くが、ルカはその平行記事において、「ガリラヤのあたりのすべての地」というマルコの表現から「ガリラヤ」を削って、「あたりのすべての地」としている。一・三九はマルコにとって基本的に重要な個所であり、マタイはこれを保存しているが、ルカは「ユダヤの諸会堂で宣教した」と直している。三・七も同様に重要な個所であるが、ルカ(六・一七)もマタイ(四・二五)も、諸地方から多くの群集がイエスにつき従った、としているが、マルコにとって重要な「海辺」すなわち「ガリラヤ湖畔」に居るイエスのところに、という動機はどちらも削除している。あまつさえ、マルコではイエスに従った人々の出身地の筆頭に地元のガリラヤがあげられているが、ルカはこのガリラヤも落としている。マルコ六・二一の「ガリラヤ」はそれ程重要ではないが、マタイは削除している(ルカは平行記事を欠く)。マルコ七・三一、九・三〇は共にマタイは保存しているが、ルカは後者の「ガリラヤ」を削除している。(前者についてはルカは平行記事を欠く)。一五・四一はどちらも保存している。しかし一四・二八と一六・七のもっとも重要な個所はマタイは保存しているが、ルカでは一四・二八は削除され、一六・七は「汝等を先立ち導いてガリラヤに行く」という文が「かつてガリラヤに居た時に語っていたことを思い出せ」（ルカ二四・六）という風に変えられている。つまりマタイはマルコほどガリラヤ動機を重要視していないまでも、ほぼマルコの書く通り保存しているが、ルカは一貫してマルコのガリラヤ動機を削除する方向へと向っている。これは、福音書に続けて原始教会史を書いたルカにとってはエルサレムこそ教会発祥の地でありすべての中心だったからである。マルコ的なガリラヤ動機はエルサレム中心にものを見ているルカには受けいれられなかった。逆にまた、もしも使徒行伝を知らずにマルコだけ読めば、イエスの死後教会はガリラヤに生れ育ったのだろうと想像したくなる。(16)

このガリラヤ動機と対応するのがエルサレムの取扱い方である。我々はここでもまず「エルサレム」という単語が出てくる場合をすべて列挙してみよう。そもそも顕著な事実は、マルコではエルサレムという語があまり数多く用いられていないという事実である。(17) 後期ユダヤ教におけるエルサレムの重要さからいって、これだけですでに注目すべき事実である。

三・八　ガリラヤに関してすでに論じた個所（三・七）と関連して、エルサレムからも人々がガリラヤに来た、としている。エルサレムはガリラヤに居るイエスのもとに諸地方から集って来る人々の出身地の一つにしかすぎない。

三・二二　いわゆるベルゼブル論争において、「エルサレムから下ってきた律法学者」がイエスはベルゼブルにつかれている、と非難する。ガリラヤで論争が行われているのに、イエスの論敵はわざわざエルサレムから下ってきた律法学者である。

七・一　清めについての論争において、同じく、「エルサレムから来たパリサイ派の者と数人の律法学者」がイエスを批判する。イエスと対決するのはエルサレムの人達であって、ガリラヤの人ではない。

以上三個所はいずれも編集句である。三・八についてはすでに論じた。他の二個所はどちらも物語の導入句であって、編集者が断片伝承の導入につけた句である。

一〇・三二、三三　エルサレムに上る途中、イエスは第三の受難予告をなす。ここで、エルサレムが受難の地であるとはっきり指摘される(三三節)。この句もおそらく編集句であろう。受難予告そのものは、八・三一、九・三一との類似から言っても、伝承資料であろうが、それだけに、受難予告だけ独立に伝承されていたものを用いて、マルコがエルサレム途上の会話に仕立てあげた、という印象が強い。なお三二節は別の理由からも、[18]非常にマルコ的色彩が強く、編集句であると思われる。

一一・一　「エルサレムに近づき、ベトパゲ、ベタニヤにいたる。」これも導入句であるが、しかしエルサレム入城の物語につけられているのであって、もともと伝承の中に含まれていたと考えた方がよいだろう。いずれにせよこの「エルサレム」には、特に編集上の主張が現れているとは言えない。しかしここからイエスの活動の舞台はエルサレムに移る。しかもイエスはエルサレムで夜をすごさない。エルサレムに入城しながら、何もせずにベタニヤに引き返してくる(一一・一一)。これでは何のためにエルサレムに行ったのかわからない。この一一節の方はマルコの編集句である。そして以後エルサレムでのイエスの活動はもっぱら論争的行為に終始する。イエスはベタニヤを根拠地としてエルサレムに論争をしに出かけて行っているような印象を受ける。夜の宿をとるほどの親しみをイエスはエルサレムの町に対して持っていない。ここまで来ていながら何度も「(再び)エルサレムにはいった」という文がくり返されるのがこのことを示す。すなわち、

一一・一一、一五、二七、の三個所である。一一節は入城物語の結びの句として、「そしてエルサレムに入り、宮へと来た」と述べている。しかし次に続く二つの物語の導入句でも、「そして彼らはエルサレムに来て神殿に入り……」(一五節)、「そして彼等は再びエルサレムに来る。イエスが神殿の境内を歩いていると……」(二七節)と繰返される。これはいずれも断片伝承に対してつけられた導入句であって、編集上の筆によるものと考えられる。右に注意したことのほかに、もう一つ顕著な事実は、イエスはエルサレムに来ると、常に直ちに神殿へと行って

いることである。あたかも、エルサレムと神殿とは同一不可分であるかのような書きぶりである。つまり、マルコにとっては、エルサレムは神殿で代表される。そしてその神殿はエルサレムの人達によって「強盗の巣」にされてしまった(一一・一七)。この神殿は石の一かけらにいたるまで完全にくずれてしまうだろう(一三・二)。一四・一二以下終りまで舞台はエルサレムであるが、もはやエルサレムという単語は一五・四一以外には出てこない。しかしマルコがエルサレムをまずイエス受難の地とみなしていることは明白である。エルサレムを舞台にして行われることは、論争的行為のほかには、イエスの不法なる死刑だけである。一五・四一　これは「ガリラヤ」について検討した時にすでにふれた。エルサレムにおいても、イエスの友はガリラヤからのぼってきた者達である。

以上をまとめると、エルサレムは終末論的喜びの中心の位置をうばわれ(三・八)、そこは論敵の出身地であり(三・二二、七・一)、そこにイエスが行っても論争が行われ(一一章以下)、そして就中、そこはイエス受難の地である(一〇・三二、三三)。このようなエルサレム像をマルコは編集句によってえがきあげている。つまり、このようなエルサレム像は、マルコ独自の考えを示す。

マルコはなぜこのようなえがき方をしたのか。事実イエスがガリラヤを中心に活動したからか。事実イエスにとってエルサレムは論争と受難の場所でしかなかったからか。つまり、イエスの史的事実を伝えている中に、おのずとこのようなえがき方になったのか。そうかもしれない。しかしたとえ史的事実だとしても、それをわざわざとりたてて強調するにはそれだけの意図があろう。以上本文を検討した結果、ガリラヤとエルサレムの性格をこのように強調してえがきあげる句は、すべて編集句であることに注目した。ということはつまり、伝承の段階では「ガリラヤとエルサレム」の問題はほとんど問題となっていなかった、ということである。伝承にない要素を編集の際に特に取上げて強調するとすれば、それは、史的事実に即応するしないは別として、編集者の意図的主張である。そしてマルコ福音書が客観的歴史記述を旨とする著作でない限り、——たとえ客観的歴史記述を目的としていると仮定しえてもなお——このように従来注目されていなかった事実をとりあげて敢えて強調するからには、それはマルコの立っている思想的状況を反映するものである。マルコの著作の表向きの対象である歴史的過去の表現であると同時に、それよりもむしろ、マルコの現在の反映なのである。このことに気がついて、マルコの現在の思想的状況からガリラヤとエルサレムの問題を解きほぐそうとしたのがE・ローマイヤーである。その限りで、これは実にすぐれた着眼点であった、と言わねばならない。

しかしローマイヤーは着眼点が正しかっただけで、その解決の試みはおよそ根拠のない想像でしかなかった。——もっともこれは先駆者の宿命のようなもので、だからといって彼のすぐれた業績がいささかも価値を損うことはないのだが。——つまり彼によると、初期教団にはガリラヤ教会とエルサレム教会の二つの極があった。ガリラヤ教会は、イエスの兄弟、親族の宣教活動によってつくられ、ダマスコ教会(パウロがかつて迫害したもの、行伝九・二)もここから生れた。エルサレム教会は十二使徒、特にペテロ、ヤコブ、ヨハネを中心に形成された。この両者は互いに排除しあうものではなく、相補うものであった。「ガリラヤは、イエスの出身地であり、イエス自身やその親族の活動した土地として一つの中心なのであり、エルサレムは弟子達の活動によって一つの中心なのである。ガリラヤの上には、主の出身と生涯の地として栄光が輝き、エルサレムの上には、神の歴史としてのユダヤ民族の歴史の神聖さがある。」(同書五八頁) そして、ガリラヤとエルサレムはそれぞれ異ったキリスト論を代表する。ガリラヤ教会は「人の子」キリスト論をとり、終末時の人の子来臨を待望していたが、他方、律法遵守を強調していた。これに対して、エルサレム教会は「メシヤ」キリスト論をとり、聖霊体験を強調した(六八頁以下)。

ここからマルコ一四・二八、一六・七の難解な句の説明がなされる。ここでは、ガリラヤで「汝等はイエスを見るであろう(ὄψεσθε)」と記されている。ところがこの「見る」という動詞を復活者の顕現に用いる場合は、「見られた」

すなわち「現れた」(ὤφθη)という受動アオリスト形が常である。ところが「(汝等は)見るであろう」という能動未来形の方は、未来のキリスト再臨に関して用いられる表現である(マルコ一四・六二、また一三・二六、ヨハネ一六・一六、黙示録一・七参照)。従って、マルコ一四・二八、一六・七でも、通常の解釈の考えるような復活者の顕現が問題になっているのではなく、栄光の主の未来の再臨が問題になっている(一一頁以下)。福音はガリラヤで始り、ガリラヤで終るのである。イエスのガリラヤでの宣教活動に始った福音が、間近にせまった終末時に栄光の主がガリラヤに再臨することによって完成する、とマルコの教会の人達は信じていた。(19) この再臨待望は明らかに人の子キリスト論の型であり、ガリラヤ教会の神学に属する。以上がローマイヤーの説明である。「見る」という動詞についての議論は別として、他はすべて、およそ根拠がないか、あっても薄弱である。初期パレスチナ教団において、エルサレムとガリラヤの二つの教会が二つの中心であった、などという事実は、どこにも知られていない。たとえガリラヤに相当多数のキリスト教徒、というよりはむしろイエスの賛同者がいたとしても、エルサレム教会的な意味での組織をもった教会がガリラヤにあったかどうかは不明なのである。次に、エルサレム教会が十二使徒によって代表されるのは正しいとしても、ガリラヤと主の兄弟の結びつきもまったく根拠がない。(20) むしろ新約の伝える古い伝承は、主の兄弟、特にヤコブの活動をすべてエルサレムに結びつけている(ガラテヤ一・一八、一九、行伝一・一八、一二・一七、一五・一三など)。一世紀のユダヤ人歴史家ヨセフスも、イエスの兄弟ヤコブをエルサレムの人、しかもかなりな勢力をもったエルサレムの人としてしか知らない。(21) しかし決定的な欠点は、ローマイヤーが狭義のキリスト論を判断の基準としていることである。人の子、メシヤ、主、といったようなキリスト論的称号の用い方によってマルコの思想状況の基本的特色が理解できる、というのは方法論的仮定にしかすぎないのだが、この点についてローマイヤーは何ら反省していない。後に示すように、実は、このようなキリスト論的接近の仕方そのものをマルコは批判しているのである。(22) 従ってローマイヤーはそもそも答を探す方向を間違えた、と言わねばならない。(23) マルコの思想的状況は、このように単にキリスト論の相違といったような神学上の問題だけでなく、もっと深く土地に、すなわち地理的社会的場に根ざしている。それがそもそも「ガリラヤとエルサレム」という問題の示唆するところなのである。それをローマイヤーは、神学上の理念に還元してしまった。第二の基本的欠点は、マルコがエルサレムの名を口にする時は批判、非難の調子をこめている、という事実をローマイヤーはよく評価していないところにある。ローマイヤー自身この事実に気がついてはいる。マルコにおいてはエルサレムは「イエスに対する敵意の竈」(三二頁)である、と彼は指摘する。しかし問題を解決する際には彼はこの事実を忘れてしまっている。重要なのは、問題を解決する場合に、その問題に含まれる事実を全部考慮することである。マルコがガリラヤを強調するのは、単に「終末論的完成の場所」という神学的理念だけからではない。エルサレムに対して批判的に対決することによって、はじめて、ガリラヤ強調が浮かび出る。そこが説明されねばならない。マルコはなぜエルサレムを批判したのか。——主の兄弟についての説明にも同じことがあてはまる。ローマイヤーによると、主の兄弟がガリラヤ系の神学を代表することになるが、マルコ福音書においては、主の兄弟親族はもっともきびしく批判される者の中にはいる(三・二〇以下参照)[24]。ガリラヤの積極的意義をあれほど強く強調するマルコが、その意義を自分のきびしく批判する者によって代表させることは不可能である。

このようにローマイヤーの解決の試みは的はずれであった。しかしその提出した問題は残る。この点はよく気をつけねばならない。ローマイヤーの解決案をいかに批判してみても、それで問題自体が解消するわけではない[25]。この問題がマルコの思想状況解明の鍵であることには変りないのである。

二　解決の試み

ではこの古典的な問題に対して、最近のマルコ研究者はどのような解答を用意しているだろうか。大別して、神学理念に解消するもの、異邦人伝道の主張とするもの、マルコの編集活動の土地に結びつけるものの三つに分類できる。ローマイヤーの研究そのものが、マルコにおける「ガリラヤ」は単なる地理概念ではなく、一種の神学概念としての役割をになっている、という点に目をつけたところに特色がある。この問題意識と解決の方向を継承し、徹底化したのがW・マルクセンである。(26) 彼によれば、「ガリラヤ」は純粋に神学理念であり、初期教会の終末論的教義を表現している。一四・二八と一六・七の句を、ローマイヤーと同様に、キリスト再臨に結びつけ、初期教会の人々はガリラヤにおいて再臨のキリストに会うことを待望し、しかも近い将来にガリラヤに行ってその日を迎えようとしていたのだ、と説明する。マルコ福音書で「ガリラヤ」が強調されるのはすべて、「ガリラヤ」のもっているこの終末論的意義の反映である。事実、エルサレム教会の人達は、ユダヤ戦争がはげしくなってエルサレムが破滅に頻した七〇年直前の頃、ガリラヤへ向って移動しているが、これはガリラヤで終末顕現を迎えようとしたものである。そしておそらく、この待望が実現しなかった結果として、彼等は更にヨルダン川を越えてペラに行ったのであろう。(27)

マルクスセンの説明はこのようにローマイヤー説の延長であって、キリスト論的称号の区別だの、主の兄弟ヤコブだのについてのローマイヤーの無用な議論は整理して、ガリラヤにおける終末顕現の待望、という神学的理念にのみ焦点をあてたものである。その限りではローマイヤー説よりも進んでいるが、基本的には同じ欠陥をはらんでいる。この説明では一四・二八と一六・七の解釈が鍵となるが、そもそもこの二つの句はキリスト再臨を語ったものかどうか疑問である。(28) そしてこの問題のように、マルコ福音書全体の基本的方向にかかわるものを、わずか二つの句によってのみ説明しようとするところに無理がある。その結果として、福音書記者の立っている歴史的位置を示す大きなひろがりをもったこの問題を、一つのせまい神学的理念に解消してしまったのである。ともするとすべてを理念に還元してしまうドイツの学問の悪い傾向がここに現れていると言えよう。このように問題をせまくしてしまうことによって、重要な事実を無視する結果となる。ローマイヤーの場合にも指摘したように、これは「ガリラヤとエルサレム」

の問題であって、単に「ガリラヤ」の問題なのではない。マルクスセンの説明だと、エルサレム教会の人達（及び彼等を中心とする初期キリスト教会）が持っていた理念が「ガリラヤ」だ、ということになるが、そもそもマルコはエルサレム教会の福音書なのではない。これは基本的な誤りである。そしてこのような誤りは、著者の立つ歴史的社会的場を問題にしないで、単に教義的理念のみを問題にするところから生ずる。

第二の解釈の試みは、今日広く一般に受けいれられているものである。すなわち、マルコ福音書がエルサレムをすててガリラヤを志向するのは、「不信仰なユダヤ人から信仰ある異邦人へと」福音が向うことを意味する。[29] 従ってまた、ガリラヤへの志向を示して福音書が結ばれている、ということは、著者が異邦人伝道を主張していることを示す。なぜなら、ガリラヤは「異邦人のガリラヤ」（マタイ四・一五）であるから、ガリラヤへ向うということはとりもなおさず異邦人伝道の主張であることになる。イエスの出来事を福音としてえがくことを主眼としたマルコ福音書は、同時に示唆的に、この福音はイエスの死と復活の後、すなわち、福音書が直接扱っている物語が閉じられた後には、異邦人世界へと向うものである、と語っているというのである。[30]

けれども、このように根拠薄弱な説が広く一般に受けいれられるのもめずらしい。これはおそらく、異邦人伝道の強調は現代欧米のキリスト教の目にかなった教会のあり方だからであろうし、またユダヤ人から異邦人教会へという図式は原始教会史発展の一般的図式として常識化しているからであろう。しかしその今日の学者の「常識」を別とすれば、マルコにおけるガリラヤが異邦人伝道と結びつく理由は一つもない。確かにマルコ福音書は他のどの福音書よりも伝道を強調する。その意味でこの説明はマルコ福音書の傾向をよくつかんでいるといえる。しかし、ガリラヤという地方名が宣教活動へのいざないを意味する、というとすれば、これは、風が吹けば桶屋がもうかる、という以上に手のこんだ連想を必要とするであろう。またガリラヤを異邦人と結びつけるのも暴論である。マルコが福音書を書いていた時代には、ガリラヤは、ユダヤと比べればかなり異邦人住民も多かったとはいえ、全体としてはユダヤ人地域であったのは明瞭な事実である。異邦人伝道を象徴するためならば、誰の目にも明瞭な異邦人地域をあげることができたはずで、何もことさら好んでユダヤ人地域であるガリラヤをあげる理由はない。更に、「異邦人のガリラヤ」という句は新約では先に引用したマタイ四・一五にしか出てこない表現であって、新約時代においてガリラヤが異邦人の地として認められていたことを示す典拠はほかにはない。マタイがこの表現を用いるのも、旧約引用の中の一文においてであって、マタイはこのような擬古的表現を好むのである。[31] 従ってこれはマタイ独自の傾向であって、マルコを説明するには役立たない。またもしこのような擬古的表現を自分達の時代にもあてはめて用いる人達が居たとしても、[32] それはエルサレムを中心としたユダヤ地方の人々の目から見てのことであって、エルサレムに対して否定的評価をなしているマルコの目には「異邦人のガリラヤ」という何ほどか軽蔑した調子を含むガリラヤ観があてはまらないことは明らかである。そして、もっとも基本的な問題は、実はマルコ福音書の場合ユダヤ人対異邦人という問題意識はほとんど存在しない、ということである。初期教会においてユダヤ人対異邦人の問題が大きな問題であったことは、特にパウロ書簡、使徒行伝、或いはマタイ福音書などから印象づけられるが、しかしだからといって、それを新約のすべての著者に前提してよいかどうかは疑問なのである。そして事実、この観点からマルコ福音書の本文を研究してみると、およそユダヤ人対異邦人の問題はマルコの問題意識にのぼっていないことに気がつく。[33] この点ではマルコは新約聖書の著者の中で特異な存在である。この問題意識がない以上、マルコが「ガリラヤ」の語をもって異邦人伝道を強調することはありえない。

そもそもこの説明が原始教会史についての一般的常識をもとにしていることは先にもふれた。エルサレムのユダヤ人教会からはじまって、やがてパウロなどの活動によりキリスト教は異邦世界へとはいって行き、世界の普遍的宗教になった、というこの一般的常識は主として使徒行伝をもとにしてえられるものである。もちろん一般的常識としてこれは正しい。しかしそれはあくまでも一般的常識にしかすぎないのであって、原始教会史は決してルカの図式的描写に示されるような単線的な発展の経路をたどっていったのではなく、もっと複雑な要素を数々と含んでいたのである。だから、福音書記者マルコもルカと同じような単線的な図式を教会の発展に関してもっていたかどうか、そこのところが疑問なのである。この問はまた、マルコ自身この複雑な原始教会史のひろがりのどこに立っていたのか、という問に導く。この観点からしてはじめて「ガリラヤとエルサレム」の問題にも答えることができるのである。その意味で、第三の解決の試みとして、カルネッツキーのものは高く評価されねばならない。[34]結論としてはカルネッツキーも第二の解釈と同じく、ガリラヤは異邦人伝道への志向を示している、という。その限りではこの説も受けいれられない。しかしマルコがなぜこのようにガリラヤを強調するのか、という問に答えて、彼は、マルコは福音書をガリラヤで編集したからである、という。[35]ガリラヤの北辺もしくはおそらくシリヤで編集活動が行われたのであって、その意味でマルコにおける「ガリラヤ」は単に神学的意味だけではなく、「教会史的意義」をもっている（二五七頁）。すなわち、我々の言葉に直せば、初期キリスト教会発展の過程においてマルコのしめている歴史的位置を示すのが「ガリラヤ」である、ということになる。この観点から「エルサレム」の要素もはじめて理解できる。マルコ福音書のガリラヤ編集においては、エルサレムは「敵対するパリサイ派的ユダヤ教の場であり、そしてその故に受難の場である」（二五五頁）。だからマルコがエルサレムではなくガリラヤ、と言う時には、正統的ユダヤ教と対決した意味での教会形成が意図されている。だからマルコ（のガリラヤ編集）においては、パリサイ派の律法的ユダヤ教がきびしく批判され、「福音」が強調されるのである。

この解決の方向をカルネッツキーは素描しているにすぎず、従って無反省に古い常識的説明と同居させている。しかしここに示されている方向は貴重である。この点を総合的に反省することによって、我々の結論を導き出すことができよう。その前にまず、カルネッツキーの説の不備な点をいくつか指摘しておこう。まず、異邦人伝道への志向に結論をもっていったのは、木に竹をついだようなものである。これについては先に論じた。カルネッツキーは、マルコではイエス活動の地としてのガリラヤと正統的ユダヤ教の中心としてのエルサレムが対立させられている、という。とすれば、マルコがガリラヤを強調するのは、異邦人伝道への志向などよりも、まずイエス活動の地としてのガリラヤという歴史的意義の重視とみなすべきである。これは平凡なことだが重要である。次に、このような形でガリラヤとエルサレムを対立させて考えることができるのは、エルサレム教会の者、もしくはエルサレム教会の系統を引く者ではありえない。エルサレム教会においても伝統的ユダヤ教との一種の対決はあったと考えられるが、しかし彼等は聖地エルサレムに教会を保つことで全世界の教会に対する指導的地位を主張したのであるから、その彼等がエルサレムの町自体を批判することは考えられない。とすると福音書記者マルコはエルサレム教会の系統のキリスト教とは異った流れに属する。この点カルネツキーはほのめかしてはいるが、事柄の重要さを十分に評価してはいない。マルコのこのような位置を頭に置くならば、マルコが批判しているのはただ単に「正統的パリサイ派的ユダヤ教」だけではなく、むしろもっときびしい批判は教会内に向けられている、という事実もこの問題との関連において考慮したことであろう。マルコのエルサレム批判は、エルサレム教会の批判をも含むのである。最後に、カルネツキーは「ガリラヤにおける編集」というが、それが具体的にどういうことなのか説明していない。単にガリラヤにおいて福音書編集の筆をとった、というだけのことなのか、それとも編集活動はもっと密接にガリラヤという土地と結びついていたのか。以上の諸点を考慮しながら、次に我々自身の解決を試みてみよう。

三　ガリラヤの歴史的特異性

ガリラヤとエルサレムの相違は決して単なる神学理念の象徴に解消してしまってすまされるものではない。それぞれが歴史の重荷をになう歴史的状況の相違からおのずと生ずる精神的風土の相違を示しているのである。従って、マルコの問題に直接とりかかる前に、ガリラヤの歴史を簡単に眺めてみる必要がある。

その語源的意味が何であれ、ガリラヤは一つの地方名として遅くもイスラエルの王国時代には知られていた。(36)その時代の呼び名「異邦人のガリラヤ」が示しているように、すでにこの頃から南方のユダヤ人にとってこの地方は異邦人の臭いのする地方だったのである。(37)従って、この地方もほぼイスラエル人の占拠地方であったとはいえ、辺境地帯という性格はぬぐえなかったのだ。この辺境性が最後までガリラヤの歴史についてまわる。ガリラヤがエルサレムと歴史的運命を異にするのは、すでにソロモン王没後にイスラエルが南北両王国に分裂した時に始る。しかし、決定的な事件は、アッシリア侵寇である。前七二二年（または七二一年）、北イスラエルはアッシリア王サルゴンによって独立を奪われ、サマリアとメギドの二つの属州となってアッシリアに直接統治されるようになる。この一方のメギドを地方主都とする属州がほぼガリラヤ地方と一致する。以後ガリラヤは歴史の表面から消え去る。まさに辺境性の中にしずんでしまったのである。その後バビロニアの短い統治を経てペルシア時代になっても、同様な属州統治が続く。しかもペルシア時代にはガリラヤは、おそらく、フェニキアの海岸地帯に合併されて、フェニキアの属王の支配下に組入れられたと考えられる。(38)とすると、ガリラヤの「異邦性」はこの間に更に強調されたであろう。そしてこの間エルサレムはといえば、イスラエルの伝統をになう唯一の中心として存続したのである。アッシリアの朝貢国として独立を保ち、バビロン捕囚の時期を間にはさんだとはいえ――むしろこの時期はエルサレムを中心とするユダヤ人の国民意識をかえって高めたとも言えるだろうが――ペルシア時代にも、神殿と祭司団を中心とした半独立国家として存続したのである。正統的ユダヤ教の中心地として以後ユダヤ人の歴史そのものを象徴するようになったエルサレムと、数世紀に及ぶ外国支配のもとに歴史に忘れられたガリラヤとでは、歴史が住民の意識に働く力もずい分異っていたはずである。これに輪をかけたのがヘレニズム諸王朝による統治である。前四世紀末から前二世紀半ばまで、プトレマイオス王朝とセレウコス王朝とが交代にパレスチナを統治した。ガリラヤ地方にはこの時ギリシア的なポリスの制度が持ちこまれ、海岸地方のツロス、プトレマイス、内陸のスキトポリス、ガリラヤ湖南岸のフィロテリアなどがこの種のポリスとして建設された。そして、これらの町々の周辺の土地は、それぞれの町の領域とされ、残りの地域はすべて国王の直轄地となったのである。これに対して、エルサレムを中心とするユダヤは、大祭司とシュネドリウム（議会）の手に地方行政がまかせられる半独立国家であった(39)。このような状況からいって、この時代の異邦性の典型であるヘレニズムの要素がエルサレム・ユダヤと比べてよほど強くガリラヤ地方に浸透したとしても不思議ではない。

ガリラヤが再びエルサレムと歴史的運命を共にするにいたったのは、マカベヤ王朝の独立以後である。それもヘロデ大王の死まで約一世紀の間だけである。マカベヤ兄弟の独立運動の頃に、ガリラヤの住民の様子を示す興味ある記録が伝えられている。マカベヤ兄弟の独立運動がいったん成功した時、ガリラヤ地方に住んでいたユダヤ人は異邦人住民に圧迫されて危険を感じ、エルサレムに救いを求めてきた。そこでマカベヤ兄弟の一人シモンが兵を率いて行って彼等を救出し、家族と共にユダヤに連れかえった、というのである（第一マカベヤ書五・一四以下、二一以下）。ということは、この頃のガリラヤ地方ではユダヤ住民の力が弱かったこと、マカベヤ王朝の独立の初期にはまだガリラヤはマカベヤ王朝の支配下にはいっていなかったことを示す。第一マカベヤ書の著者がよぶように、この頃のガリラヤは「異邦人のガリラヤ」（五・一五）だったのである(40)。

このガリラヤがユダヤの王朝の支配下にはいったのはおそらくマカベヤ兄弟の孫の代になってからである。すなわち、アリストブロス一世（前一〇四—三年）が領土を拡張した時にはじめてガリラヤもマカベヤ王朝に組入れられ、そして住民がユダヤ化されたらしい(41)。もっとも、この判断はやや曖昧なヨセフスの記述に基くから(42)、ガリラヤ問題を論ずる基本的典拠としてここに全幅の信頼を置くわけにはいかないかもしれないが、いずれにせよ、ガリラヤの運命が再びエルサレムを中心とするユダヤに結びついたのがこの時期の前後であることは確かと言えよう。それにともなって、ガリラヤ住民のユダヤ化もしくは再ユダヤ化が行われたのも当然であろう。これを、ヨセフスが言うように単純に、異邦人の住民に割礼をほどこし、ユダヤ人の律法を守らせた、というような過程ではなく、[43] むしろ異邦的要素をかなり含んでいたユダヤ系住民にこの時再ユダヤ化を徹底して行った、ということなのかもしれない。しかし、このユダヤ化がどのような過程によったにせよ、ユダヤ的伝統の持つ重みや意義はガリラヤの住民にとってはやや異ったものであっただろう。数世紀に及ぶ隔離の期間にガリラヤの住民はヤハウェの宗教を離れてしまっていた、と考えるのは正しくないかもしれない。けれども逆に、A・アルトが強く主張するように、エルサレムを中心とするユダヤ人とまったく同じ宗教信仰、宗教儀礼、思想伝統を保っていた、などとはとても考えられない。[44] 同じヤハウェ信仰でも微妙な意味合いの相違が数々と生れていたことは当然であろう。六百年にも及ぶ隔離の後においても、宗教的社会的文化的にまったく同じでありえた、などというのは、歴史の常識が許さない。[45] 特に、エルサレム神殿を中心とする宗教的伝統に対する態度は、少なくとも意識下においてはずい分異ったものであっただろう。ガリジム山の聖所を中心に異った宗教的伝統を築いていったサマリヤはよい例であろう。ガリラヤはサマリヤほど独立、統一を保っていなかったから、このような独自の伝統を形成しうるほど強力ではなかったにすぎない。この点でもガリラヤは辺境なのである。

ユダヤ人が祖国を離れてもその宗教的伝統を純粋に守り続ける例として、この時代のディアスポラのユダヤ人がしばしば例にひかれる。しかしディアスポラのユダヤ人とガリラヤ人とでは歴史的状況が異る。一方は故郷を離れた散在のユダヤ人であり、それだけにかえって民族意識が強く、故郷とのつながりの意識も強く、そのために、できる限り聖都エルサレムと同じ伝統を守ろうとする。他方は故郷もろともにエルサレム・ユダヤとは異った運命を歩んだ人達である。ガリラヤの土地に土着したままに歴史の谷間にしずんでしまった人達である。だから、異常なまでに故国の伝統を守り続けようとするのはむしろディアスポラのユダヤ人の特性であって、ガリラヤ人にとってはそもそも自分達の土であるガリラヤはエルサレムの伝統とは異った意味を持っていた。

このようにガリラヤが再ユダヤ化してちょうど一世紀たった頃にイエスは生れたのである。とすれば、イエスを理解するのに、エルサレムを中心とするユダヤ教の伝統だけから論じたのでは本質的な問題点がずれてしまう。むしろイエスの精神の底にあるガリラヤ土着民の味が評価されねばなるまい。(46)

さてしかし、ガリラヤがユダヤに併合されたのは、むしろ、長いユダヤ民族の歴史において一片の挿話にしかすぎなかった、と言った方がよいかもしれない。マカベヤ王朝後期と、アンティパテル、ヘロデ大王の支配する紀元前一世紀の終る頃には、周知の如く、ガリラヤは再びユダヤとは異った支配者に統治される。もっとも、どちらもローマ支配下の属国でヘロデ王家出身者による支配だから同じようなものだ、と言ってしまえばそれまでである。しかしそこにはおのずからなる相違がある。ユダヤの方は、ヘロデの息子アルケラオス（前四年—後六年）の時も、その後ローマ総督による直接統治に移ってからも、エルサレムの宗教的伝統があくまでも中心であった。従ってこの宗教的伝統は政治当局者もはれものにさわるように注意した。ガリラヤではそうではない。セッフォリス、ティベリアスなどのヘレニズム的都市が建設されて、ヘロデ・アンティパスの治世の中心となった。ガリラヤに隣する分封王フイリッポスの支配領域においても、ガリラヤ湖畔のベツサイダがユリアスという名で、北方のパネアスはカイサリアという名でギリシア風の町に建設し直された。後にヘロデ大王の孫アグリッパ一世がほんの数年間パレスチナ全土を支配した（四一—四四年）。しかし、彼の鋳造した貨幣は微妙な事実を物語る。エルサレム市民はあらゆる偶像に対して実に敏感に反応した。従ってアグリッパはエルサレムで鋳造した貨幣には文字をきざんだだけである。しかし、ガリラヤの都ティベリアスでは、ローマ皇帝の肖像をきざんだ貨幣を発行している。(47)エルサレムではその宗教的伝統に——宗教的伝統にだけは——極端に忠実であったから、このような貨幣が発行されれば一騒ぎまぬがれなかっただろう。しかし、ガリラヤでは何事も起こらない。異教の風物が流れこんでくるのにガリラヤ人は慣れている。ガリラヤの地方性を示す例をあと一つだけ示そう。二十五歳のヘロデがガリラヤ総督として派遣された時に、ガリラヤ人の一部の反乱を武力的に鎮圧し、大勢を死刑に処したことで物議をかもしている。ヨセフスはこの反乱者を「強盗」(匪賊？ λῃσταί)とよんでいる(ユダヤ戦記一・一〇・五(二〇四))。彼は政治的暴動の指導者をすべて強盗よばわりするから、このレッテルはあまり判断の根拠にならない。これは通常、ヘロデが強制的にユダヤ化されたイドマヤ人の子孫、つまりよく言われるように半ユダヤ人であるので、純粋のユダヤ人はそのような者の支配を受けるのを嫌って反抗したのだ、などと説明される。果してそうなのか。後に王となったヘロデはきわめて中央集権的な政治をしいている。今までガリラヤという地方の片隅に歴史の目のふれないところで生きていた地方民の一部が、ヘロデの急激な中央集権的地方統治に反抗したのではないのか。またヘロデが死んだ直後にやはりガリラヤで反乱が起っている(ヨセフス、ユダヤ戦記二・一・一―三(一―一三))。これは通常、政治的なメシヤ運動として説明される。イデオロギーとしてはそうかもしれない。しかしなぜハスモン王朝後期からヘロデ王家の時代にかけてガリラヤでしばしば反乱が起るのか。我々は、この時代だけがガリラヤがエルサレムの中央政府に直結させられていた時代であると知っている。とすると、ガリラヤそのものにエルサレムに対して何となく反抗させるものがあったのではないか、と想像するのもあながち無理とは思えない(48)。

　このような表面にうかびあがったわずかな事件のほかは、ガリラヤの民衆は歴史のふちに忘れ去られ、辺境の土着民として、平凡な歴史の被害者としての生活を長い間送っていたのだ。彼らもユダヤ教徒である。しかし、エルサレムのように輝かしい伝統をになったユダヤ教徒でもなく、また逆にこの伝統の重荷にあえぐユダヤ教徒でもない。エルサレムのようにユダヤ教を保つことに保護された地位にあったのではなく、古代オリエント史、ヘレニズム史に現れるいくつもの大帝国によって、順に足下に踏みにじられていった人々のユダヤ教である。要するに、ガリラヤ人は名もない辺境の土着民にしかすぎない。もちろん、このような地方性は中央に対する一種のコンプレックスを生むこともある。必要以上に中央の動向に気をとられるコンプレックスである。これはいつの時代でも、洋の東西を問わず、地方性の持っている宿命である。ガリラヤにも、エルサレム以上にエルサレム的たろうとする人々は居ただろう。そしてどちらかというと、歴史の表面にはこのようなコンプレックスをいだいた者の方がおどり出しやすい。しかし大多数のガリラヤ人は、飼う者なき羊の如く、ガリラヤの地に黙していたのだ。

四　マルコの精神的風土

マルコがガリラヤの土の臭いを知っている人物だとすれば、ガリラヤとエルサレムがそれぞれこのような形でになっている歴史の重みが彼の言葉に反映しないはずはない。これだけの重みを後にひきずっている、という意味で、よかれ悪しかれガリラヤはマルコの精神的風土を形づくっている。とすれば、マルコがガリラヤという時に、それは決して一片の神学理念に解消できるものではないことは明白である。この歴史の谷間にしずんだ地方の万感こもごもがそこにはにじみ出しているはずである。

このように見てきてはじめて我々は、マルコが、エルサレムでなくガリラヤ、という場合の意味を理解できる。もちろんマルコが直接えがこうとしているのはイエスであり、イエスの福音である。しかしそのイエスの福音は頭でっかちなエルサレムの宗教的伝統から理解できるものではなく、ガリラヤの地の民の生活から理解される、とマルコは語っているのではなかろうか。正統的ユダヤ教の数々の七面倒な教義、儀礼、律法によって表現されるエルサレム的思想の方向とは異ったものとして、ガリラヤの田舎者イエスをマルコはえがきたかったのではないのか。ガリラヤという精神的風土を背景にふまえながら、マルコはこのような思想的対決を行っているのではないのか。

しかし、エルサレムは正統的ユダヤ教の座であると共に、エルサレム教会の場でもある。そしてマルコが生成過程にあるキリスト教内部の諸問題を意識しながら発言しているとすれば、彼が「エルサレム」という時には当然エルサレム教会をも頭の中に入れているはずである。エルサレム教会が初期教会史において大きな権力を持っていたことは使徒行伝やパウロ書簡からうかがい知ることができる。そしてまた、エルサレム教会が保っていたユダヤ的閉鎖性が初期教会史の問題点であり、これと批判的に対決することによってパウロの普遍的な教会が生れたのも周知のことである。マルコがエルサレムを論争と受難の地として徹底して否定的にえがいているのも、エルサレム教会に対する批判を含んでいるのではないのか。更に言えば、それが直接の目的ではないのか。正統的ユダヤ教に対して独立していくキリスト教を意識して、エルサレムでなくガリラヤと言ったのだ(カルネツキー)、というだけでなく、そのキリスト教の内部においても、イエスを理解するのに、エルサレム的志向から理解する者を批判して、イエスの出身地であり活動の地でもあるガリラヤに根を下ろしてイエスを理解しようとしたところに、マルコ独自の主張が生れたのではないのか。とすると我々は、マルコ福音書を理解するのに、マルコはイエスに何を見出したのか、という問と共に、否それ以上に、マルコは他のどのようなイエス理解を批判し退けようとしているのか、という問が重要となってくる。そして事実、本書の第二部でマルコの批判的側面として指摘する点、特に、いわゆる弟子達の無理解の動機は(第二部第二章)、このようなエルサレム批判及びエルサレム教会批判と密接に結びついているのである。従って、この問題を具体的資料に即してこれ以上分析することは、結局マルコ全体の分析となるのであって、我々の仮説の証明もそこに求められねばならない。それは続く各章で展開することにする。

ここではただ方法論的に一つの点を注意しておきたい。マルコがエルサレム教会の批判をしているとしても、その批判内容はあくまでもマルコの叙述の中から求められねばならない。使徒行伝やパウロ書簡から既知のエルサレム教会の姿にこれをあてはめて、マルコがエルサレム教会のどの面を批判したか、と論じていくとすれば、それは仮説の上に一つの想像を加えるにすぎないことになる。使徒行伝やパウロ書簡は相当確かなエルサレム教会の姿を伝えていてはくれる。しかし、それはあまりにもわずかな側面でしかない。パウロがエルサレム教会を批判しているとしても、それと同じ面のみをマルコが批判しているとは言えないのである。だから我々としては、パウロや使徒行伝からは知りえないエルサレム教会の別の面がマルコの批判を通じて表現されている、と考えるべきであろう。

まとめよう。このようにエルサレム教会を批判しつつマルコはガリラヤを強調した。ガリラヤは就中イエス活動の地として強調されている。マルコ福音書においては、イエスはエルサレムにただ一度、死ぬ時にだけ上る。これはヨハネ福音書と比べて誰でも知っている顕著な事実である。これが歴史的な事実なのか、マルコの虚構なのかは別として、このようにえがくことによってマルコはますますイエス活動の地としてのガリラヤを強調しているのである。本書の序文において我々は、マルコの基本的な問題は彼が「福音書」を書いたということだ、と指摘した。イエスが単なるキリスト論的理念になってしまったり、或いは十字架と復活の事実の意義づけのみがイエスに関して言われたり(パウロ)、或いはイエスの言葉が具体的状況と切離されて単に普遍的宗教的真理として伝えられる、というのではなく、イエスの生前の歴史的な活動に重きを置くところに福音書が成立するのだとするならば、それはおのずとガリラヤにおけるイエスの活動を追求する試みとなる。はじめて福音書を書く、という行為がガリラヤを強く志向する結果となるのはむしろ当然なのである。何か既成の宗教理念にイエスをあてはめるとか、一つの宗教体験を理論化する過程においてキリストの位置を設定するというのではなく、ともかく生きていたイエスを追求しよう、というところにマルコの「ガリラヤ」の意味がある。「ガリラヤ」と「福音書の成立」は切離すことができない一つの事柄の両面なのである。そとすると、マルコは福音書をガリラヤで編集した、ということがいかに重要な意味を持つかもはっきりとする。それは単にガリラヤで筆をとった、ということではない。ガリラヤでかつてのイエスの活動のあとを追いながら資料を自分の足で集めてはじめてイエスの活動を中心とする福音書を書くことができたのである。この問題を我々は次章で取上げることにしよう。

またマルコがこのようにガリラヤを精神的風土としていたとするならば、その地方性、辺境性にふさわしい志向が、つまりそのよって立つ精神的風土からおのずと生じてくる類いの思考の基調というか背景とでもいったようなものが、マルコ福音書の言葉づかいの中にちりばめられているはずである。このような場でマルコが書いているとすれば、そこにはおのずと無名の民衆に対する親しみが出てくるはずである。また、この辺境地帯に居れば、初期キリスト教においてあれほど大きな問題となった民族意識の問題もおのずと独特な現れをするはずである。この民衆の問題と民族意識の問題は、事実、マルコの示す志向の中でもっとも顕著なものとして指摘できる。従って、この問題をその次に我々は取上げる。

註

1　W. Wrede, *Das Messiasgeheimnis in den Evangelien*, Göttingen, 1901

2　E. Lohmeyer, *Galiläa und Jerusalem*, Göttingen, 1936. たとえば、現在もっともすぐれた新約概論といわれるP. Feine-J. Behm, ***Einleitung in das Neue Testament*** の改訂第十二版（W. G. Kümmel による完全な書き直し）、Heidelberg, 1963では、マルコの思想の問題についてはこの二点のみ論じている。

3　使徒行伝のはじめの数節は後世の附加である、とする説もあるが (Ph.-H. Menoud, Remarques sur les textes de l' Ascension dans Luc-Actes, ***Neutestamentliche Studien für R. Bultmann, Beiheft zur ZNW*** 21, Berlin, 1954, p. 148–156; E. Trocmé, ***Le livre des Actes et l'histoire***, Paris, 1957, p. 30 ss.)、我々としてはこの説はとらない (H. Conzelmann, ***Die Apostelgeschichte***, Tübingen, 1963, S. 21参照)。

4　マタイ二八・一六—二〇のガリラヤ顕現は、マルコの記事にもとづいてマタイが創作した場面である。このほかには、ヨハネ伝に対する後世の附加（二一章）にガリラヤ顕現が伝えられているだけである。

5　マルコ一六・九以下は重要な写本にはなく、比較的新しい写本に九節以下として記されている部分は本来マルコ福音書には属さない。なお、本来のマルコ福音書が一六・八で終っていたことについては、後にくわしく論ずる。

6　R. Bultmann, *Die Geschichte der synoptishen Tradition*, 3. Aufl., 1957, Göttingen, S. 308ff.

7　K. L. Schmidt, *Der Rahmen der Geschichte Jesu*, Berlin, 1919, S. 104–108参照。十—十二節のイエス活動の一般的叙述は、

福音書記者による「まとめの句」の典型的なものである。九節の「小舟を用意しておけ」という命令は四・一以下と関連してはじめて意味を持つ。イエスが小舟にのって湖岸に居る群衆を教えた、という動機そのものは伝承の伝える像かもしれないが、それをこの個所と四・一以下とに対応させて用いる手法はマルコのものである、と言わねばならない。一つの個所でイエスの命じたことの帰結が、間を置いて別の個所で利用されているのだから、これは断片伝承の段階では考えられない。編集者が断片伝承をつないでいく際の手段である。次に、七、八節の地方名（町村名ではないことに注意）の列挙は、マルコ独特のものであって、やはり編集上の手法に属する（七三頁以下参照）。E. Best, *The Temptation and the Passion*, Cambridge, 1965, p. 73s. が、三・七—一二は伝承資料である、というのは根拠がない。彼は、七、八節の地方名の列挙は「ローマの読者にとって不必要なほど詳しすぎる」から、マルコの手になるものではない、というが、マルコがローマの読者だけを相手にして書いていた、などというのはまったくの仮定にしかすぎないし、彼はマルコの地方名の列挙の特殊な性格をおよそ考慮していない。またここではイエスの教えについて言及されていないが、マルコの編集句ではイエスの教えを強調するのが常であるから、従ってこれは編集句ではなく伝承の再録である、と彼は言う。しかし彼は不必要にイエスの教えの面のみを強調しすぎるし（二六〇頁参照）、むしろ、イエスの活動をまとめて治癒活動とみなすのは非常にマルコ的である（第三部第三章参照）。従って我々はこの部分をもっともマルコ的なまとめの句としてさしつかえない。

8　イザヤ二・三、ゼカリヤ八・二一—二三、エレミヤ三・一七、詩篇四七・一〇、イザヤ六〇・一四など。旧約以後の例としては、ゼブルンの遺言九・八その他。なお更に多くの例が J. Jeremias, *Jesu Verheißung für die Völker*, Stuttgart, 1965, S. 48-53にあげられている。

9　これとやや似た解釈は W. Marxsen, *Der Evangelist Markus*, 2. Aufl., Göttingen, 1959, S. 39ff. にみられる。

10　九四頁参照。

11　K. L. Schmidt, *Der Rahmen der Geschichte Jesu*, S. 219 参照。

12　W・マルクスセン、上掲書四六頁参照。

13　補論二参照。

14　この三つの句がすべて編集句であるとすれば、ほとんど同じ頁の中に出てくるこの三個所で、いちいち女達の名前を少しずつ違えて列挙するとは考えられないし、一五・四七と一六・一というすぐ続いている文章で二度同じような女の名の表を繰り返すのも腑に落ちない。逆にまた全部が伝承に由来すると考えても、この一五・四七と一六・一のつながりの奇妙さは説明がつくまい。おそらく、一六・一—八は、すでにまとまっていた受難物語（一四、一五章）に対してマルコが附加したものであろうから(三四八頁参照)、この附加の際にマルコが一五・四〇、四七に見出した女の名の表を一六・一でつなぎのために繰返したのではなかろうか。一五・四一で四〇に加えて、これらの女達は「イエスがガリラヤに居た当時から従っていた」と説明する文も、マルコがつけ足したのであろうか。

15　このことが初期キリスト教において議論の種だったことは、ヨハネ七・四二からもわかる。

16　ヨハネ福音書はこのような仕方でマルコと比較するわけにはいかない。確かにヨハネではマルコとは違って、イエスの活動の中心舞台はガリラヤよりもエルサレムないしユダヤにあるのは確かである。しかしこの事実をどう評価するかはむずかしい。

17　*Ἱερουσαλήμ*, *Ἱεροσόλυμα*, *Ἱεροσολυμῖται* の三つをあわせてマルコ十一回、マタイ十二回（ほぼマルコの平行記事を写しているだけ）であるが、これに対してルカでは三十回も出てくる。

18　二九六頁以下参照。

19　E. Lohmeyer, *Galiläa und Jerusalem*, S. 11—14; *Das Evangelium des Markus*, S. 355ff. 参照。

20　E. Lohmeyer, *Galiläa und Jerusalem*, S. 53ff. は、エウセビウスの教会史に伝えられる *δεσπόσυνοι* についての伝承をもとにして論じている。けれども、古代教会においてこのような世襲的血統崇拝が生じたのはかなり後のことであり、従って、*δεσπόσυνοι* についての伝承も、みなその後につくられた伝説である。新約ではこのような崇拝はまだ見られない。

21　ユダヤ古代史二〇・九・一（二〇〇）

22　一八二頁以下参照。

23　その発行後約三十年を経た今日においてもなお、マルコ福音書の註解書中もっともすぐれたものと目されるローマイヤーの註解書（*Das Evangelium des Markus*）の価値を大きく削減しているのもこのキリスト論中心の見方である。彼が註解書の序論に置いているのはキリスト論的称号別にわけたキリスト論の諸型の短い説明だけである。ということは、これらのキリスト論の型を手がかりにして福音書全体を分析しよう、というのがローマイヤーの意図であって、これが彼の註解書の視野をともするとせまくしている理由である。

24　主の兄弟に対するマルコの批判については、E. Trocmé, *La Formation de l' Evangile selon Marc*, Paris, 1963, p. 104ss. 参照。

25　T. A. Burkill の近著 *Mysterious Revelation, An Examination of the Philosophy of St. Mark's Gospel*, New York, 1963,

p. 252―257では、マルコには「ガリラヤとエルサレム」の問題はそもそも存在しない、と証明しようとしている。しかし彼はそもそも問題点が何なのかについての理解が欠けている。彼のあげる論拠のうち考慮に価するものを個条書にしてみると、(一)ガリラヤが「啓示の場」であるとはいえない。洗礼者ヨハネの活動(一・四、五)、イエスの洗礼の際の啓示(一・一一)、山上の変貌の際の啓示(九・七)はいずれもガリラヤではない。――これに対して。このような意味での神的啓示がマルコの中心問題であったと考えるのがそもそも疑問である。それに、一・四、五、一一はマルコ全体の中では序曲に属するだけであって、マルコの中心部分はあくまでもガリラヤにおけるイエスの活動である。(二) κηρύσσειν (宣教する)、διδάσκειν (教える)の語は、イエス及び弟子達の活動について、ガリラヤ以外の地方の場合にも用いられている。――これは正しい。ローマイヤーはこの点一面的に見すぎている(*Galiläa und Jerusalem*, S. 30f.)。しかしだからといって、マルコがなぜガリラヤを強調し、エルサレムを批判するか、という問題はなくならない。マルコにとって、宣教、教えはガリラヤに限られない。しかしその中心的意義を与えるのはガリラヤでのイエスの活動である。(三)ガリラヤはイエスに対する敵意の場所である(二・一―三・六、三・二〇―三五、六・一―六a、七・一―二三、八・一一―一二)。――これに対して、バーキルの指摘する五つの個所のうち、三・二〇―三五と七・一以下はまさにエルサレムから来た論敵の行為が述べられているのである。このように重要な記述を平気で無視して、本文の示す事と逆の事柄の証明に用いようとするなどとは、無神経でないとすれば学問的良心の欠如でしかない。八・一一―一二についても、「パリサイ人が出てきて」という文は、七・一以下との類推からいって、この論敵がエルサレムからやってきた者であることを示唆しているように思える。その他の点でも、八・一一―一二と七・一以下との平行関係はしばしば指摘されている。六・一―六aの舞台はナザレである。イエスの親族の傾向を代表する土地である。マルコが執筆していた当時、エルサレム教会の指導者は主の兄弟ヤコブであった事実を知っておく必要がある。ナザレ批判はエルサレム批判に通ずる。その意味で、ナザレはガリラヤ地方であっても別格である。マルコにとってガリラヤとはまずガリラヤ湖の周辺地帯であって、これと地理的性格を異にする中央の山岳部は、マルコでは六・一―六aのナザレで批判的に言及されるだけである。二・一―三・六のいわゆる論争物語は確かにガリラヤを場面としている。しかしこの場合もイエスの論敵は律法学者、パリサイ人、ヘロデ党である。マルコにおいてこれらのグループはユダヤ人の伝統的宗教性の保持者として登場するのであって、彼等が「ガリラヤ」を代表するのではない。マルコにとってガリラヤの意義は、あくまでもイエス活動の中心地というにある。(四)従ってバーキルのあげる五つの個所はどれもガリラヤがイエスに対して敵対する立場をとったことの証明にはならない。イエスはエルサレムで歓迎されている(一一・一八、一二・一二、一四・二、一二・三七)。――これに対して。はじめの三個所はいずれも、祭司長、律法学者達はイエスを殺そうとしたのだが、民衆をおそれて実行しかねていた、という動機である。一二・三七も、民衆は喜んでイエスの教えに耳を傾けた、とある。つまり、イエスを歓迎するのは常に民衆である。マルコは、エルサレムに具体的に存在するものがすべて悪い、などとは言っていない。ガリラヤとエルサレムという地理的対立と並んで、伝統的宗教性の擁護者と一般民衆という人間の対置が交錯する。バーキルはマルコに出てくるこのような複雑な諸動機のからみあいをよく評価していない。そして実は、質的には民衆動機はガリラヤ動機と結びつくのである(一一六頁参照)。(五)マルコはエルサレムを「宗教的権威の場」と考える限りにおいて敵意と結びつけるのではないか。――まさにそうである。そしてこのようなものとしてエルサレムの町の性格を把握しているところに、「ガリラヤとエルサレム」の問題があるのである。(六)エルサレムでは奇跡が行われない。しかしこれはマルコの興味がほかのことに移っているからである。――まさにそうである。ただ、バーキルは次いで、なぜそうなのか、と考えるべきだった。エルサレムを論争と受難の場所として性格づけようとするからこそ、マルコはエルサレムに奇跡物語を置いていないのである。(七)マルコはイエスのエルサレムでの活動を二日間に限ろうとはしていない。――これは正しい。しかし、これは我々の問題と無関係である。(八)一四・二八、一六・七は、「終末時の人の子の力と栄光につつまれた顕現」ではなく、「その地方での一つまたはいくつかの復活者の顕現」を示す。――もしこの判断が正しいとしても、ではなぜマルコは復活者の顕現をエルサレムではなくガリラヤに設定したのか、ということがまさに問題とされねばならない。

以上部分的に正しい指摘はあっても、全体としてなぜマルコはガリラヤを強調しエルサレムを批判しているのか、という問そのものをバーキルは問おうとしていない。これが彼の批判の基本的欠陥である。彼はローマイヤーの解答の仕方を一々あげつらっているようであるが、一人の解釈者が正しからぬ答を提出したからとて、問そのものがなくなるわけではない、ということを知っておく必要がある。

26 W. Marxsen, *Der Evangelist Markus*, S. 35—61 特に S. 47ff.; S. 66—77.

27 cf. Eusebius, *Historia Ecclesiastica* III, 5, 2—3. このペラへの移住の説明自体、一つの不確かな想像にしかすぎない。エウセビウスは、ガリラヤへの移住は語っていない。そもそもエウセビウスのこの句を歴史的にどう評価するか、ということ自体むずかしい問題である。S. G. F. Brandon, *The Fall of Jerusalem and the Christian Church*, London, 2nd ed., 1957 参照。

28 拙論「福音伝承にみられる時の理解の変遷」(日本聖書学研究所論集第一号『聖書と救済史』所載)九七頁以下参照。

29 W. G. Kümmel (Feine-Behm), *Einleitung in das Neue Testament*, S. 49.

30　この説明は今日だんだんと支持者が増しており、この問題を本格的に研究しない学者達は多かれ少なかれ無批判に受けいれている。これがすでに一般的見解になっていることは、キュンメルの新約概論(前註参照)で採用されていることからもわかる。この説を積極的に支持する者の中では、C. F. Evans, I will go before you into Galilee, *JThS*, *NS* 5, 1954, p. 1ff. がすぐれている。また E. Best, *The Temptation and the Passion*, p. 174—177.

31　これが擬古的表現であることについては、A. Alt, Galiläische Probleme (1937—1940), *Kleine Schriften zur Geschichte des Volkes Israel*, Bd. II, München, 1953, S. 363—435 のうち S. 414f. 参照。

32　これは当時のガリラヤの状態からいって十分考えられることである。五三頁参照。

33　一四三頁以下参照。

34　M. Karnetzki, Die galiläische Redaktion im Markusevangelium, *ZNW* 52, 1961, S. 238—272.

35　もっともカルネツキーはマルコ福音書の編集を二段階に分けて考える。最初のガリラヤにおける編集と（これをルカ福音書の著者が手に入れて資料として利用した）、別の人によるローマでの最終的編集とである。しかしこのように二つの編集を考えることは(受難物語については別として、三三八頁以下参照)、およそ無用な仮説である。この仮説については、カルネツキーは、Bussmann, *Synoptische Studien*, 1925—1931 にそのまま準拠しているが、ブスマンの仮説自体何の根拠もないものである。せっかく鋭いところをつきながら、出発点にブスマンの仮説を置いているため、カルネツキーの研究は過小評価されやすい。むしろ単純に、現在のマルコ福音書全体がガリラヤで編集されたのではないか、と問う方がよかった。

36　A. Alt, Galiläische Probleme, *Kleine Schriften zur Geschichte des Volkes Israel*, Bd. II, S. 363—435; Die Stätten des Wirkens Jesu in Galiläa, territorialgeschichtlich betrachtet, ebd. S. 436—455. ガリラヤの歴史についてはアルトのこの二つの論文がもっともすぐれている。語源的意味については同書三六七頁以下参照。いずれにせよこれは、「ガーリール」(円、地域)というヘブル語の単語の音を（アラム語経由で）ギリシア語にうつしたものであって、王国時代にはすでに、この地方は「ガーリール」または「ゲリール・ハッゴーイム」(諸民族の円）とよばれていた。アルトによれば、ガリラヤの中央部は山岳地帯で、これを環状にとりかこんで平地帯がある。この環状の平地帯には、イスラエルのパレスチナ侵入以前には、先住民の諸民族が群小の部族国家をなして住んでいた。従ってイスラエル以前にすでにカナン先住民はこの地方を「諸民族の円」と呼んでいたであろう（三六四—三七四頁）という。

37　前註参照。ハッゴーイムは、一般に、異邦人を意味するのにもっともよく用いられる単語であるから、たとえゲリール・ハッゴーイムの原意がアルトの想像するようなものであったとしても、イスラエル人がこの呼称を用いた時には、やはり「異邦人のガリラヤ」の意味あいを含んでいた、と考えるべきである。

38　A・アルト前掲書三七四—三八四頁。

39　A・アルト前掲書三八四—四〇七頁。

40　A・アルトがこの事実を敢えて無視しようとするのは（四一一—四一五頁）納得できない。確かに、彼のいうように、アッシリアの征服によって直ちにこの地方はすっかり非ユダヤ化されてしまった、と考えるのは俗見であろう。その後もずっと、土着民の大部分はユダヤ系であったに違いない。しかし六世紀にも及ぶ隔離の期間は、徐々に住民構成に変更をうながさなかったはずがない。アルトは、マカベヤ時代にもガリラヤの住民のほとんどはユダヤ系であった、という自説を弁護するために、「プトレマイス、ツロス、シドン、及び異邦人のガリラヤ全土」がガリラヤのユダヤ系住民を攻撃した、という第一マカベヤ書五・一五の句において、「異邦人のガリラヤ全土」というのはその前に出てくる三つの地中海岸の異邦人都市を強調するだけのもので、別に本来のガリラヤ地方をさしているのではない、として敢えて無視するのである。しかし、歴史資料において、数百年の空白の後にはじめて明瞭にガリラヤという語が出てくるこの句を敢えて無視して、果してガリラヤの歴史について何か正確に語れるだろうか。擬古文を書く傾向のある第一マカベヤ書の著者が旧約の古い文書に出てくる「異邦人のガリラヤ」という句を用いたからとて、それは言葉づかいを真似しているだけであって、「異邦人の」という枕詞は特に意味はない、とアルトは言う。確かに、言葉づかいの点だけからいえばこれは擬古的表現である。しかしここでは、「異邦人のガリラヤ全体」が地中海岸のヘレニズム諸都市と一緒になって小数派のユダヤ人住民を滅ぼそうとした（五・一五）と述べられているのであるから、第一マカベヤ書の著者はやはりこの地方をかなりな程度に異邦人の地方として考えていたことは確かである。もちろん、この物語には多少の誇張はあろう。後のガリラヤの歴史から考えて、ユダヤ系住民がまったく小数派になってしまっており、この時全員ユダヤに移住してしまったとは考えられない。しかし、南方のユダヤ人からみて、ガリラヤの人々は相当に異邦人化したものであった、ということだけはこの記事から確かにくみとれる。彼等がユダヤ系住民だったとしても、強烈な民族意識を保っていたエルサレムのユダヤ人とはおのずと異った要素が多かったことは想像にかたくない。

41　E. Schürer, *Geschichte des jüdischen Volkes im Zeitalter Jesu Christi*, Bd. II, S. 9—12. シューラーは、ヨセフス『ユダヤ古代史』一三・一一・三の記述をこの意味に解している。ここでヨセフスはまずティマゲネスの言葉をストラボンに従って引用する。「この男（アリストブロス一世）は要領がよく、ユダヤ人には大いに役に立った。領土を増し加え、イトレア人の地の一部をかちとって、前の皮の割礼というきづなによって結びつけた。」この句を更にヨセフス自身の言葉で言いかえ、「(彼は)イトレア人と戦い、彼等の土地の多くをユダヤのために獲得し、その地にとどまろうと欲する者には割礼を強い、ユダヤ人の法に従って生活せしめた」としている。ここでいうイトレア人の土地の一部とはガリラヤのことであろう、とシューラーは推定する。これ以前にはガリラヤがユダヤに属するようになったとは一言も述べられておらず、このあとの記述ではヨセフスはガリラヤをユダヤ人の支配する領域下として取扱っているから、シューラーのこの推定は正しいと言わねばならない。もっとも、なぜガリラヤとはっきり言わずに、イトレア人の土地の一部、という表現を用いたかという点に疑問は残る。イトレア人はガリラヤよりも更に北方のリバノンとアンティ・リバノンの二つの山脈にはさまれた地方に居た。おそらくこの頃、シリヤの勢力衰退に乗じて、彼等はガリラヤ地方に勢力を伸ばしてきていたのではあるまいか。そして、これはヨセフス自身の文章ではなく、ギリシア人の作家の文の引用だから、このような変った表現によっているのであろう。なお、この時代のガリラヤ住民の問題については、総じて、A・アルトよりはE・シューラーの古典的な研究の方が無理のない結論を示しているようである。

42　前註参照。

43　イドマヤのように従来完全に異邦人の地であったところは、マカベヤ王朝によって征服されると、このような仕方でユダヤ化された。ヨセフス、『ユダヤ古代史』、一三・八・四。

44　A・アルト前掲書四一五―四二〇頁に対して。

45　似たような例は世界史の谷間になった地方には多かれ少なかれかならずある。自分の直接知っている例を上げれば、アルザス地方などはその典型である。一八七〇年以来ドイツになったりフランスになったり、戦争の度に踏みにじられてきたこの地方の人には、フランスパンを食べドイツ語の方言を話し、ドイツ風のスープにフランス・チーズをあわせて昼食とする。彼らは今やフランス国民であり、フランス人として生きている。しかし、歴史の重みが彼等の心の中につくりだしていく微妙な屈折は、まさに宗教的社会的文化的諸面において、言うに言われぬ暗い綾を織りなす。これは、やや長期間この地方に住めば誰にでも感じられることなのである。しかも彼等がこのように歴史にもてあそばれてまだ一世紀である。この場合とやや条件が違うとはいえ、六世紀の長きにわたってエルサレムとは異った運命を歩んできたガリラヤ人の心に、どのような屈折があったかははかり知れない。

46　これは今日の史的イエス研究において見逃されているもっとも大きな点である。

47　E・シューラー前掲書第一巻五六〇頁。

48　いずれにせよこれらの政治運動は従来あまりに宗教的理念の見地からばかり論じられてきた。しかし、そこに当然あるはずの歴史的政治的社会的要因については、ほとんど研究の手はのびていない。ここに従来の新約時代史のもっていた大きな欠陥がある。

第三章　マルコの編集活動と地理的表象

一　伝　承

福音書編集以前の伝承については、基本的には、今日もなお様式史の研究をもとにすべきである。[1] 受難物語を別とすると、イエスについての伝承はその性格と様式に即して大きく二つに分けることができる。イエスの言葉を中心とした伝承と、イエスの行為を中心とした伝承とである。言葉の伝承に関しては、イエスの言葉のみがほとんど状況設定なしに伝えられている場合と、短い物語的状況設定の中で、その物語に中心的意義を与えるイエスの言葉が示される場合とに大別できる。前者はイエスの言葉が比較的長く記されていることが多く、マルコ四章の譬話集や一三章の黙示文学的講話がその例である。或いは短い断片的な言葉の伝承をいくつかずつ、単に用いる単語が似ているとか（特に鍵言葉による結合の場合）、或いは主題が似かよっているという理由で、それ以上に論理的脈絡はつけずに列挙している場合もある（マルコ九・三九―五〇、一一・二二―二五など）。これに対して後者はブルトマンがギリシア文学の用語を借りてアポフテグマ（短くはっきりと宣言する言葉）とよんだ形式で、短い物語の結着をつけるのに宣言のような形でイエスの言葉が置かれている。これは特に弟子達を教える場面及び論敵との論争物語に多い。また伝記上の内容を盛りこんだ「伝記的アポフテグマ」もある（たとえばマルコ一・一六―二〇）。以上のイエスの「言葉」の伝承はいずれも多かれ少なかれ教会の正統的な伝承として宣教活動の際に用いられたり、教会教育に用いられたり、説教の材料となったりして、教会の教義及び道徳的規範の設定のために重要な伝承として伝えられていたことは、その性質上明らかである。

これに対して、イエスの行為を中心とした伝承、いわゆる物語伝承は、奇跡物語と聖者伝説とに一応分類される。もっとも様式史研究において様式の見地から聖者伝説の類型に入れられたものの大部分は、内容的には「伝記的アポフテグマ」と共通するものが多い。特に洗礼物語（マルコ一・九―一一）、誘惑物語（一・一二―一三）はそうである。つまり、何らかの意味で反省されたキリスト論をもってイエスの伝記を記している、という意味でそうである。以上略述したように、様式史的研究は様式の見地から、イエスについての伝承は主として言葉についての伝承と行為についての伝承とに大別できることを教えてくれた。さて問題は、伝承のこの二つの大きな型がそれぞれどのような場で伝えられたのか、というところにある。

本書のはじめにおいて我々は、マルコが「福音書」を書いた、ということは独創的な行為である、と述べた。これはイエスの生前の具体的な活動をまとめて一つの文書をつくる、ということを意味する。単に教義上倫理上意味をもったイエスの言葉の羅列ではなく、イエスの活動のまとまった記録である、というところに意味があるのだとすれば、マルコの文学的独創はまさに、この二つの伝承の種類を結合して一つの文書の中に融合せしめた点にある。言葉資料と物語資料との結合である。この点にマルコのイエス観の基本的特徴があり、この点にマルコが福音書を書いたことの基本的意義がある、ということを指摘したのがストラスブールのE・トロクメ教授である。この着眼には、これからの福音書研究を方向づける一つの活路がある、と言えよう。「(マルコは) 一方では教会伝承の権威ある保証人達から一連の断片伝承を、イエスが一人のラビとして、一人のメシヤとして、新しいユダヤ教宗派の創始者として登場する一連の断片伝承を借りてきた。他方では、パレスチナ北方の民衆の間から、伝説と異教的臭いのする思い出を、イエスが驚異的な病気治癒者として、慈悲深い、しかし遠くかなたの存在として、厳格なユダヤ人の偏狭さと手を切って、その故に彼らの不興を買った者として登場する一連の思い出を借りてきた。マルコ独自のキリスト論的貢献は、……この二つの要素を有機的な全体に縫い合わせて、イエスの人物と業績のこの二面を誰の目にも明瞭な『マルコ的』文体で一つの肖像にまで仕立て上げたところにある。(2)」

つまりマルコは教会の正統的伝承(言葉伝承よりなる)と共に、ガリラヤを中心としたパレスチナ北方に民間説話として伝えられていたイエスについての伝説を採用して結合した、ということである。これはどこまで正しいだろうか。言葉伝承に関しては疑う余地はない。もしも物語伝承もまた言葉伝承と同様に教会の、何ほどか「正統的な」伝承として、教義的倫理的規範を与えるために伝えられていたのだとするならば、すなわち、伝承としての基本的性格において言葉伝承と区別しないとするならば、マルコは全体として教会の伝承として伝えられていたものをまとめただけのことになり、編集者としての意義はかなり限定されたものになってしまう。(3)それに対して、トロクメが言うように、マルコの用いた資料の半分が民間説話的なものであったとするならば、マルコの活動は、従来の伝承に対して、ずいぶん思い切った試みであると言わねばならない。しかもマルコ福音書において奇跡物語のしめる位置はきわめて大きいのである。分量からいっても、全体の中でやや特別な位置にある一四章以下を除いて考えると、一―一三章全体で五三九節あるうち、奇跡物語(及び奇跡物語と共通の傾向を持つ聖者伝説、すなわち、山上の変貌九・二―八と洗礼者ヨハネの死六・一四―二九を共に数え、奇跡物語ではあっても主題が奇跡そのものではないもの、すなわち三・一―六を除いて)は全部で一九六節をしめる(一・二一―三四、四〇―四五、二・一―一二、三・七―一二、四・三五―四一、五・一―四三、六・一四―五六、七・二四―三七、八・一―一〇、二二―二六、九・二―八、一四―二九、一〇・四六―五二、一一・一二―一四、二〇―二一)。これは三六・四%にあたる。このように大きな位置をしめる要素はマルコには他にない。通常、マルコ福音書の中でもっとも多くの頁がさかれている、と言われている受難復活物語ですら(一四―一六章)全部で一二七節にすぎず、これは奇跡物語の約六五%にしかあたらない。(4)いかにマルコが熱心に奇跡物語の伝承を集めようとしたかは明らかである。(5)とするならば、どのような形の「伝承」からマルコが奇跡物語を採用したかは、マルコの編集作業を知る上で基本的に重要である。奇跡物語は民間説話だったのか。

奇跡物語は地方巷間に伝えられた民間説話的な言い伝えである、というトロクメ説を支持すべき理由は二つある。(6)一つは奇跡物語の性格そのものから生ずる結論であり、他はマルコの地理的表象の用い方の分析によって同じ結論に導かれる。トロクメは奇跡物語の性格に基いて論ずる。そもそも奇跡物語の分量がこのようにかなり多いという事実、そしてまたその内容からいっても、これは厳密な意味での口伝伝承には適さない。伝える者の神学的関心から意図的に変更が加えられる場合がかなり多かったとは言え、言葉伝承は一応厳密に一言一句を正確に伝えようとしている。正確に記憶され伝承されるのである。これは正統的な伝承としての重みを持って教会の中で伝えられる口伝伝承なら当然のことである。それに対して、これだけの分量の奇跡物語がそのような厳密な口伝伝承に耐えたかどうかわからないし、「具体的でやや蛇足な気味のある多くの細部の描写、神学的キリスト論的内容の曖昧さ」などは「教会の信仰と倫理を表現すべき承認された資料」としては考えられない、とトロクメは言う。(7)

奇跡物語の伝説的な性格をさらに明瞭に理論的に分析しているのは八木誠一である。(8)彼によれば、奇跡物語は「ヌーメン感情の表白、ロゴス化なのである。」何かわからないが異常な力を持つと考えられたもの、つまりヌミノーゼ的なものに対して人々は超自然的力を想像する。相手を異者と感ずることによって、その「異」者は異能を持つと信じこむ。「異能を持つから異人なのではなく、異人だから超自然力を持つと考えられたのである。」異者に接した同時代人が異者について奇跡物語を語るようになる。これは宗教心理学的現象である。イエスもヌーメン化されていた、つまり「異者」と考えられていた。「癒しや悪霊追放の物語、異能物語が成立するためには、実際にこれらのことが行われる必要はなく、単にイエスが異者としてヌーメン化されたということだけで十分なのである。」イエスの人間尊重はある人々には理解できないながら讃嘆の念を起こさせた。これは特に律法を知らないと軽蔑されていた「地の民」の間でそうだっただろう、と八木は言う。そしてこのような人々がわからぬままに讃嘆の念を奇跡物語として表現していったのである。

奇跡物語がこのようなものである以上、それはイエスに直接間接に接した地元の人々の間から生れ、名もない人々の口から口へと伝えられていった民間説話であることは否定できない。このような意味での聖者伝説がその人の活動した地方を中心に伝えられることは、我国の弘法大師や日蓮聖人の例を思い出せばただちに想像がつくことである。それぞれの町や村が聖者についての伝説を伝え保存する。従ってイエスの場合、奇跡物語の伝承が主としてガリラヤ地方にひろまっていた、ということは当然予想してよいことである。そしてこの事がマルコの地理的表象を分析することによって明瞭に証明できるのである。

二　マルコの地理的表象

マルコ福音書には数多くの地名、地方名が出てくる。それらの中には今日もはやどこを指すのか正確には知りがたいものもあり、或いは、諸写本の読みが互いに食い違っていて、そもそも何と読んでいいのかわからないようなものもある。(9) しかしより重要な問題は、これをイエスが実際に歩んだ足どりとしてたどっていくと、謎々のようでどうも辻つまの合わない描写が出てくることである。七・三一や一〇・一がそのよい例である。けれどもこれらの地名をマルコの編集活動という観点から眺めると、非常に明瞭な図式が支配していることがわかる。結論を先に言うと、マルコの地名表記には三つの動機がある。

(一)　町村名については、マルコは自分からこれを断片伝承につけ加えたり、編集上のまとめの句に入れたりすることはない。もっともエルサレムは別である。つまり町村名に関する限りマルコは伝えられた素材をそのまま採用している。しかしこれが出てくるのはほとんどまったく奇跡物語に限られている。ということは、マルコは地方伝承として伝わっている奇跡物語を採用する時に、物語をその伝わっている土地の名と結びつけた、ということである。カペナウムならカペナウムに伝わっている伝説は、カペナウムで起こったこととして記すのである。

㈡ これに対して広い地方名（ガリラヤ、デカポリス、イドマヤ、ペレア、ユダヤ）や大ざっぱな地域（ツロの地方、ピリポ・カイサリアの村々など）は、逆に、ほとんどすべて編集上の挿入であって、物語の伝承と直接関係はない。そしてマルコはパレスチナのできるだけ多くの地方に――おそらく彼の目に何らかの意味で重要であると思われる地方にはすべて――イエスの足跡を記そうとしている。たとえ伝えられた断片伝承にはそのようなきっかけがない場合にも、編集句でそのような操作をしている。

㈢ 右の二つの動機は一つ一つの地名を記す場合に関してだが、この動機と重なりあいながら他方、地名の並べ方についてマルコは一つの操作をしている。すなわち、受難の死をはじめてあからさまに予告する時（八・三一）以来、受難を語る度にイエスはエルサレムへと近づいて行く。エルサレムに上る旅を明瞭に、そして一義的に受難への旅であるとしてマルコは性格づけている。

以上三つの動機によってマルコに出てくるすべての地名は説明できる。このように伝承と編集の間の関係から生み出される動機のあやを考慮しないで、一義的にイエスの活動段階の発展を地理的枠にあわせた図式をマルコに読みとろうとすると、どうしても無理がゆく。(10) すなわち十九世紀から二十世紀初頭にかけてのマルコ研究においてしばしば指摘されるような、まずガリラヤでの活動の期間、次いでガリラヤ以外の地方（北方？　異邦人地域？）での活動の期間、そしてエルサレムへの旅、最後にエルサレムでの活動と受難の時、という四段階にわけられた地理的図式は、実はマルコには存在しないのである。(11) 大ざっぱにわけて、ガリラヤを中心とした一般的な活動の期間と、最後のエルサレムでの行動の期間（マルコ一一・一以下）という図式があるのは否定できないが、これは大づかみに「ガリラヤとエルサレム」という基本的な問題意識を表現している以上には、個々の地名の用い方まで理解する鍵にはならない。

それにエルサレムでの期間は比較的統一がとれて、論争と受難の時として叙述されてはいるものの、この期間でもエルサレム市外を場面とした物語もいくつも語られ(ベタニヤ一一・一二—一四、二〇以下、一四・三以下、オリーヴ山一三・三以下)、これらの物語がエルサレムの「期間」という特定の性格を表わすものとして統一されているかどうかは疑わしい。エルサレムへの旅という理念は明瞭にあるが(一〇・三二—三四)、しかしこの旅の「期間」が特に他と質的に区別された特定の期間として把握されている様子はない。一〇・三二—三四の前でも後でも、イエスの活動はガリラヤでの活動と大差ない。最も疑わしいのは、「ガリラヤでの活動」の後に「ガリラヤ以外の地方」での活動の期間があった、とする説である。確かに、マルコのイエスはガリラヤ以外の土地でも活動しているが、それは決して特定の期間としては把握されていない。つまりマルコでは、イエス活動の特定の発展段階が特定の地域での活動に対応する、などという一義的な図式はない。

このような批判はすでに半世紀以上も前に様式史研究の一つであるK・L・シュミットが決定的に行っていることであって、(12)我々はそれ以前に逆もどりすることはできない。(13)シュミットの本は、地理的記述は福音書記者マルコにとっては大して関心のないことであって、そこに特別の意図、傾向、図式を見出すことはできない、ということをていねいに説明しようとしている。これは基本的には正しい。(14)ベツサイダ、ダルマヌタなどについて語る場合、マルコは「特定の傾向」は示していないのである。(15)しかし、だからと言って、福音書記者のあげる地名がまったく無関心にそこここにちりばめられている、とは言えない。マルコは地理記述に特定の図式をあてはめたり、芭蕉の奥の細道のような仕方での連続した旅程をえがこうとはしてはいないが、言うならば、それぞれの地名をまさにその地名の故に意識して採用しているのである。ベツサイダの地方伝承を採用してそれをベツサイダで起こった物語として語る時に、マルコは、イエスが実際に活動した地方の、いわば生《なま》の記憶を採用する、ということに意味を置いているのである。抽象化され理念化された伝承でなく、イエスの生きた思い出をたどろう、とするところから、時には無意味と思われる程にこれらの町村名をあげていくのである。町村名にどのような図式を与えるか、ということではなく、その町村名を採用するということ自体に意味があった。他方、ガリラヤとエルサレムという大きな区分を中心に、いくつかの地方名を並べていく時には、これはまたマルコなりの意図があった[16]。

さて、以上の考察を頭に置きながら、マルコに出てくる地名を以下順に検討してみよう。

《カペナウム》

ガリラヤ湖畔の村カペナウムがイエスの最初の公衆の前での活動の地である（一・二一―二八）[17]。この安息日の会堂における悪霊祓いの物語は明らかにカペナウムで採用した言い伝えである[18]。イエスの最初の活動の地をカペナウムに置くのは、いかにマルコがカペナウムを重要視しているかをよく示す。イエス活動の最初の舞台をどこに置くかは、各福音書記者の特徴をよく反映する。マルコは、イエスをナザレ出身者であるとはっきり指摘しながら（一・九、二四）――これは単に史的事実であって、マルコもそれ以外に言いようはなかった――カペナウムをイエスの最初の公の活動の場とする。そしてナザレの方は第六章にいたるまですっかり無視してしまう。しかも六・一―六のナザレでの物語では、故郷の村の人々がイエスをしりぞけた、ということしか語られない。そして、この物語では敢えて「ナザレ」という語を用いることすらしない。マタイとルカとはマルコのこの傾向を是正しようとする。イエスがナザレ出身ならばナザレにおいて活動を始めるのが自然であると考えたルカは、実際にイエス活動の最初の物語をナザレに置いている（四・一六以下）[19]。マタイはこの点ではマルコの物語の順を踏んでいるが、しかしイエスをカペナウムに行かせる前に、ナザレ（ナザラ）の名を上げる必要があると考える（四・一三）。そして、ガリラヤ湖畔のこのような村からイエスが活動を起したということを自明の理として受けとれず、これを旧約聖書の言葉によって証明し権威づける必要を感じている（四・一五―一六）。従ってこの最初の物語の取扱いの差は、そのまま、各福音書記者のカペナウムとナザレの評価の差を表わしている。マタイやルカにとって、ナザレは教祖の故郷であってその意味で聖地である。マルコにとっては、ナザレはイエスをしりぞけた「親族」(三・二〇―二一)の出身地なのである。

マルコがカペナウムをこのように重要視するのは、彼が福音書を書いていた頃には、カペナウムに、少なくとも彼の目には重要な、キリスト教徒の集団があったからか、それともむしろ、マルコがイエスについての言い伝えを蒐集した際の中心がカペナウムだったからであろう。いずれにせよ、この町に対して語られた呪詛の伝承(マタイ一一・二三＝ルカ一〇・一五)をマルコが採用していないのは注目に価する。しかもこの伝承はマタイ、ルカが採用しているのだから、かなりよく知られていたはずで、もしかするとマルコは意図的にこの伝承を棄てたのかもしれない。「カペナウムよ、お前はいったい天にまで高められようというのか。むしろ地獄にまで落とされるだろう」というこの呪いの言葉が、原始教団のこの地での宣教の失敗という体験を反映しているのだとすれば[20]、福音書記者マルコはこのような体験を共にしていないのだろう。この体験はむしろエルサレム教会の側の人達が、カペナウムでイエスの思い出を持って暮している人々を自分達の権威のもとに服すべきものとして統一しようとした試みの失敗なのではないのか[21]。とすると、マルコがこのような体験に組するはずがない。

一・二九―三一のこれに続くシモンの義母の癒しの物語も、カペナウムの村で伝えられていた伝承であろう。だからマルコはこの物語をこの位置に置いたのである。

次いでイエスはカペナウムを去り、「全ガリラヤ」へと宣教活動に出る(一・三九)。この三九節は明らかに編集句であり、「全ガリラヤ」という表現は、我々が先にマルコの地名記述の動機の第二番としてあげたものを示している。マルコは自分の重要であると思うすべての地方にイエスを行かせようとするのだが、その手はじめに、これらの地方の中でもっとも重要な「ガリラヤ全土」にイエスをへめぐらせるのである。この句にもわかるように、この動機はかならず編集上のつなぎの句に出てきて、マルコによる構成であることは明らかである。このような意味を持った句であるから、ここでイエスがカペナウムを離れてガリラヤ全土へ向う、というのは、しばしば言われるように、カペナウムの群衆がイエスの奇跡で熱狂するのを避けて、他の土地でもっと地道な宗教的な活動をするため、などというのではない。[22] カペナウムを去ってもイエスは相変らず奇跡をし続け、しかもすぐに再びここにもどって来る。

一・四〇―四五（癩病人の癒し）。これは特定の土地に結びつけられた物語ではない。マルコはこれを「ガリラヤ全土」での活動の例としてあげている。しかもたった一つの例として。おそらくこれが特定の土地に結びついていない伝承であるからこそ、マルコは自由にこのような例として用いることができたのではないだろうか。とするとこの伝承の起源はわからない。[23] いずれにせよ、伝承そのものが特定の土地と結びついていない場合には、マルコは自らはそれをどこかの土地に無理に結びつけようとはしない、ということの好例である。

二・一「数日後にイエスは再びカペナウムに入り……。」これは前の句と比べると表面上は明らかに食い違っている。[24] そしてこの食い違いがまさに、我々の説明の正しさを証明する。もはやカペナウムにとどまる必要を認めず、全ガリラヤをへめぐる宣教活動へと出かけたはずのイエスが（一・三五以下）、一人の癩病人を癒しただけで再びカペナウムにもどって来る。しかもこの後第五章までは「海辺で」「シナゴグで」「家で」「山で」等の一般的な言葉以外は、イエスがどこで活動したかを示す明らかな地名は一つも出て来ないから、もしも律義に解釈しようとすれば、以後当分イエスはカペナウムで活動していたことになる。とするとなぜ一・三五―三九のような句をわざわざマルコは述べたのであろうか。これに加えて、一・四五との間にも矛盾がある。一・四五では、あまりに噂が高まったので、もはやイエスは表だって町にはいることができず、外の荒地にとどまっていた、とある。そしてすぐそれに続く文（二・一）でたった今書いたことをもう忘れてしまったように、マルコは「イエスは再びカペナウムに入り……」と書くのである。

この第二の矛盾は、「数日後に」という表現を、噂が消える程度の日数を経て、という意味に理解し、そしてイエスが今度カペナウムにはいったのは、表だって民衆と接触するためではなく、ひそかにやってきたのだ、と意味を補って考えれば、一応説明がつく。(25) しかしこのような「説明」をしないところにそもそもマルコの文章の特色があるのであって、こういう七面倒な説明を暗黙のうちに前提して文章を書くほどマルコは手がこんでいない。そして実際、イエスはすぐに論敵と人々の前で公然と議論しはじめるし（二・八、一六、一八、二四など）、また民衆を公開の場で教える（二・一三、三・七以下、四・一）。そもそも二・一—一二の物語のイエスがすでに大勢の群衆にとりかこまれたところで奇跡を行っているのである。つまり二・一の文はこれに続く物語の導入をなしてはいるけれども、前の文とのつなぎはなしていず、前の文に語られた状況にもかかわらず、なぜまたどのようにしてイエスはカペナウムにもどったか、などということはおよそ説明しようとしていない。マルコの記述をこのように「史的」つながりの説明として理解しようとすると、かえって矛盾だらけになるのである。史的連続の表現を意図していないものを無理に史的連続として解そうとするいわゆる「歴史化する」解釈は成り立たない。(26)

とするとやはりこの文も、伝承を編集する際のやりくりから説明されるべきなのである。すなわち、この物語にはじまる五つの物語は、通常論争物語集と言われている（二・一—三・六）。(27) この物語も一方では「罪を赦す権威」についてのイエスと律法学者の間の言い争いを伝えている（二・五—一〇）。しかし他方この物語は奇跡的治癒の物語である。つまりこれは奇跡物語と論争物語の二つの性格を持つのである。マルコは一・二一—四五でいくつかの物語によってイエスの奇跡を描写し、次いで二・一—三・六に論争の場面を置いている。この二つの物語群をつなぐのに、両者の性格を兼ね備えた二・一—一二の物語をふさわしいと考えたからこそ、マルコはこれをこの位置においたのだろう。ところでマルコはこの物語をカペナウムで、或いはカペナウムの人々から聞いたのであろう。そこで前の文とのつながりはあまり考慮せずに、「イエスが数日後再びカペナウムにはいると」という文でこの物語を書き始めたのであろう。従って、この文の「カペナウム」の語はマルコによる附加とは言えない。しかしそこには、マルコがいかにカペナウム中心に人々の言い伝えを集めたか、という事実がにじみ出ている。またこの文との関連によって、一・三九の意味もはっきりする。マルコは別に、カペナウムでの民衆の反応に失望したイエスがこの町を捨てて、次いでガリラヤ全土での活動に移った、などというイエス活動の段階を考えているのではない。一方では、イエスの活動はガリラヤ全土に及んだものだ、と強調しつつ、他方では、実際には自分の集めた資料に限定されて、マルコはカペナウムでの物語を語り続ける。そもそもマルコにとってカペナウムはガリラヤの一中心地なのだ。また一・四五についても、言いたいことの中心は、イエスが町にはいれなくなるほどに、人々の間でのイエスの人気は大きかった、ということであって、イエスが実際に町にはいらなかった、というのではないのである。編集者マルコが何を強調したいのかに目を向ける時にはじめてその文章が理解できる。

《三・七—八の地名表》

二・一の次に地名が出てくるのは三・七—八である。ガリラヤに居るイエスのところに諸地方から人々が集る。ガリラヤその地から、ユダヤから、エルサレムから、イドマヤ、ペレアから、ツロやシドンのあたりから。この文はマルコの地理的興味を知るために非常に重要である。[28] そこでややくわしく分析してみよう。

これは編集者によるまとめの句である。従って編集者の考え方が純粋に示されていると考えられる。[29] この文でも我々は、マルコは編集句において地方名は自由に導入するが、町村名は持ち込まない、という事実を確認する。

いかなる基準によってマルコはこれらの地方をイエスのところに集って来た人々の出身地として選んだのであろうか。イエスが宣教活動した、或いはマルコがそうだと考えたすべての地方をここで列挙しようと欲したのであろうか。[30] 確かにマルコは何とかしてこれらの地方にイエスを行かせようと努力している。ついにペレア地方でのイエスの活動を伝える物語を一つも見出せなかったにもかかわらず、マルコはその編集句でもって、イエスはペレアで教えをなしたという一文を記している（一〇・一）。シロ・フェニキヤの女の物語というただ一つの機会をとらえて、イエスのツロ・シドン地方の旅行をつくり上げている（七・二四、三一）。けれどもここに上げられた地方のうち、イドマヤにはイエスは行っていない。逆にまた、イエスの活動の地として知られているデカポリス地方やピリポ・カイサリアの地方はここでは上げられていない。従ってむしろローマイヤーが説明する如く、[31] ここには、福音書記者の執筆当時、キリスト教徒が居たパレスチナの諸地方が列挙されている、と考えたい。もっともそれにしても、なぜデカポリスやピリポ・カイサリアの地方が言及されていないのかは疑問である。どちらも少なくともイドマヤよりは重要であろうから。マタイがこの表にデカポリスを附け足してイドマヤを削除したのも（四・二五）、このような考慮の上からであろう。[32] マルコは地方名を七つというよい数に制限しようとした結果、かならずしもすべてを上げることはできなかったのかもしれない。「ヨルダンの向う岸」（*πέραν τοῦ Ἰορδάνου*）という表現で狭義の「ペレア」（ヘロデ・アンティパスの支配領域だったユダヤ人住民が多い地方）よりも広く、デカポリス地方をも含めていたのだろうか。またピリポの支配していた地域のうち、ベツサイダその他のガリラヤ湖北東岸は、マルコの頭の中ではガリラヤ地方と考えられていたふしがある。とするとピリポのテトラルキアではピリポ・カイサリアの町を中心とした地方だけが残るが、これはマルコの目には大して重要な地方ではなかったのかもしれない。実際このあたりには、マルコの叙述では、イエスは一度行っているだけだし、民衆を相手とした公の活動は行っていない（八・二七以下）。

サマリヤがここで上げられていない、という事実も注目に価する。この個所だけでなく、マルコはついに、サマリヤの名もサマリヤ人の名も一度も口にしない。これは徹底していて、何の理由もなしにマルコがこれ程サマリヤを避けたとは考えられない。[33] その理由を知ることは難かしい。「沈黙からの推論」(argumentum e silentio) は警戒せねばならないからである。しかし沈黙はしばしば雄弁である。あれほどに民族的偏見の少なかったマルコも、サマリヤには何か含むところがあったのだろうか。しかし、この問題もやはり「エルサレム」と結びつけてみた方がよさそうである。というのは、ガリラヤに徹底して重点を置いているマルコがサマリヤには言及せず、他方、福音書記者のうち、もっともしばしばサマリヤを口にするルカは（一七・一一、行伝一・八、八・一、五、九、一四、九・三一、一五・三、サマリヤ人、ルカ九・五二、一〇・三三、一七・一六、行伝八・二五）、エルサレムを中心にしてガリラヤは低く評価しているからである。(34) ルカはまた使徒行伝の前半においてはエルサレム教会系統の資料を用いているが、(35) その使徒行伝前半においてサマリヤ伝道を強調してえがいている（行伝一・八、八・五以下、九・三一）。(36) そしてルカはマルコ三・七―八を書き写す際にガリラヤは削除しているのである（ルカ六・一七）。とすると、マルコが福音書を書いている頃には、サマリヤのキリスト教徒がエルサレム教会と密接に結びついていたのは確かである。この点にガリラヤのキリスト教徒と、エルサレム・ユダヤ・サマリヤのキリスト教徒との間の拮抗を見るのは、あながち無理な推測とは思えない。(37)

いずれにせよ結論として、この地方名表には、マルコの目から見てその時代の教会に何らかの意味で重要な地方が列挙されている、と言えよう。

このあとしばらく、地理的描写としては一般的な場所設定のみ続く。「山の上で」（一三・一三）、「家で」（三・二〇）、「海辺で」（四・一）。これらの曖昧な表現は、福音書記者は、伝承によって示唆されていない場合は、物語を敢えて特定の町村と結びつけたりはしないことを示している。

≪五・一―二〇≫

ゲラサの悪鬼祓いの物語には、問題になる地名が二つ含まれている。「ゲラサ人の地方」（五・一）と「デカポリス」（五・二〇）である。前者についてはそもそも写本の読みが複雑な問題を提供する上に、どの読みをとっても解釈がむずかしい。そこですでにオリゲネスのような古代の聖書学者以来、常に聖書学者の頭を悩ませ続けてきている。問題点はよく知られている。「ゲラサ人の地方」という読みをとれば、それを伝えている写本に関しては（ヴァチカン写本、シナイ写本第一写記、ベザ写本など)、もっとも良い写本の読みであると言えるが、意味上はもっとも困難である。物語はガリラヤ湖畔を舞台としているのに、ゲラサはガリラヤ湖から六十キロも離れている。これに対して、「ガダラ地方」の読みはあまり良くない写本にしか出てこず（エフラエム写本、コイネー写本群)、ガダラはゲラサよりは湖に近いが（一五キロ)、それでも湖岸の物語の舞台としては遠すぎる。もう一つの読み「ゲルゲサ人の地方」は、もしもゲルゲサという村がガリラヤ湖東岸にあったという説が正しければ、なかなか魅力のある読みだが、この説そのものが確かに証明されたとは言えないし、そもそもこの読みはオリゲネス以上にはさかのぼれないから、オリゲネスによる校訂だと考えられる。[38] この面倒な問題については、今日すべての註解書作者はラグランジュとダルマンの研究に準拠している。[39] しかし彼等の精密な分析も、イエスの歩いた「聖地」のあとを確かめようとする情熱も、多少なりとも関係のある教父の文章はみなあたってみようとする勤勉さも、そしてついには研究旅行までして得た見事な知識も、一つの基本的な点であやまっている。本文では「ゲラサ人の地方」とあるのに、彼等の緻密な分析ではいつのまにかこれが「ゲラサ人の町」を意味するかの如くに前提されていることである。しかしこの表現そのものは、「ゲラサの町」どころか、「ゲラサの近郊」すら意味しない。もっと曖昧な表現なのである。「ゲラサ地方」とさえ言われていない。この曖昧な表現をマルコがどのようなつもりで用いているかは、物語の終を見ればわかる。イエスによって悪鬼を追出してもらった男は、自分の故郷にとどまって宣教活動をせよ（五・一九）というイエスの命令に従って、「デカポリスで宣教しはじめた」（五・二〇）のである。とするとマルコは「ゲラサ人の地方」という曖昧な表現で、単にデカポリス地方を指すつもりだったのかもしれない。ゲラサはこの「十の町《デカポリス》」の地方の中でも最もよく知られた町であったと考えられるから、——少なくともマルコはデカポリスの中でゲラサの名しかあげていない——マルコがこのようにゲラサの名でもってデカポリス地方を代表させたとしてもさして不思議ではない。とするとこの表現は、物語は湖畔を場面としているから、デカポリス地方に属するガリラヤ湖の南東岸をさすだけのつもりなのだ、と考えられる。[40] この場合も目撃者である弟子の思い出話というのではなく、このあたりの人々の伝えていた地方伝説なのである。悪鬼が豚にのりうつったので豚が崖から落ちて死んだ、などという描写は典型的に伝説的な描写である。むしろマルコはこの物語をどこかであるゲラサ人の口から聞いたので、それ以上にはっきりと土地を確定できないままに、「ゲラサ人の地方」で起こったこととしてえがいたのかもしれない。他方この物語はなるべく多くの地方にイエスを行かせようとする福音書記者の動機にも適合している。シロ・フェニキアの女の物語を利用してイエスをツロ・シドンの地方に行かせているマルコは、ゲラサ人から聞いた話から、イエスのデカポリス地方での活動の物語を構成する。(41)

《ナザレ》

六・一―六の物語は伝承と編集の関係が実に複雑で、また編集者の多様な思惑が短い文章の中に反映している。ここでは地名に関して確認できる二、三の事実を指摘するにとどまろう。

イエスは故郷に行く（六・一）。これはもちろんナザレである。しかしここではマルコは敢えてナザレという語を口にしない。何か含むところあってのことかどうか。物語の伝承そのものは内容からいってナザレの地方伝承であるはずがない。「予言者は故郷ではいれられない」ということを示す物語として古くから教会に伝えられていたものであろう。しかしマルコはこの「故郷」をイエスの「親族、家」の意味に解する。イエスの親族こそイエスをしりぞけた。ナザレはそのイエスの「家」を象徴する土地である。――このような言い方は、マルコが福音書を書いていた当時、エルサレム教会の指導者はイエスの兄弟ヤコブだったのだから、当然エルサレム教会を意識せずに発言できるはずはない。マルコにおいてはナザレは「エルサレム」の問題に結びつく。

ナザレに関してもう一つ注目すべきは、マルコにとってのガリラヤはガリラヤ中央部ではなく、東辺のガリラヤ湖周辺だった、という事実である。ガリラヤ地方は中心に山地があり、これを円環状に囲んでせまい平地帯がある。西方地中海に接する部分（プトレマイスの町のあたり）は歴史的にガリラヤに属していた時期はあまりない。南方はカルメルにそってメギドの平野からスキトポリスのあたりへと続く。東方はヨルダン川とガリラヤ湖に区切られる。北方はいわゆる「上ガリラヤ」（ヨセフス『ユダヤ戦記』三・三・一（一三五））である。しかしあれ程ガリラヤを重んずるマルコが、実は、地理的にはガリラヤの中心をしめる中央部の山地については、ここでナザレを否定的に取扱う以外にはまったく言及しない。他の福音書でも、ガリラヤ中央部についてはナイン（ルカ七・一一）とカナ（ヨハネ二・一）が一度ずつ言及されるだけである。中央部の重要な町セッフォリスは言及されない。中央部だけでなく、西側プトレマイス、南縁スキトポリス、後にユダヤ戦争の時に重要な役割を果す北方のギスカラなどの主な町々は一度も言及されない。従ってマルコの「ガリラヤ」はほとんどガリラヤ湖周辺に限られてしまうのである。ガリラヤの他の地域は出てこないのに対して、狭義のガリラヤには属さないベツサイダ、ゲラサ人の地方などガリラヤ湖岸の土地はイエス活動の地として重要視されている。カペナウム、ゲネサレ、ダルマヌタなどみなガリラヤ湖岸である。マルコにとってガリラヤとはガリラヤ湖なのだ。

これは面白い事実である。[42] そもそもイエスが実際にガリラヤ湖を中心に活動したからこのような叙述が生れたのか、それとも、マルコの資料蒐集活動がこのあたりに限られていたからそうなったのか。おそらくどちらも事実だろう。ただ、カナやナインでの物語が他の福音書に伝えられていることから言って――物語そのものの信憑性は別問題であるが――イエスのガリラヤ地方での実際上の活動範囲はマルコが考えるよりも広いものであっただろう。しかし保守的な山地の村々よりも開けたガリラヤ湖畔の方がイエスの新しい福音に耳を傾け易かったであろうし、従ってイエスの活動がおのずとガリラヤ湖畔を中心としていったことは、あまり無理なく想像できる。[43] しかし、その傾向を、さらに、ガリラヤ湖畔での資料蒐集活動によって一面的に強調したのはマルコであった。マルコが編集した頃には、イエスの自由な精神の思い出を、マルコが強調したかったイエスの側面を、もっともよく伝えていたのがこの地方の人々だったからだろうか。それともマルコ自身、ガリラヤ湖畔の人だったのか。

≪ベッサイダとゲネサレ≫

次いで五千人の供食の物語（六・三〇—四四）を中心にしてベッサイダ（六・四五）とゲネサレ（六・五三）が出てくる。これと並ぶ四千人の供食の物語（八・一—一〇）のすぐ後には、ダルマヌタ（八・一〇）とベッサイダ（八・二二）が出てくる。これらの地名をまとめて考察してみよう。

まず六・四五のベッサイダが解釈者に困難な問題を与える。(44) ベッサイダの町はカペナウムからヨルダン川を渡ったところ、ヨルダンがガリラヤ湖北岸に注ぐ川口の東側にある。パンの奇跡が終ったあとでイエスは弟子達を「向う岸のベッサイダへと先に行かせた」(六・四五)。ところが弟子達が舟にのって出発すると途中で嵐になる。そして嵐がしずまると、はじめにベッサイダに向って出発したことなどは忘れてしまったように、「彼等は陸地へと海を横切ってゲネサレに着いた」(六・五三)。この話の食違いはどう説明するか。第二の問題は「向う岸」という句にある。通常「向う岸に」(εἰς τὸ πέραν)とはガリラヤ湖を縦に割って、東岸から見れば西岸に、西岸から見れば東岸に渡ることを意味する、という風に説明される。これはイエスの当時の行政区画からいって、一応もっともな説明である。しかし、もしパンの奇跡が東岸で行われたとすれば、同じ東岸にあるベッサイダを「向う岸のベッサイダ」とよぶのはおかしいことになる。だがもしもパンの奇跡がガリラヤ側（西岸）で行われたとすれば、弟子達は向う岸に出かけたにもかかわらず、またこちら岸のゲネサレ（西岸）に上陸してしまう。

第二の問題から片づけよう。この「向う岸」を手がかりにして、近代の註解書記者達は五千人の供食の物語が湖の東岸で行われたのか西岸で行われたのかを決定しようとして涙ぐましいまでの努力をしている。この程度の問題でどうして聖書学者達が血道をあげて議論するかというと、もしも東岸ならばこの奇跡は異邦人地域で行われたことになり、西岸ならばユダヤ人地域で行われたことになる。そこでこのパンの奇跡は異邦人の救いの象徴なのか、ユダヤ人の救いの象徴なのか、という事をここから決定しよう、というのである。しかしこれはそもそも問題意識がおかしい。このような形での異邦人かユダヤ人かという問題、さらにはまた東岸か西岸かという問題は、福音書記者の頭の中にはおよそ存在しない(45)。それにまた福音書記者が「向う岸」という時に、厳格に幾何学的な意味で言っていると考えるのもおかしい。福音書記者は定規をガリラヤ湖の地図にあてながら物語を書いていたのではない。湖の「向う岸」という時に、いつでも東岸か西岸かしか考えられない、というのも奇妙である。南北に走る川や或いは細長いダム湖ではあるまいし、円形に近いガリラヤ湖には南岸も北岸もいろいろな岸がある。事実、舟で湖を渡る、という時、福音書記者は目的地をはっきりと指摘する場合（六・三二、五三、八・一〇）のほかはかならず「向う岸に」という句を用いている。つまり一つの場所から他の場所に湖を渡っていく場合をマルコは「向う岸に」という表現で表わしている、ということであって、他意はないのである。従ってまたこの「向う岸に」と「ベツサイダに向って(πρὸς Βηθσαϊδάν)」とが矛盾するなどと考え、後者に対して無理にひねって「ベツサイダをのぞみて」などと訳す必要などはおよそないのである(46)。

そこで第一の基本的な問題にもどろう。ベツサイダに向って出発した舟がゲネサレに着く、というジグザグをどのように解釈すべきであろうか。嵐のおかげで弟子達は行先を変更したのか。弟子達は疲れてしまって途中手頃なところで上陸したのか。……この類の想像はいくらでもできる。そして想像を楽しむのは勝手だが、それはマルコ本文とは無関係である、ということを知っておく必要がある。実はこのジグザグの問題も、マルコ福音書の一つの物語から他の物語へのつながりを、実際に地理的時間的に連続した史実の描写であると前提する解釈者の主観から生ずるにすぎない。マルコ自身は二つの物語が時間的に連続しているなどというつもりでは書いていない。奇跡物語が地方伝説であって、マルコがその伝説を採用する時にその土地を物語の舞台として指摘した、という編集の仕方を頭におけば、ここには何の問題もない。五千人の供食の物語（六・三〇―四四）はすでにマルコ以前から何らかの形でベッサイダの名と結びつけられて伝えられていた。というよりおそらく、ベッサイダのあたりで伝えられていた伝説であろう。しかしこの物語をベッサイダの町中で起こったこととしてえがくわけにはいかない。話の性質上、これは普段は人の来ない淋しい場所で起こったことでなければならない。そこでマルコはこの物語の終りにベッサイダを持ってきた。奇跡的な食事が終ったあと、弟子達はベッサイダに行った、というのである。このように書くことによって、マルコはこの物語がベッサイダの地方伝承であることを示している。

五三節のゲネサレはといえば、[47]四七―五二節の「水の上を歩くイエス」の物語がゲネサレ附近に伝えられていた伝説であったのであろう。注目すべきは、このような町村名のやや奇妙な言及の仕方は、常に奇跡物語と結びついて出てくる、ということである。他の伝承と異って奇跡物語は地方伝承であり、ガリラヤの町々村々に言いひろめられていたことである、という仮説がここでも通用する。マルコとしては、どの物語がどの町どの村に伝えられていたかという事実には興味を持っているが、一つの物語の場面から次の物語の場面へとイエスや弟子達がどのように移動したか、などという「史的」問題（むしろ史実主義的問題）には何の興味もないのである。だから四五節と五三節のような、史実主義的な目にはひどい矛盾と思える書き方をして省みないのである。

ところでこの物語には多くの異った型の伝承が伝えられているから、我々の仮説を実証するためにも、豊富な資料を提供してくれる。パンの奇跡の物語はマルコ六・三〇―四四のほかに、マルコ八・一―一〇とルカ九・一〇―一七にも別な伝承の経路をへて伝えられている。[48]このように同じ物語がいくつも異った伝承として伝えられる場合は、伝承と土地との結びつきについて二つのことが考えられる。一つは、同じ物語が異った土地に伝えられ、土地土地の間で伝説の本家争いがなされる場合である。これは聖者伝説の場合しばしば起こりうる。もう一つは、一つの物語がその土地以外の人々にも多く伝えられた結果、話の細部がいろいろと変化して伝えられる場合で、この場合物語とその土地のつながりは保たれるが、その関係の仕方は話によって異ってくる場合である。我々の物語には、まさにこの後者の説明があてはまる。マルコ八・一―一〇もルカ九・一〇―一七も独特な仕方でベッサイダとのつながりを保っているからである。

マルコ八章の地名もやや混乱している。ベッサイダは二二節に出てくる。[49] 第二のパンの奇跡の後、イエスはダルマヌタの地方に行く（一〇節）。ここでパリサイ人と論争した後（一一―一二節）、「向う岸」（一三節）へと出かける。舟の中で「パン種」についての教えがあった後、ベッサイダに着く（二二節）。この面倒な行ったり来たりの仕方がすでにやや技巧的な感じを与える。さらにこの行ったり来たりを示す動詞の主語が実に不細工に交代する。[50] 一〇節で「（イエスは）弟子達と共に」ダルマヌタに着く。けれども一三節で「再び舟にのって向う岸に去った」のはイエスだけである。しかもすぐこれに続く文の動詞は、何の説明もなく、三人称複数に置かれている。「（彼等は）パンを持って来るのを忘れていた。」この主語は当然弟子達のことだと考えられる。このように主語が混乱した文章の後では、写本家が間違えて、二二節に「かくしてベッサイダに着いた」という動詞が三人称複数と三人称単数の両方の形で伝えられているのも無理はない。[51] 以上のような無細工なつなげ方を見る時に、マルコは何か一つの物語を無理にここに挿入したのではないか、と想像させる。つまり、一一―一三節の「徴」についてのパリサイ人との議論を、マルコはおそらく「パリサイ人のパン種」という表現にひかれて、そしてまたおそらく「徴」を求めようとする弟子達に一つの警告を与える意味で、ここに挿入したのであろう。実際、この部分だけイエスは単数で出てくるが、この前後ではイエスは弟子達と共に行動している。このように考えれば、一四節のはじめに、何の説明もなく三人称複数形の動詞が出てくる理由がわかろう。一〇節からつなげて読めば、一四節の動詞の主語が弟子達であることはすぐわかるのである。

とするとどうなのか、一一―一三節のパリサイ派との論争の物語は何らかの形でダルマヌタに結びつけられていたのだろう。それともこれもまたできるだけ多くの地方にイエスを行かせようというマルコの試みの結果かもしれない。

（ここでは「ダルマヌタ」ではなく「ダルマヌタの地方」と言っている点に注意。）いずれにせよ、一〇節のダルマヌタの語は、一一―一三節をこの物語の連関に挿入する時にマルコが加えた状況設定であろう。とするとマルコ以前の伝承では、四千人の供食の物語（八・一―一〇）は、舟で湖を渡る途中「パン種」についてイエスが弟子達に教えた（八・一四―二一）という物語につながっていたことになる。四千人の供食の物語そのものは場所の設定を欠いているが、奇跡的供食のあとでイエスと弟子達が舟にのって出発する（八・一〇）という描写からいって、これも湖岸で起こった出来事と想定されているのは確かである。マルコ以前の伝承においては、四千人の供食の後、イエスと弟子達はベツサイダにむかって出発し、その舟の中で「パン種」についての教えがなされたことになっていたのではないのか。[52]とすると、この物語もベツサイダ伝承であった、ということになる。従って八・二二のベツサイダはもともとは（またおそらくマルコのつもりでも）前の物語の結びであって、次に続く盲人の癒しの物語（八・二二後半―二六）の導入の役割は果していないことになる。この物語を「ベツサイダの盲人の癒し」と通常よびならわしているのは、正しくない。[53]

この物語のルカ版（九・一〇―一七）はベツサイダに関してもう一つ面白い観察を附け加える。ルカはここでマルコ六・三〇―四四のほかに自分が手にした別の伝承を結びつけているので、なかなか奇妙な描写が生れる。ルカはこの物語がベツサイダの町中で起こったことにしているのである（一〇節）。「寂しい所」（一二節）であって、離れた「村や部落」に行かねば食物を得ることのできない場所で起こったはずのこの出来事を、ルカはベツサイダの町の中で起こった、と言っているのである。[54]どうしてこのように奇妙な描写が生れるのか。ルカが用いた第二の資料においては、この物語はベツサイダかその近郊で起こったことになっていたからではないのか。[55]それをやや筋書の異るマルコの物語と結合したところにこのような矛盾が生じたのではないのか。とするとルカの用いた第二の資料ももともとはベツサイダの伝承だったことになる。

ここでいわゆる「ガリラヤ以外の地域での活動」の期間（六・四五―八・二六）について考察しておこう。[56]ガリラヤでの活動を終えて、もしくはガリラヤでの活動の結果に失望して、イエスはガリラヤ以外の地域、特に異邦人地域に出て行った。それが六章から八章にかけてのマルコの叙述である、という説である。そもそもマルコがこのような意味でのイエス活動の「段階」などという理念を持っていなかったことはすでに論及した。六―八章がそもそもマルコ福音書の中でまとまった部分を形成しているかどうかということも疑問だが、ここでは問わない。純粋に地理的な考察から言っても、この「ガリラヤ以外の地域での活動期間」という説明は成り立たない。つまりこの部分には、ベッサイダを別とすれば、ガリラヤ以外の土地にイエスが居るのはわずかに一つの物語（七・二四―三〇）と一つの編集句（七・三一）においてだけである。この部分にすぐ続く八・二七以下の物語を考慮に入れたとしても、「ガリラヤ以外」の物語は微々たるものである。これに対して、六・五三―七・二三はゲネサレに設定されているから明瞭にガリラヤでの物語であるし、八・一〇―一三のダルマヌタでの物語も、ダルマヌタについて確かなことはわからないまでも、ガリラヤ湖岸であるのは事実である。とすると、六・四五―八・二六を「ガリラヤ以外の地」での活動の部分、などと名づけるのは、およそ本文に対する冒瀆である。

このようにとても考えられない程に福音書本文を無視した福音書の説明が相変らず広い支持を集めているのは、この部分にちらばった二つ三つの地名が異邦人地域を示すかの如き印象を与えるからである。それに従って解釈者達はここに、異邦人伝道の型を示そうとしたイエスの活動を読みとろうとするのである。――どうして欧米の聖書学者はこれ程までに異邦人伝道が好きなのか。――しかしこの部分で明瞭に異邦人地域を示しているのは、すでに言及したように、七・二四―三一のツロ・シドンの地方だけである。七・三二以下はデカポリスを舞台としていて、これも異邦人地域と考えうるかもしれない。とすれば、この部分に属さない五・一―二〇のデカポリスの物語はどうなるのか。この異邦人地域説の一つの根拠になっているのは、ガリラヤはユダヤと同様にユダヤ人地域であるが、ピリポの支配領域（テトラルキア）は異邦人地域である、という教科書風の考え方である。確かにピリポ・カイサリアはこのテトラルキアの都であり、ベツサイダもこのテトラルキアに属していた。しかしガリラヤとピリポのテトラルキアとをヨルダン川を境に分けて、両者を白と黒にはっきり塗りわけるなどというのは、初歩の学生のための解説ならともかく、歴史の実際の説明としてはおよそ成り立たない。マルコの目にとっては、ヨルダン川の向う側でも、特にガリラヤ湖の周囲は、ヘロデ・アンティパスのテトラルキアという意味での政治的「ガリラヤ」と特に区別さるべき地方ではなかったのである。これはまた、マルコだけの特殊な見方ではあるまい。ヨハネ福音書ではベツサイダのことをガリラヤのベツサイダとよんでいる(57)(一二・二一)。ユダヤ人の歴史家ヨセフスも「ガリラヤ」の概念をもっと広く考えている(58)。ピリポのテトラルキアに異邦人の要素が強かったとしても、それはもっとユダヤ的な地方と比べての話であって、ここが非ユダヤ人地域であることを意味しない。ガリラヤがアリストブロス一世の時以来再ユダヤ化されたのだとすれば、この地域も少なくともヘロデ大王の時以来組織的にユダヤ化されている(59)。これに加えて、マルコが福音書を書いていた当時はもはや、ヘロデ・アンティパスのテトラルキアなる「ガリラヤ」とピリポのテトラルキアとを分ける国境線は消滅していた。どちらもその支配者が死に、ローマ当局によってアグリッパ二世に与えられていたからである(60)。カペナウムとベツサイダをへだてる国境線などは、一七度線と同じ程度に政治的作為にしかすぎなかったのだ。この地方にはかなりギリシア語の碑文が発見されているというが、それはガリラヤにしても大差ないし(61)、この事実そのものは、単に、この地方にヘレニズムの影響が強かった、ということを示すだけで、異邦人地域であることの証明にはならない。ベツサイダ出身のピリポなるイエスの弟子は明らかにユダヤ人だがギリシア語を話すのである(ヨハネ一二・二一)。確かにこの地方は純粋にユダヤ人地方であるのではなく、異邦人と混在した地方だったが(62)、その点ではガリラヤも似たようなものだし、この地方にもユダヤ教会堂が発見されている(63)。マルコがこの地方を特別な地方として取扱っていなかったことは、あれほどパレスチナの諸地方名をあげるのが好きなマルコが、「ピリポのテトラルキア」とか、或いはその南部を伝統的によびならわしている「ガウラニティス」などの地方名は一度も口にしていない、ということにも示される。

マルコにとってガリラヤはガリラヤ湖だったのだ。カペナウムから何キロとへだたっていないガリラヤ湖畔のベツサイダも、マルコの頭の中では（そしておそらく当時の地元民の言い方では）ガリラヤの町なのだ。ベツサイダほどではないにせよ、ピリポ・カイサリア近辺の村々についても、マルコは別に異人種が住んでいるところとは思わなかっただろう。イエスがベツサイダに行ったからとて、これを異邦人地域での活動などとレッテルを貼るのは、およそ歴史的事情を無視している。とすると、六・四五―八・二六の「部分」の中、イエスが異邦人地域に行っているのは、七・二四―三一の物語（ツロ・シドンの地方）だけ、ということになる。マルコはマタイのように「イエスはイスラエルの失われた羊のところにだけつかわされた」（マタイ一五・二四）などと頑張らないかわりに、イエスがユダヤ人地域をすてて異邦人地域で活動した期間があった、などと言うこともしないのである。

《ツロ・シドンの地方》

ではそのツロ・シドンの地方の出てくる物語はどのような伝承だろうか。この物語のはじめと終りに出てくる地理的記述は、物語そのものと同様に、解釈がむずかしい。しかしこの物語の調子全体から言って、ツロ・シドンの地方に伝わっていた伝説であるとは考えられない。確かにこれも奇跡物語である。しかし「シロ・フェニキアの女」をよそ者という感じで口にしている物語が、ツロの地方に伝わっていたはずがない。物語そのものは特定の土地とのつながりを前提としていない。当時のガリラヤにフェニキヤ人はかなりはいりこんでいただろうから、これがガリラヤで起こった物語だとしても不思議はない。おそらくこれは、特定の土地の物語というのではなく、単にシロ・フェニキヤの女（七・二六）についての物語として伝わっていた伝承であって、マルコはこの物語をよいきっかけとして、イエスをフェニキヤ地方への旅行に行かせることにしたのではないのか。いずれにせよ、物語の導入句「（イエスは）そこからたって、ツロの地方に行った……」(二四節)は編集者の筆になる文である。[64] ツロ・シドンの地方はマルコにとって重要な地方なのだから(三・八)、このような編集上の意図が働くのはいかにもありうることである。[65] この二四節でマルコが「ツロの地方」という広い意味の表現を用いて、ツロの町ともどの村とも特定の町村に限定していない事実は注目しておくべきである。伝承によってはっきりした地名を与えられていない限り、マルコは編集句で自分の意図から地名をつけ足す時は、曖昧な広い地域名を用いるのである。ついでながら、二四節の「家にはいり」も純粋に編集上の導入句としての性格を示している。[66]

三一節については、[67] その「旅程」が複雑なのでよく問題にされる。イエスはまず「ツロの地方」から北上して「シドンの地方」(これはツロとの類推から「地方」の語を補って考えるべきだろう)「を通り」($\delta\iota\alpha$)、ついで急転直下南下して「ガリラヤ湖へ」「デカポリスの真中へ」[68] といたるのである。これをイエスの実際に辿った「旅程」と考えると、およそ無理な説明に走らざるをえない。ツロからいったんシドンの方に北上してそれからガリラヤ湖に出るのを一つの街道の描写であるかの如くに思うものだから、リバノン山脈を越えてダマスコ街道へ出る、などというありもしない街道を発明してみたりする。[69] 或いは勝手に本文をつくりかえて、シドンのかわりにベツサイダと読もうとする説もある。[70] しかし勝手に本文をつくりかえてよいのなら、福音書の解釈に苦労したりせず、自分で福音書を書いた方が手っとり早い。「シドンを通り」だけでなく、「ガリラヤ湖へ、デカポリス地方の真中へ」という表現も、旅程としてならどう解してよいかむずかしく、そこで各国語の聖書飜訳にみられるように、適当に想像して「デカポリス地方を通りぬけ、ガリラヤの海辺に来た」などと訳してしまうのである。誤りは、この文を編集者の意図から説明しないで、イエスの「旅程」として無理に地図の上にたどろうとするところにある。マルコの言いたいところはむしろ簡単である。シロ・フェニキアの女の物語にきっかけをえて、イエスをツロの地方に連れて来た。ついでに、ツロと対になっているシドンの地方にもイエスは行ったことがあるのだ、ということを、ここで一言注意しておきたかっただけのことなのだ。

その帰りにどの街道を通ってガリラヤ湖畔にもどったか、などということは一々気にしないのだ。「叔父さんは名古屋から伊勢に行って東京にもどりました」と子供が言ったからとて、伊勢から東京にもどるのには名古屋を通らねばなるまい、などと目くじらたてる人は居ない。それともこう言ったからとて、叔父さんは伊勢から船にのって直接東京にもどったのだ、などと想像する人が居るだろうか。

「デカポリスの真中へ」はといえば、これは次の「聾で唖の癒し」(七・三二―三七) の物語がデカポリス地方の伝承だったから、その物語へとつなげる必要上、「デカポリスの中へと来た」と言ったにすぎないのだ。だからこの文は要するに、チェスター・ビーティ・パピルスなどの写本の異読が理解しているように、単に「ツロ・シドンの地方からデカポリスへと」ということを言っているにすぎない。(71)「ガリラヤの海辺へと」は、デカポリスに属するガリラヤ湖南東岸をさしたかったに違いない。「イエスは再びツロの地方を去って、シドンを通り、デカポリスの中にあるガリラヤ湖岸へともどってきた」というのがこの文である。

《ピリポ・カイサリア(八・二七)》

次に出てくる地名がペテロ告白で有名なピリポ・カイサリアである。ペテロ告白が重要視される結果として、八・二七のピリポ・カイサリアを言及する句についても多くの議論がなされているが、ここでそれを一々とりあげて論ずることはできない。これらの議論はほとんど護教論的な、もしくは教義的な関心ばかりが先立っている。ここでは、八・二七の記述に関しても我々の判断の基準が適合することだけを確認しておこう。まずここでも「ピリポ・カイサリアの村々」というかなり広い地域を表わす曖昧な表現が用いられていることを注意しよう。ピリポ・カイサリアもヘレニズム的ポリスと認められていたから、附属する村を持っていたのである。従ってこれは政治的支配地域の意味であるから、ピリポ・カイサリアの近郊という程度の狭い意味ではない。むしろピリポ・カイサリアの地方と言った方がよい。とすると、ペテロ告白の物語の史実性を弁護するために、この物語は起こった場所が厳密に伝えられているから、弟子達の確かな記憶をもとにしている、などと論ずることはできない。[72] 厳密な地名などここではあげられていない。おまけにこれは「ピリポ・カイサリアの地方」で起こったこと、というのですらなく、その地方に行く途中のこととして記されているのである。広く一般に地方名をあげて、いろいろな地方にイエスを行かしめようとするのはマルコの方針である、ということをすでに我々は何度も確認してきた。この記事までにすでにマルコはイエスを重要な諸地方に、ガリラヤにはじまって、デカポリスやツロ・シドンの地方に行かせているし、続いて同じく編集句において(一〇・一)ユダヤとペレアに行かせるのである。ベツサイダはどちらかというとガリラヤに属していたから、マルコとしては一度機会をとらえイエスをピリポのテトラルキアの中心地方に行かせようとしたのだろう。イエスの踏んだパレスチナ諸地方の表を完成するために。そこでここにも広い地域をさす曖昧な表現が選ばれているのである。[73]

ではどこからマルコはこの表現を得たのか。ツロ、シドンの場合のように、伝えられた物語の中に一つのきっかけがあったのか、それともまったく編集上の創作か。可能性としては三つの説明がある。㈠「ピリポ・カイサリアの地方」はもともと八・二七―三〇のペテロ告白と結びついて伝えられていたのではなく、八・二二後半―二六の盲人の癒しと結びついて伝えられていた。[74] 先に確認したように、この盲人の物語はベツサイダの地方伝承ではない。とするとこれは、ピリポ・カイサリア地方の人々に伝えられていた奇跡物語だった、ということになる。これはこの物語の性格からいって、いかにもありそうなことである。㈡ ペテロ告白の物語はもともとピリポ・カイサリアの村々へ行く途中の出来事として伝えられていた、という説明もありうる。しかし古い段階の福音伝承において、ナザレとエルサレムは別として、奇跡物語以外の物語が地名と結びついて伝えられている場合はほとんどないから、この説明はあまり強い可能性は持っていない。㈢ これは純粋に福音書記者の編集句であって、伝承と無関係である。以上三つの説明の中どれが正しいかを確実に決定することはできない。

もう一つ注意しておくべきことは、すでにベッサイダに関してくわしく論じたことだが、ピリポ・カイサリアの地方は異邦の地方としてガリラヤと截然と区別されたところではない、ということである。ここでは、ピリポ・カイサリアを上ガリラヤの町とするラビ文献の言及がある[75]、ということを指摘するにとどめておこう。特にマルコの目にとっては、このような区別は存在しない。

《ピリポ・カイサリア以後の地名》

八・二七以後マルコの地名のあげ方には、もう一つ別の動機がはいりこんでくる。エルサレムへの歩みである。これに従って以下の地名は図式的に並べられることになる。だからそれらをここで全部まとめて検討することにする。まずいわゆる三つの受難予告と地名との関係が実に顕著である。受難の死を予告する度にイエスはエルサレムに近づく。まずピリポ・カイサリアの地方で（八・二七―三三）、次いでガリラヤで（九・三〇―三二）、そして最後にエルサレムにのぼる途中で（一〇・三二―三四）。かくしてエルサレムへのぼる旅は死出の旅路であることをマルコははっきりと印象づける。この点に関してマルコの叙述はよく計算されている。ピリポ・カイサリアの地方はイエス活動の最北の地である。そしてここで一度あからさまに受難予告を宣言するや、マルコのイエスはもはや決して後に下がらず、ジグザグな横道をたどることもなく、一歩一歩確実にエルサレムに近づいて行く。三つの受難予告の場面だけでなく、これ以後出てくる地名を全部並べてみると、美事に地図の上を真直にたどって、イエスの足取がエレサレムに向っていることが知られる。このようなところは、マルコははっきりと一つの図式をもって叙述しているのである。

ピリポ・カイサリア（八・二七）――ガリラヤとカペナウム（九・三〇、三三）――ユダヤとペレア（一〇・一）――エルサレムに向う途中（一〇・三二）――エリコ（一〇・四六）――ベトパゲとベタニア（一一・一）――エルサレム入城（一一・一一）（受難予告の個所には傍点）。

この図式の意味するところは明瞭である。エルサレムの町をイエスの受難の地としてのみ性格づけようとするところにある。イエスがエルサレムに向うのは他のことをするためではなく、そこで死ぬためである。エルサレムはマルコにとって他の意味は持たない。それはユダヤ人の聖都（マタイ五・三五参照）でもなく、使徒行伝のえがくような最初の教会の誕生の地としての栄誉も持っていない。よく知られたことだが、マルコのイエスはエルサレムで夜をすごすことすらない。昼間エルサレムで論争して、夜になるとベタニアにもどるのである。だから厳密に言えば、マルコにはイエスのエルサレム滞在はない。イエスがエルサレムで過ごす唯一の夜は、逮捕され裁かれ死刑を宣告される夜である。またイエスの活動の基本的な要素である病人の癒しをはじめとして、いかなる奇跡もここでは行われない。「ガリラヤとエルサレム」の問題のところで論じたように、エルサレムは受難と論争の場所でしかないのである。イエスがエルサレムに上る旅は、このようなエルサレムへの旅なのである。このエルサレムの性格づけをもっともよく表現しているのが、一〇・三二―三四の三度目の受難予告の場面である。「エルサレムにのぼって行く途中のことだった……イエスは再び十二人をよんで、自分がこれから蒙ろうとしていることを話すのだった。見よ、我々はエルサレムにのぼって行く、そして人の子は祭司長律法学者の徒に渡され、死刑の判決を受けるだろう……。」受難予告の言葉づかいそのものは別として、この場面の構成は編集者の手にかかるものである。(76) この構成によってマルコのエルサレム観は明らかである。

ピリポ・カイサリアの名がもともとペテロ告白と結んで伝えられていたかどうかは別としても、少なくともこの場面に第一の受難予告を結びつけたのは編集者マルコの操作である。(77) この結合によってマルコはペテロ告白の物語を「受難のイエス」の観点から解釈し、またそれと同時に、ピリポ・カイサリアの地方という遠隔の地からイエスのエルサレムへ進む一歩一歩を説きおこすのである。するとこの第一の受難予告と第三の受難予告の間に第二の受難予告を、ピリポ・カイサリアとエルサレムへの道の間にあるガリラヤに設定したのも編集者の操作であることは明瞭であろう。[78] この九・三〇の「ガリラヤ」に他意はないのであって、ここでも「イエス活動の発展段階の地理的図式」にあてはめると無理がいく。すなわち例のガリラヤの期間、異邦人地域、エルサレムへの旅行の期間、という図式である。この図式に従えば、当然、すでに一度ガリラヤでの活動は終えてしまったのに、なぜイエスはまたガリラヤに、カペナウムにもどってこなければならなかったのか、という問を説明しなければならなくなる。——そもそもこのような図式を持ちこまなければ、このような問そのものも必要がなくなる。——そこでこれを説明するために、「(ここではイエスは)群衆に邪魔されることなく、弟子達との交りに集中するために、ひそかに旅行する」などという動機を導入する。[79] だから以前と違って今度はイエスはガリラヤをひそかに通りぬけるだけであって、公の活動をしない、というのである。しかしこの「人に知られることを欲しなかった」(九・三〇)という動機は、すぐ前の「ガリラヤを旅行していた」という文によって理由を与えられているのではなく、次に続く文によって理由を与えられているのである。「なぜなら」(γάρ)という語で次の文が始っているのだからこれは誰の目にも明瞭なはずである。イエスはガリラヤを通っていたから人にかくれていたかったというのではなく、秘義的な教えを与えるために人々に知られずにとどまりたかったのである。[80] またそもそも「ここではイエスと弟子達はガリラヤを通りぬけることとしかしなかった」[81]などというのも間違っている。ここで「通りぬける」と訳された動詞 *παραπορεύεσθαι* の接頭語 *παρα-* にあまり力点をおいて訳すのは正しくないのである。ヘレニズム・ギリシア語では、この種の複合動詞の接頭語の持つ意味にはかまわずに、もとの動詞と同じ意味、或いはやや強調されただけの意味に用いられることが多い。[82] だからここではあまり厳密な意味で「通る」「通過する」と考えるわけにはいかない。むしろもっと一般的に「来る」「旅行する」程度の意味である。九・三〇の文は「そこから出て来て、なおガリラヤを旅していた」と訳せよう。[83] いずれにせよ、後に続く物語からいって、ここでは何もせずガリラヤを通りぬけただけだ、などというのは牽強付会である。イエスはカペナウムに行き、平常の活動をなす（九・三三以下）。こういった解釈上の難点は、ガリラヤの活動の期間の後に異邦人地域の期間、次いでエルサレム旅行の期間、という例の図式を無理にあてはめるから生ずるのであって、このような図式をはずしてしまえば、マルコの本文には何ら問題はないのである。この「ガリラヤ」は、ピリポ・カイサリアからエルサレムへの道にいたる途中の点とすれば、素直に理解できる。

だからマルコ福音書の後半にある地理上の図式は、エルサレムへの旅である。しかしこれはイエスがエルサレムに行く、という行為の意義を、またエルサレムの町の性格を強調するためにつくられた図式であって、これを一つの他と区別された期間とか発展段階と考えると間違いである。一〇・三二―三四を中心にエルサレム旅行が強調されてはいるが、エルサレムに着くまでは、イエスは今までと同様に奇跡をなし、人々を教える平常の活動を続けて行く。[84]従ってまた、八・二七以前に働いていた地名記述の二つの動機が八・二七以後にも同様に現れる。

一〇・一、「彼はユダヤとヨルダンの向う岸の地方とに来る。」この文章も、マルコの地理記述は何でもイエスの旅程の表現である、と考えねば気がすまない註解書記者達の頭を悩ます。まずユダヤとペレア（＝ヨルダンの向う岸）とがこのように並べてあることに、そして、この二つを並べる順番に。もしもイエスがガリラヤからユダヤに来る旅程を現すのなら、「ユダヤ地方とペレア地方とに」来る、というのはおかしくないか。ガリラヤから来るのならまずペレアを通ってユダヤに来るのがふつうではないか、というのである。そこで解釈のために、「と」という接続詞のない写本の読み（「彼はヨルダンの向う側のユダヤに来る」）をとる。そしてこれを、ガリラヤからエルサレムに来るのに、「ヨルダンの向う側のユダヤ」すなわちペレアを通って来た、という意味に解そうとする。これはヨルダン川の谷にそった道筋である、と。[85]しかしこの説を支える写本はあまりよい写本ではない（DGΘなど）。これらの写本の「と」を省略する読みは、マタイの平行記事（一九・一）に影響されたものである。[86]写本の読みとしてはあくまでも「と」を含んだ文をとるべきである。けれども不思議なことに、この読みを採用しながらも、あたかもそう説明するのが当然であるかの如くに、これはヨルダンの谷の左岸を通る道筋を示す文だ、と説明する者が居る。[87] けれどもこのようなところに街道は存在せず、これが時たま人の通る踏みあと程度の道筋だったとしても、平常はまず用いられないものである。[88] ガリラヤからエルサレムにのぼる巡礼が通常とった道はサマリヤの山地を通過するものである。[89] 我々の知る限り、ヨルダン左岸にそった街道の存在を示す典拠はどこにもない。これはマルコ一〇・一の文章を説明するためにG・ダルマンが想定した道なのである。[90] ところがダルマンのようにそれを意識しながら仮説をたてているうちは問題はないのだが、後の解釈者は、ダルマンを根拠にして、このような道筋が当り前の街道であったかのように思いこむ。そしてそれがやがて常識となって、多くの註解書に前提されるようになる。そして今度は逆にこの道筋の存在の前提からマルコ一〇・一の文を説明しようとすることになる。[91] しかしマタイの平行記事を除けば、マルコの文そのものはおよそこのような問題と無関係なのである。ここには「イエスはユダヤ地方（と）ヨルダンの向う側（と）を通った」と書いてあるのではなく、「ユダヤとペレアの地方に来た」と書いてある。つまり、この後イエスの活動はユダヤ及びペレアの地方を舞台とする、ということを言っているのであって、そのユダヤ地方に来るのにどのような街道を通ったか、などということはマルコの眼中にはない。[92]

この文の後、次の地理的表現が出てくるまで、イエスの通常の活動を伝える物語がいくつか置かれている（一〇・二―三一）。つまりマルコは一〇・一の文で、イエスはユダヤとペレアで、他の地方と同じように、しばらく活動したのだ、ということを言いたかったにすぎない。[93] この文も、イエスをパレスチナの重要な諸地方で活動させる、というマルコの編集上の意図を表現している。一〇・二―三一のいくつかの物語は、いずれもイエスの教えを中心としたもので、地理的枠を伴って伝えられたものではない。従ってそれをどこに用いるかはマルコの裁量いかんにあった。マルコはそれをユダヤ・ペレアでの活動の例として用いたのである。この意味に解すれば、ここでユダヤが先にあげられていることに頭を悩ます必要はない。この二つの地名を列挙する場合には、ユダヤを先にあげるのが当り前だからである。

一〇・三二についてはすでに論じた。次いでエリコ（一〇・四六）とベタニア（一一・一二）が出てくる。もはやこの説明は我々には容易である。エリコについては、バルテマイという盲人の癒しの物語（一〇・四六—五二）がエリコに伝えられていた伝承だからである。そしてこの物語をこの位置に置いたのは、エルサレムにだんだん近づいてきて（一〇・三二）、しかもベトパゲ、ベタニア（一一・一）にいたる前でなければならないからである。一一・一二のベタニアの方は、枯れたいちじくの木の物語（一一・一二—一四、二〇—二一）がベタニアの地方伝承だからである。イエスが呪ったいちじくの木が枯れてしまった、といういかにも聖者伝説的なこの物語は、説明する者によれば、ベタニアあたりでいちじくの枯れた木があったのを、人々が原因を奇跡行為者として名の売れたイエスに帰したのだ、ということになる。(94) とすればますますこれは地方伝説の臭いが強い。

こうしてイエスはエルサレムに来、論争をし、神殿を中心とした古い宗教性と対決し（一一・一五—一八、一三・一—二）、そして死んでいく。

以上がマルコ福音書の地理的枠である。

結論。我々はマルコ福音書の地理的枠を、一般に広まっている説明の基準を批判しながら、一つ一つの個所について分析してきた。その結果として、マルコはイエスの旅程を順を追って書こうとしている、という前提から、或いは、イエスの活動の発展段階が活動する地方に対応する、という前提からこれらの文章を理解しようとすると、うまく説明できるどころか、かえって矛盾を多く生み出す結果となる、ということを確認した。そして同時に、はじめに我々のたてた三つの動機がからみあってマルコの地理的記述を構成している、ということを確かめた。この三つの動機はそれぞれ互いに独立のもので、それが入り組んで叙述を構成している。しかし本質的な点においてこの三つの動機はマルコ福音書編集の精神的風土を表現しているものである。

第三の要素、つまりエルサレムへの死出の旅の図式的強調は、イエスがこの町で死んだという歴史的事実を強調して伝えようとすると共に、それに劣らず、エルサレムの町の宗教性（単にそのユダヤ教的部分だけでなく、エルサレム原始教団も含めて）を暗に批判することを目指しているのである。従ってここには、エルサレム教団のキリスト論に対して、新しい立場からイエスを見ようという意図から福音書を書いたマルコの基本的な姿勢が反映している。第二の要素、パレスチナの重要な諸地方になるべくイエスを行かせる、という要素も、編集上の動機である。これは明らかに、マルコが福音書を書く時、自分の生きている現在の教会の状況を頭において書いていることを示す。これらの地方は、マルコの時代の教会にとって重要だったと思われるから。しかしマルコとしては、イエスの基本的意義は抽象化されたその教えや教義化されたその人格ではなく、少なくともそれだけではなく、イエスが実際にこれらの地方で活動したのだという事実である。その活動したイエスを知ることこそ真のイエス理解である。そしてその活動範囲は、エルサレムという点に収斂されるのではなく、広いひろがりを持っていた。マルコはその広がりを強調したかった。この広がりの中の人々がエルサレム教会の人々と同様に、否それ以上に、イエスの親密な思い出を持っている。この主張が第一の要素と結びつく。

マルコはガリラヤを中心とした諸地方で（ガリラヤだけではない、エリコやベタニアでも）イエスの思い出を伝える物語を蒐集した。そしてその物語をそれぞれの土地の名と結びつけて記している。その限りではこの第一の要素は編集上の意図というよりも、伝承の採用の結果である。しかしその伝承の採用の仕方にまさにマルコ福音書理解の基本的な鍵がある。坐って教会の正統伝承を編み合わせて福音書を書いたのではなく、ガリラヤ湖を中心とした諸地方を歩いてイエス活動の土にしみついた臭いにふれようとしたのである。ここに福音書誕生の謎がある。一種の伝記としての体裁をもって福音書という文学類型をはじめてマルコがつくり出した理由がある。パウロのようにイエスの死と復活の事実性だけを問題とするのではなく、Q資料のようにイエスの言葉を教訓集として伝えるのでもなく、イエスが生前に活動したその事実、その活動の仕方に焦点をおいてイエスを描こうとした。だからこそマルコは、その編集活動を行うのに際して、言うなれば新聞記者的に、イエスの思い出を持っている人々の間を歩きまわって、かならずしも組織されたキリスト教会に属しているわけではないが、しかし、生きたイエスの追憶を持っている人々の間を歩きまわって、それらの人々の間で生きていたイエスの姿を探ったのである。マルコが福音書を編集するにあたって、教会的な正統伝承を編みあわせるだけでは満足せず、むしろ、地方民間説話的な奇跡物語の蒐集を中心とした、ということの意義はそこにある。だからこそこれは原始キリスト教史において、一つの新しい、しかも根本的な意義をもった試みなのである。イエスの活動の独特さはガリラヤの土着性に根を持っている、ということを我々は別のところで論じた[95]。そのイエスのあとを追って、ガリラヤの土着性の中にイエスの姿を求めようとしたところにマルコの成功がある。マルコの企図は、すでに抽象化される過程にあったイエスについての伝承をガリラヤの土着性というもとの水にもどすことによって息を吹きかえらせた、というところに意味があるのではないのか。以後長いキリスト教の歴史において、教義化の傾向が強くなるとかならずそれを制限する動きとして「イエスに帰れ」ということが叫ばれる。教義的な主張に対して、福音書のイエス像に重きを置く動きである。これは今日でも信条主義と組織の中に保守化していくキリスト教に対して、常に叫ばれる声である。しかし、その声をうながす福音書そのものが、実は原始キリスト教史の流れの中で、「イエスに帰れ」という主張をまず最初に行ったものなのではないのだろうか。マルコの編集活動はそれだけのことを思わせるのに十分なほどの積極性をもっている。もちろんマルコは近代史家ではなかったから、史学の厳密さをもってイエスを描こうとしたわけではない。それどころか地方伝説を喜んで採用することによって目的を果そうとしたのである。だからマルコの描くイエスはいきなりイエスその人ではない。どの文章にも伝説の仮構があふれている。しかし、ガリラヤの土という最も深いところにおいて両者はつながっているのである。このガリラヤの土の意味するところを次章でもう少し探究してみよう。

註

1　様式史については上記一一頁以下参照。
2　E. Trocmé, *La Formation de l'Evangile selon Marc*, p. 118s. et p. 43.
3　様式史研究が、特にM・ディベリウスの場合、福音書記者の編集活動をきわめて消極的にしか評価しなかった理由の一つはこのような観察にあるだろう。
4　ほんの二、三分ですむ計算すら省略して、このように数えてみれば直ちに明瞭な答の出る結論を、敢えて臆測で避けようとする「学者」が何と多いことか。内容の点は別に論ずるとして、少なくとも分量から言えば、受難物語はマルコでもっとも重要な位置はしめていない。更にこの計算では、本当は復活物語（一六・一―八）は、マルコの扱い方から言えば、むしろ奇跡物語の方に入れて勘定した方がよいかもしれない。
5　なおE・トロクメ前掲書三八頁以下参照。
6　F. C. Grant, *The Gospels*, p. 30 f. は、ガリラヤ伝承はいかなる意味においても地方伝承ではない、と言う。しかしこのために彼は何ら必要な証明をしようと努力しない。
7　E・トロクメ前掲書四〇頁以下。
8　八木誠一『新約思想の成立』六〇―七五頁。
9　マルコ八・一〇で、シナイ写本その他の伝える「ダルマヌタの地方」は（おそらくこれが正しい読みだろうと多くの本文批評の学者は想像しているが）、他の写本では「ダルマヌタの地方」「ダルマヌタの山々」「ダルムナイの山」「マゲダの山」「マゲダンの地方」「メレガダの地域」「マグダラの地方」などと様々の読みが伝えられている。おまけに、これらの読みのうち、マグダラ以外はそもそもそれがどこにあるのかわからない。また通常日本語訳聖書でカペナウムとして知られているガリラヤ湖北岸の村については――我々も便宜上本書ではカペナウムと記すことにするが――正確には「カペルナウム」と「カファルナウム」の二つの読みが知られており（マルコ一・二一その他）、マルコに関する限り、カファルナウムと読む方が正しそうである。

10　そもそも、イエス活動の発展段階という見地からマルコ福音書の構成を理解しようとするのは正しくない。第三部第一章参照。

11　最新の註解書の一つであるW・グルントマンのものなど、明らかにこの図式をマルコ福音書の基礎と考えている。その他多少の変化を伴って、何人かの学者は今日でもこの図式を採用している。しかしこのような図式でマルコを説明できないことは、今日ほぼ学界の常識となりつつある。独仏の代表的な新約概論 W. G. Kümmel, *Einleitung in das Neue Testament*, S. 48; X. Léon-Dufour, Les Evangiles synoptiques, dans *Introduction à la Bible* (sous la direction de A. Robert et A. Feuillet), Tome II, p. 208 s. の両者がこのことをよく示す。

12　K. L. Schmidt, *Der Rahmen der Geschichte Jesu.*

13　にもかかわらず、これらの地名はすべて実際の史実をそのままたくまずに記しただけである、と主張するとしたら、それは批判的な歴史学とは無縁のものである。この種の単純な史実主義の典型は、V・テイラーの註解書にみられる。この著者は実に美事な博識をもってしながら（従ってその註解書は今日のマルコ註解書の中で最も重要なものの一つであるが）、頑強にあらゆる歴史学的反省を遠ざけて、福音書に史学の批判的な眼が入りこむのをこばんでいる。博識が批判的研究につながらないところに、今日の聖書学（特にアングロ・サクソン系統の）が他の歴史的諸科学に対して、なお後進性を示している理由がある。

14　この点ブルトマンはK・L・シュミットに準拠しながらも、地理的記述をより多く福音書記者の筆に帰する傾向がある。いずれにせよ、マルコの地理的記述はほとんどすべて福音書記者による枠づけである、という説明は成り立たない。もしもそうだとすれば、そこにはもう少しはっきりした図式が生れるはずである。この点、「家で」とか「湖畔で」とかの一般的な記述（この種のものはほとんど福音書記者による簡単な状況設定に由来する）と、町村名地方名などとは区別しなければならない。

15　K・L・シュミット前掲書二〇九頁。

16　この点、註14で批判したのと逆のことがシュミットに対して言われねばならない。やや広い地方名地域名に関する限り、すべてマルコによる編集句にばかり出てくる。

17　その前にガリラヤが三度出てくるが（一・九、一四、一六）、ガリラヤの問題はすでに論じたからここではふれない。

18　この物語はしばしばペテロの思い出とされるが（たとえばV・テイラー註解書その他）、これは正しくない。二八頁以下参照。

19　しかしマルコを主たる資料として用いつつこのような変更を部分的に加えるので、物語の運びにおのずと無理が生ずる（ルカ四・二三参照）。

20　R. Bultmann, *Die Geschichte der synoptischen Tradition*, S. 117f.

21　この種の試みがエルサレム教会の側からなされ、マルコがそれを批判する例として、明瞭なものは九・三八以下である。

22　たとえば、A. Loisy, *L'évangile selon Marc*, p. 27s. に対して。この点E・クロスターマン、註解書該当個所、は正しい。なお次の二・一の説明参照。

23　どこの土地の物語というのではなく、ただ話として聞いただけなのか、それともこれはエルサレム教会を中心に伝えられていた物語か。イエスを旧約の律法に忠実な者としてえがこうとしていることなどは後者の可能性をにおわせる。

24　M. Goguel, *Introduction au Nouveau Testament*, Tome I, Paris, 1923, p. 310 参照。

25　M. J. Lagrange, *Evangile selon St. Marc*, ad loc.; W. Grundmann, *Das Evangelium nach Markus*, ad loc.

26　しかし伝承に対する編集の関係をあまり考慮しない様式史研究は、ここで「歴史化する」解釈と同じような誤ちを犯す。ブルトマンによれば、この文は福音書記者の手になるもので、以下の物語群に対して、「地理的時間的にうまくつながりのとれた出来事の物語という様子」を与えるために、編集の際に作製したのである、という。(R. Bultmann, *Die Geschichte der synoptischen Tradition*, S. 365 また K. L. Schmidt, *Der Rahmen der Geschichte Jesu*, S. 78f.; E. Lohmeyer, *Das Evangelium des Markus*, ad loc. もほぼ同意見である。）しかしそのようなつもりで福音書記者がこの句を書いたのなら、なぜすぐ前に自分が記したこととこれ程に矛盾するような仕方で書いたのか。またすでに何度も言及しているように、マルコが町村名を自ら適当に断片伝承に附加する例はほかにはない。そしてこのように矛盾する場合にだけわざわざカペナウムという語をこの文に置こうとしたはずのマルコが、なぜ他の長い奇跡物語のいくつか（五・二一以下、二五以下、九・一四以下）には地理的枠を設定せず、また他のいくつかの物語（五・一以下、七・二四以下、三二以下）には漠然とした地方名を附加するだけで満足することができたのか。奇跡物語以外の物語ではなお一層このような町村名による枠づけを欠いている。

27　M. Albertz, *Die synoptischen Streitgespräche, ein Beitrag zur Formgeschichte des Urchristentums* 参照。

28　三八頁参照。

29　三・七―一二の文がマルコの手になる編集句ではなく伝承を伝えたものにすぎない、と主張するのは、筆者の知る限り、

E. Best, *The Temptation and the Passion*, p. 73f. だけである。この部分がいずれにせよ物語ではなく、またイエスの言葉を記したものでもなく、イエスの活動を総括的に記したいわゆるまとめの句の類型に属するのは確かである。そして、この種のまとめの句が編集者の手によるものであることは、通常ほぼ疑いはない。従ってこれを伝承の採用であると言い切るにはよほどの理由がなければならない。しかしE・ベストのあげる理由は皆薄弱である。イエスが小舟に乗って岸に居る群衆を教えたという動機（三・九）は伝承の伝えるものである、と彼は言う。確かに動機そのものはそうだろう。しかしその動機を半分ずつに割って、この場面で小舟を用意させ（三・九）、いくつかの物語の後ではじめてイエスがその小舟に乗って湖岸に居る人々に教えをなす（四・一）という風にえがくのは福音書記者の細工である。またベストは、七―八節の地名の列挙は、ローマの読者にとっては無駄な末梢的な描写である、という。しかし、マルコがローマの読者だけを頭に置いて書いたというのは（万が一マルコがローマで筆をとったのかもしれないとしても）およそ可能性のない前提である。だがベストの説明の基本的な欠陥は次の点にある。このまとめの句ではイエスの教えにふれられていない、ところがマルコはその編集句ではイエスの奇跡よりも教えの方を重んじて書く、従ってこの文は編集句ではない、というのである。この明解な三段論法は大前提において間違っている。これについては二六〇頁以下参照。

30　V・テイラー註解書、K・L・シュミット前掲書一〇六頁。もっともここでは諸地方から人々がイエスのところに来た、というのであって、イエスがその地方に行ったというのではない。

31　E・ローマイヤー、W・グルントマン、各註解書該当個所、及び W. Marxsen, *Der Evangelist Markus*, S. 39f. はこの説を受けいれている。E. Trocmé, *La Formation de l'Evangile selon Marc*, p. 147 n. 124 は、この地方名の表はマルコの書いている当時の教会の状況を反映している、ということは認めるが、それを、これらの地方ではイスラエル人以外の者にまだ宣教せねばならない、という意味で列挙しているのだ、と説明する。しかしそれではなぜエルサレムがここで言及されているのか理解がつかない。おそらく、これはそれほど厳密な意味ではなく、すでにキリスト教徒（組織づくられた教会というのではなく、マルコ的な広義でのイエスを信ずる者）の居る地方か、これから宣教すべき地方か、おそらく両方の意味を含めてマルコにとって重要と思える地方なのであろう。

32　他方、ツロ、シドンをマタイが落としているのは、イエスはイスラエルにしかつかわされていない、というマタイの教義的理念からであろう。

33　E・トロクメ前掲書一九六頁註七八参照。

34　E. Lohmeyer, *Galiläa und Jerusalem*, S. 41ff. 及びH・コンツェルマン『時の中心』(邦訳)二二六頁、三一七頁その他。

35　使徒行伝前半の資料問題一般については、E. Trocmé, "*Le Livre des Actes*" *et l'Histoire*, p. 154ss.

36　H・コンツェルマン前掲書一一八頁以下。

37　E. Trocmé, *La Formation de l'Evangile selon Marc*, p. 202s. では一つの想像として、マルコ一―一三章の著者はヘレニストの一人ピリポである可能性がある、としている。確かに彼が言うように、マルコの傾向と使徒行伝の伝えるヘレニストの傾向とが似ているのは事実である。しかしサマリヤ伝道の立役者であるピリポ(八・五)が福音書を書く時に徹底してサマリヤの名を避けている、というのは了解に苦しむ。

38　M・J・ラグランジュ、註解書一三二頁。

39　ラグランジュはその註解書の中でこの問題のために特別に一項目もうけて論じている(一三二―一三八頁)。彼によれば、本文批評の見地からは「ゲルゲサ人」と「ガダラ人」の読みは退けられねばならない。――この点、彼の論旨はよく人を納得させ、この結論には反駁の余地はないと思われる。――この物語は本来ワディ・エッサマクの川がガリラヤ湖に注ぎ込む川口の南側にあったと思われるクルシとよばれる村のあたりが舞台だったのだろうと彼は推測する。しかしどうしてこのクルシがマルコではゲラサになったのかうまく説明されていない。G. Dalman, *Les Itinéraires de Jésus*, p. 236ss. もこのクルシが物語の舞台だった、という説をとる。そしてこの村がイエスの時代にはゲルゲサと呼ばれていたのだろう、と想像する。マルコはこのゲルゲサなる地を知らず、デカポリスの町の中でこれと名が似ていてしかも有名なゲラサのことだと感違いして物語を書いてしまった。それを後の写本家がゲラサではあまりに遠いからというのでガダラに直した、という。しかしそうだとすると、マルコが知らなかったゲルゲサという村をオリゲネスが後になって見出して、この物語の舞台を再び口伝伝承の時代のゲルゲサにもどしたのだ、ということになるが、これではあまりに話がうますぎる。W・グルントマン、B・H・ブランスコウム、V・テイラーなどそれぞれの註解書で、またK・L・シュミット前掲書一四〇頁も、このダルマンの説に従っている。E・ローマイヤーは、マルコがこの地方の地理をよく知らないで物語の地理的枠を設定したからこのような結果になったのだ、という(註解書該当個所)。しかしマルコがパレスチナの地理を知らなかったとは考えられない。

40　この表現をこのように曖昧なものととらずに厳密な表現と考えるとすれば、ヘレニズム的都市の支配領域という意味に解さねばならない。ローマ時代のパレスチナにはヘレニズム的独立都市として認められたものがかなりあった。ガリラヤのティベリアス、北方のピリポ・カイサリアなどそうであるし、デカポリスの町々もそうであった(A. Alt, *Kleine Schriften zur Gesc-*

hichte des Volkes Israel, II, S. 384-395, 430ff. 参照)。そして各都市は自己の支配領域としていくつかの村を所有していた。とすると、「ゲラサ人の地方」は、ゲラサに従属する土地と考えられる。これはきわめてありうることである（A・アルト前掲書四五二頁以下)。しかしこの場合でも、ガダラの方がゲラサよりもガリラヤ湖に近いからというので、アルトのように「ガダラ人の地方」という読みを採用して、ガリラヤ湖南東岸はガダラに属していた、と結論するのは、本文批評の成果を無視している。やはりここでは正しい写本の読みとしては「ゲラサ人の地方」を採用するしかないのであるから、それに従って歴史的説明も下すべきである。ヘレニズム的都市の支配領域は、別に、その町に中心を置いてコンパスで円をえがいた範囲内、というのではないから、何らかの歴史的事情でガリラヤ湖南東岸の村々がゲラサの所有に帰していたのだろう、と考えるべきである。歴史的判断を下す場合には、まずテクストの正しい読みを前提としなければならない。

41　もっとも、だからといって史実としてはイエスはデカポリスには行っていない、などと主張するつもりは毛頭ない。ツロ、シドンは別として、デカポリス地方はこのようなイエスにまつわる伝説を伝えていたのだから、伝説は伝説にしかすぎないにしても、やはりイエスがその地方で活動したという事実の思い出はあったのだろう。

42　A・アルト前掲書四五一頁以下が指摘している。

43　A・アルト前掲書四五一頁以下。これらのガリラヤ湖畔の村々は、ヘレニズム的要素の強い町々（ティベリアス、タリケア＝マグダラ）などと近接し、経済活動からはこれらの町々と結びついていたと考えられるから、従って、新しい文化にも比較的親しんでいた。他方、イエスはヘレニズム的都市そのものでは活動していない。ティベリアス、セッフォリス、スキトポリス、など福音書にその名もあげられていない。また事実、これらの町を牛耳っていた貴族層の人々のローマに色目ばかり使う政治的にゆがんだ姿勢とは、イエスの福音は異った空気を呼吸している。

44　そもそもこの時代にはすでにベツサイダは領主ピリポによってギリシア風に町造りがなされて、皇帝アウグストスの娘の名をとってユリアスと名づけられていたはずである。（ベツサイダ＝ユリアスが福音書のいうベツサイダとは異る、という説明はおよそ通用しない。）なぜマルコはユリアスという呼称を用いないのか。昔ながらのなつかしい地名を捨てて、味もそっけもない新しい地名に変えようとするのは近頃の東京都だけではなく、いつの時代いつの国の行政者もそうだった。マルコに行政者の無趣味を笑う心があったのか、別の理由からか、ともかく彼はユリアスとは言わない。

45　九一頁以下及び一四三頁以下参照。

46　たとえばM・J・ラグランジュ註解書一七二頁に見られる解釈。

47　これはそもそも町の名か平野の名か。ラグランジュ註解書該当個所参照。彼によればこれは村の名である。

48　ルカ九・一〇―一七はマルコ六・三〇―四四に加えて、同じ物語の別の伝承を加味して用いている。二二六頁以下参照。

49　西方写本はこれをベタニアと読んでいるが、これは明らかに二次的な読みである。K・L・シュミット前掲書二〇五頁以下は、どちらの読みも同等の権威を持っていて、どちらをとるべきかは決定しえない、と言うが、これはおかしい。R. Bultmann, *Die Geschichte der synoptischen Tradition*, S. 227, Anm. 2参照。

50　翻訳聖書ではこの点適当に辻褄を合わせて訳してあるので、原典のこのような感じははっきりつかめない。

51　大多数の写本は「(彼等は) 着いた」としているが、シナイ写本第一写記とアレクサンドリア写本といくつかの小文字写本、シリヤ語訳は「(彼=イエス) は着いた」としている。このようにマルコの書き方のくせを知る上に微妙な問題を提出するところで、この読みのどちらを採用すべきかは重要な問題である。ネストレ版のギリシア語聖書でここに三人称単数の読みを欄外に記していないのはやや軽率に思われる。実際のところ、ここでどちらの読みをとるべきかは、それほど単純な問題ではない。K. L. Schmidt, *Der Rahmen der Geschichte Jesu*, S. 207f.

52　これはそれ程無理な仮説ではない。たとえば W. Marxsen, *Der Evangelist Markus*, S. 43 もはやり四千人の供食の物語は五千人の物語と同様に、イエスと弟子達がベッサイダに行くところで終っていたのだ、と想像している。同じ結論は、E・ローマイヤー註解書該当個所もとっている。もっともローマイヤーの論拠はやや複雑すぎる。

53　これに対してK・L・シュミット、前掲書二〇七頁は、ベッサイダはもともと次に続く物語と結びつけられていた、と主張する。つまり、この盲人の癒しはイエスの異邦人世界での活動を象徴するものであって、従って、異邦人の地ベッサイダで起こったこととして伝えられているのだ、という。しかし、ベッサイダという言葉を除けば、この物語そのものはおよそ異邦人世界とは関係がない。そしてベッサイダが異邦人の地であるということがそもそも正しくないのである (後述)。

54　この状況設定がいかに奇妙なものであるかは、後の写本家達が何とかこれを辻褄の合うようにしようとして、数多くの異読をつくり出していることからも知られる。しかし正しい読みは、ネストレ版が示しているように、「ひそかにベッサイダとよばれる町に」(PBLなど) であろう。

55　物語を湖岸に設定するのを避けるために、ルカは地理的場面に関してはマルコのものを捨てて第二の資料によったのであろう。ルカにとって湖は密儀的な意味を持ったところで、群衆の集るところではない。H・コンツェルマン『時の中心』(邦訳) 七二頁以下参照。

56　もっとも新しい註解書の一つであるW・グルントマンのものは、この部分にこのような標題をつけている。V・テイラーも同様だが、六・一四から始めている。この見方はそのほかにも多くのマルコ研究者が案外無反省に前提している。

57　このベッサイダは別のベッサイダである、というのは逃口上である。たとえば、R. Bultmann, *Das Evangelium des Johannes*, S. 324, Anm. 1.

58　ヨセフス『ユダヤ戦記』三巻三・一―二（三五―四三）。

59　E. Schürer, *Die Geschichte des jüdischen Volkes*, I, S. 428.

60　この事実は新約の時代背景の初歩的知識を持つ者なら誰でも知っている。しかし福音書を研究する際あまり考慮されていない。誰もが、福音書を研究する時、イエス時代のパレスチナの地図を手にしていて、福音書記者の時代の地図を見ないからである。

61　E・シューラー、前掲書四二八頁。

62　ヨセフス『ユダヤ戦記』三巻三・五（五七）。

63　G. Dalman, *Les Itinéraires de Jésus*, p. 22ls.

64　R. Bultmann, *Die Geschichte der synoptischen Tradition*, S. 38.

65　ここでイエスをツロ、シドンの地方に行かせたのはマルコの編集上の意図である、ということと、イエスが実際にツロ、シドンの地方に行ったことがあるかどうか、ということとはおよそ別問題である。前者についての判断は、後者を否定にも肯定にも導かない。

66　この「家にはいり、人に知られたくなかった」は、異邦人地域だから公の活動をさしひかえたのだ、などと説明してはならない（F. Hauck, *Das Evangelium des Markus*, ad loc. に対して）。イエスが人に知られないように家にとどまっていても、熱心な群衆や病人がイエスを探しあてて集ってくる、という動機はマルコの好む動機であって（二・一、三・二〇、九・三三）、異邦人地域とは無関係である。

67　ここの写本の読みは、チェスター・ビーティ・パピルスにもかかわらず、重要な大文字写本の一致と「より困難な読み」の原則に従って、ネストレ版が採用しているように、「ツロの地方から出てシドンを通り」の読みをとるべきであって、「ツロとシドンの地方を出て」の読みは捨てるべきである。

68　*ἀνὰ μέσον* はW・バウアーの辞書（mitten hinein in）やA・Loisy, *L'évangile selon Marc*, ad loc. (au milieu du pays de la

Décapole) に従って訳した。「デカポリス地方を通りぬけて」(聖書協会口語訳、RSV、NEB、Louis Segond, Bible du Centenaire) というのは解釈であって翻訳ではない。この点塚本訳は正しい。

69　H・J・ホルツマンの古い仮説だが、今日でもW・グルントマンなどその註解書で採用している。

70　J・ヴェルハウゼンの古い仮説だが、今日でもV・テイラーがその註解書で採用している。この仮説はすでにG・ダルマン前掲書二六三頁以下によって完全にしりぞけられている。

71　W・マルクスセン前掲書四三頁以下、K・L・シュミット前掲書二〇〇頁、G・ダルマン前掲書二六三頁以下、B・H・ブランスコウム註解書該当個所、などのとっている説明。

72　V・テイラー註解書該当個所に対して。そもそも厳密な地名があげられているからその物語は史実を伝えている、などという論法がおかしいのである。テイラーのように、だからこの物語は史実である、と弁護する者も、R・ブルトマンのように(Die Frage nach dem messianischen Bewußtsein Jesu und das Petrus-Bekenntnis, *ZNW*19, 1919/20, S. 165–174)、物語の史実性を否定するために、元来「ピリポ・カイサリア」は八・二二後半—二六の物語についていたので、ペテロ告白の物語ははっきりとした場所の設定を持っていなかった、などと論ずる者も、論理的に無縁のものをつなげようとしている。厳密な地名が史実性を証明するなら、日原鐘乳洞で空海上人が坐って字を書いた場所など、その坐った石から天然の硯まで「わかっている」のだから、これ以上に史実を正確に伝えた伝承はないことになる。はっきりした地名があがっているかどうかは、物語の史実性を肯定も否定もしないのだ。

73　念のためにここで附け加えておくが、このように論じたからとて、それはマルコの編集方針を分析しているのであって、それだけではイエスがピリポ・カイサリアの地方に実際に行ったかどうかを否定も肯定もしない。ガリラヤとの地理的つながりから言って、イエスがこの地方を訪れたことがあるというのは、おそらく事実だろう。しかしまた、その時にこの伝承の伝えるような出来事が事実として起こったのかどうか、というのは別問題である。

74　R・ブルトマン前掲論文一六九頁以下。

75　Bab. Soukah 27b, cité par G. Dalman, op. cit., p. 221.

76　二九六頁以下参照。

77　一八四頁以下参照。

78　W・マルクスセン前掲書四五頁以下は、第二の受難予告のガリラヤは編集上の筆であろうが、第一、第三の場面は伝承によって伝えられたものである、という。しかしそれぞれの受難予告の伝承そのものは別として、それと地名との結合は福音書記者の手によるものである。マルクスセンはすべてガリラヤという語ばかりを神経質に強調しすぎる。

79　A. Loisy, *L'évangile selon Marc*, p. 274 より引用。またラグランジュ、ブランスコウム、ハウク、グルントマン、そして特にテイラーの註解書も同意見である。

80　このことはすでにW・ヴレーデが気がついている、*Das Messiasgeheimnis in den Evangelien*, S. 134. 九・三〇の「ひそかに」の動機が前後関係とうまく接合していないことをヴレーデは鋭く観察している。「福音書記者は、イエスがガリラヤでかくれていた、と言うだけで満足している。イエスはガリラヤをずっと旅行しているのだが、その時にどうしてかくれようとし始めたのか、などということは反省していない。福音書記者は平気で、自分の語る物語によればイエスがもっともよく知られていたはずのカペナウムに、この後すぐにイエスは来たのだ（九・三三）、などと語るのである。……マルコはまったく単純に考える。秘密を伝えようとする時には人をさけるものなのだ、と。けれどもこの単純なことを言うのに、ガリラヤをひそかに通りぬける旅などという道具立てを持ちこんだのは大げさにすぎる、ということには気がつかない。」

81　ラグランジュ、註解書該当個所。

82　K・L・シュミット、前掲書二一九頁。

83　従ってローマイヤーの訳がもっとも正しい。„…wandelten durch Galiläa“ (*Das Evangelium des Markus*, ad loc.).

84　この点がルカ福音書との大きな違いである。ルカ福音書では、エルサレム旅行の時期を、ガリラヤでの活動とエルサレムでの活動に並ぶ大きな期間として、しかも質的に前後と区別された期間としてえがく。これはマルコ一〇・三二―三四にきっかけを得てしたことであろうが、一つの発展段階という形にしてしまうところにルカの特殊性がある。しかも資料に制約されてこの図式をつらぬけないにもかかわらず、ルカは敢えてこの図式を保とうとする。H・コンツェルマン『時の中心』（邦訳）一〇三―一〇七頁及び一〇八頁註八。

85　たとえばB・H・ブランスコウム註解書該当個所。

86　そしてマタイがこのように書く場合には、これをイエスの旅程と解したからである。

87　たとえばV・テイラー註解書該当個所。

88　このような問題については、イエス時代のパレスチナの地理の権威者であり、自らこのあたりを歩いて探索しているG・ダルマンの言葉を信用するのがよい。彼は言う、「非常に特別な状況がある場合にだけ、ガリラヤからずっとヨルダンの谷にそって歩いたのである。」つまりこれは当り前の道筋ではなく、特殊な理由、たとえば人にかくれて旅をする、などの理由でもない限り、人の通る道ではなかった（前掲書三〇七頁）。ダルマンはマタイの文に従ってこの個所を理解し、イエスも何か非常に特殊な理由があったのでこの道をとったのだ、として、その理由が何であるかを推測しようとしている。しかしマルコの文に従う限り、このような推測は無益である。

89　ヨセフス『ユダヤ古代史』二〇巻六・一（一一八）、『ユダヤ戦記』二巻一二・三（二三二―二三三）、またダルマン前掲書二七五頁以下。サマリヤ人とそりがあわず、そこを通ることは、ヨセフスの記事が示すように、場合によっては危険を伴ったにせよ、人々はこの街道を通った。これが当り前の街道だからである。

90　ダルマン自身は、他の街道の存在についてはいろいろ典拠をあげているが、この道筋に関する限り、マルコ一〇・一＝マタイ一九・一しか典拠として用いていない。

91　ここにも、解釈者の常識が、その出てきた過程が忘れられると、かえって誤謬に導くものだ、ということのよい例がある。

92　「来る」という本文の現在形は、完了の意味もしくは史的現在の意味に解されるべきである。もしも、ガリラヤからユダヤに出る街道をマルコが考えたとすれば、やはりサマリヤを通る通常の街道を頭に置いていたのだ、とすべきである。ただマルコはサマリヤという語を徹底して避ける傾向があるから、ここでサマリヤをとび越したのであろう。

93　この点、ラグランジュ、ロワジィ、ローマイヤー、グルントマンの各註解書の説明は正しい。

94　E. Schwartz, Der verfluchte Feigenbaum, *ZNW* 5, 1904, S. 80–84.

95　「イエスの周辺」、『指』一九六六年一一月号所載。

第四章　民衆の福音書

一　問題設定

前章において我々はマルコ福音書がガリラヤの土着性に根ざしていることを確認した。この地方的な差はまた同時に社会的な層の差を意味する。多かれ少なかれ貴族的な祭司階級やラビ的ユダヤ教の維持者と異って、ガリラヤ地方の歴史の脚光のあたらない日陰に土着していた人々は、当然名もない群衆にしかすぎなかった。宗教的見地からしても正統的ユダヤ教諸派の複雑な信仰組織に対して、ここには無知蒙昧な民衆が居た。もしもマルコが本当にガリラヤの土着性に根ざした福音書であるならば、この民衆に対して親近性を示しているはずである。この点はどうだろうか。

伝統的なマルコ福音書の理解によれば、この点はまさに逆である。マルコ福音書のえがくイエスは、まずガリラヤの民衆を相手に活動をはじめる。しかしこの民衆はイエスの本質、イエスのメシヤ性を理解しない。イエスの奇跡に熱狂し、イエスを奇跡行為者として評価しただけであって、それ以上には何も理解しなかった。従ってイエスがその本質を示そうとし、そのメシヤ性の本質に従って行動しようとすると、民衆はイエスにつまずき、去って行ったのである。イエスもまた民衆をすてて、小数の弟子達の教育に専念した。そしてこの弟子達は半ばイエスを理解するにいたる。彼等はイエスをメシヤと告白するのである。しかしそのメシヤ性の基本的な要素、受難の秘密はついに理解するにいたらない。イエスは弟子達にも理解されぬままに一人受難の道を歩む。弟子達が本当にわかるのは復活のキリストに出会った時である。民衆一般は、自分達の卑俗なメシヤ像にイエスが一致しなかったので、かえって逆うらみし、最後には、イエスを十字架につけよ、と叫ぶ暴徒と化す。――このようなえがき方は、今日の数多くの神学者、キリスト教徒がイエスについて、或いは福音書について言及する時に前提しているものであり、そしてこれは特にマルコ福音書のはっきりと示す図である、と考えられている。果してそうであろうか。

このようなえがき方には一つの問が前提となっている。キリスト論的な啓示への問である。イエスのメシヤ性がどのようにして啓示されたか、という問、そしてこの啓示を誰がどこまで受けいれたか、或いは受けいれなかったか、という問である。この二つの問をマルコが問うているのであり、その問に対する答がマルコ福音書である、という前提から右のような解釈が生ずる。解釈者はこの前提については反省することなしに、この問にどのように答えるか、ということの叙述に腕をきそう。その上手下手はあっても、問が同じであるから答の方向も同じである。イエスのメシヤ性がどのようにして啓示されたか、と問うからには、「イエスのメシヤ性の啓示」が福音書記者の主要関心事である、ということは研究以前の前提となっている。「どのようにして」というところだけに作業がむけられるから、はじめから答の方向はわかっている。「誰がどこまで受けいれたか」と問うからには、はじめから、啓示を受けいれた者と退けた者の区別が前提され、弟子達はおのずと受けいれた者の範疇に属するから、その結果民衆はおのずと退けた者の範疇に入れられる。民衆がイエスの福音を退けた、ということは、福音書を読む以前にこのような問をたてた時から、すでに既知の事実なのである。

だからむしろ問題は、そもそもこのように問うことがマルコの意図に合致しているかどうか、ということである。第一に問うべきは、果してこのような意味でのキリスト論的啓示がマルコの主要関心事であったのかどうかである。これは本書第二部の主題となる。次に、マルコの中で弟子達はこのような優先的位置をしめているかどうか、という問である。これも第二部で、マルコが何を批判しているかを問う時に考察する。残りの問は、マルコは果してこのような形で民衆を退けようとしているのか、という問である。それをここで問う。だがまた、右に示したような福音書理解には一つの伏線がある。民衆はイエスを退けた、つまりユダヤ人一般はイエスを退けた、だから福音は異邦人に向うのである、という伏線である。果してそうなのだろうか。「民衆」への問はかくして「民族意識」への問につながっていく。

二　ラオスとオクロス

まず民衆を意味する二つの語 λαός（ラオス）と ὄχλος（オクロス）の福音書における用法から分析してみよう。(1) この語の用法は各福音書間の差を実に顕著に示している。ラオスは「国民」を意味する。転じて民衆一般をさす場合もないわけではない。オクロスは「群衆」である。ラオスの方は七十人訳において「イスラエルの民」を指す特殊な用語としてよく用いられている。そしてラオスに関する限り、まず統計的事実が目ざましい。マルコでは一一・三二に後世の写本の異読としてこの語が現れるのをのぞくと、たった二回しか用いられていない（七・六、一四・二）。それに対してルカ福音書では三十六回、同じ著者の手になる使徒行伝では四十八回も用いられている。マタイでは十四回を数える。(2) たとえマルコ福音書が他のものよりやや短いとはいえ、この数字の差は歴然としている。この語は七十人訳の特殊な用語であるから、旧約聖書を七十人訳ギリシア語で読んでいて、自分の著作に「聖書的」色彩を与えるために七十人訳の用語文体を意識して用いるルカが、(3) イスラエル民族をさす意味でラオスを好んで用いたとしても、大して不思議はない。ここにもルカの七十人訳的文体の表現がある、ということなのである。けれどもこれは単に言葉の趣味というだけの問題ではない。マルコはラオスをほとんど用いないだけでなく、「イスラエル」「ユダヤ人」もほとんどまったく用いていない。(4) ということは、マルコ福音書にはイスラエル民族を一つの統一体として表わす語はほとんど出てこない、ということである。これはある意味では驚くべき事実である。マルコには群衆（オクロス）は出てくるが、「国民」、統一体としての「民衆」は出てこない。無名の人々がそここに集ってなす群衆が居るだけなのである。「ラオス」がマルコで用いられるたった二個所も、この結論を支持しこそすれ、差引くものではない。一四・二では「ラオス」は「オクロス」とまったく同義に用いられている（一一・三二や一二・一二のほぼ同じ文章では「オクロス」が用いられている）。七・六はマルコが直接書いた文ではなく、イザヤ書二九・一三の七十人訳の文章をやや自由に引用しているだけである。引用文における単語の使い方は著者の特色を示さない。しかもこの引用文の置かれた前後関係においては、マルコはこの引用文の言う「ラオス」をイスラエル国民全体に対してではなく、パリサイ人及び律法学者に適用している。従ってマルコには国民一般を意味するラオスは出てこない。

マルコには統一体としての民衆、「国民」が出てこず、群衆が居るだけである、という事実は重要である。従ってマルコに出てくる民衆を、特定の性格をもったまとまった行動主体とみなすわけにはいかないのである。この場面、あの場面に群衆は出てくる。それぞれの場面を構成する要素となることはある。しかし始めから終りまで、ギリシア悲劇のコロスのように特定の性格をになって一貫して登場しつづける行動主体としての集団ではない。マルコは文学作品としてととのった劇を書いているのではない。だからそもそも「マルコの民衆」はイエスをどう理解したか、或いは理解しなかったか、などと問うのは矛盾である。「マルコの民衆」はこのような形での文章の主語にはなりえない。

ルカは違う。ルカはラオスの語を七十人訳以来の伝統的意味に理解し、その意味で組織的に用いている。これは単なる群衆ではない。ルカにとってラオスは選民イスラエルである（ルカ一・六八、七七、二・三二、七・一六、行伝四・一〇、一三・二四その他多くの個所）[5]。奇妙なことだが、この語の複数形ですら――当然「諸民族」「諸国民」を意味するはずだが――ルカの場合は単数の「イスラエル民族」の意味に用いられる（行伝四・二五、二七）。新約聖書の他の個所でこの語の複数形が用いられる場合には、当り前に諸国民の意味で用いられている（ロマ五・一一、黙示録一〇・一一、一七・一五など)。ルカはこのように文法的意味を無視してすら、「ラオス」の語をイスラエル民族以外に適用すまいとするのである。従って、ルカはここで原始教会の伝統的表現を採用しているだけであると考えるのは正しくない。「ラオス」という単語のこの特殊な意味をルカが創作したのだとは言えないが、この意味で「ラオス」を体系的に福音伝承において用いたのはルカが最初である。(6) この語の用い方はルカ思想の特質を示す。この語を一貫して用いることによって、ルカは、神の啓示とイスラエル民族の態度との関係を明らかにしようとしているのである。洗礼者ヨハネの洗礼を受けに集ってきたのは烏合の衆ではなくイスラエルのラオスである(ルカ三・二一、この文をマルコ、マタイの平行記事と比較せよ)。イエスが教えを与えるのは無名の群衆ではなくイスラエルのラオスである(一九・四八、二〇・一その他、特に六・一七と二〇・四五では、マルコが平行記事で「多くの者」(プレートス)や「群衆」(オクロス)を用いているのを、ルカはわざわざ「ラオス」に変えている)。かくして、イスラエルの民はイエスの活動の証人である。「彼等はナザレ人イエスのことを語った。このイエスは神とすべてのラオスとの前で、業と言葉において力ある予言者となった」(二四・一九、また二三・三五参照)。他方、この民がイエスを十字架につけたのである(行伝四・一〇、二七)。しかし使徒の宣教はこの民を見捨てることなく、この民に語り続ける(行伝四・一―二、一〇・四二その他)。

かくしてルカは福音書と教会史とを書きながら、常にイスラエル民族をまとまった行動主体として意識していた。ルカの目には「民」はまとまった性格を持っており、全体として統一のとれた行動をとる。イエスと使徒の教会とが福音宣教を語りかけたのはこの民に向ってである。だから福音書と使徒行伝という一連のルカ著作において、「民」の態度がしばしばていねいな叙述の対象となるのも当然である。行伝一五・一四の独特な表現も、ルカのこの興味を頭に置いてはじめて十分に理解される。「シメオンは、神がまずどのようにしてその名にかなう民(ラオス)を諸民族(エトノイ)から選ぼうとされ給うたかを明らかにした。」「諸(異邦)民族から民を」(ἐξ ἐθνῶν λαόν)というこの表現は、神が諸民族の中から新しく一つの民族を選んで選民とした、というのではない。諸民族それぞれの中から人々を集めて「ラオス」を形成する、というのである。ここで「ラオス」の語が何の形容詞も伴わずに「神の選びの民」の意味に用いられていることは、すでに述べてきたことから明らかである。もはや旧約の意味でのイスラエルの民が「ラオス」なのではない。キリストの啓示以来、それを受けいれる者はユダヤ人であろうとなかろうと、新しい霊のラオスを形成する。(7)

以上のようなルカの「民族」観と比較する時、マルコにはラオスの語が欠けていることがいかに意味深長であるかわかるだろう。(8)

「オクロス」の語の用法も同じ結論に導く。今度は統計はあまり役に立たない。(9) しかし各福音書記者のこの語の用い方は、歴然とした相違を示している。オクロスはラオスと違って、群衆、大衆、無名の人々の集りを意味する。マルコ福音書では、一三章の黙示文字的な教えの場面の前までは、イエスは常に友好的な民衆に取囲まれている。イエスは常に民衆を教える(二・一三、四・一、七・一四、八・三四、一〇・一、一二・三七)。イエスは民衆を憐れむ(六・三四、また八・一、二、六参照)。イエスにつき従うのも無名の民衆である(二・四、三・九、二〇、三二、五・二一、二四、二七、三〇—三三、九・一四、二五、一〇・四六)。イエスの活動に驚くのも彼等である(九・一五、一一・一八)。この章のはじめに記した一般にマルコのものとしてひろまっている民衆観とはおよそ逆に、マルコのえがく民衆の姿には敵意がない。

マルコの民衆観をもっとも端的に示しているのは、三・二〇—二一、三一以下の場面である。二〇—二一ではイエスは、他の場面と同様に、群衆に取囲まれている。このことを聞きつけて、イエスの家族がイエスを捕えようとしてやってくる。イエスが気が狂ったと思ったからである。民衆の親しい態度と、家族の敵意ある態度とがはっきりと対照させられている。ルカはこの場面をやや書き直す。微妙に言葉を入れかえているだけだが、結果としては異った場面に作り直される。イエスの母と兄弟とはイエスを「捕えに」くるのではなく、「見に」来る(ルカ八・一九—二一)。(10) しかし群衆の雑沓で中にはいることもできない。この場合、群衆は無益で邪魔な雑沓にしかすぎない。この場面に続くマルコ三・三一以下平行になると、各福音書記者の間の差はもっとはっきりする。マルコでは、イエスは自分の周囲に坐っているオクロスこそ自分の母、兄弟である、と宣言する（三二、三四節）[11]。これほどまでにマルコは民衆に好意をもって叙述しているのである。民衆こそ真のイエスの友、真のイエスの家族である。——この明らかな場面を無視して、或いは軽視してはじめて、マルコの群衆は烏合の衆で、イエスを理解しないどころか、イエスの邪魔ばかりしていた、という伝統的な解釈がなりたちうる。しかし解釈はまず本文が明らかに示すところから出発すべきなのだ。——この場面を前に続く場面と比べると、さらにマルコの民衆像がはっきりとする。三・一三—一九は十二弟子選びの場面である。選ばれた十二人の名の表がある。次いで、三・二〇—二一、三一—三五にこの場面が二つに分けられて置かれている。そしてその間にはさまって、エルサレムから来た律法学者がイエスをベルゼブルにつかれている、と非難したのに対してイエスが答える場面がある。このようにして、一つの物語を二つに割ってその間に他の物語を挿入する仕方、いわば物語をサンドイッチにはさむ仕方は、マルコ独自の手法であって、このようにして二つの物語を相互に関連して解釈すべきものとして提出するのである。つまりここでは、イエスを気狂いと呼ぶイエスの身内のものと、イエスはベルゼブルにつかれていると難ずるエルサレムから来た律法学者とは、イエスに対して同じような敵対意識を持っている、というのである。エルサレム教会でイエスの兄弟ヤコブが指導的権威をにぎっていた時代に書かれた福音書である。その意図するところは明白であろう。そして、このイエスに敵意を持つ者達に対照させて、真にイエスの家族であるのは、イエスを取囲んでその話に夢中に聞き入っている群衆である、とされるのである[12]。これは、この場面のすぐ前に、十二弟子選びの場面が置かれているだけにやや以外な宣言である。これこそイエスの真の家族、と指摘するのに、今選んだばかりの十二弟子のことはまるですぐに忘れてしまったかの如くに一言もふれないで、イエスの周囲に座っている民衆と、律法学者、イエスの肉の家族とを対比させる。マルコは「十二人」と民衆の間を区別していない。十二弟子の優越する立場はなくなり、イエスを受けいれる無名の群衆の間に埋没する。

この点に気づいて訂正しようとしたのがマタイである。マタイはマルコを資料として写しつつ、物語の導入部に民衆を登場させる（一二・四六）。しかし、この民衆は直ちに忘れ去られて、場面から姿を消す。そして「我が母我が兄弟」と言ってイエスが祝福するのは、十二弟子である。しかもこれは荘厳な祝福の場面としてえがかれる。「（イエスは）弟子達の上に御手をかざして言い給うた、これぞ我が母我が兄弟なり」（一二・四九）。マタイにとって、イエスの肉の家族と対照させられる霊の家族とは、十二弟子以外に考えられなかったのである。(13) ルカはまたこれとも異った解釈をしている。彼は、「（イエスは）自分の周囲に坐っている者を見まわして」というマルコの文を削除する。その結果として、イエスの霊の家族は民衆である、というマルコの主張も消えてなくなる。その代りに抽象的な規定だけが残る。「神の言葉を聞いてそれを実践する者」がイエスの霊の家族である（ルカ八・二一）。マルコの示す具象は消えて、抽象が登場する。マルコの具象には主張がある。ルカの抽象には規定がある。(14)

三　群衆を避けるイエス？

このように例を上げると、伝統的なマルコ解釈における民衆観がいかに誤ったものであるかがわかる。しかし他方、一見この解釈を支持するかの如く思える個所もいくつかある。カペナウムで数多く病人を癒し、夕方になっても押し寄せてくる群衆は増すばかりである。翌朝イエスは早く起きて、一人で「淋しい場所」に祈るために出て行く。シモンとその仲間がイエスを引きもどしに行くが、イエスはもうもどる意志は示さない（一・三二—三九）。つまり、イエスは、何も分らずにわいわいと群がる民衆を避けて、もっと本質的な活動をしたいと欲しているのではないのか。一・四五にも似たような描写がある。イエスのうわさを聞いて大騒ぎをしている群衆を避けて、イエスは「淋しい場所」にとどまる。次いで、二章のはじめの物語では、イエスが居る家の外にまで群衆があふれてしまっていて、イエスに癒してもらおうと中風患者を床にのせてかついで来た人達は中にはいることもできない（二・四）。このような群衆はイエスの活動の邪魔をしこそすれ、決してイエスの真の友ではないのではないか。そして三・九では、湖岸に立つイエスは、群衆に押されて困るといけないから小舟を用意しておけ、と弟子達に命ずるのである。長血の女の物語の場面も同様である（五・二五―三四）。イエスの歩いて行くあとを大勢の群衆が押しあいへしあいしてついて行く。病身の女がその中にまぎれこんで、後からイエスの衣をさわるが、とても誰がさわったのか見わけがつくどころではない（五・三一）。このようにただやたらに群がってくる群衆の姿を、マルコはひややかに、縁なき衆生として、そして半ば困った奴等だという感情をもって、見下しているのではないのか。

一見群衆を蔑視するものとして解釈され易いこれらの物語を正しく理解する鍵は、六・三〇―四四の物語が提供してくれる。この物語は、イエスをしたって大勢の群衆が淋しい荒野にまでついて行く、その群衆の「飼う者なき羊」のような様子をみて、イエスが憐み、教え、そして奇跡的な食事を与えた、という物語である。従って、物語自体イエスの群衆に対する愛情を示したものだ、と言えよう。この場面では、イエスにつき従って行く群衆は決して嫌悪感をもってえがかれてはいない。むしろイエスはまさにこの人々と共に居てこそふさわしい、という仕方でえがかれている。ところで面白いのは、この場面でもイエスと弟子達とは人を避けて「ひそかに淋しい場所へ」行こうとするのだが、にもかかわらず、民衆は先まわりして彼等の来るのを待っている、という風にえがかれていることである。この「ひそかに淋しい場所へ」という動機と、群衆に囲まれたイエスという動機と、どのような関係にあるのだろうか。

まず、「ひそかに淋しい場所へ」（*κατ ἰδίαν εἰς ἔρημον τόπον*）という動機がこの場面の導入部で二度続けて、やや異った意味合いで用いられることが注目に価する。三一節では、イエスは伝道旅行から帰ってきた弟子達に「ひそかに淋しい場所へ」行って休むように命ずる。つまり弟子達だけが行って休息せよ、ということである。続く三二節では

「そこで彼等は舟に乗って去り、ひそかに淋しい場所に行った」とある。三一節とのつながりからは、この「彼等」は弟子達だけを受けている。ところがあとに続く文を見ると、この「彼等」にはイエスも含まれていなければならないことになる。従って三一節と三二節の続き具合は実に無器用で、矛盾を含んでいる、と言わねばならない(15)。このような矛盾は、マルコが伝承された物語の動機を自己流に解釈して意義づけるところから生じた動機の二重性である、と言えよう(16)。とすると、三一節の方が編集上の解釈である。三二節は以下に続く物語に必要な道具立てをそろえているのであるから、物語に固有の伝承である(17)。ここでは、以下に物語られる奇跡は「淋しい場所でひそかに」行われた、と前提される。奇跡は人を避けて淋しい場所で行われた、というのである。これは奇跡物語固有の動機である。如何に群衆の数が多くとも、奇跡は人を避けた場所ではじめて成立する(18)。群衆はここでは目撃者の位置には居ない。淋しい湖岸、五つのパンと二つの魚などと共に奇跡の行われる場面に必要な道具立てを形成しているにすぎない。彼等は奇跡の対象であって観察者ではない。だから五千人の群衆が居てもそこは淋しい場所であり、ひそかに奇跡が行われた、とされる。この群衆は、七・三二―三七でイエスが癒しを行うために見ている人々の中から一人だけそっと(κατ᾽ ἰδίαν)連れ出した唖で聾の男と同じ役割を果しているにすぎない。この種の動機は、洋の東西を問わず、神秘的に語られる古今の奇跡物語に固有のものであって、マルコもこの点では聞き知った物語のままに伝えているにすぎない。特にマルコ的な動機ではないのである。しかしそれをマルコがどのように意義づけたかが三一節に現れる。三一節の文には、マルコの時代の教会の宣教者の姿がイエスの生前の弟子達の姿に形をとって語られている。つまり、マルコが実際に心の中で問題としているのは現在自分達の教会の宣教者がどうあるべきか、ということなのだが、それを過去のイエスの物語に投影して、イエスが弟子達に対して宣教に関して語り、とった態度として叙述するのである(19)。このようなイエスの時と自分の現在の時との同一性を前提とした語り方自体、いかにもマルコ的なのである。

「イエスの居る」ところ、すなわち、福音書記者マルコにとっては、イエスについての宣教がなされるところでは、宣教者にはいかなる時も無駄にすごすことは許されない。イエスの福音を語り伝えるべき人々が常に大勢そこには居るからである。しかし他方、彼等も時に休息をとらねばならない。だから、この文章で言われていることは、福音の宣教者に対するきわめて現実的な配慮である。宣教から帰ってきた使徒に[20]イエスは、「さあ、あなた方は自分達だけでそっと淋しい場所に行ってしばらく憩いなさい」(三一節)と言うのである。このように見てくると、三一節の「あなた方」(イエスが弟子達によびかける)と三二節　「彼等」(イエスをも含む)の間の矛盾が理解できる。後者は物語の筋書としての三人称であるが、前者は決して物語の筋書ではなく、少なくともそれだけではなく、マルコのつもりでは、現在の教会の宣教者達に対しても、時にはゆっくり憩え、とよびかける生けるイエスの声なのである。

そこでこの物語にはいろいろな動機が並んでいることになる。マルコは物語の筋書を矛盾なく運ぶことは意図していない。「福音」書記者としての主張がいくつも並んでいるだけなのである。だからこれらの動機が統一されるのは物語の筋書の次元においてではない。マルコの福音理解の次元においてである。この個所ではマルコは奇跡物語の動機を伝承に従ってとりあげる。しかしそれと並んで現在の宣教者への配慮も書き記すのである。しかもまた同じ編集句である三四節では、民衆を見るとイエスは「まるではじめからそのつもりで来たように」民衆にながながと教えを説いている。このようにイエスのまわりに熱心についてくる民衆こそ、マルコに言わせれば、イエスの真の理解者である。だからイエスは常に彼等と共に居、教え、奇跡をなす。この民衆の姿と宣教者の休息とはマルコの福音理解においては何ら矛盾していない。マルコは決して、邪魔でうるさい群衆を避けてイエスと弟子達はひそかに自分だけでとどまろうとした、などと言おうとしているのではない。

ここから我々は一・三五と四五の二つの場面も理解できる。「淋しい場所」(ἔρημος τόπος)もしくは「荒野」(ἔρημος)という語は、今取り上げたパンの奇跡の物語(六・三一、三二、三五、また八・四)のほかには、洗礼者ヨハネの活動(一・三―四)と荒野の誘惑(一・一二)の二つの伝承を採用した個所を除くと、[21]一・三五と四五の編集句に出てくるだけである。一・三五では、カペナウムでの活動の翌朝、「(イエスは) 朝早く起きて、淋しい場所に祈るために出て行った」とある。これはしばしば、イエスがカペナウムの群衆を離れようとしたのだ、と説明される。「イエスは悔改めを説きに来た。だが人々はイエスが奇跡行為者になるのを望んだ。」だからイエスはカペナウムを去ったのだ、と。[22] この説明が伝承の段階にあてはまるかどうかは別として、[23] 福音書全体の構成から言えば正しくない。地理的図式に関してはこのような説明が妥当しないことはすでに述べた。[24] 内容から言っても、イエスは決してカペナウムの民衆に失望していないし、——失望したとしたら、どうしてすぐまたカペナウムにもどってきて民衆と接触をつづけるのか(二・一以下)——また奇跡を行うのを避けようとしているのでもない。一・三九にはっきり主張されているように、イエスが今後続けて行く活動は、「宣教と悪鬼祓い」なのである。治癒活動も群衆の歓迎もここでは批判されていない。[25] イエスが淋しい場所で祈る、という動機を民衆の心の頑なさと関連させる説明も納得がいかない。[26]

六・三一との関連から言えば、ここにも休息の動機があるとみなすことができる。「淋しい場所」は、福音の告知者が憩う場所である。イエス自身も、その福音の宣教を時々中断して淋しい場所で休む。ローマイヤーが言うように、「公共活動と孤独の静寂」が代る代る出てくる。[27] マルコ福音書においては、いわばこれは宣教活動のリズムである。どちらが肯定されどちらが否定される、というのではない。一・四五についても同じことが言える。イエスは自分をたずねて押し寄せて来る民衆を時には離れて休息することを必要とする。しかしなお求めてついてくる民衆に対しては、イエスは活動を惜しむことはできない。休息の時を持ちえない程に民衆に囲まれたイエスをマルコは描きたいのである。

とすると、イエスが民衆に取囲まれて登場する他の場面も異った意味に解釈することはできない。カペナウムの中風患者の癒し(二・一—一二)や長血の女の癒し(五・二五—三四)の物語では、群衆は場面の背景を形成しているにすぎない。群衆自身の行為が主体的なものとして評価される、というよりも、民衆に囲まれた者というイエスの性格づけ、群衆を押しわけてでもイエスに近づこうとする中風患者の四人の友人の熱心さ（二・四）、群衆の中にまぎれこんでそっとイエスの衣のすそにふれようとする女の姿（五・二七）、などのように主要登場人物の性格、行動を浮彫りにするために群衆が背景をつくりあげる。三・九についても同様である。群衆があまりイエスを押すので、湖岸に立っているイエスは困って、弟子達に小舟を用意しておけ、と命ずるほどだった、という文だけを読むと、群衆はただ好奇心にみちて集ってきて、押しあいへしあい、イエスを困らせるだけの烏合の衆であった、と考えられるかもしれないが、この場面は実は続く四・一以下の場面を準備しているのである。そこではイエスは舟にのって湖岸に集った群衆を譬話で教える。[28] このように熱心に集ってきてイエスの教えに耳を傾ける群衆は、縁なき衆生どころか、イエスの真の友である。しかもこのイエスのまわりに熱心に集って来る民衆の姿（三・九）は、すぐ前に出てくるパリサイ人、ヘロデ党などのユダヤ人支配階級のイエスに対する陰謀と対照してえがかれ（三・六）[29]、また、イエスをおよそ理解しない律法学者、イエスの親族（三・二〇以下）とも対照してえがかれている。彼等がイエスの真の家族である。

このようにしてみてくると、マルコ福音書は民衆の心の頑なさを語るどころか、むしろ非常に民衆に対して親近性を示している、ということがはっきりする。マルコ福音書は民衆の福音書である。ここにもまたマルコの精神的風土がはっきりと表現されている、と見ねばならない。ガリラヤの地方性、辺境性、土着性と共に、無知盲昧な民衆との親近性連帯感に立っているのがマルコ福音書である。

四　ルカの民衆観

これに対して、一般民衆に対してはっきりと嫌悪の情を示すのはルカ福音書である。従来マルコの民衆に関して言われていたことは、貴族的傾向をもったルカにこそあてはまる。[30] ルカにとっては、烏合の衆たる「オクロス」がイエスの教えを受けるなどとはとても考えられない。だからマルコではイエスがオクロスを教える場面が六回出てくるうち、三回をルカは削除してしまっている(マルコ七・一四、八・三四、一〇・一)。残りの三回のうち、まずマルコ一二・三七後半―三八については、ルカは無器用な書き変えによってむしろはっきりと自分の傾向を示す。マルコの文では、「大勢の群衆(オクロス)は喜んでイエスの言葉を聞いていた。そこでイエスはその教えの中で言った……」とある。[31] ルカはこの文を書き写しながら(二〇・四五)、まずオクロスをラオスに変える。それだけでは満足できず、「喜んで」を削ってしまい、しかもイエスが教えを与える相手として「弟子達に」を挿入する。その結果奇妙な場面が出現する。「全民族が聞いているところで、イエスは弟子達に言った……。」聞いているのはユダヤ人民衆である。しかしイエスが話す相手は弟子達である。かくしてこの場面の民衆は単なる第三者的傍観者の位置に下げられてしまう。とどのつまり、マルコに六回出て来る民衆の教えの場面のうち、ルカには二回しか残らないことになる(マルコ四・一―二＝ルカ八・四、マルコ八・三四＝ルカ九・二三)。[32] この二個所をルカが残しているのは、それなりの理由が考えられる。この理由をよく示すのは、ルカ一四・二五である。ルカはその資料マルコに出てくる民衆の教えの場面をできる限り減らそうとしているのに、ここでは資料とは独立に自らすすんで民衆の教えの場面を創作しているからである。

ルカ一四・二五。ルカはここにQ資料からとったイエスの言葉の伝承を置いており、その言葉に編集上の導入句として「大勢の群衆がイエスと共に道を歩いていると、イエスはふりむいて彼等に言った」という句を添えている。「私のもとに来ながらも、自分の父母妻子兄弟姉妹を憎まない者、自分の生命をすら憎まない者は、私の弟子となることはできない。またおのれの十字架を負って私のあとから来るのでなければ、私の弟子となることはできない」というこのQ資料の句をマタイは一〇・三七―三八に置いている。ところが同じ言葉の伝承がマルコ福音書にも伝えられており(八・三四―三五)、ルカはそれを九・二三に写している。だからルカは同じ言葉の伝承をマルコからとQ資料からと二度写していることになる。そしてこの九・二三がまさにマルコの民衆の教えの場面をルカが保存しているめずらしい例の一つなのである。その結果として、この言葉の伝承に関する限りは、ルカは二個所とも民衆に対する教えの場面としていることになる。とすれば、この言葉の内容についての判断からルカはこれを民衆に対して向けられたものと考えたのだ、ということになろう。事実この言葉は、イエスに本当に従うか従わないか、という決断を求めたものであって、まだ「キリスト教徒」となっていない者に対する言葉である。これは「教え」(キリスト教徒に対するというよりも、むしろ教え以前の呼びかけである。だからルカはこれを弟子達に語られたものとはせず、むしろ、民衆一般に語られたものと理解したのである。[33] とすると、マルコの民衆の教えの場面を残しているもう一つの個所(ルカ八・四＝マルコ四・一)も同じ意味に理解できるのではないだろうか。この文は「種まきの譬」の導入句である。ルカはこの譬話をまだキリスト教徒になっていない者に対する悔改めの呼びかけと解したのではないのか。「主の語り給うた譬話を聞いた、というだけではまだ真の信仰ではない。信者となるためには、サタンの試練に、試みに、世の思いわずらいに耐えぬかねばならない。主の御言葉を聞く汝等の数は多い。しかし汝等はまだ分かたれていない群衆である。やがてこれらの試練を通して選び分かたれた者だけがキリスト教徒となりうるのだ……。」種まきの譬をこのように解釈したからこそ、ルカはこの場面の聴衆を群衆一般にしておいたのではないのだろうか。

ルカでオクロスの語が用いられている他の個所を見ると、この解釈が正しいことがわかる。一二・一以下を見てみよう。これはいわゆる「旅行部分」(九章―一九章)の中の一節である。ルカの編集に関して、果して旅行部分なるものが存在するのかどうか、存在するとすればどのように意義づけられるのかについては、ずい分多く議論された。[34] しかしその中に出てくる編集上の短い文、「イエスは弟子達に言った」等々の文については、ほとんど注目されていない。この部分はQ資料その他から採用されたイエスの語録がほとんどをしめているのであって、従って、編集上の導入句もこの種の短いものにほとんど限られている。K・L・シュミットは「旅行部分」に出てくるこの種の導入句をよく分類して、「弟子場面」「群衆場面」「論敵場面」と分けている。しかしこれらの導入句は伝承をそのまま採用したものであって、それ以上の意味はない、と片づけてしまっている。(35) けれどもむしろこの種の導入句に福音書記者ルカの傾向を知るための重要な問題がひめられているのであって、H・コンツェルマンの包括的なルカ研究につけ足すべき未開の研究課題はこの辺にある、と言うことができよう。実際、弟子達と群衆の区別にこれほど神経質であり、また編集活動一般に関して一貫した態度を貫ぬこうとするルカが、旅行部分の各物語の導入句だけは伝承の与えるものをそのまま採用するだけで満足した、などとはとても考えられない。「弟子場面」「群衆場面」「論敵場面」と場面を分けるのは、むしろ、それぞれの場面のイエスの言葉の内容を判断して、福音書記者ルカが分類しているのではないか、と問うことができる。「旅行部分」全体を分析することは、我々の当面の研究目標とあまりに離れすぎてしまうから、ここではオクロスの語が出てくる一二章だけを分析してみよう。

一二・一では、すでに言及した二〇・四五と同じような状況がえがかれる。群衆が何千人も集って来たのだが、イエスは彼等には直接話をしないで、「まず」弟子達に話をむける。話の内容から言って、弟子達が聴き手となるのがふさわしいからである。迫害に際してユダヤ教会堂や政治支配者の前で信仰を告白する（一一節）というのは、弟子たる者にのみあてはまる状況である。この「まず」は意味深長である。たとえ大勢の群衆が居ようとも、問題は信者の行動にふれる故に、まず弟子達にのみ話が向けられる。次の場面（一三節以下）になってはじめて群衆が考慮される。群衆の中のある者がイエスに財産の分配について仲裁してくれるようにと頼む。このようなことをイエスに頼むのは、ルカの判断では、そもそも信者の態度ではありえない。だからこれは群衆場面とされる。そこでイエスは「金持の譬」をもってこれに警告を与える。イエスを信じない者に対する警告である。続いてキリスト教徒の生活に関する教訓が長く続く。従ってこの聴き手は弟子達およびその代表者としてのペテロである（二二節、四一節）。この一連の説教の最後になってイエスはまた群衆の方を向く。しかしこれもまた警告を、むしろほとんどおどしとでも言うべきものを口にするためである（五四節以下）。汝等は天地自然の表情を読みとることを知っていても、何が正しいことなのかは判断できない！　かくして民衆は偽善者の烙印を押される（五六節）。ためになる教訓は弟子達に与えられ、否定的警告が民衆に向けられる。一二章の各場面は実に体系的に分類されている。

ルカ五・一―三は、マルコ一・一六―二〇と四・一―二の類推によってルカが構成した場面である[36]。群衆が神の言葉を聞きに集って来る。イエスは舟にのって彼等を教える。しかし、これに続く場面によって再び弟子と群衆の分離が行われる。両者の対照は明らかである。弟子達はイエスに従ってついて行く（五・一一）。群衆はイエスのまわりに集るが、イエスは一人で祈るために群衆を避ける（五・一五―一六）。五・一五―一六はマルコ一・四五の平行記事である。しかしマルコの場合とは強調点が異る。マルコでは、イエスが淋しい場所にとどまろうとしても、群衆はなおあらゆるところから彼のもとに集ってきた、というのである。ここではイエスを求めるのに熱心な群衆の姿がえがかれる。ルカでは逆に、群衆が集ってくるので、これを避けてイエスは淋しい場所に引きこもろうとした、というのである（αὐτὸς δὲ という強調された書き方を参照せよ）。ルカにおいてこそ、群衆を避けるイエスがえがかれている。ルカ四・四二―四四（マルコ一・三五―三九の平行）についても同様である。マルコではシモン・ペテロとその仲間がイエスが出発するのをさまたげようとする。イエスを理解しないのは弟子達である。ルカでは民衆がイエスをさまたげる。民衆はイエスにとって障害物にしかすぎない。

B・シトロンの論文に従ってさらにいくつかの例をつけ加えることができる[37]。ベルゼブル論争の場面でイエスの論敵は、マルコでは（三・二二）律法学者であり、マタイでは（九・三四）パリサイ派であるが、ルカでは（一一・一五）「群衆の中のある者」である。エルサレム入城の時に、マタイでもマルコでも、イエスを歓迎する群衆がイエスに従って行く。ルカでは群衆がこのような友好的態度をとることはありえない。「来たるべき者に祝福あれ……」と叫ぶのは「一群の弟子達」である（一九・三七）。マタイでは洗礼者ヨハネがパリサイ人サドカイ人を「まむしのすえよ」と呼ぶ（三・七）。ところがルカでは同じ非難の言葉が「群衆」に向けられる（三・七）。マルコ六・三四のイエスが群衆を憐れむ、という言葉をルカは省略する。そして決定的なのはルカの用いる「オクレオー」(ὀχλέω)という動詞である。オクロスを動詞形にして、いわば「群衆的状態にする」とでも訳すべきこの動詞の受動形は、「悪霊につかれている」というのと同義に用いられる(ルカ六・一八、行伝五・一六)。群衆が集った状態は悪鬼がついて気の狂った人の状態に似ている、と考えるからこそ、ルカは平気でこのような動詞を用いることができる。

ルカは高踏的に群衆を見おろす。無定見に集ってくる群衆などはルカにとって無益に雑踏しているだけであって、愚かなだけでそれ以上何の意味もない。これに対しマルコのイエスはこの群衆の中に立ちまじる。群衆は影のようにイエスの行くところかならずついてまわる。ところがそのマルコでも、群衆がイエスに敵対する者として登場する場面がある。受難物語においてである。(38)

五　マルコ受難物語における群衆

一四章以下になると民衆の態度は百八十度転換する。彼等は二個所で登場する。イエス逮捕の場面では、祭司長律法学者長老の側から「オクロス」がつかわされてイエスの逮捕に現れる(一四・四三)。ピラトの前で集った群衆は祭司長らにそそのかされて叫ぶ、「十字架につけよ」(一五・八―一五)。イエス死刑の直接の責任者達の後で黒い無気味な圧力の塊を形づくるのがこの場面の群衆である。これまではイエスは常に親しく民衆に囲まれていた。しかし逮捕の夜、処刑の日は孤独である。この二つの有名な場面の群衆の姿があまりに強く脳裡に焼きついているから、それを基礎として近代の解釈者はマルコにおける民衆の姿をえがき出そうとする。イエスを十字架につけたその民衆がイエスの福音を理解し受けいれたはずがない。彼等はイエスのまわりについてまわっていても、結局はイエスを理解しなかったから、最後にはイエスの敵の側についてしまったのだ、と推論する。そこで論理的に、この民衆は一瞬たりともイエスに好意を示したことはなかったのだと帰結する。[39] たとえば、エルサレム入城の場面（一一・一―一一）で、民衆はイエスがろばの背に乗って来るのを見て喜ばなかった。「彼等は困惑した。しかし少なくとも、イエスが彼等の期待するメシヤではないのだ、ということがわかる程度にはイエスの意図を理解した。だから民衆はイエスに背を向けたのである」[40] などと説明される。

しかしこの解釈は三つの点で誤っている。第一に、このような解釈を押し通すためには、受難物語以外の個所で群衆が登場する場面に、およそ本文と無関係の意味をこじつけねばならない。たとえば右に引用したエルサレム入城の記事の解釈である。この物語のマルコ本文では、群衆がイエスに失望して背をむけた、などということをにおわすものは一言半句だに記されていない。群衆のいだくメシヤ像とイエスの歩む道の相剋などは、この場面の描写には暗示すらされていない。イエスがろばに乗ってエルサレムの町に上って行くのを見て、人々は単純に喜び、その進む道に衣をひろげ、「主の名によって来たる者に祝福あれ」と叫ぶのである。これを右に引用した文のように解釈しようとすれば、マルコ本文には目をつぶって、自分で好きなように解釈しているだけのことになる。

第二に、これが基本的な問題点だが、受難物語の一四・四八と一五・八に登場する群衆は決してマルコ福音書のはじめからいろいろな場面に登場する群衆と同じではない。これだけ広い地方をへめぐって活動している人物の歴史的伝記的描写に出てくる群衆がすべて同じ人々によって構成されているなどと考えるのは、この上もなく無理な想像である。元旦に宮城前広場に集る群衆と横須賀に米原子力潜水艦の不法入港を阻止しようと押し寄せる群衆と、「群衆」だから同じだ、などと思う者は一人も居るまい。カペナウムで病気の治癒を求めて集る群衆、湖畔でイエスの譬に耳を傾ける群衆、パンの奇跡に臨席した群衆、エルサレム入城の場に居あわせた群衆と、「祭司長律法学者長老の側から」イスカリオテのユダの手引きでつかわされた群衆、「十字架につけよ」と叫ぶ群衆が同じであるはずはない。その場面その場面で必要に応じていろいろな群衆が登場するのである。[41] いくらマルコが民衆一般に対して好意を持っているとはいえ、他方では、祭司長律法学者長老の側から派遣され、また彼等にそそのかされて「十字架につけよ」と叫ぶ群衆の存在を否定することはしなかっただけのことである。

しかしなぜマルコは一四章以下ではイエスに親しい民衆の姿をえがこうとはしなかったのか。これまであれほど一貫して民衆に囲まれた人としてのイエスをえがき続けてきたマルコが、なぜ受難物語では急転直下その描写を捨てたのか。この問が資料の問題に導く。そしてこれが第三の批判点でもある。これを一方はガリラヤの群衆であり、他方はエルサレムの群衆だから、と区別するわけにはいかない(42)。エルサレムにおいても、エルサレムにおいてすら、群衆は喜んでイエスにつき従い、イエスの言葉に耳を傾ける(一一・一八、三二、一二・一二、三七)。群衆についての描写が変るのは、一四章以下の受難物語がはじまってからである。そこで我々はトロクメ仮説に行きあたる(43)。トロクメ仮説によれば、元来のマルコ福音書は一三章までで完結していたのであり、一四章以下の受難物語は別の人によって書かれたものが、後になって結合されたのである。一四章以下はマルコの文ではない。とするとそもそも一四章以下に出てくる民衆のえがき方を基準にしてマルコの民衆観を判断しようとするのは無益である。しかし、もしもトロクメ仮説が正しくないとしても、やはりここで資料問題を無視するわけにはいかない。もしも受難物語がもともとマルコ福音書についていたものだとしても、マルコはそれをほぼでき上ったものとして伝承より採用したのである(44)。従って受難物語においては、一―一三章におけるほど編集作業は緻密ではない。それなりにまとまって出来上っている受難物語を、マルコはあまり編集の手を加えないでほぼそのまま採用して、いわば自分の書いた文書に附録として最後につけ足したのである。だからトロクメ仮説が成立しないとしても、受難物語の一つ一つの描写をそのまま編集者マルコの主張を表わすものとして受取るわけにはいかないのである。事実、一―一三章で民衆を強調した文章はほとんどすべてマルコの手による編集句に現れるのに対して、敵対者としての群衆をえがく受難物語の場面は、いずれも物語の伝承そのものの要素である。

資料問題を意識する時に、イエス受難に関して民衆の果した役割について、マルコ福音書の主要部分と受難物語とではっきりと矛盾する像がえがかれていることに気がつく。一四・二までは、イエス受難に関して群衆に言及する場合、マルコは判で押したように同じ文章を繰返す（一一・三二、一二・一二、一四・一―二、また一一・一八参照）。この四つの短い文は同じ要素を数多く含む。イエスを捕えようとする祭司長律法学者の試み（四個所とも）、ζητεῖν という動詞（一一・一八、一二・一二、一四・一―二）、κρατεῖν という動詞（一二・一二、一四・一―二）、彼等が民衆を恐れたという動機（四個所とも）である。このようにほぼ同じ内容のことをほぼ同じ文章で四回も反復しているのは、それだけでも、この動機をマルコが強調していたことがわかる。そしてはじめの三個所については編集句であることが明らかであるから、[45] 一四・一―二についてもまた編集者の手による文と考えた方がよさそうである。すなわち、イエスの敵対者はイエスを逮捕したかったのだが、民衆を恐れた結果なかなか実行しかねていた、という動機は、もともと伝承にあったものではなく、マルコがつくりだしたものである。また一四・一―二は、一―一三章の福音書主要部分と一四章以下の受難物語とをつなぐつなぎの句である。これがマルコの編集句であるということは、福音書主要部分と受難物語とを結びつけたのは、主要部分の著者であるマルコ自身であった、ということになる。[46] つまりマルコは自分の作品である福音書主要部分にいわば附録として受難物語を結びつけるに際して、イエス受難劇で人々のとった役割を明らかにしておこうとしたのだ。マルコにとって、イエスの死の責任者は祭司長律法学者長老の徒であった（八・三一、一〇・三三、一四・一参照）。彼等は民衆のイエスに対する好意をおそれて手を出しかねていたのだが、ついに最後には機会を得てイエスを捕え殺してしまったのだ、というのがマルコによる受難劇の見通しなのである。ところが、受難物語の導入句としてマルコが附した一四・一―二のような見通しと、マルコ以前の既成の物語である受難物語の本体とは話が食い違う。受難物語本体では、民衆が祭司長律法学者の側についてイエスの逮捕死刑に一役買ったことになっている。このように受難物語はマルコ福音書の末尾に置かれてあっても、福音書記者マルコの思想とは異質のものなのである。受難物語の民衆像はマルコ以前の、また同時代の教会の一つの層の人々のいだいていた民衆像ではあっても、マルコ自身のものではない。マルコ自身は、イエス受難に関しても民衆はイエスの友だった、ということを主張している。

民衆の友としてのイエスをえがくことがマルコ福音書の基調なのだ。そしてその意味でこそマルコ福音書はまさにガリラヤの土着性に根ざしているのである。伝統の座であるエルサレムに対してガリラヤという地方の差は、同時に社会的な層の差を意味する。多かれ少なかれ貴族的な祭司階級やラビ的ユダヤ教の維持者と異って、ガリラヤ地方では歴史の脚光のあたらない日かげに土着していた人々は名もない群衆にしかすぎなかった。宗教的見地からしても、正統的ユダヤ教諸派の複雑な信仰組織に対して、ここには無知蒙昧な民衆が居た。マルコのガリラヤ強調と民衆への好意とは根本では同じものなのである。この意味でマルコは民衆の友としてのイエスをえがきたかったのだ。

註

1　ἔϑνος については次章参照。

2　Strahtmann, *ThWzNT*, IV, 1942, λαός の項、四二頁による。

3　ルカの七十人訳的文体については、たとえば、E. Trocmé, *Le livre des Actes et l'Histoire*, p. 113ss. 参照。

4　一四五頁以下参照。

5　シュトラートマンの註2にあげた論文五〇頁以下参照。

6　シュトラートマン、四九頁に対して。彼は、ルカ福音書のいわゆる旅行記事（九―一九章）にこの語が用いられていないのは、この語が伝承の用語に属しているのであって、福音書記者の特に好む用語ではない、ということを示す、と論ずる。これは正しくない。旅行記事だけがルカ編集の筆の現れている部分ではないからである。旅行記事の構成の仕方はきわめてルカ的であるが、この部分の文章は他の部分ほど編集上の操作が加えられていない。そしてルカ福音書の編集句にはラオスが実に多く出てくる（三・一五、一八、二一、六・一七、七・二九、八・四七、九・一三、一八・四三、二〇・一、その他）。また使徒行伝の「我等部分」にもこの語が用いられていない、とシュトラートマンは指摘する。しかし、「我等部分」と使徒行伝の著者の関係は簡単には説明できないし、いずれにせよ、「我等部分」にもこの語は出てくるのである（行伝二一・二八、二三・五など）。

7　この句については、H・コンツェルマン『時の中心』（邦訳）二七九頁参照。

8　この語の用法については、マタイはルカのように積極的な意味でも、マルコのように消極的な意味でも、これといった特徴は示していない。

9　マルコに四一回、マタイに四九回、ルカに三八回用いられている（B. Citron, The multitude in the Synoptic Gospels, *ScJTh* 7, 1954, p. 410）による。しかしながら、各福音書の長さを考慮に入れれば（ネストレ版でマルコ五四頁、マタイ八三頁、ルカ九二頁）、この語はマルコ一回に対してマタイは〇・七七回、ルカ〇・五三三回用いていることになる。この数字だけから結論を出すことはさし控えねばならないが、しかし、各福音書記者の民衆観を分析した結果はこの数字の示す方向と一致する。すなわち、マルコがもっとも民衆に好意的な福音書である。

10　この「見る」の意味については、H・コンツェルマン『時の中心』六〇頁をみよ。

11　三四節「（イエスは）自分の周囲に坐って居る者を見まわして、これこそ私の母、私の兄弟である、と言う。」三二節「イエスの周囲にはオクロスが坐っていた。」この二つの文からいって、三四節の「自分の周囲に坐って居る者」は当然三二節のオクロスと同一である。

12　マルコ三・三四—三五の文は重複している。三四節と三五節で、これぞ我が母我が兄弟（我が姉妹）なり、という文が二度繰返される。三四節では、イエスの周囲に坐っている群衆をさして、三五節では「神の意志を行う者」がそうだ、と言われている。この重複が文章を重くし、すっきりさせない。そこでルカは平行記事において、これをもっと短い文にしている（八・二一）。マルコがこのような反復する文を書いたのは、おそらく、伝承においては、「神の意志を行う者」こそ真のイエスの家族である、という言葉が伝えられていたのを、マルコがその編集に際して、この「神の意志を行う真のイエスの家族」はイエスを取囲む群衆である、と判断した結果、三四節の他の文にその判断を記したものであろう。従って、マルコ独自の特色は、「神の意志を行う者」という一般的な規定よりも、それがイエスを取囲む群衆にあてはまるのだ、と具体的に判断したところにある。この点、R. Bultmann, *Die Geschichte der synoptischen Tradition*, S. 29 は正しく見ている。つまり、三一—三四節は伝承の言葉である三五節からつくられた場面である、と彼もいう。もっともブルトマンは、この操作によって「神の意志を行う者」の具体例として熱心にイエスの教えを聞く者があげられている、という。しかしマルコの特色は、「神の意志を行う」ということを単に「熱心に教えを聞く」という具体的行為として示した、というだけではなく、さらに、そのようなことを実際に行ったのは無名の民衆なのだ、と判断したことにある。

13　マタイはまた、十二弟子選びの場面（一〇・一―四）とこの場面（一二・四六―五〇）とを連続させていない。十二弟子選びの場面にすぐ続けて、今選ばれた十二弟子の本質を示し、その活動の場を用意するかのように、彼等の伝道への派遣と、そのための注意を与えるイエスの長い説教が続く（一〇・五―四二）。

14　この限りでは、ルカはマルコの編集上の解釈をすてて、それ以前の伝承へともどっている（註12参照）。しかし「神の意志を行う者」という伝承の言葉を、「神の言葉を聞いてこれを実践する者」と直したところにルカの作為がある。キリスト教宣教者の言葉を受けいれる、という教会的権威の意識が「神の言葉を聞いてこれを実践する者」という表現の裏にある。

15　この矛盾はすでにA・ロワジィが気がついている。また彼は三四節を説明して言う。民衆から離れて淋しい場所へ行こうとしたにもかかわらず、「まるではじめからそのつもりで来たように長々と教えはじめる」(A. Loisy, *Les Evangiles Synoptiques*, I, 1907, p. 931)。このように、この物語は筋立てとしては矛盾した動機をいくつも含むのである。M・ゴゲルも三一節と三二節の間の矛盾に気がついている (M. Goguel, *L'évangile de Marc*, Paris, 1909, p. 143)。

16　このような二重性はマルコ三・三四―三五にもある。註12参照。

17　K. L. Schmidt, *Der Rahmen der Geschichte Jesu*, S. 186-189 は、六・三〇―三三は全部編集上の導入句であると判断し、その判断の上に一つの仮説をたてている。すなわち、このように長い導入句を一つの物語に編集上つけ加えることは他の場合にはみられない。従ってこれは単に次に続く物語だけの導入句ではなく、大きな部分（これからイエスが異邦人の地で活動しようとする）全体に対する導入句である、という。しかしこのような意味での「部分」がマルコには存在しないことはすでに論じた。それに、三〇―三三節全体が編集句であるという判断自体が正しくないから、この説は成立しない。シュミット自身、自説にもかかわらず、三一節と三二節の間には縫目があると認めざるをえないのである（同書一八七頁）。

18　この動機については三二八頁参照。

19　これに対してルカ福音書では、現在の教会の宣教の状況と、「地上のキリスト」の時の宣教の状況とは異るものとしてえがかれている。かつての「地上のキリスト」の時は神によって特別に保護された時である。ルカ二二・三五以下と九・三以下とを比べよ。この点のすぐれた説明は、H・コンツェルマン『時の中心』邦訳六一頁、一八六頁註4、三八九頁にみられる。

20　「使徒」(*ἀπόστολος*) という語がマルコではこの個所にだけ用いられているのは偶然ではない。ここでは権威ある使徒の意味ではなく、字義通り、宣教に「つかわされた者」の意味である。

21　伝承をそのまま採用している個所（一・三、四、一二、また六・三五、八・四参照）では単に *ἔρημος* と言い、編集上の操作の加えられた句では（一・三五、四五、六・三一、三二）*ἔρημος τόπος* としているのも一つの特色である。伝統的な終末論的概念としての「荒野」(この動機の終末論的意義については、J. Jeremias, *Μωϋσῆς*, *ThWzNT*, IV, S. 852ff. によい説明がある）をマルコは宣教者の憩いの場としての「淋しい場所」に変えている。新約に出てくる荒野の動機一般については、W. Schmauch, In der Wüste, Beobachtungen zur Raumbeziehung des Glaubens im Neuen Testament, ***In Memoriam E. Lohmeyer***, 1951, S. 202-223 参照。彼が、*ἔρημος τόπος* と形容詞で用いられる場合は、名詞形の *ἔρημος* と違って神学的意味を持たない、と区別しているのは正しい（二一六頁）。*ἔρημος τόπος* は *ἔρημος* の語が伝統的にもっている終末論的啓示の場という神学的動機を捨象している。しかしこのような *ἔρημος τόπος* は新約一般の特色ではなく、マルコの特色である。

22　A. Loisy, *L'évangile selon Marc*, p. 77s.

23　R. Bultmann, *Die Geschichte der synoptischen Tradition*, S. 167は、一・三五—三九全体が編集者の手になるものだ、と言う。これに対して、E・ローマイヤーは（註解書該当個所）、言語的見地からも内容的見地からも、ここには伝承の断片があり、その段階では、イエスがカペナウムでしばらく活動した後、新しい活動段階に移ったということを述べているものだ、と言う。ローマイヤーの上げる根拠はかならずしも納得させられない。

24　七八頁以下参照。

25　E・クロスターマン、註解書該当個所、はこの点正しく見ている。

26　R. H. Lightfoot, A consideration of three passages in St. Mark's Gospel, ***In Memoriam E. Lohmeyer***, p. 110-115は、マルコ福音書でイエスの祈る三つの場面をとりあげてこのように説明するが正しくない。他の二個所（六・四六、一四・三二—四二）は、弟子達の無理解と関連していようとも、民衆の態度とは無関係である。

27　E・ローマイヤー、註解書四二頁。

28　三・九と四・一の関連については、ローマイヤー、ハウク、グルントマンの註解書参照。

29　ブランスコウム、註解書該当個所。

30　「ラオス」の場合と同様に、マタイは「オクロス」についても、否定的にも肯定的にも、あまりはっきりとした特徴を示してはいない。総じてマタイは「民衆」の問題には無関係である。

31　ネストレ版のテクストに従って、三七節後半は三八節につながるものとして読む。

32　もっともこの中、ルカ九・二三では、ルカはマルコの「（イエスは）弟子達と共に群衆を呼んで言った……」を、「（イエスは）皆に言った……」と直しているから、厳密には、イエスが「オクロス」を教えるマルコの六つの場面をルカは一個所しか残していないことになる。

33　マルコ八・三四ではこの言葉は弟子達にも語りかけられたのだが、ルカは「弟子達」を削っている。

34　H・コンツェルマン『時の中心』一〇三頁以下参照。また、J. Blinzler, Die literarische Eigenart des sogenannten Reiseberichts im Lukasevangelium, *Synoptische Studien, Festschrift A. Wikenhauser*, S. 20ff. 参照。

35　*Der Rahmen der Geschichte Jesu*, S. 249ff.; S. 258.

36　R. Bultmann, *Die Geschichte der synoptischen Tradition*, S. 232.

37　B. Citron, The multitude in the Synoptic Gospels, *ScJTh* 7, 1954, p. 408-418.

38　もう一個所マルコで民衆が否定的に扱われていると解釈される個所がある。四・一〇—一二のいわゆる「譬話論」である。民衆には神の国の秘儀は与えられない、民衆は頑なであるので、すべて謎の如き譬としてしか語られない、というのである。しかし実はここでは民衆は問題になっていない。「外の者」（四・一一）は「オクロス」を意味しない。またマルコは実はこの議論を弟子達の批判に用いているのである。（二一四頁以下参照）

39　A. E. J. Rawlinson, *The Gospel according to St. Mark*, p. 227

40　V. Taylor, *The Gospel according to St. Mark*, p. 452

41　E・ローマイヤー、註解書三三七頁（W・グルントマンも同意見）が一五章と一一章の群衆は同じではない、と言っているのはこの意味で支持される。しかしそれぞれの場面の群衆がどのような人々によって構成されているのかを決定することはできない。エルサレム入城の場面の群衆はガリラヤからの巡礼で、ピラトの前で叫ぶ群衆はエルサレムの住民である、とローマイヤーは言うのだが、その可能性はあっても確かにそうだと決定する根拠は見出せない。そもそもマルコは、それぞれの場面の群衆がどのような人々によって構成されているかに興味を持たないのである。群衆は多くの場合場面の背景をなすにすぎない。

42　E・ローマイヤー。前註参照。

43　受難物語に関するトロクメ仮説については、本書補論参照。

44　R. Bultmann, *Die Geschichte der synoptischen Tradition*, S. 297ff.; M. Dibelius, *Die Formgeschichte des Evangeliums*, S. 178ff.

45　一一・一八と一二・一二については疑う余地はない。一一・三二については、R・ブルトマン右掲書一八頁以下の分析参照。

46　このように見れば、マルコ受難物語についてはトロクメ仮説そのものよりも、それを修正した我々の仮説の方が正しいことになる。トロクメ仮説をそのまま採用するとすれば、一四・一—二は一一—一三章を一四—一六章と結合した別の編集者がその折につけ足した文である、ということになる。この第二の編集者はおそらく一一・一八、三二、一二・一二の文をまねて似たような文をつくりここに置いたのであろう。トロクメ説の方を我々の仮説よりも有利にしている点は、「群衆を恐れた」というのに一一章一二章の三つの文では「オクロス」を用いているのに対し(これはマルコ的な語法)、一四・二のみ「ラオス」を用いている点があげられる。このような「ラオス」の用法はマルコ的ではない。(トロクメ教授一九六六年一月二日附の私信による。)

第五章　民族意識の問題

一　問題設定

民衆の問題とつねに交錯しながら現れるのは、ユダヤ人対異邦人の問題である。異邦人伝道の問題がパウロの主要問題の一つであることはよく知られている。使徒行伝もキリスト教がいかにして世界の宗教になったかを示そうとする。ユダヤの首都エルサレムから始って、異邦世界の首都ローマまでにいたるキリスト教の歩みを使徒行伝の著者はえがこうとする。だから使徒行伝の二つの大きな転換点は、一〇章のコルネリオ物語と一五章の使徒会議である。一方はペテロによってはじめて異邦人伝道がなされた記念すべき出来事として、他方は異邦人伝道が教会の秩序の中に正しく承認された出来事として、使徒行伝叙述の基本的段階を形づくる。このように異邦人伝道が初期教会の基本問題点であったから、それに反対するユダヤ主義者をも含めて、いろいろな立場から議論の対象になっている。従ってまた、福音伝承にもこの問題意識ははいりこむ。イエスは「イスラエルの家の失われた羊以外にはつかわされていない」(マタイ一五・二四)、「異邦人の道に行くな」(マタイ一〇・五)、などとユダヤ主義の側の発言も伝えられていれば、「行ってすべての国民を弟子となし……」(マタイ二八・一九)と世界主義の立場からの発言も伝えられている。(1)

従ってユダヤ人対異邦人の問題にマルコがどのように対処しているかは、初期キリスト教の流れにおいてマルコのしめる位置を知るために重要である。(2)マルコは、キリスト教がユダヤ人を離れて異邦人に向う、と主張しているのだろうか。これはマルコ一二・一―一二などを引合いに出してしばしば肯定される。或いはマルコは、イエスの福音はユダヤ人にも異邦人にも平等に与えられるものである、と主張しているのだろうか。これは、マルコ六・三〇―四四、八・一―一〇の二つのパンの奇跡の物語をもととしてしばしば主張される。或いは、マルコはユダヤ人への宣教を中心に考えていたのだが、異邦人への宣教を排除しはしなかったのか。これはマルコ七・二四―三〇の物語についてしばしば主張される。或いはまた、マルコは異邦人世界への宣教など考えてもみなかったのか。これは小数意見だがかなり考慮に価する。[3]

この問題を論ずる場合に、次の二点を考慮せねばならない。第一に、ユダヤ人と異邦人の問題は、新約聖書の中においても、単に神学的な問題ではない。ともすると神学者による解釈は、異邦人伝道は新約思想においてどのように、評価されているか、という神学的問題に還元してしまう。確かにパウロや使徒行伝においては、異邦人伝道が主要関心事であった。――もっともローマ書九―一一章などの場合、パウロはもっと広く、神による救いはユダヤ人及び異邦人にどのようにかかわるのか、という形で、いわゆる「救済史」的見地から論じている。しかしこの場合でも、事柄を神学的にどう見るか、ということである。――このように表面にはこの問題は神学的理念の問題として現れてきている。しかし問題そのものの性格からいって、これは歴史的なまた社会学的な問題なのである。すなわち、このような神学的問題が問われる基底には、問う者の民族意識がある。自分の持っている民族意識を神学的理念の場で反省してみてはじめて異邦人の救いとか異邦人伝道などが問題となる。それに、「伝道」はそもそも社会的広がりをもった行為であって、神学的理念はいわばその理窟づけにしかすぎない。社会学的な民族意識への問をぬきにしてこの問題を論ずるわけにはいかないのである。[4]

第二に、文献に対して一つの問を問う場合、その文献自身がその問を持っているかどうかを先に検討する必要がある。問をたてる、ということは、それ自体一つの方向を志向していることである。従って文献自身が問うていない問の答をその文献の中に求めようとすれば、その文献に無縁の理念を外側から押しつけることになりかねない。シンデレラの姉さん達が靴をはくために足を切ったような結果となる。この場合、マルコがユダヤ人対異邦人という問題意識を持っていたかどうかが最初に問われねばならない。もしもマルコがこのような問題意識を持っていなかったとすれば、初期キリスト教内部のユダヤ主義者や世界主義者に対して、第三の立場に居たことになる。(5)

マルコをヘレニズム的キリスト教徒である、と断定して、彼はその観点から、つまり異邦人キリスト教の立場からこの問題を眺めていた、と前提するのも正しくない。(6)マルコがヘレニズム・キリスト教徒である、という断定そのものが疑問であることはすでに論じた。(7)しかしそれは別としても、著者がいかなる人物かわからず、内証によって推定する以外に方法のない古代の文献の場合、二、三の文から著者の位置を断定しておいて、(8)圧倒的多数の残りの文章はこの断定を基準にして解釈する、というのはかならずしも正しい結論に導かない。

二　イスラエル、異邦人

そこで我々はまず、果してマルコがユダヤ人対異邦人という問題意識を持っていたかどうかを検討してみよう。すでに取上げた「ラオス」の概念の欠如は、(9)この問に対する答が否であることを示唆する。イスラエル「民族」を表わすこの単語がマルコに欠けているとすれば、次いで「イスラエル」、「ユダヤ人」という二つの単語についても検討することをせまられる。他方、「異邦人」という語はマルコにはどのような仕方で現れるだろうか。

「イスラエル」については結果は予期した通りである。偶然の一致だろうが、マタイでもルカでも面白いことに「イスラエル」という単語を十二回ずつ用いている。ところがマルコではわずか二回しか出てこない。しかもその二回ともあまり重い意味には用いられていない。まず、当時のユダヤ人が朝夕唱えていたシェマの信仰告白の引用文に出てくる（一二・二九）。すでに論じたように、引用文に出てくるということは、著者のその単語の用い方について、あまり判断の根拠とならない。マルコがここでこの文を引用しているのは、「主なる汝の神を……愛せ」というところに重きを置いているので、「イスラエルよ聞け」に重点があるのではない。他の一個所は一五・三二である。受難物語の中に出てくるということですでに、マルコの編集活動を理解するための直接の手がかりとはなりがたい。しかもここでは、十字架につけられたイエスを嘲弄して祭司長律法学者らが「イスラエルの王よ」と皮肉に言う場面である。マルコがこの言葉に重きを置いているとは考えられない。とすると、「イスラエル」の語に関する限り、マルコはそれをおよそ強調していない、ということになる。

「ユダヤ人」についても事情は同じである。用いている回数はこの場合はそれほど指標にはならない。マタイ五回ルカ五回に対してマルコは六回用いている。[10] しかしマルコ六回の中五回は一個所にかたまって出てくる（一五・二、九、一二、一八、二六）。この中三回はピラトがイエスを呼ぶのに（一五・二、九、一二）、一回はピラトの部下がイエスをからかうのに（一五・一八）、そして最後にイエス死刑場の捨札の上に（一五・二六）、「ユダヤ人の王」という形で出てくる。これは受難物語の中である。そしていずれも、おそらくローマ人が捨札の上に半分皮肉に書いた「ユダヤ人の王」という表現をもとに、ピラトやローマ兵の物語の中にも用いられるようになったのである。いずれにせよ、ローマ人が皮肉な形で口にするだけのこの表現をマルコ自身イエスにあてはめていたとは考えられない。他の一個所は、ユダヤ人が食前に手を洗う習慣がある、ということを述べたもので（七・三）、単に風俗習慣の説明にしかすぎない。マルコはマタイのように率先してイエスを「ユダヤ人の王」（マタイ二・二）とよぶことはせず、或いはまたルカのように物語の叙述の上でユダヤ人としてのイエスと異邦人との関係を気にしながら筆を運ぶ（ルカ七・三）などということもない。言葉の使い方から言えば、マルコはユダヤ人対異邦人の問題におよそ関心がなかったことになる。実際、他の問題と違ってこの種の問題では、その問題を意識しつつしかも「ラオス」も「イスラエル」も「ユダヤ人」もほとんど用いないですます、ということはできない相談である。パウロや福音書記者ヨハネやルカ（特に使徒行伝において）など、異邦人ユダヤ人問題にそれぞれの仕方で強度に関心を持つ著者は、実際にこれらの単語を多数用いずにはすまされなかった。[11]

ユダヤ人側を表現する単語については以上の通りである。これに対して、「異邦人」という単語はどうであろうか。ἔθνος の語は注意を要する。「異邦人」の意味に用いられる場合と、どの民族この民族という区別なしに、普通名詞として単に「民族」の意味で用いられる場合とがあるからである。しかし、一応この意味上の区別をぬきにして、単にこの単語の使用回数を数えても、結果は明白である。マタイに十四回、ルカに十回出てくるのに対して、マルコではわずか五回しか出てこない。[12] このうちどの場合が異邦人の意味でどの場合が単に民族の意味なのか、厳密に判断するのはむつかしい。しかし一応の傾向を示せば、マタイでは十四回のうち少なくとも七回は明瞭に異邦人の意味であり（四・一五、六・三二、一〇・五、一八、二〇・一九、二一・四三、二五・三二、特にこのうち六・三二では軽蔑された意味で「異邦人」と言われている）、二四・九と二四・一四も（二五・三二との類推から言って）おそらく異邦人の意味だから、これを加えれば九回になる。ルカの場合十回のうち少なくとも五回は明瞭に異邦人の意味である（二・三二、一八・三二、二一・二四、二五、二二・二五）。[13] さらに使徒行伝にはユダヤ人と対照させられた意味でこの語が用いられる例が多いことを忘れてはならない（一〇・二二、一一・一八、その他多数）。

さてマルコでは、まず五回のうち一個所を除いて他のすべてが伝承の句をそのまま採用している個所であって、編集句には出てこない。それだけでもこの語はあまりマルコ的な用語ではないと言える。[14] そして、一〇・三三は明瞭に異邦人の意味であるが、他の四個所はそうではない。少なくとも曖昧である。一〇・三三は受難予告であって、「(祭司長律法学者は人の子を)死刑に定め、異邦人に渡すだろう」というのである。この場合、「異邦人」はローマ当局者をさすのであって、イエスの死刑を執行したのはローマ人である、という思い出が語られている。従ってここには特にユダヤ人に対する異邦人という問題意識が強く出ているとは思えない。他はすべて「諸民族」の意味である。一〇・

四二は、「自ら諸民族の支配者だと思っている者」について語る。これはユダヤ人の支配者と異邦人の支配者を対照させているのではなく、一つ一つの民族の支配者たろうとする者と対照して、イエスの弟子たる者はむしろ仕える者とならねばならない、と言っているのである。[15] 一三・八は「一つの民族に対して」というごく普通の表現である。一一・一七と一三・一〇は「すべての民族」であって、これは「全世界」というに等しい。[16] 一一・一七ではエルサレム神殿の現在のあり方を批判して、本来全世界の人々の祈りの場であってしかるべきところなのに、とイザヤ五六・七の言葉を引用している。ここには、神殿を中心としたユダヤ的閉鎖主義が批判され、全世界に対する目が開かれている、という点では、ユダヤ人問題は意識されている。しかし、これは具体的に神殿批判として表わされているのであって、「ユダヤ人」自体が批判されているのではない。[17] またこの場合の「すべての民族」はユダヤ人に対して異邦人というのではなく、せまい神殿中心主義に対して全世界と言っているのである。その意味でマルコに世界主義はある。しかしこれはユダヤ人と意識的に対立させた異邦人主義ではない。そしてまたこれは、異邦人「伝道」の問題ともおよそつながらない。一三・一〇についても同様である。キリスト教徒の殉教の場における行動は全世界に対する証言となる、というのであって、この「全世界」はユダヤ人に対して区別された異邦世界というのではない。[18]

以上言葉の用い方からいって、マルコは異邦人問題をほとんどまったく意識していないことが明らかとなった。これは地理上の記述に関してすでに確認したことと一致する。マルコはベツサイダ、ピリポ・カイサリアなどガリラヤとほとんど区別していないし、デカポリスに属するガリラヤ湖南東岸すら特に異った地域とみなしていない。「異邦人地域」でのイエスの活動などマルコにはない。だから、マルコは直接あからさまにではないが、地理的図式によって遠まわしに異邦人伝道の主張をにおわせている、[19] などというのもあたらない。マルコは何かというとユダヤ人・異邦人を対立させてものを考える習慣などないのである。[20]

なぜマルコにはこのような問題意識がないのか。異邦人の使徒パウロにはこの問題は焦眉の問題であった。かつて自ら熱心なパリサイ人であったパウロにとっては（ピリピ三・五）、異邦人の使徒となった後も、イスラエル民族は聖なる民、神によって選ばれた選民であったのである。にもかかわらず、福音は異邦人に宣教されねばならない。パウロにとって、選民イスラエルが存在する限り異邦人問題は存在する。異邦人は選民イスラエルのアンティテーゼだからである。だからパウロは自らイスラエル人でありながら異邦人の使徒となるためには、苦しみの末葛藤を克服せねばならないし、同時にそのことに英雄的な誇りを感じている。鋭い神学的反省によってこの問題を克服したパウロは「ユダヤ人もギリシア人もない」（三・二八）と言い切ることができた。けれどもこれは神学的理念としてであって、民族意識としては自分が異邦人と区別されたユダヤ人である、という腹の底にしみついた感情が消えてなくなりはしない。だから同じパウロが同じガラテヤ書の中で、「我々は生れはユダヤ人であって、罪人なる異邦人の出ではない」（二・一五）などとぬけぬけと言うことができたのである。異邦人は生れながらに罪人なのだ、という観念が、にもかかわらず異邦人も救われる、ということを一つの困難な問題として感じさせる。だからパウロはこの問題を解決するのに、自分の腹の底にある民族的優越感情を否定しようと努力しないで、神学的理論の段階でそれを乗り越えようとした。そこでユダヤ人と異邦人の差を認めない、という方向に徹することはできずに、異邦人を聖なる民、アブラハムの裔に同化することによって問題を解決しようとする（ガラテヤ三・二九）。確かに、パウロが頑迷固陋なユダヤ主義者と戦った勇気と先見とは偉大な業績である。しかしパウロ自身の中に異邦人問題が常に問題として意識されていたのは、選民イスラエルという意識が最初に固定していたからである。逆に、生れながらの異邦人であった使徒行伝の著者ルカはといえば、ちょうど問題が裏返しになる。彼にとってユダヤ人は外国人であり、かなりな程度に異質な民族であった。そのユダヤ人として生れたイエスを教祖とし、そのユダヤに発生した教会の歴史をえがこうとする時に、ルカとしてはユダヤ人対異邦人の関係を問題として感ぜざるをえなかった。そしてこの問題を救済史の諸段階という図式によって解決しようとしたのである。(21) まずイスラエル民族の時がある。次いでイエスの時（時の中心）がある。そして、第三の時が教会の時であって、これは最初期のエルサレム教会の時と後の発展した異邦人教会の時にわかれる。このような図式的区別によってルカは教会におけるユダヤ人と異邦人のつながりと区別を守ろうとしたのである。

マルコはといえばそもそもこのような間には無関心だった。イスラエル民族を特に聖なる選民とも意識していず、他方またユダヤ人が「異邦人」でもなかったマルコにとって、このような問題が生ずる理由もなかったのである。一つの観念が固定するところにそれに対立する観念も固定して、両者の間に葛藤が生ずる。はじめに固定した観念にとらわれることがなければ、この種のイデオロギーの対立は生れない。そしてこのような問題に関する無関心はまさにマルコの精神的風土たるガリラヤの志向するものと結びつく。エルサレムを中心としたユダヤ人ならば、聖なるイスラエルの伝統こそ究極的なよりどころであっただろうし、神殿を中心として偏狭な民族主義に固執したでもあろう。しかし六、七世紀もの間民族的独立など失せてしまって、諸民族が頭の上を行きかう中を、歴史の谷間にひっそりと生きてきたユダヤ人ならぬユダヤ人であるガリラヤの民にとって、このような民族意識は持とうにも持てなかったであろう。似たような近隣のセム系の異邦人から、人種的に異ったギリシア人にいたるまで、日常鼻をつきあわせて生活していたガリラヤ人にとって、エルサレムのユダヤ人のような強烈な民族意識はなかったのも当然である。ここにも、ガリラヤの辺境性、地方性に生きていたマルコの大きな特色がある。(22)

三　物語の分析

とすると、通常、マルコが異邦人問題を意識して書いていた、と言われるいくつかの物語はどう解釈すべきであろうか。ここでは二つの供食の物語（六・三〇―四四、八・一―一〇）とシロ・フェニキアの女の物語（七・二四―三一）とをこの観点から分析してみよう。(23)

二つの供食の物語は、しばしば、一方がユダヤ人に対して行われたもの、他方が異邦人に対して行われたもので、イエスの福音がユダヤ人にも異邦人にも等しく与えられるものであることを象徴する、と解釈される。この解釈は近代聖書学においてはずい分古くさかのぼる。少なくとも仏語の世界ではロワジィ[24]まで、独語の世界ではツァーン[25]まで、英語の世界ではベイコンまで[26]さかのぼる。私はそれ以上探してみなかったが、おそらくもっとずっと古くさかのぼりうる仮説だろう。しかし古くから広まっているというだけで、それを支持する理由は稀薄である。すでに地理的記述のところで検討したように、この二つの物語がそれぞれガリラヤ湖のどちらの岸で起ったことか前後関係から決定しようとしても、およそ徒労である[27]。八・一―一〇の物語の方はその前の物語（七・三一―三七）がデカポリスに設定されているから、これもそのまま場面を変えずにデカポリスで行われたことだろう、などと推定される[28]。もしもマルコが物語と物語をつなぐ時に、このような時間的地理的つながりを常に前提していたとすればそうとも解せようが、他の場合には一般に、断片伝承と断片伝承を並べていくのに際して、時間的地理的に連続して行われたこととしてえがく意志などおよそ持っていないマルコが、この場合に限りそのような連続を頭に置いていたとは考えられない。八・一の書き出しの「その頃」(ἐν ἐκείναις ταῖς ἡμέραις) は、単に、これは前とは別の物語ですよ、ということを示しているにすぎない[29]。そもそもマルコはガリラヤ湖の東岸とてそれ程異った地方とは考えていなかったのであるから、この物語が湖のどの岸で起ったとしてもそれ程問題ではなかったはずである。

或いはまた、二つの物語に出てくる数字に象徴的意味を読みとって、この説を支持する者もある。五千人の供食の物語で、食べのこしたパンは十二の籠にあふれ、四千人の物語では七つの籠にあふれた、という。十二は十二使徒を、七は使徒行伝六章にえがかれている七人の執事を象徴する。だからそれぞれ、ユダヤ人伝道と異邦人伝道の象徴なのである、というわけである[30]。けれども七や十二という数字は縁起のいい数字であるから用いられているにすぎないのであって、この数字だけならどんな象徴でも与えることができるのは、ヨハネ黙示録を一度読めばわかる。十二はかならず十二使徒を意味し、七は七人の執事を意味する、などという言葉づかいの規則は新約聖書にはない。それにもしも数字が象徴的意味を持たなければいけないのなら、なぜ十二籠と七籠だけが象徴的意味をもって、五千人、四千人、五つのパン、七つのパンなどの数字の方は象徴的にうまく説明されない、というのはおかしい。

この説を支持する者の中、もっとも確からしい根拠を上げているのはヴァン・イェルゼルの最近の論文である[31]。しかしこれとて批判をまぬかれない。彼によれば、六・三〇―四四はパレスチナのユダヤ人教団の伝承で、八・一―一〇は異邦人教会に伝わっていた伝承である。同じ物語が異った経路をたどって伝えられていたのを、その伝承経路に従ってマルコはそれぞれをユダヤ人に対して行われた奇跡と異邦人に対して行われた奇跡とに配分して考えた、というのである。しかし、この伝承の経路についての判断が正しいかどうかは別としても[32]、論理的に言ってこの説明はおかしい。異邦人教会の伝える伝承を採用したからとて、福音書記者がそれをイエスが異邦人に対して行った行為についての物語と解釈したとは限らないのである。たとえば、四・一四―二〇の種まきの譬に附された解釈はヘレニズム的用語が多くて明瞭にギリシア語を話す教会の所産であるが、だからといってマルコがこの譬話は異邦人にあてられたものだと考えていた、などと解釈するわけにはいかないのである。

しかしこの説に対するもっとも基本的な批判は、七・二四―三一（これから分析する）を別として、福音書全体にわたっておよそユダヤ人と異邦人の区別という問題意識を持っていない福音書記者が、この二つの物語に限って、それもはっきりと指摘しているのならともかく、一言もそのことを表に出さないでおきながら、暗々裡にそれぞれをユダヤ人及び異邦人に対してなされた出来事の物語であると示唆しようとする、などということがありうるだろうか、という疑問なのである。

最近G・H・ブービヤーがこの二つの物語に関して従来の通説と異った解釈を提供した[33]。第二の供食の物語だけでなく、第一の供食の物語も異邦人に対して行われたものだ、というのである。この解釈の試みは、従来ともすると無批判に受けいれられていた通説を反省してみた、という点で貴重である。実際、編集上の解釈句であるマルコ八・一九―二一ではこの二つの物語に同じ意味が与えられているのであるから、その点でブービヤーの解釈はこの二つに別々の意義を見出そうとする従来の解釈よりは一歩進んでいる、と言わねばならない。

確かにマルコ福音書には、偏狭なユダヤ民族主義があるどころか、むしろそれを批判する傾向の方が強い。供食の物語においてもこのことは明らかである。「飼う者なき羊の如く」という表現の仕方がこれを示している。羊飼のいない羊、もしくは失われた羊（マタイ一〇・六）という表象は旧約以来のもので、旧約においても旧約外典においても常にイスラエルの民に適用され、イスラエルの民は本当は常に神よりつかわされた牧者を必要とするのだ、という気持を裏にこめて用いられている（民数二七・一七、列王上二二・一七、歴代志下一八・一六、エゼキエル三四・五、エレミヤ二七（五〇）・六、ユディト一一・一九、但し詩篇一一八（一一九）・一七六だけはこの表象を詩篇作者の「私」に適用している）。マタイ福音書においてもこれは同じである。マタイではこの表象は三度用いられているが（九・三六、一〇・六、一五・二四）、どの場合にもはっきりと「イスラエルの家」の形容句として用いられている。とするとマルコもこの表現が通常イスラエルの民に適用されるものである、ということを知らないはずはなかった。にもかかわらず、マルコがこの表現をこの物語で（六・三四）イスラエルの民の形容句として用いているのではないとすれば、それは意味深長である。マルコはこの表現を名もない群衆に対してあてはめている。イスラエルの民、とか、異邦の民、とかいうのではなく、群衆一般なのである。つまりマルコはこの表現から伝統的な民族主義的意味あいをぬき去って、いわば非イスラエル化して、当り前の状況描写として用いているのである。民族的由来をたずねれば、その群衆はユダヤ人なのかもしれない。しかしマルコはそのようなことは特に意識していない。マルコにとって、何国人であろうと、一般民衆は「飼う者なき羊」であったのだ。どこまで意図的にこのような操作が行われたかは別として、(34) マルコが六・三〇―四四の物語を「イスラエルに対する救い」の意味に限定しようとしていないのは確かである。その群衆の民族的由来をうるさく問題にしよう、などという意図はマルコにはない。ここでも名もなき人々に対するイエスの親しみが表現されているだけなのである。マルコは六・三〇―四四をユダヤ人に限定しようとしてはいない、という限りで、ブービヤーの解釈は正しいと言わねばならぬ。

けれども他方、ブービヤーの考えるようにマルコを徹底した反ユダヤ主義者にしてしまうわけにもいかない。マルコ福音書全体を通じてガリラヤ人ユダヤ人がきびしく批判されている、などというブービヤーの説はおよそ根拠がない。この物語の民衆はすべてユダヤ人ではなく異邦人であるということを証明するために、ブービヤーはいかに無理な努力をしていることか。つまり、イエスはユダヤ人を見すててしまったのだから、パンを奇跡的に与えるというような「幸」をユダヤ人に与えるはずがない、というのであるが、これでは証明さるべきことが前提されてしまっている。このような説がいかに無理なものであるかは、彼が「根拠」として提出する次の珍妙な議論に知られよう。マルコ六・三〇―四四の場面で弟子達はそこに集った空腹な群衆に対して何の責任も感じていない、ところが弟子達はユダヤ人に対する宣教には常に責任を感じているのであるから、従ってこの場面の群衆は異邦人だ、というのである。このような議論が正しいとすれば、マルコ六・七―一二（弟子の宣教派遣の物語）以外に登場する者はすべて異邦人だ、ということになってしまう。これはもう暴論というより滑稽でしかない。

つまり、無理な前提を持ちこむことなしに、二つの供食の場面の群衆のどれがユダヤ人でどれが異邦人かを決定するわけにはいかないのである。マルコ自身そのようなつもりで物語を書いているわけではない。マルコとしては、これが群衆であればよいので、ユダヤ人であるか異邦人であるかはどうでもよかった。もちろん、強いて定めるならば、ここではガリラヤ湖周辺の住民が考えられているのだから、ユダヤ系であろう。マルコの目はせまく地方の辺境性に固着しているからである。しかしその故にまた、民族意識を持ちこんだ救いの対象の区別など、マルコは考えてもみなかったのだろう。

七・二四―三〇、シロ・フェニキアの女

イエスがフェニキア地方に行く。すると病気の娘を持ったその地のギリシア女（ギリシア語を話す女？）がイエスのもとに来て、娘から悪霊を追い出してくれと頼む。それに対してイエスが言う。「まず子供達が満腹するようにすべきである。子供達のパンをとって小犬に投げてやるのはよくない」（七・二七）。このイエスの比喩的な言葉を例外なくすべての解釈者は、イエスの救いはまずユダヤ人に与えらるべきであって、異邦人には原則として与えらるべきではない、それは子供からパンをとりあげて小犬に投げてやるようなものだ、と解釈する。従ってこの言葉のあと、イエスがこの女の娘を癒したのは、例外としてである、という。つまり「子供達」はユダヤ人の比喩であって、「小犬（複数形）」は異邦人を指す、という風に、この言葉を隠喩として理解しようというのである。このように解釈してみると、マルコはユダヤ人キリスト教徒の立場に立っていて、ユダヤ人に対する宣教を第一義的に考えているが、一部の偏狭なユダヤ主義者と違って、異邦人が例外的に教会に加わることをこばみはしなかった、ということになる。[35]

けれどもこの解釈の問題点は、マルコの言葉の理解にマタイの言葉を前提しているところにある。マタイの平行記事（一五・二一―二八）では、「子供達のパンをとって小犬に投げてやるのはよくない」という言葉と並んで、イエスは、「私はイスラエルの家の失われた羊以外にはつかわされていない」（一五・二四）と言っている。この二つの句をつきまぜてはじめて右のような解釈が可能なのである。ところが今日のように各福音書間の相違がよく認識され、一つの福音書の言葉を安易に他の福音書によって解釈するということがいましめられるようになっても、この言葉に関する限り、マルコをマタイによって解釈するのが当然であるように思われている。というよりも、「子供達のパンをとって小犬に投げてやるのはよくない」というマルコの句を「イスラエルの失われた羊以外にはつかわされていない」というマタイの句によって理解するのがあまりに長年の伝統であったために、今日では、マタイの句の方をはずしてしまって、マルコの句だけを考えても、子供達をユダヤ人に、小犬を異邦人にあてはめるのが当然の常識であるかの如く思われてしまっているのだろう。ところが、マタイの平行記事の意図するところは一切ふせておいてマルコの物語を理解しようとする時、かならずしもこのような解釈は自明のことではないのに気がつく。そもそもマタイ一五・二四はマルコの物語をマタイが採用する際につけた編集上の附加である。(36) 従ってこれをマルコの解釈に前提するわけにはいかない。

別にマタイの平行記事を考慮しなくともここのところはこう解釈する以外には仕方のないところだ、と言われるかもしれない。ラビ文献においては犬は常に異邦人を比喩的に軽蔑して呼ぶ時に用いられる表象なのだと、指摘される。(37) しかし、正統主義的なユダヤ教の伝統とむしろ意識的に対立していたマルコの理解にラビの言葉づかいをどこまで参照してよいかは別としても、この指摘には解釈上の落し穴がある。マルコ七・二七の「小犬」は異邦人の比喩であるとまず前提して、ラビ文献で犬が異邦人の比喩に用いられる例を探してくる。しかしそれではじめからこのような例しか目にとまらないのであって、その限りではいくら沢山見つかっても、それはマルコ七・二七をこのように解釈する根拠とはならない。逆かならずしも真ならず、なのである。当時のユダヤ人の間で犬はいやしい獣と考えられていた。だから同じくいやしいものと考えられていた異邦人を見る時に、正統主義的なユダヤ人の心の中に犬の姿を思い出させたとしても不思議ではない。しかし逆に、犬を見ればかならず異邦人を思い出したかどうかは疑問である。犬が異邦人の比喩に用いられることがある、というのと、犬が比喩的に用いられればかならず異邦人を意味する、というのと、論理的には同じでない。もしも引用されるラビ文献の言葉において、何の説明もなく犬の比喩がおのずと異邦人を示唆するように用いられている、というのなら、この「逆」もまた成り立ちうる。しかし、解釈者が引用するラビ文献のすべての例は、はっきりと言葉に出して異邦人と犬を比べているのである。一つだけ典型的な例をあげると、「偶像礼拝者（＝異邦人）と共に食事をする者は犬と共に食事をする者と同じである」(Pirque Rabbin Eliezer 29)。(38) マルコ七・二七ではこのようにあからさまに犬と異邦人を比べてはいない。事実、犬を比喩として用いるのは、何も異邦人についてとは限らないのである。ラビ文献に例を求めずとも、新約において犬が比喩としてあからさまに用いられている唯一の個所（ピリピ三・二）では、「犬」はまさにユダヤ主義キリスト教徒をさしている。マルコよりもよほどラビ的言葉づかいに通暁していたはずのパウロが、犬を比喩として用いる時に、異邦人にはあてはめないでユダヤ人にあてはめている。もちろん、ラビ文献のいくつかの用例だけからマルコがここで犬を異邦人の比喩として用いているとは結論できないのと同様に、パウロの一つの用例からマルコもここでユダヤ主義キリスト教徒を犬でたとえているのだ、と結論するわけにはいかない。要するに比喩は比喩であって、前後関係とマルコの思想方向全体の枠内にこの句を置いて解釈する方が、「犬」の比喩をラビ文献に求めるよりは正しいのである。

実際、通説に従えば、マルコは異邦人を平気で犬と呼ぶことのできるようなユダヤ人優越意識をもっていたことになる。「まず」子供に（二七節）、というのであって、異邦人が排除されているわけではない、と解釈してみても、(39) 或いはまた、この物語の中心は七・二七の言葉にあるのではなく、結果においてイエスが異邦人を受けいれたところにある、と解釈してみても、ユダヤ人以外の民族を犬にたとえて平気でいられる、というのは相当程度にユダヤ人優越意識をもっていなければできないことである。これはマルコ福音書の他の部分の示している傾向と根本から食い違う。

マルコの用いる編集上の諸動機を考慮し、この物語を構造全体から理解しようとする時、我々は異った解釈に導びかれる。福音書記者の伝承された物語に対する理解を知ろうとする時に、まず編集の枠に現れた言葉を手がかりにするのがよい。この物語の導入の部分と結論の部分にさりげない描写ではあるがいかにもマルコ的な文章があるのに気がつく。イエスはツロの地方に来て、「家の中にはいる」（七・二四）。物語はこの家の中を舞台として起る。しかしこれは単なる状況設定の文ではない。場面を構成する上で独得の意味あいをもったマルコ好みの動機である。「（イエスは）家の中にはいり、人に知られることを欲しなかった。」つまりこれは、「ひそかに淋しいところで」という動機(40)

と共通する。イエスは家の中で静かに一人とどまろうとする。公衆の前での活動の後で、小数の弟子達に今なされた教えの解説をするのも家の中に憩っている時である(七・一七、九・二八)。「(イエスは)家の中にはいり、人に知られることを欲しなかった。しかしかくれていることはできなかった。」一人静かに家に居ようとしてもかくれていることはできず、イエスを探し求める人々はかならず聞きつけてやって来る(二・一—二、三・二〇)。このように見てくると、七・二四の導入句は、すでに検討した六・三〇—三四の五千人の供食の物語への導入句とよく似ていることがわかる。活動のあと静かに憩おうとするイエスと、それをほっておかない人々。そして二・一—二でも、三・二〇でも、六・三〇—三四でも、この人々の熱心さをむしろイエスは歓迎して教えをなし(二・二、六・三四)、そしてこの人々をイエスは自分の母、兄弟と呼ぶ。これらの物語とまったく同じような仕方で、七・二四は家の中にイエスが居るところに、娘をいやしてほしいという願いをもって訪れる女の姿をえがいている。

物語の結びはといえば、言葉をかわした後で、イエスは女の信頼にすっかり満足し、その願いをかなえて、「お帰りなさい。あなたの娘から悪霊は出て行ってしまっている」と言う。ここで「お帰りなさい」と訳した語(ὕπαγε)は、マルコが奇跡物語の最後に好んで用いる表現であって、病気の癒しを求める者が深い信頼感をもってイエスのもとに来る時、イエスは治癒を行った後、或いは病気がやがて回復することを確認した後、暖かく、もう大丈夫、という調子で、「さあお帰りなさい」と言うのである(このほか二・一一、五・三四、一〇・五二。この後の二個所では「あなたの信仰があなたを救った」と結びついて用いられている)。物語の状況設定と結びとをこのように作っているからには、マルコがこの物語をどういう気持でえがこうとしているかははっきりしている。イエスがツロの地方に居た時、ある日、人に知られることなくしばらく家で休息しようとしていた。しかし地元の人で病気の娘をかかえて困っている女がそれを聞きつけて、イエスに頼んだ。イエスはこの女の熱心さ、信頼感に心動かされて、暖かくその願いを聞き入れ、家に帰してやる。物語の中心は、当然、女のイエスに対するひたむきな信頼感である。

以上の点が編集の枠によってマルコが強調しようとしていることである。とすると、七・二七の言葉もこれに添って理解できるのではないだろうか。家の中で休んでいるイエスに対して、女がしきりと治癒を願う。この種の物語の常として、マルコは単に史的状況をえがこうとしているのではなく、現在のイエスのあとに従う宣教者の姿をもえがこうとしている。イエス自身、またイエスの福音を伝える人達にとっても、時に休息が必要である。「子供達のパンをとって犬に投げてやるのはよくない。」誰が子供で誰が犬、などというのではなく、必要としている者から取り上げるな、と言っているのである。「まず」イエスも宣教者も休息を必要としている。これを取り上げるのはよくないのではないだろうか。(41) この比喩の句に対して、女も機智をもって答える。「卓の下に居る小犬も子供達のパン屑を食べます。」マルコの物語の構成を見る時に、この女の返答を、パン屑を食べるとは何を比喩しているのか、などと目くじら立てて論ずることはない。休息を主張するイエスの言葉に対して、機智をもって答えて、癒しを求める熱心さを示したところにこの女の言葉の意味がある。だからマルコとしては、一方では宣教者に必要な休息を主張しつつも、それをうばうほどな熱心さを高く評価していることになる。この物語でマルコが強調したのは、イエスに対する真の信頼なのであって、教会の中に例外的に異邦人も認めよう、などということではない。(42)

確かに福音書記者マルコもこの物語を異邦人にかかわることとして把握していたことは争えない。主人公のシロ・フェニキアの女をわざわざギリシア人であるとはっきり断っている(七・二六)からである。(43) けれどもマルコがここで異邦人に向っている態度は、右に紹介批判した伝統的解釈の示すものとは異る。ユダヤ人キリスト教徒の間に異邦人も例外的に寛大な処置として認められる、というのではない。むしろそのような考えの前提となっているユダヤ人と異邦人を対立させて考え、聖なる伝統をになったユダヤ人に対して、異邦人を汚れたものとみなす偏狭なユダヤ主義が批判されているのである。それはこの物語の前後関係がよく示す。この物語の前には長々とユダヤ人の清めの習慣についての議論が展開されている(七・一―二三)。そしてその習慣の基底にある「けがれ」の概念がいかに正しくないものかを批判している。それに続けて、ユダヤ人がけがれたものと見なしていた異邦人とイエスが気軽に接触し、その異邦人のイエスに対する信頼の強さが賞讃されるこの物語が置かれている。この二つの続いた物語の間の対照は意図されたものであると言わねばならない。ユダヤ人優越感情から来るゆがんだ民族意識が暗に批判されているのである。——だからといって、これをすぐまた裏返しにして、マルコは救いがユダヤ人を離れて異邦人に行くと考えていた、などと論ずるのは事柄を理解していない。七・一—二三に示されているようなユダヤ人の伝統的な考え方の批判は、自らユダヤ人の中に生きている者の批判として語られている。マルコは、ユダヤ人の中に身を置いてはいるが、その民族主義的狭さは批判していたのである。ここにもマルコが民族的自意識の強いエルサレムに対してガリラヤの土を強調した理由がある。

註

1　ちなみに、四福音書の中ではマタイがもっともこの問題に敏感であり、異った立場の発言をいくつも伝えている。それをいかに統一して理解するかにマタイ理解の鍵があると言えよう。この問題についてもっともよく書かれているのは、我々とかならずしも同じ結論を示しているわけではないが、W. Trilling, *Das wahre Israel*, S. 95f. であろう。その他G. Strecker, *Der Weg der Gerechtigkeit* 参照。穏当な解釈を示していると思われるのは R. Hummel, *Die Auseinandersetzung zwischen Kirche und Judentum im Matthäusevangelium*, S. 143ff. である。また G.D. Kilpatrick, *The Origins of the Gospel according to St. Matthew*, p. 101ff. 参照。この問題については、日本聖書学研究所編『聖書学論集』第五巻一一六—一三二頁所載の拙稿「マタイ福音書における民族と共同体」でくわしく取上げた。

2　このような観点から初期キリスト教思想史をまとめたものとして、最近のものでは F. Hahn, *Das Verständnis der Mission im Neuen Testament*, Neukirchen, 1963 がある。宣教の問題を中心に新約思想の流れをたどろう、という試みは、従来この種の研究があまり豊富とは言えないだけに、しかも問題の重要さから言って、すぐれた着眼点である、と言える。しかし、これはハーンの主著 *Die christologische Hoheitstitel* についても言えることだが、あまりに図式的にすぎるのが欠点である。パレスチナのユダヤ人キリスト教とヘレニズム・キリスト教という二つの極に初期キリスト教を分けて考えるのはあまりに図式的すぎる、とすでに宗教史学派の新約研究に対して批判されていたことである。ハーンはこの二つの極の間にヘレニズム的ユダヤ人キリスト教を置いてはいるが、新約思想のすべての概念をこの三つのものに割りふっていく仕方は、精密な計算機を思い出させても、人間の歴史を論ずるのに必要な幅が見失われてしまうように思われる。同様な批判は、Ph. Vielhauer, Ein Weg zur neutestamentlichen Christologie? Prüfung der Thesen F. Hahns, *Aufsätze zum Neuen Testament*, S. 141ff. も行っている。

3　ユダヤ人異邦人問題についてイエスがどのような見方をしていたかについては、J. Jeremias, *Jesu Verheissung für die Völker*, Stuttgart, 1956 が参考となる。資料の扱い方（マタイ一〇・五、一五・二四などをイエス自身に帰する！—）、視野の狭さ（終末論がすべてを解決する！—）などの難点があって、そのまま肯定できないが、ところどころすぐれた分析を提供している。

3　G. D. Kilpatrick, The Gentile Mission in Mark and Mark 13, 9-11, *Studies in the Gospels, Essays in Memory of R. H. Lightfoot*, Oxford, 1957, p. 145-158 はマルコ一三・九―一一及び一一・一七の解釈を通じて、この説をとろうとする。

4　伝道の問題というきわめて歴史的社会的問題をとりあげながら、それを神学的理念としてしか処理しなかったところに、F・ハーン、前掲書、の狭さがある。だから一方では驚くほど精密な分析を提供しながらも、結局は概念の遊びにしかすぎない、という印象をいだかせる。もっともこの種の欠陥は今日のドイツ聖書学全体の傾向と言えよう。ブルトマン、ディベリウスに代表される今世紀前半のドイツ聖書学は、その点でもっと幅があった。様式史研究が福音書研究に大きな貢献をしたのも、一つには、ブルトマンやディベリウス自身口にしているように、社会学的問題設定があったからである。シュタウファー、イェレミアスなど傾向は違ってもやはり同じ幅は持っていると言えよう。もちろんこれらの人々の場合でも、社会学的視野はまだまだ狭かったが、少なくともそこに向おうとする試みはなされていた。それに対して、もしもしばしば言われるように、F・ハーンがこれからのドイツ新約学を代表する人物だとすれば、そのあまりにも神学的理念の操作のみに終始しすぎる傾向に対して、危惧を感じざるをえない。

5　ハーン、前掲書、はこの点で大きなものを見落している。ハーンだけでなく、マルコに関してユダヤ人異邦人問題を論ずる者は多かれ少なかれ、マルコ自身をどちらかの陣営に属させないと気がすまない。かくして無意識の中に、マルコが第三の立場に立っていた可能性を排除してしまう。

6　この点において、ハーン、前掲書、九五―一〇三頁のマルコについての考察は正しくない。

7　二八頁参照。

8　ハーンが、マルコはヘレニズム・キリスト教徒だと断定する根拠は、マルコ九・二―八、五・二五―三四、六・四七―五二の三つの物語だけである。
9　一一八頁参照。
10　ちなみに、「ユダヤ」については、マタイは八回、ルカ十回に対して、マルコは四回しか用いていない。これは狭い地理上の概念（ガリラヤ、サマリア、ペレアなどと区別された意味でのユダヤ）であって、ここで扱っている問題と直接の関係はないが、イエスをユダヤ人として意識するマタイやルカがこの語を比較的多く用いるのに対し、マルコにとってイエスはガリラヤの人だったから、「ユダヤ」の語はあまり用いないのであろう。
11　ルカ文書についてはすでに述べた。パウロについては、確かに真正な書簡と考えうるものだけを数えるとして（四大書簡、ピリピ書、第一テサロニケ、ピレモン書）、「ラオス」は十三回、「イスラエル」「イスラエル人」は十八回、「ユダヤ人」は二十五回と、マルコに比べれば圧倒的に多い。――ここで検討したパウロ書簡全体の長さはマルコの二倍程度だから、この長さを考慮しても、これらの単語の頻度はパウロの方がよほど多い。マルコより二割ほど長いヨハネ福音書の場合は、「ラオス」「イスラエル」は各二回と三回であって、マルコとほぼ同じであるが、「ユダヤ人」となると、数え方によって多少数字が異るが、六十一回も用いられていて、ヨハネ伝著者が如何にユダヤ人問題を意識していたかを如実に示している。もっとも、イスラエルと言わずにユダヤ人というところがヨハネ独自の問題点であろうが。
12　*ἐθνικος* など派生語を加えればマタイはもっと多くなる。
13　他方、ルカではユダヤ民族も *ἔθνος* と呼ばれる例が二つある（七・五、二三・二）。
14　残りの一個所マルコ一三・一〇については意見の分れるところである。V・テイラー、註解書該当個所、W・マルクスセン、前掲書一一九頁以下、H・コンツェルマン、Geschichte und Eschaton, *ZNW* 50, 1959, S. 218f. などはこれをマルコによる編集上の挿入とみなしている。しかし、F・ハーン（前掲書五九頁以下）はこれをマルコ以前の伝承とする。ハーンのあげる根拠（言葉の用法）はあまり納得させられない。しかし前後関係からいってこれも伝承の句であると考えられないことはない。
15　E・クロスターマン、E・ローマイヤー、各註解書該当個所に従って。V・テイラー、M・J・ラグランジュ、各註解書該当個所、などは反対意見。
16　一三・一〇の「すべての民族」は一四・九の「全世界」に等しい、とハーンが言うのは正しい、前掲書六〇頁。
17　マルコには鋭い神殿批判があるのは事実である。E. Trocmé, *La Formation de L'Evangile selon Marc*, p. 83-86 参照。この

点ハーンはよく見ている、前掲書九八—一〇一頁。しかし彼は、マルコの神殿批判は直ちに「ユダヤ性一般」に対する決定的批判であり、異邦人に向う姿勢を示す、と考える。これは論理の飛躍である。ユダヤ人であっても神殿批判はできる（死海教団！）。——もちろん、死海教団の場合は現在の神殿祭儀を批判しているだけで、神殿自体を批判しているわけではない。それに対してマルコは神殿そのものを批判している、と区別することはできる。しかしだからと言って、そのマルコの神殿批判は「ユダヤ性一般」の拒否に導く、とは言えない。

18　一三・一〇については句読点に問題がある。我々はG・D・キルパトリック、前掲論文、に従って、一〇節前半は九節につけて、一〇節後半は一一節につけて読む。「あなた方は……私の故に総督や王の前に立たされる。これは彼等に対する、また全世界に対する証しである（九節一〇節前半）。まず福音が宣教されねばならない。あなた方が連行され、引渡される時……（一〇節後半一一節）。」キルパトリックはこの読み方をF・C・バーキットから採用している。なおE・トロクメ、前掲書一六五頁註一七二、も同じ読みをとる。A. Farrer, An Examination of Mark XIII, 10, *JThS NS* 7, 1956, p. 75–79 の反論は面白いが支持できない。なおこの句読点を一〇節の中に置かないで、一〇節を独立の一文とする伝統的な読みに従うと（それには語順に難点がある）、「全世界にまず福音が宣教されねばならない」ということになる。しかしこの場合でも、ここに狭義の異邦人伝道を読みとるのは無理で、ユダヤ人の異邦人のというのではなく全世界なのである。

一三・一〇に対して一四・九の方は無理なく世界伝道の主張と解釈できる。しかしこれは受難物語の中にあるのであって、直接マルコの思想が表現されているとは考えられない。またここではまさに「諸民族」(*ἔθνοι*) でなく、「全世界」(*εἰς ὅλον τὸν κόσμον*)が用いられていて、ユダヤ人に対する異邦人という意味あいではない。

19　F・ハーン、前掲書九六—九八頁。

20　E・トロクメ、前掲書一五二—一五四頁参照。

21　ルカ著作における救済史の理念については、H・コンツェルマン『時の中心』参照。

22　E・トロクメ、前掲書一五四頁も、マルコに異邦人問題の意識がないことをパレスチナ北部のキリスト教徒の辺境性に帰そうとする。しかし彼は、異邦人が教会の大勢をしめて行く、という初期キリスト教会のかかえていた大問題の波紋がここにはまだ及ばなかったからだ、と説明する。そうかもしれない。（もっとも、ギリシア語で福音書を書いたマルコがこの大勢をまるで知らなかったとは考えられない。）だとすれば、この問題の波紋が及んだ時には、マルコだったらどう考えただろうか。もっともこれを問うことは歴史の問ではなく単なる想像になる。しかし、この問題の波紋がすでに及んでいたとしても、マルコはごく当り前の気持でユダヤ人キリスト教徒と異邦人キリスト教徒が共に居るのを眺めていることができた、異邦人キリスト教徒が教会の大勢をしめて行くのを見ても問題意識を感ぜずに当然の成り行きとして見ていることができたのかもしれない。そしてその段階でマルコ福音書が書かれているかもしれないのである。この問題は結局、マルコ福音書がいつ書かれたか、という決定的な問にかかっている。ただ、この波紋が及ぶ前だったか後だったかは別として、いずれにせよ、マルコが異邦人問題を意識していなかった、という事実は動かない。

23　一二・一―九の物語はこの場合それ程考慮する必要はない。この物語の伝承の段階における意味について、特に隠喩（アレゴリー）であるのかどうかについてはいろいろ議論があるけれども（特にE・ローマイヤーとV・テイラーの註解書該当個所、J・イェレミアス、*Die Gleichnisse Jesu*, S. 59ff.）、マルコがこれをどう理解しているかは、一二・一二の附加によって明白である。祭司長、律法学者、長老などエルサレムの支配階級（一一・二七参照）は、神の使を受け入れず、神の子を殺してしまった、というのである。ここではエルサレムの支配階級が批判されているのであって、ユダヤ人全体が批判されているわけではない。まして九節の「他の者」はユダヤ人に対して異邦人を意味し、ここでは救いがユダヤ人からはずされて異邦人に与えられるという意味だ、などとアレゴリーを拡張するわけにはいかない。この点、W. G. Kümmel, Das Gleichnis von den bösen Weingärtnern (Mark 12, 1-9), *Aux sources de la tradition chrétienne, Mélanges offerts à M. Maurice Goguel*, 1950, p. 120-131はよく見ている。またDers. *Verheißung und Erfüllung, Untersuchungen zur eschatologischen Verkündigung Jesu*, 3. Aufl. 1956, S. 75f. 参照。

24　*Les évangiles synoptiques*, I, p. 990. もっとも *L'évangile selon Marc*, p. 224ss. ではこの解釈を採用していないようである。

25　E・クロスターマン、註解書該当個所による。

26　V・テイラー、註解書該当個所による。最近の註解書でこの説をとるものは、E・クロスターマン、A・E・J・ロウリンスン、V・テイラー、W・グルントマンである。

27　にもかかわらず、F・ハーン、前掲書九七頁註六、が、二つの供食の物語はどちらもガリラヤ湖東岸の出来事である、など と当然の如く断ずるのは了解に苦しむ。

28　V・テイラー、註解書該当個所。

29　K・L・シュミットによれば、この「その頃」はマルコによる編集上の加筆ではなく伝承からそのまま採用した表現にしかすぎない（*Der Rahmen der Geschichte Jesu*, S. 192）。もしもこれが正しいとすれば（かならずしもシュミットのあげる根拠は納得させられないが）、ますますマルコはここで断片伝承を並べたにすぎないのであって、「その頃」がどの頃であるか、まだイエスがデカポリスに居たのかどうか、などと考えてもみなかったことになる。

30　この解釈は、ロワジィ、ズントヴァルなどにさかのぼる。これもまたおそらくもっと古くからあるものだろう。最近の註解書では、E・クロスターマン、W・グルントマンがとっている。

31　B. van Jersell, Die wunderbare Speisung und das Abendmahl in der synoptischen Tradition, *NovTest.*, 8, 1964, S. 167–194.

32　イェルゼルは五つの根拠を上げて、八・一—一〇はヘレニズム教団の伝承であると証明しようとする（一七六—一八一頁）。その中二つはすでにふれたもので（物語の前後関係、数字の象徴的解釈）、考慮に価しないし、イェルゼル自身あまり強く主張してはいない。残りの三つは、それぞれはもっともなようだが、三つ一緒にすると相互に矛盾する。第一に、八・七で「祝福した」(*εὐλογεῖν*)という動詞が物を目的補語としていることは、ユダヤ的思考にあわないから、ヘレニズム教団ではじめて可能な表現である、という (J. Jeremias, *Die Abendmahlsworte Jesu*, S. 167 によっている)。第二に、八・三の「遠くから来ている者が居る」について、ラビ用語では「遠い」「近い」はイスラエル人でない者とイスラエル人とに区別して用いられる。新約でもエペソ二・一一—二二にはこの意味で「遠い」「近い」が用いられている。だからこの文の「遠くから来ている者」は異邦人をあらわす、という。しかし「遠い」というような一般的表現が常にこのような比喩的意味に用いられているとは考えられない。それにここでは、すべての人々が「遠くから来た」というのではなく、「遠くから来た者もある」という文である。イェルゼルの仮定が正しければ、八・一—一〇の場面ではむしろ、ユダヤ人と異邦人が共に居た、ということになろう。それに、第一の根拠と第二の根拠は矛盾する。第一の根拠によれば、これはヘレニズム教団の伝承である。第二の根拠によればこれはラビ的用語を反映している。ヘレニズム教団（異邦人キリスト教徒）がどうしてラビ的用語を用いた物語をつくったのか。第三の根拠はあまり問題にならない。八・六では「祝福して」に *εὐχαριστεῖν* を用いているが、これは第一コリント一一・二四に近く、従って、第一コリント一一の聖餐の伝承と同じく、パレスチナ以外の伝承である、というのである。しかし単語一つで、マルコ八・一—一〇が第一コリント一一章の聖餐の伝承と同じ傾向である、などと決定はできない。

33　G. H. Boobyer, The miracles of the loaves and the Gentiles in St. Mark's Gospel, *ScJTh* 6, 1953, p. 77–87.

34　マルコがこのように教会に伝統的な表現を意味合いを変えて用い、そこに一つの新しい方向の理解を示している例は、四・一二—一三にもみられる（二一四頁以下参照）。従ってこの場合もまったく無意図的であったとは考えられない。

35　とするとマルコが異邦人キリスト教徒の立場で福音書を書いていた、という説明は行きづまる。それを切りぬけるために、

「まず」ユダヤ人に救いが与えられねばならない、というのはイエスの生前のことであって、イエスの死後は「まず全世界に福音が述べ伝えられねばならない」(一三・一〇)、すなわち、異邦人伝道がなされねばならない、イエスの死と復活の時を境に、ユダヤ人に対する宣教の時と異邦人伝道の時とがわかれる、などと言って説明される(F・ハーン、前掲書一〇二頁以下、はこのように説明している。) しかしこれは正しくない。これでは、説明のためにマルコに無縁の図式を導入してしまっている。イエスの時とイエスの死後の教会の時とをこのように区別しないことこそむしろマルコの特色である。このような苦しい言いのがれをするくらいならば、マルコはユダヤ人キリスト教徒である、と言う方がよほど良い。事実、この物語でマルコが「シロ・フェニキア系統のギリシア女」(七・二六)を口にする仕方は、いかにも外国人について語る仕方である。その限りではマルコはユダヤ人キリスト教徒であったが、偏狭なユダヤ主義者が外国人の要素を一切排除しようとしていたのに反対して、「開かれた教会」を主張していたのだ、というべきである。E・トロクメ、前掲書一五六頁以下参照。

36　この言葉そのものは古い伝承であったかもしれない。(J. Jeremias, *Jesu Verheißung für die Völker*, S. 22f. はこれをイエス自身の語った言葉だと考えている――正しいかどうかは別として。)しかし、マルコの物語にはないこの言葉をマルコに対してここに附加したのはマタイの編集作業である。

　もっとも、この物語の伝承はやや複雑である。通常マタイがマルコの文章を写す場合、マルコの文をほとんどそのままにやや省略しながら写すものである。だから写している部分は一字一句一致するところが非常に多い。ところがこの物語に関する限り、両者の間の文章の一致は、イエスと女の間にかわされた会話の部分(マルコ七・二七後半、二八平行)にとどまり、地の文は非常に異っている。状況設定が違う(マルコは「家の中」、マタイは「路上」)。弟子との会話(マタイ一五・二三、二四)はマルコにはない。女はマタイでは「カナン人」、マルコでは「ギリシア人」になっている。このような相違を頭に置く時に、マタイはマルコのほかにこの物語の別の伝承を知っていて、マルコの物語と結び合わせたのではないか、と問うことができる。なお註41参照。しかしマタイが一五・二四の句を別の伝承から採用したとしても、いずれにせよそれをマルコ解釈に適用するわけにはいかない。

37　これについては誰もが、Strack-Billerbeck, *Kommentar zum Neuen Testament aus Talmud und Midrasch*, I, S. 724f. の引用する諸例に典拠を求めている。

38　Strack-Billerbeck, 右掲個所による。

39　二七節前半と後半の矛盾についてはしばしば指摘される。前半の「まず」はイエスの幸を受ける順番を示している。まずユダヤ人、次いで異邦人、というのである。これに対し後半の比喩では異邦人はまったく排除されている。従って前半の句、少なくとも「まず」の語は、後半の文のあまりにユダヤ主義的な傾向を柔らげようとして福音書記者がつけ足したものであろう、という(vgl. R. Bultmann, *Die Geschichte der synoptischen Tradition*, S. 38)。しかしこの解釈の前提では、やや寛容か或いはまったく不寛容かの別はあっても、狭いユダヤ主義が表現されていることには変りない。

40　この動機については、一二四頁以下参照。

41　このように解釈すれば、二七節前半の「まず」と後半とは何ら矛盾することはない（註38を見よ)。

またどう解釈するにせよ、このような比喩の言葉は、福音書記者自身が隠喩（アレゴリー）による解釈を展開する場合は別として（たとえば四・一四—二〇)、その中心的意味にのみ着眼して解釈すべきであって、一つ一つの単語にすべて何かをあてはめて解釈する隠喩の手法を取るべきではない。実際、子供はユダヤ人で犬は異邦人だ、などというのは、すでにマルコの解釈としてはやや隠喩的にすぎる。ましてや、イエス・キリストが家の主人で（家の主人などこの比喩のどこにも出てこないにもかかわらず!)、子供達すなわち教会員にパンを分け与える、などということになると(E・ローマイヤー、W・グルントマン、各註解書該当個所)、ひどい行き過ぎである。

42　もちろんこの解釈は、福音書記者マルコの段階にしかあてはまらない。福音書以前の断片伝承の段階でこの物語にどのような意義づけがなされて伝えられていたかは、おのずと別の問題である。特にこの物語の伝承の歴史はかなり複雑なようである。マタイ福音書の現在のこの物語の形がマルコのものより古くて、マルコがマタイ一五・二四の言葉を省略して七・二七前半を附加したのだ、というL・セルフォの仮説(L. Cerfaux, La section des pains, *Synoptische Studien, A. Wikenhauser zum 70. Geburtstag dargebracht*, 1953, p. 64-77の中六八頁）は受け入れられないとしても、マタイはマルコ資料以外にこの物語の古い伝承を知っていた、という可能性は十分にある(註35参照)。マタイ一五・二四の句がマタイの採用したこの物語の非マルコ的伝承に基いていたのだとすれば、この物語を例外的に異邦人が救われることの例とみなす解釈は、マタイ以前にかなり古くから行われていたことになる。マルコがこの伝承を知っていたのかどうかは決定できない。しかしもしもマルコがこれを知っていてしかも採用しなかったのだとすれば、ますます意図的にこのような異邦人蔑視の傾向に反対していたことになる。

43　マタイ一五・二二ではこの女はカナン人になっている。マルコの異邦人をも親近感をもってえがく調子を差引こうとする意図でマタイは典型的な異邦人である「ギリシア人」をそれほどに異国性の強くない「カナン人」に変えたのであろうか。それとも逆に、古い伝承ではカナン人とあったものを、異邦人であることを強調するためにわざわざマルコがギリシア人に直したのであろうか。

第二部　マルコの主張

第一章　福音書の構造と主題

一　問題設定

マルコはエルサレム的伝統に対してガリラヤを強調しつつ福音書を書いた。ガリラヤで生き、活動したイエスの姿をえがいた。そこに福音書なる様式の誕生の理由がある。だがこのようにイエスをえがくことを通じてマルコは具体的にはどのような点を強調したのか。イエスを理解するのに、何よりもガリラヤを中心とした実際の活動の記録をもってした。けれどもこの活動の内容を具体的にどのようなものとして把握していたのか。そしてまた、そのような仕方でイエスをえがくことが、自分の現在にとってどのような意識を持ちうると考えたのか。そして、この編集者の主張を反映して、福音書はどのような構造を持っているだろうか。

以上の問を第二部全体を通じて問うことにする。その際に第一部で展開したマルコの精神的風土の理解が役立つだろう。だが我々自身の分析を展開する前に、まずここではこれまでマルコについて提出されてきた数々の解釈の試みを批判的に検討してみなければならない。これは大別して福音書の構造にかかわるものと、福音書の主題にかかわるものとがある。後者は扱われている事柄の性質上、マルコのイエス観をキリスト論という角度から論じ、マルコのキリスト論はどのような型のものか、という議論が多い。いわく、「キリスト」告白であり、苦難の僕キリスト論であり、神の子キリスト論であり、ヘレニズム的神の人キリスト論である、等々。このような解釈の仕方に対して我々は、そもそもマルコにこのようなキリスト論的発想があるかどうかを問うてみねばならない。前者は、いわば福音書の目次をつくろうと試みるものである。どのような基準に従って福音伝承の素材が配列されているか、その配列の基準からマルコのイエス観なり、思想なりを判別していこうとするものである。もちろんこの両者の方法は互いに排除しあうものではなく、むしろ相補うものである。便宜上このように分類してみたにすぎない。我々はまず福音書の構造の問題から論じよう。この場合もまず問うべき基本的な問は、マルコ福音書にどのような目次をつけるか、ということではなく、そもそもマルコに目次をつけることが可能かどうか、という問でなければならない。

二　福音書の構造

洗礼者ヨハネが捕えられた後、イエスの活動が始る。イエスはまずガリラヤ地方で民衆一般に教えをなし、奇跡を行う。民衆は奇跡を好む。その故に熱狂する。けれども奇跡は真の啓示ではない。だから民衆はイエスを歓迎しても理解しない。イエスを単に奇跡行為者として把握し、イエスのメシヤ性を理解しないのである。この故にイエスはこの期間の活動を否定的に放棄し、ガリラヤをすてて北方旅行に、もしくは異邦人地域にと出る。頑固なユダヤ人一般を離れて福音が異邦人へと向うことの象徴である。けれどもまたこの期間にはイエスはもはや民衆一般は相手にせず、見知らぬ土地に出てひそかに弟子達の教育にだけ専念した。その結果として弟子達はイエスのメシヤ性を理解するにいたる。かくしてペテロが皆を代表して、イエスはキリストである、と告白するピリポ・カイサリアへの途上での印象的な場面にいたる（八・二七―三〇）。これが福音書前半の頂点である。けれどもこれはまだ半分の理解でしかない。弟子達はメシヤ性の事実を理解しただけで、メシヤ性の本質は理解していない。それは受難の秘密である（八・三一以下）。イエスは今やこれを実現に移すためエルサレムへとのぼっていく。そして、この期間に受難の秘密を弟子達の頭の中にたたきこむ。と同時に、イエスをメシヤと告白した弟子たる者のあるべき道を教育する。そして最後にエルサレムでの受難劇が始る。すべてこれに先立つ物語は、実は、この受難劇の準備にしかすぎない、この最後の行為こそ真のメシヤの行為である。

およそ以上のような筋書がマルコ福音書のえがくイエス伝の輪郭であると通常考えられている。この筋書は福音書やイエスについて扱った専門的でない通俗本には多かれ少なかれ前提されている。専門書においても、この輪郭がマルコ福音書の基本であるということを大前提としているものもいくつか見受けられる。(1) 我々はすでに第一部全体を通じて時々この通説を批判してきた。少なくとも地理的図式、民衆の問題、奇跡物語の評価に関する限り、この通説は決して成り立たないものであることは、すでに我々の展開してきた論拠から明らかである。そして、この三つの要素を取去ると、もはやこの筋書にはほとんど何も残らなくなってしまう。このように少していねいに検討してみればわかることをなぜ今まで等閑に附し、相変らずこの筋書がマルコに存在することはあたかも当然であるかのように前提されているのであろうか。一つにはペテロ告白が福音書中もっとも重要な出来事であり、これを中核として福音書の構造が前半と後半にわかれる、と考えられているからである。これは一見いかにももっともである。もう一つのもっと根本的な理由は、福音書の性格についての無意識の前提である。実は右にえがいたイエス活動の発展段階は、十九世紀から今世紀初頭にかけてのイエス伝研究がイエス生涯の歴史的事実とみなしていたものである。すなわち、伝記的関心をもってイエスの生涯の発展をえがこうとした結果生れたのがこの図である。(2) もちろん今日ではこの図をそのままイエス伝の史実とは見なしえないことは周知の事柄である。様式史研究によって、福音伝承はもともと断片伝承であって、それをつなぎあわせたのは福音書記者の編集上の操作にしかすぎず、実際に事件の起った順番はもはや知ることができない、と確認されたからである。だから、いろいろな断片伝承を通じて、イエスのこの面あの面を理解することはできるが、それを時間的順番をもってつなげて、どのような発展段階を形成しているものかは知ることはできないのである。(3)けれども、イエス伝研究のこのような方法論的批判によっても、伝統的なイエス伝構成の図式は捨てられなかった。亡霊は所を変えて復活した。このイエス生涯の発展の図式は、確かに史実とは言えないかもしれないが、少なくともマルコはこの図式によってイエスを理解しようとしている、というのである。イエスを理解するためにマルコがつくり出した図式、と言ってもいいかもしれない。(4)

しかし、かつてイエス伝の輪郭として言われていたことをほとんどそのまま福音書記者マルコのイエス観に移し変えるためには、一つの前提が証明されなければならない。たとえ今日では支持されなくなったとはいえ、十九世紀イエス伝の輪郭は近代的イエス伝再構成の意図のもとになされたものである。特に十九世紀的な「伝記」として、事件から事件への因果関係によるつながりを問い、またそのつながりをぬって心理的な変化発展を問い、目的に向って徐々に前進して行くイエス活動の展開をえがこうとするのである。だからこの研究によってえがかれたイエス活動展開の図式をほぼそのままマルコのイエス観に適用しようとするならば、マルコもまたそのような伝記作家としての目から福音書を書いたことを前提することとなる。マルコは果してそのような意味で伝記作家だったのか。そうではなかったとすれば、この伝統的図式をマルコに適用するのはほとんど意味をなさないことになる。もしもこの図式が正しいとすれば、マルコは福音書前半で（本当は前半だけではないのだが）、あれ程熱心にイエスの民衆に対する活動を描写するのだが、実はこれは無益な活動であって結局民衆はイエスを離れてしまったのだ、とだけ言いたいために書いていたのだ、ということになる。また、福音書記者は、イエスの奇跡は本質的な意味を持たない、むしろ、中途半端で民衆の誤解しか生まないものだった、というだけのことを言いたいために、あれほど熱心にガリラヤをかけずりまわって、沢山の奇跡物語を集めてきたことになる。それもこれも、イエス生涯の発展段階を心理的因果関係から説明したいために。

しかしマルコがこのような客観主義的伝記作家であるということはきわめて疑わしい。地理的枠づけを中心にマルコ福音書を見通した時に、我々はこのような意味での物語から物語への脈絡はついに見出さなかった。そして何も現代の研究を持ち出すまでもなく、古代の福音書読者がすでに、マルコにはこのような意味での物語の脈絡のないことに気がついている。マルコを主たる資料として用いたルカは、その福音書の序文で、今までイエスに関することを叙述しようと手をつけた人は大勢あったが、自分は「きちんと順序だてて」書いてみるつもりだ、と記している。つまりルカは自分以前の福音書編集の試みはあまり順序だてて書かれてはいないから、そこに自分の仕事の余地がある、と考えていたことになる。とすると、ルカはマルコを主たる資料として用いているのだから、自分以前の作品として「きちんと順序だって」書かれていない例として、当然マルコを頭に置いていたことになる。マルコがきちんと順序だっていない、と批判したからこそ、ルカは自分の作品を書く気になったのであろう。同じことをもっとはっきり述べているのが、パピアスの伝える長老ヨハネなる人物のマルコ評である。「マルコは……順序だててではないが、主の語り為し給うたことを書き記した。(5)」パピアスは二世紀前半の人物だから、長老ヨハネはそれよりやや古く、これとルカの言葉をあわせると、一世紀末頃にはすでに、マルコはあまり順序だてて書かれていない、という批評が広まっていたことになる。

注意すべきは、我々現代人が書物を書く時の習慣をそのまま素朴な古代の作者であるマルコに前提してしまうことである。我々が書物を書く時に、きちんと全体にわたる構想をたてて、目次を附して出版するからとて、マルコが同じように目次をつけられるような構想を持っていた、と考えるわけにはいかないのである。マルコが伝記作家であることをはじめから仮定して、それに従った構想を福音書に求めようとすれば、それでは実は研究する以前から、マルコの思想の基本的方向はわかってしまっていたことになる。

実際問題として、マルコの叙述をいくつかの部分にわけて、それぞれを一つの発展段階としてとらえうるかどうか本文を検討してみると、どれ一つとしてマルコ本文の筆の運びを無視しないで独立した発展段階として取出しうる部分はないのである。「異邦人地域での活動」（もしくは北方旅行）、「エルサレム旅行の期間」など解釈者の仮構にしかすぎないことはすでに何度も指摘した。ここではこの種の議論の中もっとも根強いもの、すなわち、マルコ福音書はペテロ告白の前と後とで大きく二つの部分にわかれる、という仮説をとりあげてみよう。便宜上これを二区分説と名づけることにする。(6) これは実際根強い見方であって、仏独英各国語の福音書研究に広く行きわたっており、我国の小数の福音書研究もみなこれに影響されている。(7) これらの学者達が、マルコ八・二七以下の前と後とを区別する要素として上げているものを次に列挙してみると、

(イ)　前半ではイエスは民衆一般に語っているが、後半では弟子達にしか教えない。

(ロ)　教えの内容も前半と後半とで異る。

(ハ)　イエス活動の枠が後半では広がる。

(ニ)　後半には治癒奇跡の物語が二つしかないのに、前半には沢山ある。

などである。しかしこのうちどの一つとして、実際に本文にあたってみて支持される要素はない。(8)

(イ)　については、このようなことを言う前に一度だけでも新約ギリシア語の語句索引をあたってみるだけの作業をすべきだった。ほんの二、三分ですむ仕事を怠るから、このような間違いを平気で口にすることになる。まさにマルコの叙述に従えば、イエスは八・二七以後でも何度も公然と民衆を教えているのである。「（イエスは）いつものようにまた群衆を教えていた。」（一〇・一）この一文だけで反論として十分だが、ついでのことに全部あげれば、「（イエ

スは）彼等に譬話で話しはじめた。」（一二・一、この文の「彼等」は厳密には誰を指すのか決定しがたいが、少なくとも狭義の弟子達ではなく、不特定多数の人々である。）「大勢の群衆が喜んでイエスの言うことに耳を傾けていた。イエスはその教えの中で言った……。」（一二・三七、三八）そもそもペテロ告白の場面にすぐ続いて、「（イエスは）弟子達と共に群衆をよんで言った」（八・三四）という導入句に続いて、イエスに従うことについての教えを語っているのである。ペテロ告白以後はイエスは民衆を教えなかった、などと主張する者は、ちょうど我々終戦当時の小学生が用いた教科書のように、都合の悪いところはあちらこちら墨で塗りつぶした福音書を用いているのだろうか。ペテロ告白の前だろうと後だろうと、イエスの熱心な聴集は一般民衆なのである。

(ロ)　教えの内容について、M・ゴゲルは、前半ではイエスは神の国について教えたが、後半では主題が変って受難について語ったと、区別している。[9] これも正しくない。イエスの言葉の中に「神の国」という表現が出てくる例は全部で十回ある。そのうち、ペテロ告白の前では四回（一・一五、四・一一、二六、三〇）だけなのに対し、後半では六回出てくる（九・一、四七、一〇・一四、一五、二三以下、一二・三四、一四・二五）。いったい四回は多数であって六回は無きに等しい、とでもいうのだろうか。受難についての教えが後半に多い、というのは一応もっともである。しかしこれとて前半と後半とを異った活動段階として明瞭に区別する、という類のものではない。マルコのえがくイエスは、すでにその活動のはじめから、自分が受難する時が来る、ということをあからさまに宣言している（二・二〇）。またイエスを捕えて殺そうとする敵対者の計画も、福音書のかなりはじめの部分からはっきりと記述されている（三・六）。従って、イエス受難の動機は決してペテロ告白以後に現れる新しい動機ではないのである。

同じく教えの内容について、リーゼンフェルトは不思議な説を展開する。[10] マルコ福音書前半では「教え」「教える」という語がしばしば用いられているにもかかわらず、具体的にイエスの教えの内容は示されない。ペテロ告白以後になってはじめてそれが与えられる、というのである。もっともリーゼンフェルトは自分自身この説がいささか無理なこじつけであるということに気がついていないわけではない。何しろマルコ福音書前半には、第四章全体を通じて、長々と譬話による教えの場面がえがかれているのだから。しかもこれほどの矛盾に出会っても彼は自説を撤回せず、むしろマルコ第四章は「例外として」ここに置かれた、という。わずか一六章しかない福音書の中一つの章全体の位置を例外として宣言しておいて、なおかつ福音書の構造について語れるだろうか。彼はまた文法的観察をつけ加える。マルコ前半では「教える」(διδάσκειν) という動詞は教えの内容を表わす直接目的補語を伴わないで用いられている。これに対し、ペテロ告白以後は、教えの内容を表現する目的補語を伴うか、或いは「……ということを」(ὅτι…) という副文を伴って用いられている、というのである。しかしこれも事実に反している。確かに八・二七以前でこの動詞が用いられる場合には一度も具体的内容を示す直接目的補語は伴っていない。[11] けれども、後半とて同じなのである。八・三一と一二・一四以外では、この動詞の目的補語は具体的に明らかにされていない(九・三一、一〇・一、一一・一七、一二・三五、一四・四九)。確かにこの中、九・三一、一一・一七、一二・三五では前後関係からいって教えの内容が明らかである。しかしそれならば、四・一以下についても同じことが言える。

(ハ) ペテロ告白のあとではイエス活動の地理的枠が広がる(これはE・ローマイマーの説)、というのは、およそ理由がわからない。

(ニ) 奇跡物語についての区別もあてにならない。前半には十の治癒奇跡があるのに、後半には二つしかない、というのだが、[12] そもそも後半に二つある(九・一四—二九、一〇・四六—五二)、という事実だけで、マルコのえがくイエスは前半では奇跡活動を行ったが、後半ではかえってそれが人を迷わせるのでやめた、などという説明が正しくないことを示す。(二つの治癒奇跡のほかに、後半にはまた、いちじくの木を枯れさせる物語一一・一二—一四、二〇—二一と、それに伴って、山をも動かすような奇跡をなす信仰について語られている、一一・二二—二三)。おまけに、このような場合、前半に十、後半に二つなどという数字から傾向を論ずるのは単純すぎる。一口に後半と言っても、一四―一六章は受難物語で、ここに治癒奇跡の物語を置けるはずがない。また一三章では黙示文学的教えがまとめてあり、一一・二七―一二・四四では論争物語が、四章では譬話がまとめてあって、それぞれ治癒奇跡を含みえない。これらの章を差引くと、前半約七章中に十の治癒奇跡、後半三章中に二つの治癒奇跡があることになり、その比率は七分の十対三分の二、すなわち約二対一となる。この程度の比率から何か重要な発展段階の区別ができる、などと考えるのは正しくない。おまけにマルコは、イエスが奇跡を行わないのは、その土地の人がイエスに対する信仰がないからだ、と自らはっきり断言している（六・五―六）。だから、妙な数字に幻惑されないで、マルコ自身の言っていることに従えば、もしもイエスが奇跡を行わない期間があるとすれば、それはイエスが奇跡活動に限界を感じたからでも、ペテロ告白の後だからでもなく、その土地の人がイエスに信仰を持たないからである。確かにマルコ福音書ではイエスが奇跡を行わない顕著な期間がある。エルサレムでの活動の期間である（一一・一以下）。――エルサレム入城後なのに、一一・一二以下の奇跡に限って、舞台をエルサレムにとっていない。とすれば、これはペテロ告白の前だの後だのということとはおよそ無関係で、ガリラヤとエルサレムの動機から理解さるべきことなのである。

以上ややくどすぎるくらいに我々は二区分説を批判してみた。それというのも、ここで批判した学者達は他の点では今日の世界の新約学者の中で最もすぐれた人達の中にはいるからであり、それだけにこの二区分説は実に多くの人々に支持されているからである。なぜこのように、およそ何の根拠もマルコ本文に見出せないのに、数多くの解釈学者は二区分説にこだわるのだろうか。一つには、マタイ、ヨハネ両福音書において、ペテロ告白がイエス活動の段階を大きく区分する出来事とみなされているからである。[13] もう一つには、そしてこれが基本的な理由なのだが、イエスをキリストと告白することがキリスト教信仰の根本である、と考える解釈者達が、従ってペテロ告白こそマルコ福音書の中心をなす出来事だと考えるからである。しかし、そのような意味でペテロ告白の物語が重要な物語かどうかは別として、――このことはあとで検討する――たとえ何らかの意味でこの物語は重要であっても、それはその前後でイエス活動の性格が変ってくる、という類の重要さではない。物語が重要かどうか、という判断と、それが二つの時期を分ける、という判断と混同してはならないのである。(14)

以上の考察からいって、マルコ福音書の叙述は、イエス活動の異った発展段階に従っていくつかの部分に分けられる、という説が成り立たないことは明らかとなった。ただこの説には非常に大きな長所が一つある。マルコ福音書を単なる神学的理念の表白と見ないで、イエス活動の具体的事実を叙述することを旨としている、とみている点である。その限りにおいて、この説はマルコ福音書のもっとも基本的な特色を認識している、と言わねばならない。まさに時間空間の場におけるイエスの具体的行動を語ることに重点を置いたからこそ、マルコは福音書を書いたのである。(15)その意味でマルコは実に多角的にイエスをえがいている。歴史の場における具体的な行動をえがこうとすれば多角的にならざるをえないからである。しかしこの多角性は異ったいくつかの発展段階に配置されるようなものではなく、総合的に一つのイエスの姿をえがき出していく性格のものである。

だから一・一―一三の序曲と一四章以下の終曲は別として（この両者は内容から言って始めと終りに置く以外に方法はない）、あとはどれが先でどれが後、というのではなく、イエスの姿をえがくのに、いろいろな面を多角的に叙述してゆこうと努力しているのがマルコ福音書なのである。これはちょうど、彫刻家が素材としての木をだんだん削って行くのに似ている。どこに先に鑿をあて、どの部分は何番目、というのではなく、あちらこちらから、何度も削り、しばらく他の個所を削ってからまたもとの場所にもどって鑿をあてたり、苦心惨憺して一つの作品を作り出すのに似ている。いろいろな方向と場所に、無数の削りあとをつくりながら、それらが全部まとまって、一つの完成した像をつくり出す。マルコの素材の並べ方がまさにこれなのである。歴史の場に具体的に生きた人物の血の通った姿をえがこうとすれば、ほかに仕方がないのかもしれない。そこには「きちんと順序だった」配列はない。しかしえがくべき像にあてる光の角度が増せば増すだけ、あてる光の回数が増せば増すだけ、その像の具体性は増すのである。――比喩的な言い方にこの程度にとどめるとして、マルコの物語の並べ方は、その時その時でいろいろ異った動機が作用しているのである。奇跡物語を一つ記すと、それにつられたように更にいくつかを附け加える（一・二一―四五、四・三五―五・四三）。奇跡物語と論争物語の両者の性格を兼ね備えた物語（二・一―一二）によって、奇跡物語集（一・二一―四五）と論争物語集（二・一―三・六）をつなぎ合わせる。譬話は譬話でまとめる（四・一―三四）。黙示文学的言辞もまた一個所にまとめる（一三・一―三七）。このように似たような主題のものを集める場合があるかと思うと、対照の手法によって一つの主張を浮き彫りにしようとする場合もある。イエスのまわりに集る群衆（三・七―一二）、十二弟子の選び（三・一三―一九）、イエスの親族と律法学者によるイエス批判（三・二〇―三五）などの場面を対照的に並べて、結局、イエスの周囲に居る民衆がイエスの真の家族である、という結論にもっていく仕方、或いはユダヤ人の清めの習慣を徹底して批判したあとで（七・一―二三）、イエスに対して素朴だが熱心な信頼を持つ異邦の女の物語を置く仕方（七・二四―三〇）、などがそうである。また、イエスが受難予告をすると、すぐそのあとでまるで裏腹に、弟子達の名誉心や独善にふくらんだ態度をえがくのも（九・三〇―三二対三三―三七、一〇・三二―三四対三五―四五）、意図的に仕組んだ対照であろう。また一つの物語の意味を他の物語によって解釈しようとする時に、両者を入り組ませてえがく場合もある。パンの奇跡（八・一―一〇）とその意義についての会話（八・一四―二一）の間に、天からの徴を求めるパリサイ人の話を挿入したり（八・一一―一三）、いちじくの木の枯れる物語の間に宮きよめの物語を挿入したり（一一・一二―二一）する場合がそうである。これに地理的な動機が附け加わる。エリコの物語（一〇・四六―五二）、エルサレム入城（一一・一―一一）などは、だいたいこの位置になければならない。或いは湖岸の物語の次に湖を舟で渡る物語をつなげたりする（六・三〇―五二）。もっと単純に、パンが何らかの意味で主題になっているものを次から次へと思い出して並べたり（六・三〇以下、七・一以下、七・二四以下、八・一以下）[16]、或いは神殿を舞台にした物語（一二・四一―四四）に神殿破壊の予言（一三・一―三）をつなげたりする。そして時には、それこそ箸休めとでもいった調子で、前後に無関係な物語が思い出したようにひょっこり出てくることもある。或いはまた、ところによっては二つ三つの物語がすでにマルコ以前にまとまった伝承をなしていたのを、その順序をそのまま採用した場合もあろう。[17]このようにマルコの物語の並べ方の基準は千差万別なのである。[18]そして見ようによってはおよそ無秩序とも思えるこの編集の仕方が、まさにマルコ福音書の特色をなすのである。イエスの本質について一つの理念を構成することではなく、ともかくも具体的なイエスの活動の記録を積み重ねることによってイエスを理解しようとするのがマルコの意図であるから。

以上を頭に置いた上で、マルコ福音書の構造について最近提出されているいくつかの特殊な仮説に簡単にふれておこう。[19]まずドッド説である。教会のもっとも早い時期から、使徒達の宣教説教にはイエス生涯の輪郭を短く述べる型が存在した。マルコ福音書はこの型の示す輪郭に素材をあてはめて構成されたものであって、一つ一つの素材は別としても、大筋はもっとも古い使徒達の宣教説教と一致する。従ってまた、これがイエス生涯の実際の大筋でもあっただろう、というのである。[20]この説にはいろいろな人が批判を加えていて、もはや成り立たないことは明白である。ここではくわしくこれらの人々の批判を紹介する必要もないだろう。[21]一、二決定的な点だけふれておくと、ドッドの言う「もっとも古い使徒説教の型」は実はルカ神学の表現であって、それほど古いものではない。[22]またドッドは、マルコ福音書の従った大筋は、物語部分をぬかして「まとめの句」をつなげていくことによって得られる、というが、まさにこの「まとめの句」(一・一五、三二―三四、三・七以下など)はマルコの編集上の作文であって、古い資料によっているのではない。それにそもそも、ドッドのいう大筋なるものがおよそマルコでは曖昧なのである。

もう一つは、マルコ福音書は教会教育の材料(Katechetik)として用いられた、という説である。ここではG・シレ(Schille)の説を中心にして考えてみよう。[23]マルコの構造は他にも見られる初期キリスト教の教えの課程と類似している。ヘブル書六・一―二、第一コリント一三、ディダケーなどの教えの材料とほぼ同じ仕方で配列されている。

すなわち、「新しい教え」を主題とした部分（三・六まで）、「信仰」（三・七―六・六）、「宣教と聖餐」（六・七―八・二六）、受難の予告などを含んだ「内規」（八・二七―一〇・三一）、キリスト教的「希望」（一〇・三二以下）という風に区分できる、という。確かにマルコ福音書は似たような主題の素材をまとめて編集しているから、その構造を考える場合には異った発展段階というのではなく、扱われている主題別に整理した方がよい。たとえば、八・三一―一〇・四五の部分では受難を主題としたものが多く集められていることはよく知られている。けれども、それは一つの傾向を表わすだけであって、マルコ福音書をすべてこのように主題別に目次づけしうると考えると無理になる。第一の「新しい教え」は一・二七の言葉に基いていて一応もっともだが、しかしマルコはむしろイエスの活動全体を新しい教えとして把握しているのであって、それが三・六までで終る、というのは根拠がない。第二の部分にしても、五・一―二〇の奇跡物語が特に「信仰」という題にあてはまらねばならない理由はないし、四・一―三四にある譬話も全部が全部「信仰」を主題としたものとして解釈するわけにはいかない。逆に他の部分で信仰を主題としたものはいくつもある（一一・二二―二五、二・一―一二、九・一四―二九その他）。従って言えることは、マルコは扱われた主題の似ているものを集める傾向がある、というだけで、かならずしもそれを編集方針として貫いている、というわけではない。ましてこれを教会教育の課程に従って並べられた材料である、という時、それはいささか狭く見すぎている。[24] もちろんマルコはその書きぶりから言って、キリスト教徒を主たる読者として想定していたことは確かであるし、従って、現在の教会内の諸問題を頭に置いていたことは当然考えられる。しかしそれを狭義の教会教育、すなわち、新しく信者になろうとする者に与えられる教え、と考えるとすれば、意味を限定しすぎるし、今日の組織だったヨーロッパの教会ならともかく、マルコの時代の教会においてそのような意味での教会教育が行われたかどうかは疑問である。それに、このような意味での教会教育の材料とは考えがたい素材もマルコが多く含んでいること（奇跡物語、洗礼物語など）は、シレ自身認めるところである。またマルコに多く含まれている内教会的な論争の調子はこれでは理解できない。そしてもっとも根本的には、これでは福音書という型の説明がつかない。イエスの具体的な活動を福音として記録する、という行為は、まずそれによって総合的なイエス理解を目ざしたものであり、この基本的なものを落しては、マルコを正しく把握することはできない。シレは、福音書には伝記的興味がない（ルカは別として）というそれ自体は正しい認識からいきなり飛躍して、だから教会教育の必要のために編集されたのだ、という結論に結びつける。しかし、狭い意味での伝記的興味がないということは、歴史的地理的限定の中でのイエスの具体的行動に興味がない、ということは示さない。イエスの言葉を無時間的に妥当する教えとして羅列したQ資料の如きものとしてではなく、イエスの具体的な活動の記録を残したところにマルコの意義がある。

三　キリスト論の主張？

前項において我々は、マルコ福音書の構造に関して、決して本文に積極的根拠がないにもかかわらず、ペテロ告白が福音書の中心であるかの如くにみなす解釈がいまだに非常に多いことを指摘した。そしてそこでも述べたように、イエスをキリストと告白することがキリスト教信仰の根本である、と解釈者が考えるところから、この物語が重視されるのである。そこで我々は、そのような意味でのキリスト論の主張が果してマルコの意図したことであるかどうかを次に問うてみねばならない。

キリスト論的な議論は、近代の教会においてだけでなく、また、キリスト教とギリシア哲学の出会いの結果、教義的にキリスト教を弁証することに熱心であった二世紀以後の古代教会の場合だけでなく、すでに原始教会の始めから盛んだったのである。たとえばローマ書一・三—四の伝える古いキリスト論的伝承がこのことをよく示す。「御子は肉によればダビデの子孫から生れ、聖なる霊によれば、死人からの復活により力ある神の子と定められた。すなわち我等の主イエス・キリストである。」[25]この文はパウロが形成したものではなく、それ以前の古いキリスト論的定式をひいている、ということは、今日ほぼ定説になっている。[26]イエスは神の「御子」であるのだが、その神の子が同時に「ダビデの子」である理由はなぜであるか、逆にまたそのダビデの子を神の子としている根拠は何か、そしてその神の子ダビデの子イエスは、「我等の主」でありかつ「キリスト」である、というこの定式は、パウロ以前の、おそらく最初期の教会からすでにキリスト論的反省がなされていたことを示すのである。しかも、この定式は実によく反省熟考されて、短い文の中に要領よくいくつかのキリスト論的称号が配置されている。従ってこの定式は、単に率直に当時の教会の信仰告白である、というだけにとどまらず、いろいろと議論され検討された結果の産物なのである。従って、教会はその発生の当初から、イエスが何であるのか、神の子か、キリスト＝メシヤか、ダビデの子か、主か、或いは同時にこれらのものを兼ねるのならその関係いかん、ということが熱心に論ぜられ、反省されていたのである。この種のキリスト論的伝承は、これ程はっきりした形をとらなくとも、新約のそここに散見する。

とすれば、マルコもまた初期キリスト教会の一員である限り、このようなキリスト論的関心を強くわけもち、それに従って、一つのキリスト論的主張をなすために福音書を書いた、と想像されるのもあながち無理ではない。しかし、このようなキリスト論的議論は、教会の発生以前、イエスの生前から、否むしろイエス以前からすでに盛んだったのである。ダビデの子、終の時の予言者、エリヤ、人の子、キリスト（＝メシヤ）、主、神の子、終の時の大祭司等々、いわゆるキリスト論的称号がこのことをよく示す。どの称号をとりあげても、イエス以前のユダヤ教において、或いはヘレニズム諸宗教の中に、長い複雑な過去をもった概念なのである。言いかえれば、一つ一つのキリスト論的称号がすでに既成概念として存在していたのである。従って、キリスト論的な思惟とは、すでに存在している概念をイエスにあてはめる操作にほかならない。もちろん、既成の概念以上に出て、或いはそれを互いに結合して、新しいキリスト論の理念を構成しようとする試みがなかったわけではない。しかしその場合も、既成概念から出発しているという事実は変らない。

マルコの受けた福音伝承にも、このようなキリスト論的概念と取組んだ結果形成されたものがある。その典型が八・二七―三〇のペテロ告白の物語なのである。洗礼者ヨハネの再来、エリヤ、予言者などといくつか考えられる終末論的立役者の概念をいろいろな人々がいろいろとイエスにあてはめてみる。ペテロも弟子を代表して答を一つ出す。「あなたはキリスト（＝メシヤ）です。」――さて誰の答が正しいでしょうか、という問題の出し方である。これは典型的に、既成概念の一つをイエスにあてはめる、という発想によっている。

ところで問題は、福音書記者マルコがこの事柄をどう理解したかという点にある。[27] おそらくこの伝承はエルサレムの原始教団の作製であって、イエスの生前の出来事ではない。しかしその問題はここでは問わない。いずれにせよ、原始教団内で頻繁にこの種の問答がなされていたことは、右のローマ書一・三―四が示す通りである。そしてマルコがこの伝承に対してどのように反応したかは、マタイの平行記事（一六・一三―一七）と比べてみるとよくわかる。マタイではペテロが「汝は生ける神の子キリストなり」と告白すると、イエスはその告白を祝福して、「バルヨナ・シモン、汝は幸ひなり。汝にこれを明せしは血肉にあらず、天にいます我が父なり」と言って問答を結ぶ。（マタイの方はここで文語文に訳出したようにおよそ典礼口調なのだ。）ところがマルコの方は、イエスの人格について誰にも語るな、という奇妙な命令、それも、「きびしく」命ずる句をもって文を終っている。どちらが古い伝承なのか。

いずれにせよマタイはマルコの文を知っていた。そしてマルコを資料として用いつつも、その結びがふさわしいものとは思えなかったので、そこだけ書きかえたのである。けれども物語の運びとしてはマタイの結びの方が自然である。どのキリスト論的称号を選びとるか、という問に対して、「正しく」答えたペテロが祝福されるのである。おそらくマタイはマルコのほかにも同じ物語の伝承を知っていて、結び（一七節以下）の部分だけそれによっているのか。[28] ともかくマルコの結びが不自然なことは衆目の一致するところである。ペテロの告白に対して、「私のことを語るな」という沈黙の命令をもってイエスは答えている。おそらくマルコは、元来の伝承では正しく答えたペテロを祝福するイエスの言葉で終っていた物語の最後の部分を削除して、その代りに沈黙の命令を持ちこんだのではないのか。いずれにせよ、三〇節がマルコの手による編集句であることは、今日まず反対する人はいない。これはいわゆるメシヤの秘密の動機の一つであるが、それをマルコはペテロ告白の物語とこれに続く第一の受難予告（八・三一以下）の間のつなぎとして用いているのである。ではなぜマルコは祝福の動機を避けて、沈黙の命令を持込んだのか。

この問に答えるためにいくつかの素材を並べてみよう。

まずマルコ六・一四―一六にこの物語によく似た伝承がある。これは注意をひく。――ある人はイエスのことを洗礼者ヨハネがよみがえったのだと言い、またエリヤだと言い、また「予言者の一人のような予言者だ」と言う。これらの噂を聞いたヘロデ・アンティパスは、自らの意見を述べて、「自分が首を切ったヨハネがよみがえった」と言う。――この部分を導入として、回顧的に、ヘロデ・アンティパスがヨハネの首を切らせるにいたった次第が物語られている。しかし元来この二つは別々の伝承である。このことは一六節と一七節の間のぎこちないつなぎ方、そして就中、マルコの通常用いる諸伝承の接合方法から知られる。

とするとどういうことなのか。キリスト論的称号を並べてそこから一つを選び出す、という型の伝承がマルコ以前から存在していた。これをマルコは二度用いて、一方ではヘロデ・アンティパスの行為を説明し、他方ではペテロを中心とする弟子達の行為を説明している、ということになる。この両者はどのような関係にあるのか。ヘロデがマルコでは否定的に扱われていることは、ヘロデ党が常にパリサイ人と並べられてイエスに対する謀議の張本人とされていること（三・六、一二・一三、また八・一五参照）からも知られる。ヘロデのイエスに関する判断は正しくないのである。とすると、ヘロデ「告白」とペテロ「告白」とを並べて記しているマルコの意図はどうなのか。ヘロデ案を拒けて、ペテロ案を正しいものとして推薦するところにマルコの意図があったのか。それとも、ペテロ告白は、とどのつまり、ヘロデと同種の議論をするものとして批判されているのか。

もう一つ面白い素材を提供するのは悪霊の物語である。マルコにはいくつかキリスト論的称号が出てくる。ところがその中の大部分は悪霊の発する言葉の中にある。カペナウムの会堂でイエスに出会った悪霊はイエスに「神の聖者よ」（一・二四）とよびかける。イエスを「神の子」とよぶのも悪霊である（三・一一）。レギオンと名のる悪霊もイエスを「いと高き神の子」とよぶ（五・七）。まことに、悪霊共は「イエスを知っていた」（一・三四）のである。——悪霊もまた超自然的世界に属する故に、イエスの超自然的な本質、すなわち神の子たること或いはメシヤ性を、超自然的知識によって知ったというのだろうか。そしてまさにその故に、イエスの超自然的本性が証明されるとでもいうのだろうか。低い世界、人間の無知の世界の上の方で、霊的存在なるイエスと悪霊の群とが互いに他を同じく超自然的力として認めあうのだろうか。——そうではない。そもそも悪霊を超自然的存在として、超自然的世界の秩序に属するものとして把握する如き宇宙論的思弁はマルコにはない。マルコだけではなく、悪霊が口にするようなことは、どのみちそれだけではたいして評価できない、と考えるのが自然であり、実際、ヤコブ書二・一九では、「汝は、神は唯一だと信ずる、という。だが悪鬼ですらそう信じておののいている」という文で、悪鬼ですら考える程度のことを信じたとて、どうということはない、とはっきり主張している。これが新約人の感覚であろう。

とするとどうなのか。事は簡単なのだ。マルコはキリスト論的称号をイエスにあてはめることに好意を持っていない。だから、それは悪霊やヘロデのなす行為なのだ、と批判の目を向ける。それだけでなく、「ダビデの子」という称号については、それを直接否定する伝承を伝えているし（一二・三五—四〇）、「よき師よ」という呼びかけすら拒否している（一〇・一七以下）。これはただ単に、「ダビデの子」「よき師」という名称がいけないというのではなく、少なくともマルコ全体の枠内では、このような発想に基くイエスの定義の仕方そのものが拒否されているのである。

さらにもう一度、今ここで問題にしているマルコ八・三〇の沈黙の命令の句を読み直していただきたい。「きびしく戒める」（ἐπιτιμάω）という動詞が用いてある。ところがまさにその動詞たるや、わめき叫ぶ悪霊に沈黙を命ずる場合に用いられる術語なのである。八・三〇の他にこの動詞は七回用いられているが、そのうち四回はこの意味であり（一・二五、三・一二、四・三九、九・二五）、他の二回は、ペテロがイエスに対して受難の覚悟をしないようにと「きびしく戒める」（八・三二）のに応じて、イエスもペテロのそのような態度を「きびしく戒め」て、そのペテロをサタンと呼んでいる。従ってマルコが「きびしく戒める」という動詞（むしろ「叱りつける」とでも訳すべきか）のもとに考えていることは明瞭である。そのようなことはしてはならない、ときびしく戒める、それも悪霊やサタンの行動に対して用いられるのがこの動詞である。

最後にもう一つ、同じ八・三〇の文章の中でしばしば見逃される句は「自分について」である。これは何を意味しているのか。この表現の意味については、従来解釈者達は無意識のうちにルカの解釈をマルコにも適用していた。今日編集史研究が発達してルカとマルコの大きな相違が知られるようになっても、なおこの表現に関する限り、両者の差を無視してしまう人が多い。しかし注意してみると、ルカはここのところをほんのわずか書きかえているだけなのだが、はじめの一歩の差はやがては踏み越えがたい差にひろがる。すなわちルカはこの句を「このことを誰にも言うなときびしく命じた」（九・二一）と書き直している。「自分について」が「このことを」になっただけである。しかしルカはほんの一句入れ換えることによって意味を大きく変えることにかけては天才である。「このことを」とあれば、「今ペテロがイエスをキリストと告白したことを」の意味になる。つまりこのようなメシヤ告白はもののわかる信者の間にとどめ置かるべき秘儀なのである。まさに「メシヤの秘密」なのだ。軽々しく他に知らすべきことではない。マルコ八・三〇もルカとの比較からそういう意味だと通常解釈される。がそれでは、「自分について」という表現はいささか奇妙である。「自分について語ってはならない」という表現は、右に述べたようなマルコ全体の方向を考えあわせれば、「イエスの人格について、キリスト論的称号をいろいろあてはめながら語ってはならない」という意味に

しかならない。ルカは秘儀を語る。マルコはキリスト論を斥ける。(29)

そこで我々は初期キリスト教の中に二つの異った流れを見出すことができる。エルサレム教団を中心とする主流では、イエスの人格をキリスト論的にどのように理解するかが思索の中心だった。そこからいろいろな教義が生れてくる。それに対してマルコはイエスを理解するのに既成の理念をもってすることを拒否した。これは、もっとも端的にはマルコに見られる態度であるが、マルコ一人だったとは思えない。やはりこのようなマルコの叙述をうながす一つの流れがあったと見るべきである。イエスを理解するのに固定化した既成概念によるまいとするならば、イエス自身の生きていた様子をそのままに叙述する以外には方法はなくなる。ここに史上はじめてイエス伝を執筆した、というマルコの歴史的意味があるのではないのだろうか。理論的にキリスト論を発展させたエルサレム教団の方向に対して、イエスの生涯そのものをえがこうとしていった、そこに福音書というジャンルが誕生する。もちろんマルコと言えども既成概念をまったく離れて作業することはできなかっただろう。しかし根本的意図としては、それを離れて、対象をして語らしめる、という精神を、貫こうとしている。このことは、マルコが福音書を書いたことの意味について、我々が他の面から検討してきたことと非常によく一致する。マルコはキリスト論的称号による議論よりも、生きたイエスを描こうとした。

とすると、マルコが福音書を書いた動機としては、それ以前のイエス理解の型に対するかなり意識的な対決があった、と言わねばならない。そしてまさにこのことは、単にペテロ告白の物語の処理の仕方だけでなく、福音書全篇を通じてマルコが意識的に示していることである。いわゆる弟子達の無理解の動機がこの批判的対決の現れなのだ。その意味でマルコ福音書は批判の書なのである。しかし、その点を詳述する前に、我々はもう少しキリスト論の問題を整理しておこう。というのは、以上の議論は八・二七―三〇の解釈を中心としたものであるが、その見地からマルコ全篇が説明がつくかどうかを考えねばならないし、特に、最近何人かの学者がマルコ福音書は特定のキリスト論を主張するために書かれたものだ、という見解を発表しているので、それを検討しておく必要がある。

マルコのキリスト論として最近主張されたものの中で代表的なものは、㈠ ヘレニズム・キリスト教のキリスト論、㈡ 第二イザヤの苦難の僕像の成就、㈢ 神の子キリスト論、の三つである。

第一のヘレニズム・キリスト教のキリスト論――という表現自体そもそも曖昧な仮説に基いているのだが――をマルコに見ようとするのは、ドイツの、特にR・ブルトマンに多かれ少なかれ影響された神学者の間に多い。[30] これは、マルコのキリスト論をピリピ二・五―一一のキリスト讃歌などに表現されているキリスト論と基本的には同じである、とみなすのであるが、しかし、両者を実際に読み比べてみれば、これを直ちに同一のイエス理解であるとはとても言えない。これについてはすでに方法論の項目で言及したから、ここでは多言を要さない。ピリピ二・五―一一で重要なキリスト先在の理念、キリストは本性において神と等しいという理念、復活後天に上げられたキリスト、そしてそのキリストに対する宇宙的な規模での礼拝、等々の要素はマルコにはおよそ出てこない。マルコは一から十まで、此世に生を受け、しかも成熟した大人として自己の鋭い主張をもって活動した人物としてのイエスを描くことに集中する。ピリピ二・五―一一では、キリストの地上の生はおのれを空しくすること（κένωσις）としてのみ把握され、従って、キリストの地上の生の意味は、その従順の極致としての十字架に吸収されている（七―八節）。マルコではそうではない。イエスの生前の活動はそれ自体で積極的な意義がある。[31]

むしろ、マルコのキリスト論をヘレニズム・キリスト教のキリスト論と見る見方の中では、ヘレニズム的θεῖος ἀνήρ（神の人）という理念がマルコの基調となっている、とするものの方が慎重な考慮に価する。つまり奇跡的力を賦与された特殊な超越的人物というヘレニズム的理念である。[32] マルコが奇跡物語を積極的に福音書に取入れている以上、奇跡行為者としてのイエスの把握がこの福音書でかなり中心的な位置をしめているのは事実なのだ。その限りではこの見方は正しい。けれども「神の人」という概念はキリスト論的概念というにはあまりに漠としているし、実際に、ヘレニズム文学の奇跡物語で奇跡行為者にこれが一種の称号として、もしくは本質規定として用いられる例はまず見当らない。それに、奇跡はヘレニズム的であって、パレスチナ的でない、というのも奇妙な図式化である。[33] むしろ奇跡物語の動機は、すでに論じたように、地方民間説話的なものと考えた方がよい。[34]

第二の、苦難の僕像をマルコの描くイエスに見出そうとするのは、C・マウラーによって代表される見解である。[35] 彼は、その論文の表題に見られるように、マルコ受難物語（一四―一六章）の分析から出発する。そして、受難物語ではイエスは苦難の僕の予言の成就としてえがかれている、という結論から、それをマルコ全篇にもひきのばしうると考える。しかしそれはまず方法論的に正しくない。受難物語にあてはまることがマルコ全篇にあてはまるとは限らないのである。事実、マルコ一―一三章には、第二イザヤの苦難の僕の歌を直接思い出させる句は一つもない。[36] マウラーが、たとえば、「洗礼物語と山上の変貌の物語の個々のどの要素も苦難の僕の歌に規定されている」と言う時に、実際にイザヤ書四二章五三章その他とマルコのこれらの物語を並べて読んでみれば、我々としてはその正反対の結論しか考えようはない。マウラーのこの種の議論は白を黒と言いくるめようとしている、と非難されても仕方があるまい。次に、彼の立論はマルコの旧約観という観点からも正しくない。マルコは旧約聖書とイエスの関係を決して予言と成就という関係では見ていないのである。[37] そして特に、彼の議論の中心になる受難物語についても、苦難の僕の像を暗示するような句はほとんどまったく見出せないのである。もしかすると一四・二四の「多くの人のため」はそうかもしれない（イザヤ五三・一二参照）。もしかすると一四・六一と一五・四―五のイエスの沈黙の動機もそうかもしれない（イザヤ五三・七）。しかしせいぜいそれだけであって、これとて、この上もなく遠まわしの暗示にしかすぎない。それに、これらの句がマルコの編集句でないことは火を見るよりも明らかである。そのほかには、たとえば、一四・二一「彼について（旧約聖書に）書かれてある通りに」とか、一四・四九「聖書は成就される」などの表現は――旧約聖書のどの言葉ともマルコは言っていないのだが――イザヤ書五三章のテクストを指し示す、とマウラーが言うのはあまりにもこじつけである。あれだけ部厚い旧約聖書に「書かれてある」と言えば、それはイザヤ書五三章だけをさす、などというのは、都営住宅の籤引程度の確率をあてにしたものでしかない。或いはバラバ物語（一五・六以下）も苦難の僕のテーマによっている、というに至っては我々としては、戸惑うばかりである。以上従って、自分が黙々と多くの国民の代りに一人苦難を耐え忍ぶことによって彼等に救いを与える、という苦難の僕像をマルコの基本主題とみなすわけにはいかない。

これらのシュライバーやマウラーの議論がマルコ以外のところに見出されるキリスト論を強引にマルコに押しつけるものであるとすれば、第三の神の子キリスト論はもっとテクストに密着しており、それだけに支持者も多い。我々はここでは、その中でももっともすぐれた議論を提供するPh・フィールハウアーのものを取上げよう。[38]

フィールハウアーはまず「キリスト」という称号はマルコのキリスト論において重要な位置をしめていない、ということを確認する（二〇一頁）。この確認は今日マルコのキリスト論を論ずる場合に必ず心にとめおくべきことである。次いで「人の子」も重要でないとして斥け、[39]結局「神の子」だけ残る。これは七回出てくるし（一・一一、三・一一、五・七、九・七、一三・三二、一四・六一、一五・三九）、しかも福音書全体にわたって平均して出てくるから、これがマルコのキリスト論の中核であろう、と判断する。このうち特に一・一一の洗礼物語と九・七の山上の変貌と一五・三九の百卒長の告白とが福音書記者の意見を積極的にあらわしている個所だ、という。この三個所に共通するのは、神の子を王たる者の称号とみなす考え方である。これを何か人間とは異った本性（Natur）をもった者、神的な本性を持った者、という意味にとるのは正しくない。[40]一・一一は明瞭に詩篇二・七をひいているのであって、これは王たる者の称号である。そして詩篇二・七と対応して、マルコのこの三つの個所は、イエスの王としての即位をえがいている。二・一一は神によって王に採用されること、九・七はそのことの人々に対する告知、一五・三九はこれを知った人間の喝采、という形でえがかれており、これはまさに古代オリエントの即位式の次第に合致する。そしてこの第三の点が十字架の場面に置かれていることは、十全な意味でイエスが神の子となるのは洗礼の時ではなく、十字架の時であって、結局この図式によってマルコは、イエスが十字架によって終末論的な王、宇宙の支配者となったのだ、ということを言おうとしている、というのである。

しかしこの解釈も欠点が多い。まず第一に、はっきりと神の子という表現が用いられているのは一五・三九を別とすると三・一一と五・七の二個所で悪霊の口にする言葉においてのみであり、悪霊が口にする限りマルコにとって大した意味は持ちえない、ということはすでに述べた。他の個所では神との関係で子という表現が用いられてはいるが、従って実質的には神の子ということが考えられてはいるが、しかし神の子というキリスト論的称号というよりはもう少し漠としている。第二に、三・一一で悪霊がこれを口にする場合の他は、特にフィールハウアーが重んずる三つの個所は、伝承の物語をそのままマルコが採用しているところであって、従って伝承の段階では神の子理念がかなり重要な位置をしめていた層があったのは確かであるが、しかしマルコがそれを編集句で強調していない以上、かならずしもマルコがそれを積極的に強調したとは言えないのである。第三に、そしてこれが基本的なことだが、このようにして三つの物語からフィールハウアーが抽象してきた王としての神の子の理念は、この三つの物語以外の個所にはあてはまらない、ということである。マルコのキリスト論という限り、マルコが一貫して主張しているものをそう呼ぶべきであって、任意に抽出された一つ二つの物語からだけ論ずべきではない。マルコは民衆の友としてイエスをえがいているのであって、王的支配者としてではない。また、十字架によって宇宙的支配者となった、ということを言いたいのなら、どうして十字架以前のイエスの生前の活動をあれだけ長く熱をこめて描く必要があったのか。マルコは生きていたイエスを描きたかったので、死によって宇宙の支配者となったイエスを描きたかったのではない。

以上要するに、これらのマルコのキリスト論の研究の試みは、何か特定のキリスト論的称号もしくはキリスト論的理念にあわせてマルコがイエスを描こうとしている、と前提するところに誤りがあるのであって、マルコはむしろそのような考え方そのものを批判しているのである。その意味ではマルコにキリスト論はない、と言ってよかろう。もっとも広義のキリスト論、つまり、イエスの生涯を全体としてどうとらえ、その意義をどこに見出していったかという意味でのキリスト論は当然マルコにもあるのであって、その意味で福音書全体を分析してみねばならない。(41)

註

1　R. H. Lightfoot, *The Gospel Message of St. Mark* はこの傾向のものではもっともすぐれている。V・テイラー、W・グルントマンなどの註解書は、はっきりそうとは断っていないが、このような輪郭をマルコに仮定しているのは明らかである。その他マルコにおける個別的な問題を扱った研究論文や、部分的にマルコに言及している著作などでは、著者自身はっきりそうと意識しないままに、この輪郭を前提している場合が多い。

2　この図がいかに広く行きわたり、いかに深く解釈者の心にしみこんでいたかは、日本語で紹介されているいくつかのイエス伝を見ればよくわかるだろう。いろいろな意味で伝統的キリスト教を批判したと言われるE・ルナンの『イエス伝』(邦訳岩波文庫)もこの限りではもっとも伝統的なイエス像を前提としている。十九世紀のイエス伝研究をあれほど見事に批判したA・シュヴァイツァーですらこの図から自由でなかったことは、*Das Messianitäts-und Leidensgeheimnis, eine Skizze des Lebens Jesu*, 3. Aufl. 1956, Tübingen（邦訳『イエス小伝』シュヴァイツァー著作集第八巻、一九五七年、白水社）を読めばわかる。

3　このような認識から、様式史研究の主導者はイエス像を多角的にえがこうとはしたが、伝記的構成をもってえがく試みは捨てたのである。その結実として、R・ブルトマン、『イエス』(邦訳一九六三年、未来社、原著一九二六年)、M・ディベリウス『イエス』(邦訳一九五四年、新教出版社、原著一九三九年)があげられる。彼等の著作がイエス「伝」と称さない理由もそこにある。イエス研究のこの方向は今日でもなお正しい。なお日本人の手になる『イエス』で小数のすぐれたものの一つである松村克己氏の著作（一九四八年、弘文堂）はこのような問題意識をよくふまえて書かれている。(但し、わずかながら古くさいイエス伝の図式が顔を出すところもある。たとえば一五〇頁註9。) 様式史研究以後の時代にあってなおもこの古い図式をイエス研究の基本として頑強に固執している例としては、T. W. Manson, *The Teaching of Jesus*.

4　この点を特に強調するのがW・グルントマンの註解書（一九六二年増補版）と、T. A. Burkill, *Mysterious Revelation, An*

Examination of the Philosophy of St. Mark's Gosepel, 1963 である。どちらもその著作年代が示しているように、福音書の編集史的研究がH・コンツェルマンやW・マルクスセンによって提唱されて以後のマルコ研究である。従って、マルコ福音書を福音書記者マルコの思想という観点から研究する、とどちらもはっきりと断っている。ところがその内容たるや、伝統的なイエス伝発展の図式をそのままマルコの思想に転嫁したにすぎない。新しい皮袋に古い酒を盛っているのである。

5　Eusebius, *H.E.*, Ⅲ 39, 16 にある引用。

6　マルコ福音書を五つ六つの小部分に分けて考える解釈者も、実際には基本的区分をまずペテロ告白の前後に置くことから始めるようである。たとえば、H. Riesenfeld, Tradition und Redakticn im Markusevangelium, *Neutestamentliche Studien für R. Bultmann, Beiheft zur ZNW* 21, Berlin, 1954, S. 157-164. 従ってここで便宜上二区分説と名づけるのは、マルコに二つの大きな部分しか認めない説というのではなく、マルコをいくつかの部分に分けるに際して、まずペテロ告白の前後に大きな区分を見る見方をすべてさす。

7　ここでは代表的な例として、この問題をややまとめて考察している左の著者の立論を参照する。M. Goguel, *Introduction au Nouveau Testament*, I. p. 285ss.;R. H. Lightfoot, op. cit.;H. Riesenfeld, op. cit.;A. Kuby, Zur Konzeption des Markus-Evangeliums, *ZNW* 49, 1958, S. 52-64. 我国の研究者では、小島潤「新約聖書マルコ伝研究序説」、東京女子大学『論集』一九五二年所載、が二区分説を強く主張する。また、山谷省吾『新約聖書神学』二一七頁によれば、「ペテロ告白はマルコにおける分水嶺」である。

8　二区分説に対して、すでに半世紀以上も前に、W. Wrede, *Das Messiasgeheimnis in den Evangelien*, 1901, S. 119 がマルコ本文の検討から、徹底して反論の余地がないまでに批判を加えている。我々の批判も本質的にはすでにヴレーデの指摘していることを繰返しているにすぎない。今日マルコ福音書の専門的研究を口にする者は、少なくとも、ヴレーデをていねいに読むことから出発すべきである。

9　M・ゴゲル、前掲書二八五頁以下。

10　H・リーゼンフェルト、前掲論文。

11　文法的には、四・二と六・三四の *πολλά* は直接目的補語である。F. Blass, *Grammatik des neutestamentlichen Griechisch*, bearbeitet von A. Debrunner, 10. Aufl., Göttingen, 1959, S. 102, 155, 1 参照。しかしこれは具体的内容は表わしていない。

12　これは特にR・H・ライトフット、前掲書三六頁以下が強調する。

13　マタイの平行記事では、ペテロ告白のあと最初の受難予告に話を続けるのに、「この時より」という語を挿入し（マタイ一六・二一）、ペテロ告白の後イエスが受難について教えはじめて、新しい段階にはいったことを示そうとしている。ヨハネ福音書ではペテロ告白に対する直接の平行記事はないが、これとよく似た記事（六・六六—六九）において、「この時より多くの群衆は後に去って行き、もはやイエスと共に歩まなかった」（六・六六）と記している。

14　この点、R. Bultmann, *Die Geschichte der synoptischen Tradition*, S. 375 はよく見ている。

15　その限りで、S. Schulz, Markus und das Urchristentum, *Studia Evangelica II, TuU* 87, 1963, S. 135-145 が、マルコ福音書の特色をQ資料、マタイ福音書、パウロ、ヨハネ福音書、トマス福音書などに比較して、「福音」をイエスの「歴史」（historia）と同一視するところに見出しているのは、まったく正しく、烱眼である。しかしそのイエスの歴史の把握をルカ福音書と同じ意味で「伝記、地理、時間的枠づけ」への傾向と把握しているのは正しくない。時間空間の枠内に生じた具体的歴史的出来事の叙述という広い意味で「伝記、地理、時間的枠づけ」というのなら正しいが、ルカ福音書と同列の意味で、すなわち、出来事の地理的時間的順番を重んじ、その順番に伝記的発展段階としての意味がある、と考えるとすれば正しくない。同様に、F. C. Grant, *The Gospels*, p. 34 が四福音書を一緒にひっくるめて、「パレスチナの外のギリシア語を話す異邦世界では、史的伝記的興味がもっとも強かった。そこで四福音書と使徒行伝が書かれた」などと言う時には、あまりに物ごとを単純に見すぎている。

16　その限りでは、L. Cerfaux が、六・三一—八・二六を「パンの部分」と名づけたのは正しい（La Section des pains, *Synoptische Studien, A. Wikenhauser zum 70. Geburtstag dargebracht*, 1953, p. 64-77）。しかしそれ以上に、これを他と区別された独特の意義を持った部分である、などと考えると無理がいく。

17　K. L. Schmidt, *Der Rahmen der Geschichte Jesu*, 及び C. H. Dodd, The Framework of the Gospel Narrative, *New Testament Studies*, Manchester, 1953, p. 1-11 は、マルコ以前の伝承ですでにつながっていた物語群を具体的にどこからどこまでと指摘しようと試みる。（ドッドの論文はシュミットを批判するつもりで書かれていながら、この点では共通する。）他の人々も同様な試みを時になす。しかし、可能性としてマルコがすでに伝承の段階でいくつかまとまっていた物語群をそのままの順で採用した、ということは大いにありえても、どの物語がそうなのか実際に根拠を上げて指摘するのは不可能である。たとえば、三・七—六・一三（ドッド）、四・三五—五・四三（シュミット、一五〇頁以下）など指摘されるが、およそ根拠薄弱である。またこのような物語群が伝承の段階で存在したとしても、受難物語は別として、決して長いものではなく、せいぜい二つ三つの物語の結合であっただろう。

18　A. Wikenhauser, *Einleitung in das Neue Testament*, S. 123 がマルコの構造について「地理的時間的内容的視点が互いに交錯している」と言っているのがこの意味であるとすれば、このカトリックの新約学者がマルコの構造をもっともよくとらえている、と言わねばならない。これとよく似た表現ではあるが、W. G. Kümmel, *Einleitung in das Neue Testament*, S. 49f. が、マルコには地理的図式とキリスト論的図式が錯綜している、という時には正しくない。この二つの図式が縦糸と横糸のようにして物語を織りなしている、というのではないのである。そこここにいろいろな動機が働いている。しかしどの動機も全体を通じる「図式」とはなっていない。

19　A. Farrer, *A Study in Mark*, Oxford, 1951 もその1つと言えるかもしれない。この本は1部の人達の間には有名だが、研究 (a study) というよりも、マルコに名を借りた1つの幻想的随想とでも呼ぶべき代物である。この種の「研究」を好むかどうかは趣味の問題である。いずれにせよ、我々は敢えてこれを参考文献の表に入れることはすまい。

J. Bowman の最近の研究 *The Gospel of Mark, the New Christian Passover Haggadah*, Leiden, 1965 はその表題の示すような特殊な仮説を提供している。マルコ福音書は「キリスト教の過越祭」に式文として朗読されるために編集されたのだ、と彼は言う。しかしこれは面白い思いつき、というにすぎないようだ。

20　註17にあげた論文、及び *Apostolic Preaching and its Development*, London, 1936（邦訳『使徒的宣教とその展開』、新教出版社）に展開されている。

21　もっともよくまとまった批判は、D. E Nineham, The Order of events in St. Mark's Gospel–an examination of Dr. Dodd's hypothesis, *Studies in the Gospels, Essays in Memory of R. H. Lightfoot*, 1957, p. 223-239 にみられる。また、E. Trocmé, *La Formation de l'Evangile selon Marc*, p. 23-25 参照。

22　この点については、重要な文献が多い。特に、U. Wilckens, Kerygma und Evangelium bei Lukas, *ZNW* 49, 1958, S. 223 ff.; ders., *Die Missionsreden der Apostelgeschichte*, Neukirchen, 1961; E. Schweizer, Zu den Reden der Apostelgeschichte, *ThZ* 13, 1957, S. 1ff.; C. F. Evans, The Kerygam, *JThS*, NS 7, 1956, p. 25-41; J. A. T. Robinson, The most primitive Christology of all? *JThS*, NS 7, 1956, p. 177-189 をあげておこう。

23　G. Schille, Bemerkungen zur Formgeschichte des Evangeliums, Rahmen und Aufbau des Markusevangeliums, *NTS* 4, 1957/58, p. 1-24. また E. Lohmeyer, *Das Evangelium des Markus* も部分的にこの説を採用している。

24　まして E・ローマイヤー、前掲書一二一頁以下、一六〇頁以下、のように、六・三〇―八・二六は聖餐式との関連において、八・二七―一〇・五二はイエス受難の意義と必然性を中心にして語られた教会教育的部分である、などと規定するのは狭すぎる。

25　この文のいくつかの前置詞をどう訳すかは難しいところだが、ここでは一応の訳をほどこしてみた。

26　R・ブルトマン『新約聖書神学』（邦訳）第一巻六四頁、また、O. Michel, *Der Brief an die Römer*, S. 30ff. 参照。この定説に対して、松木治三郎『ローマ人への手紙』一九六六年、が、賛成反対は別として、およそ言及していないのは註解書として正しくない。

27　それを問うのがまさに編集史の研究なのである。ペテロ告白の物語自体はあくまでもマルコ以前の伝承なのであって、そのままではマルコの見解ではない。マルコの見解は、この物語を彼がどう処理したか、というところに現れる。

28　O. Cullmann, *La Christologie du Nouveau Testament*, p. 243

29　この句の解釈については、我々はE・トロクメ教授から口頭で教えられている。また、以上の八・二七―三〇全体の解釈についても、教授から口頭で教わったこと、及びその著 *La Formation de l'Evangile selon Marc*, p. 97s. に素描されていることをさらに敷衍したものである。

30　代表的なものは、J. Schreiber, Die Christologie des Markus-evangeliums, Beobachtungen zur Theologie und Komposition des zweiten Evangeliums, *ZThK* 58, 1961, S. 154-183.

31　シュライバーによれば、マルコはこのようなヘレニズム的な救済者神話(Salvator salvandus)と同じくヘレニズム的な *θεῖος ἀνήρ* キリスト論とを結合したもので、後者が前者によって形成し直されている、という。このように、マルコは奇跡物語の「神の人」キリスト論を他のもっと神学的なキリスト論によって修正している、と見るのは近頃の一種の流行であって、たとえば、U. Lutz, Das Geheimnismotiv und die markinische Christologie, *ZNW* 56, 1965, S. 9-30 は、ヘレニズム的神の人の表象と、メシヤ的な材料を神学的に十字架によって意義づけるものと、この二つが並んでいて、前者は特に福音書前半で、後者は後半で強調されており、前者は後者によって補われている、という。どちらかといえばルッツの方がシュライバーよりも正しく見ている。特に、奇跡と十字架というマルコ福音書で実際に強調されている要素を中心にマルコのキリスト論を把握しようとする態度は、特定のメシヤ論的理念の操作から把握しようとするシュライバーの場合よりも、方法論的によほどすぐれている。しかしルッツの場合も、神学的意義を強調するのに急であって、マルコが歴史的出来事としてイエスを描こうとしている、という根本義を忘れている。

32 R. Bultmann, *Die Geschichte der synoptischen Tradition*, S. 256.

33 パレスチナにも奇跡物語はある。旧約聖書自体にいくつも見出されるし、ヨセフスは、ソロモン王の伝えた知識に従って奇跡を行うエレアザロスなる人物の物語（古代史八巻・二・五）などを伝えているし、ラビ文献にもいくつかの奇跡物語が知られており（vgl. P. Fiebig, *Jüdische Wundergeschichten des neutestamentlichen Zeitalters*, Tübingen, 1911; *Rabbinische Wundergeschichten des neutestamentlichen Zeitalters*, Tübingen, 1911）、クムラン文書でも、第四洞窟の「ナボニドの祈」は奇跡的治癒を伝えている（cf. J. T. Milik, 《Prière de Nabonide》 et autres écrits d'un cycle de Daniel, Fragments araméens de Qumrân 4, *RB* 63, 1956, p. 407–415; A. Dupont-Sommer, Exorcismes et guérisons dans les écrits de Qumrân, *Supplements to Vetus Testamentum* 7, 1959, p. 346–261）。なお、正統的ユダヤ教は奇跡に対してあまり好意的でなかったから、それでラビ文献やヨセフスにはあまり大量の奇跡物語が記されていないのであって、これだけでユダヤ民衆一般の傾向を判断することはできない。

34 この点については、拙著 *Miracles et Evangile, la pensée personnelle de l'évangeliste Marc*, p. 36ss. (p. 46ss. surtout) でくわしく論じた。

35 Ch. Maurer, Knecht Gottes und Sohn Gottes im Passionsbericht des Mk.-Evangeliums, *ZThK* 50, 1953, S. 1–38.

36 一〇・四五後半だけはイザヤ五三章を頭に置いて書かれている、という説をとる人が多い。たとえば最近では、F. Hahn, *Christologische Hoheitstitel*, S. 57ff. 伝承の段階については、この可能性を完全に否定しきることはできまい。しかし少なくともマルコの段階においては、そして可能性の大きさから言えば伝承の段階についても、このテクストとイザヤ五三章との直接の関係を見るのはどうしても無理のようである。これについては数多くの議論のあるところだが、結局、C. K. Barrett, The Background of Mark 10, 45, *New Testament Essays, Studies in Memory of T. W. Manson*, p. 1–18 の論旨がもっとも説得力に富む。

37 このことは、A. Suhl, *Die Funktion der alttestamentlichen Zitate und Anspielungen im Markusevangelium*, 1965 が実にていねいに論証している。たったこれだけのことを言うのに一冊の本を書くのも大げさだが、それだけに、微に入り細にうがって徹底して論じ切っている。

38 Ph. Vielhauer, Erwägungen zur Christologie des Markusevangeliums, *Aufsätze zum Neuen Testament*, S. 199–214.

39　フィールハウァーが神の子の方を人の子よりも重んずるのは理由がはっきりしない。回数から言えばマルコでは人の子の方が神の子よりも多く用いられている。二・一〇、二八以外は人の子の称号は八―一四章にしか出てこない、従ってマルコ全体を貫くキリスト論ではない、というが、この程度のことでは、特定の部分にだけ片寄って出てくる、とは言えない。また、人の子の称号と秘密の動機とが結合して出て来るところはない、というが、これはむしろ逆に、マルコは人の子の称号には他の称号の場合のように難色を示さなかった、と解すべきであろう。もちろん、人の子の称号の出てくるすべての場合は古い伝承の再録であって、それを編集句で強調しているわけではないから、その限りでは、マルコのキリスト論は人の子キリスト論である、ということはできない。しかし、諸キリスト論的称号の中で、人の子という称号をマルコはもっとも素直に受容れている、とは言えよう。その意味で、マルコのキリスト論を人の子を中心に論じている E. Best, *Temptation and Passion, the Markan Soteriology*, p. 162-165 は正しい。

40　F・ハーンはマルコの神の子をこのように解する、*Christologische Hoheitstitel*, S. 309ff.; 334ff. ハーンは、マルコはヘレニズム・キリスト教徒であるから、従って、イスラエル的王の理念を持っていたはずはなく、ヘレニズム思想的な「本性」(Natur) の区別という考え方から神の子という語を口にしたのだ、と論ずる。しかしこれではあまりに観念的図式にとらわれすぎている、と言わねばならない。

41　なお、マルコのキリスト論はかならずしも本書の中心的主題ではないので、ここではこれ以上くわしく論じない。くわしくは小田切信男博士献呈論文集『キリスト論の研究』(創文社) 所載 (二五―五〇頁) の拙論「マルコのキリスト論―それを問うことの意味」を参照されたい。

第二章　弟子達の無理解（批判の書）

一　問題設定

前項において、八・二七以下の物語に関連して、マルコは、イエスを理解するのに既成のメシヤ論的概念をあてはめるのは正しくない、と主張していることを示した。そしてこの物語は弟子達を代表したペテロのイエス理解の仕方の批判という形でえがかれていることから言っても、事実その当時このようなイエス理解の仕方が教会内にかなり有力であったからこそ、マルコはそれを批判したのであろう。これとの関連において、マルコ福音書では弟子達の無理解の要素が非常に多いのに気がつく。マルコは単に八・二七以下の物語だけではなく、福音書全般を通じて、その当時の教会において行われていた福音理解の仕方を弟子達の無理解という形で批判し、その批判を通じてもっと本質的な福音理解を提出しようとしているのではないだろうか。

弟子達の無理解の動機がマルコ福音書に顕著な動機であり、マルコの思想を知るためにこれが大きな手がかりとなることに最初に気づいたのはW・ヴレーデである。(1) これはヴレーデの大きな功績と言わねばならない。彼はこの動機を「メシヤの秘密」と結びつけて考えた。弟子達の無理解の内容もイエスのメシヤ性にかかわっているのであり、メシヤの秘密の動機と同じく、イエスのメシヤ性に関して復活の出来事が決定的な出来事であることを示している。すなわち、メシヤの秘密の動機は、イエスが復活後メシヤになったのだという信仰と、イエスはその生前からメシヤであったのだという信仰とを調和させようとするところから生れたのであり、弟子達の無理解の動機は、弟子達が復活信仰を持つことによってはじめてまったく新しいイエス理解に到達した、という事実を、従ってイエスの生前においては何も理解していなかったのだ、という形で表現したものである。それ以前の無理解の度が強ければ強いほど、復活体験と共に生じた変化もそれだけ強調してえがき出される。——結論だけ簡単に紹介すると、ヴレーデは以上のように説明している。弟子達の無理解の動機を福音書記者マルコの思想の表明と見なす点において我々はヴレーデと一致する。(2) しかし、これをメシアの秘密の動機と単純に軌を一にするものと考えるわけにはいかない。メシアの秘密の動機は、イエスが秘密を守ることを命ずる動機であって、かなり限定されたものであるが、弟子達の無理解の動機はもっと広いひろがりを持っている。メシヤの秘密の方は、悪霊に対する沈黙の命令にせよ、癒された病人に対する沈黙の命令にせよ、弟子達に沈黙を守れという場合にせよ、それぞれ福音書全体を通じてほんの三、四個所ずつ出てくるだけであるが、弟子達の無理解の方は、ほとんど福音書のすべての頁に出てくると言っても過言ではないのであり、その無理解の内容も多岐にわたっている。従って、この両者を切り離して別の問題として論ずる方が正しいと言わねばならない。(3) 弟子達の無理解の方は福音書を貫く基本的な問題点なのである。

弟子達の無理解の動機を単なる史的事実と解するわけにはいかない。(4) この動機が出てくる物語そのものの歴史性が疑われる場合が多いのは別としても、(5) この動機のほとんどが編集上の文章によって表現されているという事実からいって、これはマルコがつくり出した動機であると言ってさしつかえない。もちろん、伝承された物語の中に一つ二つ弟子達の無理解を伝えるものがあって、それを手がかりにしてマルコがこの動機を大きく発展させたのだ、ということは当然考えられるし、また実際の歴史的事実から言っても、弟子達がイエスをなんら誤解しなかった、などとは考えられない。イエスのような新しさをもった人物に接して、弟子達が戸惑い、理解できなかった、というのはむしろ当然である。これは歴史上の偉大な人物に関しては多かれ少なかれ知られている事実であって、イエスの場合にも異とするに足りない。そしてマルコが弟子達の無理解を語るのは、このように直弟子にすらなかなか理解されなかったイエスの偉大さを強調しよう、という意図があるのも確かである。[6] しかし、伝承資料においてほとんどまったく強調されていない弟子達の無理解の動機を、敢えてマルコが福音書編集の段階においてくどいほどに強調するからには、そこに特別の意図がある、と考えた方がよい。そしてこれがまた伝承資料と編集との区別に気がつかないヴレーデの説明の不満足な点である。彼は、弟子達がイエスの復活を体験したことによって、イエスの人格の本質、すなわちメシヤ性についてまったく新しい理解を持った、という事実を浮彫りにするために、逆の面、すなわちイエスの生前には理解できなかったのだ、ということを強調しているのだ、と説明する。とすると、弟子達の無理解の動機は弟子達自身の立場から語られていることになる。しかしそれならば、伝承を伝えた弟子達が自らその語る物語において自分達の無理解を強調したはずである。しかし事実は、この動機はマルコが編集の段階になってはじめて福音伝承の中に強調して持ちこんだのである。

　或いは弟子達の復活信仰によってはじめてイエスの「真」の理解が可能になった、という歴史的事実を表現するというよりも、むしろマルコ自身の思想として、イエスの真の理解は復活信仰によらねばならない、と言おうとしたのであろうか。ヴレーデの説明はこう理解すべきだろうか。[7] これならば、ともかくこの動機をマルコの思想として理解しようとしている、という点で真相に近い。けれどもこう説明するにしてもなお二つ難点が残る。第一に、もしもこのように復活信仰の重要さを語ることが目的だとすれば、なぜマルコはこれ程数多く弟子達の無理解に言及しながら、そのどの一つにおいても、復活信仰または復活の出来事と関連させていないのか、ということの理解がつかない。[8] もう一つは、これが弟子達の無理解の動機であって、他の誰の無理解でもない、ということである。一般的に復活信仰の重要さを語るためならば、一般的にイエスの生前の人々の無理解を語ればよかったはずで、殊更に、弟子達の、弟子達だけの無理解を強調する必要はなかったはずである。

　この動機の説明についても、やはり我々はマルコの立っている歴史的社会的場を考慮する必要がある。これは単に史的事実の思い出の客観的な記述であるとか、或いは純然たる神学理念の問題であるとか考えている限り、この動機をよく理解することはできない。むしろこれは、イエスの史的事実を自分の立っている歴史的社会的場において解釈しようとした場合にマルコがつくり出した動機なのである。マルコの歴史的社会的場とは、つまり、形成途上にある初期の教会である。その場において、一群のかなり影響力の強い人々のイエス理解及び福音理解を正しくないものとして批判しているのである。おそらくこの人々は、イエスの直弟子による正統の伝統を受け継ぐ者と自負していたのであろう。それをマルコは批判しつつ、イエスの具体的な活動のあとを福音書に記すことによって、自分のイエス理解を展開しようとしたのであろう。以下で我々は、マルコ福音書に弟子達の無理解の動機の出てくる個所を順に検討してみる。我々の歴史的社会的問題設定から、これらの個所は非常に明解に説明できるのである。またその際、これらの個所が福音書記者の編集の筆になる部分であること、無理解の内容は決してイエスの「メシヤ性」にあるのではなく、もっと多岐にわたっていることにあわせて注意する。なお、いわゆる「譬話論」（四・一〇―一三）と供食の奇跡の物語（六・三〇以下、八・一以下）はやや複雑な解釈上の問題を提供するから、項目を改めて論ずることにする。

二　本文の検討

一・三五―三九。この部分は伝承資料に多少きっかけを得ているのかもしれないが、(9) 現在の形の文章はほぼマルコの手になるものと考えてさしつかえない。伝承の物語と物語とをつなぐ一種の経過句だからである。シモン・ペテロとその仲間はイエスをカペナウムにとどめておこうとする。しかし、一個所にとどまっているのではなく、広くあちらこちらを歩きまわって宣教活動をするのがイエスの意図である。広く諸地方に宣教活動をする、というのはマルコの強調する動機である。

四・一〇―一三。譬話論（後述）

四・三五―四一。嵐を鎮める物語。舟でガリラヤ湖を渡っている時に嵐にあい、イエスが嵐を鎮める。この時の弟子達のあわてふためく様をイエスがたしなめ、「なぜ信仰がないのか」となじる。福音書記者はこの物語を書くことによって読者に、生けるイエスが共に居るのだから、全き信頼を持って安心しているべきだ、と語りかける。弟子達がこわがってあわてふためいているところで、イエスが平然と嵐を鎮めた、という物語の内容から言って、ここでは弟子達の無理解の動機は、すでに伝承の段階からあったものと言える。しかしこれは奇跡物語であって、かなり自由に人々の口から口へと伝えられたものであるから、それを文章として定着させる段階ではマルコの意見が相当程度強く出るはずである。いずれにせよ、民間伝承の段階では、驚き騒ぐ弟子達の様は、一つの場面描写という程度に語られていたのであって、「無理解」の動機が強調されていたとは思えない。少なくとも「なぜ信仰がないのか」（四〇節）という非難の句はマルコ的である。奇跡物語の連関において「信仰」を強調するのはマルコの傾向である。[10] 多くの名もない民衆がイエスの奇跡的な力に対して信頼しきっているのに（二・五、五・三四、七・二八―二九、九・二四、一〇・五二、また五・三六参照）、弟子達ばかりは持つべき「信仰」を持っていない。後に出てくるように、この「弟子達」は、伝統的なメシヤ論的称号のどれをイエスにあてはめるか議論したり（八・二七―三〇）、黙示文学的終末論の図式をもてあそんだり（九・一〇―一三）する人達である。マルコはおそらくここで、このような伝統的な宗教思想の概念ばかりもてあそんでいて、イエス自身に対して単純な信頼を持ちえない人々を暗に批判しているのであろう。

五・三一。長血の女の物語の中で。この動機はパンの奇跡（六・三〇―四四）における弟子達のえがき方とよく似ている。[11] 道を歩いて行くイエスのあとから大勢の群衆がついてくる。その中に病気の女も居て、イエスの衣のすそにさわる。すると「力」が伝わって癒される。イエスは自分の身体の中から「力」が出ていったのを知って、後をふりむき、群衆にむかって、誰がさわったのか、とたずねる。それに対して弟子達が、群衆がこんなに大勢押しせまっているのに、誰が自分にさわったか、などと言ってもわかるはずがない、と答える。しかしイエスは、まるで弟子達の言ったことなど耳にはいらなかった様子で、さわった人を見つけようとまわりを見まわす。すると病気を癒された女が進み出る。イエスが彼女の信仰を讃め、安らかに行け、と言葉をかける。——この場面で弟子達の発言はいわば宙に浮いてしまっている。イエスと病気の女との間に起りつつあることをおよそ理解せず、とんちんかんなことを言う。そこで物語は彼等を置き去りにして、イエスとイエスに全き信頼を寄せる女との間ですすめられていく。弟子達の調子はずれなこの発言は、もともと伝承にあったものか、マルコがつけ足したものか、確かに決定することはできない。しかし、パンの奇跡の場面の同様な弟子達のえがき方、この物語が奇跡物語であって福音書記者がかなり自由に筆をふるえるものであること、弟子達の発言が物語の本筋と無関係なことからいって、福音書記者が物語につけたした動機である、と考えた方がよい。福音書記者はここで、イエスと民衆の間の仲介者たらんとしてかえってイエスを理解していない弟子達と、民衆の一人である名もなく貧しい病気の女とを対照させている。特定の弟子達の仲介によって(12)イエスとのかかわりをもちうる、というのではなく、イエスに信頼を持つ者は誰でもイエスと直接のかかわりを持ちうる、というのである。

六・三〇—四四、五千人の供食（後述）。

六・四七—五二、湖の上を歩くイエス。四・三五—四一と同種の物語に、同種の動機が置かれている。五二節の「彼等はパンのことを悟らず、心が頑なになっていた」という結びの文は、明らかにその前にある五千人の供食の物語をふりかえっている。従って、これは明瞭に編集句である。パンの奇跡の意義を理解しない弟子達は、イエスに信頼することなく、いたずらに嵐を恐れるのみであった、というのである。

七・一七—二三。清めについての論争のあとで、この論争を締めくくるイエスの言葉、「人間の外からはいってくるものが人間を汚すことはない。人間の中から出てくるものが人間を汚すのである」（七・一五）という宣言を弟子達は理解せず、いったいどういう意味なのか、とたずねる。イエスは、「あなたがたもまたこのようにものが解らないのか」と憤慨する。この「もまた」は意味深長である。伝統的宗教性の立場から、祭儀的な清め、汚れの意義づけを主張するパリサイ人、律法学者と議論して、イエスは、そのような祭儀的な汚れの規定など無意味であって、本質的なことは人間の倫理的行動である、と主張する。そのイエスの主張を「弟子達もまた」理解しない。この問題に関する限り、弟子達はパリサイ人、律法学者と同列であって、福音による新しい人間の生き方を把握していない。つまりマルコがここで批判しているのは、イエスの正統的な弟子であると称しながら、古い宗教性の殻の中に閉じこもっている人達である。——この場面は、しばしば解釈されるように[13]、弟子達にだけ特に秘儀的教えが与えられる、などというのとは違う。一五節のイエスの言葉はあまりに明瞭である。にもかかわらず弟子達はそれを理解しないから、イエスがもう一度同じ趣旨のことを解説し直すのである[14]。なお、一七節は明らかに編集上の句である。七・一—一五で一応物語が終っているのに、一七節以下を補遺として附けるのにマルコがつくり出した文である。

八・一—一〇、一四—二一、四千人の供食とその意義について（後述）。

八・三二—三三。イエスが受難の意志を表明したのに対して、ペテロが反対する[15]。ここではペテロの態度だけが問題なのではなく、ペテロは弟子達を代表して発言しているだけである。このことは、ペテロを「サタンよ、退け」と言って叱りつけるのに、「イエスはふりむき弟子達の方を向いた」と記されている文からもわかる。実はイエスはこの叱責の言葉をペテロだけに言っているのではなく、弟子達に対して言っているのである。これもまたマルコの手になる編集句である。無理解の内容はイエスの受難である。しかしマルコはイエスの死を神学的贖罪論的に意義づけてはいない[16]。イエスの受難とイエスに従う者の受難とを対応させて考えている。イエスに従う者は、殉教の死をも恐れずイエスと同じ道を歩むべきなのだ。このことは、すぐこれに続く文（八・三四—三八）がよく示している。マルコの倫理は殉教者の倫理なのである[17]。そして「弟子達」はこの殉教の道を歩もうとしない[18]。

九・一〇。イエスが人の子の復活に言及したのに対して、弟子達は死人からの復活とは何であるかを理解しない。[19] これも、山上の変貌の物語を次の会話部分につなげる文章だから、マルコによる編集句である。この個所が弟子達の無理解と復活とを関係づけている唯一の個所である。しかし、復活体験によって真の理解が得られる、ということが言われているのではなく、そもそも「弟子達」は復活の何たるかを理解しない。これは相当痛烈な皮肉だと言わねばならない。サドカイ派のように復活を否定する小数の者は別として、この時代のユダヤ人一般には、復活信仰は受けいれられていた。だから弟子達がそもそも復活とは何なのか、と自問自答することなどは実際には考えられないことなのである。マルコがここで何を批判しようとしているかは、次に続く文（一一―一三節）によってわかる。弟子達は復活を黙示文学的終末論的図式に従って考える。復活というからには、その前にエリヤ再臨があるはずなのだが、と。それに対するイエスの答の部分は文章が混乱していてはっきりしない。[20] しかしいずれにせよ、マルコはここで、黙示文学的図式によって復活信仰を位置づけようとする試みを批判しているのであろう。

九・一四―二九、癲癇の息子の癒し。この物語の構造は複雑である。[21] 群衆ははじめからその場面に居るのに（九・一五）、物語の中途になると今まで群衆は居なかったことになっており、そこではじめて駈けよって来る（九・二五）。その他はじめの部分は物語の構成が不均一である。おそらく、二つの物語を結合したのか、或いはいろいろ異った動機を盛りこもうとしたためこうなったのであろう。けれども福音書記者が編集上附け加えた文は明瞭である。二八―二九節の短い問答は、物語が一応完結したあとにつけられたもので、編集句である。ここではマルコは、自分の時代のキリスト教徒に対して、どのようにして悪霊祓いを行うか、という実践例を示そうとしている。「この類は祈りによる以外に追出す方法はない。」そしてこれは、弟子達は悪霊を追出せなかった（一八節）という記述に結びつく。無能な弟子達は、イエスが悪霊を追出したあとで、そっとその方法をたずねるのである。これと一四―一五節の導入句が対応する。弟子達は律法学者と議論を繰返している。民衆のために病気の癒しだの何だのなすべきことが沢山あるのに、弟子達は律法学者と無益な論争をしている。[22] これはおそらくまた、マルコの当時のユダヤ人教会の状態でもあったに相違ない。

九・三二、第二の受難予告に対して。これも明らかに編集句である。

九・三三―三七。十二弟子が互いに誰が一番偉いかと論じあっていたのに対して、イエスは、むしろ仕える者となれ、とさとす。この場面はどこまで編集者の手になるものかわからない。少なくとも三五節の言葉と三六、三七節の言葉とは伝承に由来する、しかし三五節と三六、三七節とはすでに伝承において結合していたものか、マルコが結合したのかわからない。おそらく後者だろう。三三、三四節の弟子達の議論について語る状況設定の句はマルコによるのか、伝承からか。これは編集上の枠である可能性が強いが、そうだと確言するための証拠はない。しかしいずれにせよ、この伝承と第二の受難予告とを並べたのは編集者の操作である。そうすることによって、マルコは両者の意義をあい補いあうものとみなしている。つまりイエスの受難は仕える人としての生き方を貫くものである（一〇・四五）。だから弟子達もまた仕える人とならねばならない。弟子達がイエスの受難予告を理解しない、という前節の言葉と、誰が一番偉いかと論じあうこの場面とは、同じ無理解の表現である。[23]

九・三八―四二、よそ者の奇跡行為者。これはマルコ福音書において使徒ヨハネが単独で登場する唯一の個所である。この事実から言ってここには伝承資料がある、と断定することができるだろうか。[24] むしろこれだけの事実からは、これが伝承資料であるともないとも断定できない、と言うべきである。ただ一つ、単なる偶然とは思えないことは、マルコは三つの受難予告のあとで三人のもっとも重要な弟子の名をあげて、それぞれ批判していることである。第一の予告に続いて、ペテロの名があげられ批判される（八・三二―三三）。第二はヨハネである（九・三八）。第三の時は、ヤコブがヨハネと共にあげられて批判されている（一〇・三五）。このそれぞれは伝承資料によっているのかもしれない。特に、第三のゼベダイの子等は明らかに伝承資料に由来する。しかしこの三人の名を器用に三つの受難予告のあとに

一〇・一〇。離婚についてのイエスの言葉を理解しないでその意味を聞き直す。七・一七の場合とそっくりの場面である。内容上もよく似ている。ユダヤ教の習慣を人間の本質に立って批判しようとしたイエスの言葉を弟子達は理解しないで聞き直す。イエスの言葉の意味は明瞭である。本来人間は離婚すべきものではない。だからたとえ聞き直されても同じ意味のことを繰返すだけである。しかし弟子達は自分達の慣習の前提に立つ限り、この言葉を理解しない。

一〇・一三—一六、幼な子。「よそ者の奇跡行為者」と同じ趣旨のもの。人々がイエスにさわってもらうために子供を連れて来る。ところが弟子達はこれを妨げる。イエスは弟子達に対して腹を立て、「子供を私のところに来させなさい」と言う。ここにも大衆と区別されようとする弟子達と、大衆の中に立とうとするイエスとの対照がえがかれる。

一〇・二三—二七、富める者との会話のあとで。イエスは、駱駝が針の穴を通るよりも富める者が神の国にはいる方が難しい、という言葉で弟子達を当惑させる。しかも同じ言葉が二度繰返され（二三、二五節）、弟子達は二度とも当惑を表明する。この部分の構造は複雑である。多くの解釈者が異った説明を提供しているが、[31]いずれにせよ、二三—二七節には伝承と編集とが複雑に入り組んでいる。N・ヴァルターが言うように、二四節前半まではもともと富める者の物語についていたのであろう。富める者が立去った後、イエスは、富を持つ者が神の国にはいるのは難しい、と言い、弟子達がこれに驚きを表明する。ここで一応物語が区切られていたのであろう。ところがこのあと二三節から二七節にかけて物の言い方が微妙に変化している。すなわち、物語の終りの句である二三節では、富を持つ者が神の国にはいることの難しさが語られているが、二五節では駱駝の比喩でもってこれを極端に強調するほかに、富める者についてだけでなく、一般的に神の国にはいることは難しい、と言われる。[32]従って二六節の弟子達の驚きは、二四節の場合と違って、富める者の問題ではなく、「救い」の問題一般に向けられている。それを受けて二七節では、救いは人間の行為ではなく神の行為である、とイエスが答える。従って二七節のこの句は、富める者の救いは神の行為である、と言っているのではなく、救いそのものを人間の行為としてつくり出すことは不可能である、という発言である。人間的条件によって救いを規定することは絶対に不可能であると共に、神の側からの救いという意味では誰に対しても分けへだてなく与えられる容易なことである。とすると、二三節から二七節まで少しずつ微妙な変化を経ながら、二三節と二七節とでは根本的に違うことが言われている。二三節では富める者の物語の結論として、富の放棄が神の国にはいる条件と考えられているのだが、二七節では救いに関してそのような条件づけをすることが拒否されている。このように文章の意味が微妙に推移していく場合、どの文のどの単語までが伝承でどこから先が編集上の加筆である、などと機械的にきめるわけにはいかない。しかし出発点の二三節が伝承を前提としており、マルコがそれを解釈する結果としてたどりついたのが二七節である、ということは確かに言えよう。二三―二七節は伝承の句を用いながら、それを解釈していった結果生じた不統一な文章である、と判断することができよう。

とすると、ここに出てくる弟子達の驚きの動機そのものは伝承から受けた動機かもしれないし、そもそもこれが元来弟子達の無理解を表現しているのかどうかも疑問である。けれどもこの部分では、伝えられた伝承を再解釈することによって、福音書記者が一種の批判的態度を表現していることはいなめない。実際、使徒行伝の伝えるところによれば、エルサレム原始教団においては貧乏は一つの徳であり、富める者の救いは難しいと考えられていた。この教団では、「皆すべてものを一緒に共有した。財産を売り払ってこれをそれぞれの必要に従って皆にわけた」（行伝二・四四―四五）[33]。従って、この物語でイエスが富める者に要求したとされていることは、実は、エルサレム原始教団においては誰にでも要求されていたことである。このような状態がどの程度の期間全体として続いたかは疑問であるが、しかし、財産をすべて放棄して教団の生活に献身する者が特にすぐれた信者としてほめそやされていたことは想像に難くない。マルコはかならずしもこのような態度を否定してはいない。しかしこのような特殊な行為による以外には救いは難しく、逆にかなり行為的に貧困の理想を追求する者が確かに神の国にはいりうる、という考え方を修正したかったのであろう。それは絶対的な価値ではない。救いの条件となるような絶対的な価値は人間の行為としてはありえない。[34]

一〇・三五―四五、ゼベダイの子等の要求。第三の受難予告のすぐ後に置かれている。これは第二の受難予告の後の記事（九・三三―三七）の場合とまったく同じに解釈できる。物語そのものは伝承より採用されたと考えられる。しかしこの物語をこの位置において、イエスの受難の理解と関係づけたのはマルコの作業である。

一三・一―二、エルサレム神殿について。弟子の一人が神殿の壮麗さに感歎すると、イエスは逆に神殿破壊を予言する。イエスの神殿破壊の予言はいろいろと異った形で伝承されており（マルコだけでもこのほかに一四・五八、一五・二九、またこれらのマタイ、ルカにおける平行記事、さらにヨハネ二・一九―二一。また使徒行伝七・一四参照）、その伝承の経路は非常に複雑なものが想像される。[35] しかしいずれにせよ、これと神殿を讃美する弟子の言葉とを対照させたのはマルコである。エルサレム教会の信者達が神殿礼拝を続けていたのは事実である。使徒行伝のはじめの部分がこれをよく示す。それに対してマルコは徹底した神殿礼拝の批判者である。[36]

まとめよう。弟子達の無理解の動機をもって、マルコはエルサレム教会を中心とした傾向を批判している。彼等はイエスに従うと言いながら、なおかつユダヤ教の律法理解にとどまろうとし（清め、離婚問題）、神殿礼拝に固執し、イエスの人格を理解するのに既成の黙示文学的図式をもってし（ペテロ告白、復活とエリヤ待望）、そのような範疇での律法学者との議論を好む（九・一四）。しかも彼等は弟子たることの権威に安んじ、その権威に従わない者（よその奇跡行為者）、一般大衆（子供の例）などを排除しようとする。イエス受難の意義を理解しようとせず（受難予告）、自らイエスのあとをふんで十字架を負って歩もうとせず、かえって偉い者たろうとする。民衆とイエスの仲介者たらんとしながら、実はイエスと民衆の親しい接触の外に立ち（長血の女、パンの奇跡）、民衆の必要とする病気の癒しなど具体的な活動を行おうとしない（癲癇の息子）。イエスの周囲に素朴に集ってくる民衆は、イエスと共に居る時に深い信頼感を持っているのに、彼等にはその素朴な信頼感がない（嵐の物語）。以上を総合すると、どうしてもエルサレム教会を中心とした傾向を批判しているとしか考えられない[37]。ガリラヤとエルサレムの地理的図式でエルサレムに対する批判的態度を示したマルコは、その批判の具体的内容を弟子達の無理解という形で指摘しているのである。マルコがガリラヤを中心に福音書を編集し、民衆のイエスに対する親近性を強調し、奇跡物語を積極的に集め、などしたのはすべて、この閉鎖的権威主義的教会のあり方を批判し、もっと開放的な積極性を主張したところから生れた方向にほかならない。この点をマルコの弟子概念を通じてもう少し検討する必要があるのだが、その前に、無理解の動機に関して非常に重要な二つの記事を分析しておこう。

三　譬話論（四・一〇―一三）

種まきの譬（四・一―九）のあと、弟子達はイエスに譬（複数）の意味をたずねる。――イエスの話のあと弟子達がよく理解できなかったので意味を聞き直す、という形式自体すでに弟子達の無理解の動機である。――それに対してイエスは、神の国の秘儀はあなた方には与えられているが、「かの外の者達」には与えられていない、と言う。そして、「彼等は眺めることは眺めるが見ず、聞くことは聞くが理解しない……」という有名なイザヤ六・九―一〇の句が引用される。

このいわゆる譬話論はマルコ福音書の中でももっとも多く論じられる個所の一つである。イエス自身の教えの基本的な性格という観点から[38]、初期教会においてこの個所が伝承される際の解釈の歴史という観点から[39]、そして特にマルコの思想という観点から様々に論じられている。我々はここでは伝承の段階の意味を問題にしない。マルコがこの言葉をどう解釈したか、ということに論点を制限する。ところで解釈者の大部分は、四・一〇―一二の言葉、特に一二節のイザヤ書の引用は福音書記者の独自の考えを示すものである、と判断している。[40] 通常「譬話」と訳される παραβολή の語（及びその複数形）、そして一二節の引用文の頭につけられた通常「ために」と訳される ἵνα の語をどう解釈するかに従って生ずる意味あいの相違は別として、この文にマルコの思想を見出だそうとする解釈者のほとんどは、この言葉は相手によって異るイエスの態度を示そうとするものだ、という。秘義的教えは弟子達に与えられるが、一般民衆には教えの真意は譬話の中にかくされてしまうというのである。[41] けれども福音書記者が実際に言いたいのは果してこういうことであろうか。最近の編集史研究の進歩によって、この古典的解釈はもう少し考え直されてしかるべきではなかろうか。一〇―一二節をそのまま福音書記者の思想の表現であると規定するのは、方法論的にやや単純すぎるのではないか。少なくともア・プリオリには、民衆一般に対して常に好意を示している福音書記者がこのようなことを自ら考えついたとは思えない。実際、ここでは「民衆」は問題になってはいない、ということを最初に確認しておくべきである。「かの外の者達」が民衆一般をさすとは言えないからである。

　この点でヴレーデのメシヤの秘密論は一つの長所を持っている。これは聴衆の区分けよりも、イエスの教えの性格の理解の方に重点を置く解釈である。ヴレーデによれば、譬話論はメシヤの秘密の動機一般と同じ意味を持っている。すなわち福音書記者は、イエスのメシヤ性は慎重にかくされねばならなかったのだ、と考えている、というのである。[42] この説明は、譬話論はイエスを囲んでいた民衆の実際の態度を批判しているものではない、ということに気がついている点で長所がある。けれどもこの説明に対しては、ここではイエスのメシヤ性の啓示はおよそ問題になっていない、ということが反論になる。マルコ本文では「神の国の秘義」と書いてあるのであって、よほどもってまわった解釈を試みない限り、これを「イエスのメシヤ性の秘義」と言い変えることはできない。[43]

　我々はまず、四・一〇―一二は福音書記者の手によるものではなく、伝承資料の再録である、ということの確認からはじめよう。[44] 一〇―一一節はほんの短い文なのに、他にはマルコの用いない表現が多いことに気がつく。[45]「自分達だけに（なった時）」(κατὰ μόνας——マルコは通常この意味では κατ' ἰδίαν を用いる、四・三四、六・三一、三二、七・三三、九・二、二八、一三・三)、「秘義」(μυστήριον)、「外の者」(οἱ ἔξω) がそうである。「十二人と共にイエスのもとに居る者達」(οἱ περὶ αὐτὸν σὺν τοῖς δώδεκα) という変った表現が何を意味するかは別としても、[46] これもまたマルコではここにしか出てこない表現である。次に一二節のイザヤ六・九―一〇の引用についても同じことが言える。これはヘブル語のマソラ本文ともギリシア語の七十人訳ともかなり相違しており、むしろアラム語の自由訳タルグムに近い。[47] マルコは通常旧約を引用する時には七十人訳によっているから、[48] この部分の変った引用の形はマルコ以前の伝承であると考えて差支えない。従って一〇―一二節はマルコ以前の伝承と考えられる。[49] 独立の断片伝承であったのか、それとも種まきの譬（四・一―九）もしくはその説明（四・一四―二〇）に附けられて伝承されたものであるのか、その点は決定できない。[50] いずれにせよ、一〇―一二節そのものは、マルコ以前及びマルコと同時代の教会の考え方を示したものであって、ここにマルコの個人的な考えが出ているとは言えない。マルコの編集活動は、種まきの譬（四・一―九）にこの譬の解釈としてヘレニズム的傾向を持つ人々の間に伝えられていた伝承（四・一四―二〇）[51] を結合し、その間に譬話論を置いた結合の仕方に見られるべきである。とするとマルコは譬話論を、譬話一般についての議論としてよりも、種まきの譬と関連させて考えていたことになる。一つの、もしくは一連の物語を割って、その間に別の伝承を挿入し、それによって両者を相互解釈する手法は、マルコのしばしば採用するものだからである。

　このような伝承の結合の仕方に重きを置いてマルコの意図を知ろうとする時、まず目につくのが一二節と一三節の間の考え方の相違である。この点がこの難解な個所を理解する鍵を我々に与えてくれる。[52] 一一節で弟子達にだけ神の国の秘義を知る特権が与えられている、と言い、一二節の引用文で「外の人々」の心が頑なになっている、と批判されたあとでは、次に続く文では理の当然として、「外の人々」に対する警告か非難の言葉が語られ、それと対照に、弟子達に神の国の秘義がいかによく与えられているかが述べられることが期待される。事実、新約聖書でイザヤ六・九一一〇が引用もしくは言及される場合はすべてそうである。ヨハネ一二・四〇ではユダヤ人民衆一般の不信仰を示すものとしてこの句が引用されている。そして実例として、信じても告白しない「多くの役人達」があげられ、「神の栄光よりも人の栄光を好んだ」と非難されている使徒行伝二八・二六、二七では、この句が七十人訳に従って長く引用され、使徒行伝全体の結びをなしている。そしてこれはユダヤ人にむけられた言葉とされ、この引用文のあとに、「神のこの救いは異邦人におくられた、ということを知るがよい」とユダヤ人を断罪する言葉が続いている。ロマ書一一・八は、イザヤ六・九―一〇の引用というよりはむしろ申命記二九・三に近いが、同様の趣旨の言及である。ここではこれはイスラエルの選びからはずされた残りの者に向けられ、そしてこの旧約の言及のあとに、「彼等の罪過に異邦人の救いがある」と続けている。ところがマルコのこの個所だけは、このような論理の続きを無視して、イザヤ六・九―一〇の引用のあとに、いきなり弟子達の無理解をなじる言葉を置いているのである。「そしてイエスは言う。君達はこの譬話を理解しない。どうしてそれですべての譬話を理解することができようか」(一三節)。新約の他のすべての個所でこの文はユダヤ人の不信仰をなじるのに用いられているのに、マルコに限ってその論理を中断し、矛先を弟子達に向け直しているのである。この奇妙な話の続き具合はどう理解すべきだろうか。

ここで「外の者達」という表現に注目してみよう。この表現を説明するのに、しばしば旧約外典やラビ文献の例が引かれる。(53)これらのユダヤ教文献では、「外の者達」は異邦人もしくはユダヤ人の中の不敬虔な者をさすのに用いられている。しかし新約ではこの表現のキリスト教的用例を見出すことができる。これはマルコ四・一一以外はパウロ書簡及び第二パウロ書簡にのみ見出される表現であって(第一コリント五・一二、コロサイ四・五、第一テサロニケ四・一二)、これらの個所では、教会外の人々、非キリスト教徒、教会の目から見た「異教徒」が意味されている。(54)これはマルコ四・一一の伝承に用いられているという事実から言って、パウロの個人的な表現とは考えられず、おそらく、ラビ的ユダヤ教の「異邦人」をさす用語をパレスチナの教会が受けついで、キリスト教的な意味に変えて用いたのであろう。マルコ四・一〇―一二のアラム語的性格から言っても、この伝承はパレスチナの教会、おそらくエルサレム教会のごく初期に成立し、この教会に属さない者を外の者と呼び、神が彼等の心を頑なにしたので彼等はキリスト教に改宗しないのだ、という意味で語られていたのであろう。イエスの譬話がその語られた具体的状況を失って理解し難くなってきた時に、教会の人々はこれに難解な隠喩的解釈を秘義としてほどこし、その閉鎖主義的心性によって、「外の者達」は心頑なになっているから、この秘義がわからないのである、となじったのであろう。

ところがマルコはこの伝統的な言い方を福音書に持ちこみながら、一三節の弟子達に対する非難をつけ加えることによって、その矛先を転じたのである。これによってマルコの目ざしている批判は明白である。あなた方権威ある教会の人達は自分達だけが神の国の秘義を持っており、「外の者達」は心頑なで何事も理解しない、という。だがそのあなた方自身どうなのか。「あなた方はこの譬話を理解していない。ましてそれですべての譬話がわかるだろうか。」イザヤの言葉の非難が向けられるのは、むしろあなた方自身に対してではないか。あなた方はイエスをよく知っている、と言う。イエスの直弟子である、と言う。イエスを直接見、直接聞いたと。だがあなた方こそ眺めることは眺めたが見ず、聞くことは聞いたが理解しなかった……。一三節は明らかに編集句である。イエスの話の意味を弟子達が理解しない。そこでイエスが弟子達の無理解をなじり、もう一度同じ趣旨のことを説明し直す、というのは、すでに見たように、マルコが弟子達の無理解の動機を導入するのに好んで用いる構成である。一〇―一二節の伝承の句を一三節の編集の句によってこの個所に定着させたのがマルコの作業だとすれば、我々はこの個所をこのように解釈せざるをえないのである。

この構成によって、一四―二〇節の種まきの譬の解釈をマルコがどのように意義づけていたかも理解できる。一四―二〇節の部分もマルコ以前から伝えられていた伝承であろうが、この構成の中に置かれることによって、弟子達が種まきの譬を理解しないので、それに対してこの譬の正しい理解はこうなのだ、という説明となっていることになる。

そして、このような構成の中に置かれると、一四―二〇節はまさに一三節による一〇―一二節の批判と基本的には同じ意味を示していることがわかる。「御言葉」を聞いた、というだけでは駄目なのだ。それを聞いて喜んで発奮した、という程度でも無益である。よい地にまかれた種のように、三十倍百倍に実を結ばせるのでなければ正しい聞き方とは言えない。――これはまた、マルコが単にイエスをメシヤとして告白するとか、イエスの受難を教義的に意義づけるとかいうのでなく、その信仰を現在の生活の場において生かさねばならない、と主張する（受難＝仕える者の道、病人の癒しの強調等々）のと軌を一にする。

我々の解釈は四・一―二〇を七・一四―二三の構成と比べることによってさらに強化できる。断片伝承の一つ一つは別として、それをつなぎあわせて一つの構成をつくりあげるのは編集作業であるから、しばしば指摘される四章と七章の構成の類似(55)は、福音書記者の意図的なものである、と言えよう。㈠　イエスが *παραβολή* を語る（七・一四―一五、四・一―九）。㈡　次いで弟子達がその説明を求める（七・一七、四・一〇）。㈢　イエスは彼等の無理解をなじる（七・一八、四・一三）。㈣　そしてもう一度今語ったことをわかりやすく解説する（七・一九以下、四・一四以下）。この類似した構成において、四・一〇―一二だけは七章に直接対応する部分を持っていないことがわかる。しかしこれは㈡と㈢の間にあることからいって、弟子達の無理解の動機に補助的につけられたものと考えられよう。従って、四・一〇―一三は「外の者達」に向けられた批判を、マルコが矛先を変えて「弟子達」に向け直したものである、という我々の解釈は確かめられるのである。

これはまた、我々がすでに検討してきた弟子達の無理解の動機一般と同じ方向の批判である。すなわち権威主義的教会の閉鎖性の批判である。マルコはここではやや皮肉に操作している。自分の批判しようとしている人々の言葉をそのまま採用して、御本人にあてはめてしまう。このようなマルコの編集の仕方から言って、ここのところの文章を一つの「場面」として理解するのは正しくない。一つの舞台の上で連続して行われる場面としてみれば、イエスは、ともかくも、弟子達にこそ神の国の秘義が与えられており、他の者の心は閉ざされている、と発言しているのだから、この個所を弟子達の無理解の動機を中心に解釈することはできない、そのような動機が出ているとしても、それは副次的なものにすぎないのではないか、などという反論も出てこよう。しかしこのような反論は、伝承と編集の関係を理解していない。ここのところの文章を連続した舞台の上で行われる一つの場面としてみる、というのがそもそも無理なのである。四・一―二で、イエスは群衆に譬話をもって教えはじめる。一〇節で群衆は舞台を去り、場面はイエスと弟子達だけになる。しかし二一、二四節の「彼等」は誰なのか。これも弟子達なのか。意味の上からはこの「彼等」はもっと広くとった方がよい。いずれにせよ、イエスは再び群衆のところに来た、などとどこにも書いてないにもかかわらず、譬話の終りの方は、いつのまにか群衆にむけて語られていたことになっている（四・三三―三四、また三六節参照）。このように、一つの連続した舞台と考えると、マルコの叙述はどうしても矛盾がある。マルコは、劇作家の脚本のように、筋書の統一性を頭に置いて書いているのではない。四・一一のイエスの言葉と、四・一三のイエスの発言との間の矛盾も同じことである。従って解釈する者は、全体を一つの場面として平面的に総合してしまうのではなく、伝承と編集との間の立体的な関係とそこから生ずるあやに目をつけねばならないのである。マルコが一二節のイザヤ六・九―一〇の引用を矛先を変えて「弟子達」の批判に用いていることは、同じ言葉をもう一度マルコが用いている八・一八によっても知られよう。こちらの方は、文章としてはイザヤ六・九―一〇よりもエレミヤ五・二一やイザヤ一二・二に近い。「汝等は目があっても見ず、耳があっても聞かない。」しかしこのようにしばしば用いられる句は、旧約聖書のどの文の引用というのではなく、一般に用いられる旧約的な表現、といった方が正しいだろう。いずれにせよ、マルコはここでは端的に、この上もなく明瞭に、目があっても見ず耳があっても聞かないのは弟子達である、と言い切っている。

我々の解釈に対して、四・三四を持ち出して反論を加える者があろう。――もっとも、四・一〇―一二をどう解釈しようと、これと四・三三―三四との関係を説明するのは容易なことではない。――四・三四もまた編集句である。そして四・三四は四・一〇―一二で言っていることをもう一度福音書記者の言葉で言い直しているようである。イエスは人々には譬話によってしか語らなかったが、「自分の弟子達には自分達だけになった時に、すべてを説き明した。」だから、四・三四に着目する限り、四・一〇―一二においても、弟子達に秘義が与えられている、ということを強調するのがマルコの意図だった、ということになる。果してそうだろうか。四・三四が編集句である、という事実には反対すべき理由はない。しかし、この前後の編集句に着目するとすれば、四・一―二も、三三節も、三四節とまったく同じ資格で編集句なのである。三三節は一―二節と対応して、この譬話集に枠づけを行った編集者の文なのである。[56]とすると、しばしば言われるように、三三節と三四節の間には考え方の矛盾がある、というのは正しいだろうか。[57]イエスは湖水に舟を浮かべ、湖岸に居る群衆に譬話をもって教えた(一・二節)。これはおなじみの風景で、マルコがしばしばえがく、群衆が喜んでイエスの教えを受けた、という場面の一つである。このような群衆をイエスの真の家族と呼んでいる限り(三・三四)、マルコはこの群衆が心頑なで、「決して悔い改めてゆるされることはない」(四・一二)などと考えてもいなかっただろう。三三節は一―二節を受ける。イエスはこのように多くの譬をもって彼等に話をした。それは、「彼等が聞くことができるに従って」である。つまり、彼等の理解力に応じて語られた。とするとこれは、理解力のない群衆を嘲ってしりぞけるのではなく、むしろ逆に、彼等の理解力の小さいのをいたわって、なるべくわかりやすい言葉で、譬などを用いて教えさとした、ということなのである。マルコは「弟子達」を批判するあまりに、現実を無視して、民衆こそ鋭い理解力があった、などと言おうとしているのではない。民衆は難しいことはわからない、ということは百も承知なのである。ただその民衆に接する態度として、彼等は理解力がないから滅ぶべき世上の民である、などときめつける「弟子達」を批判するのである。民衆にもその理解力に従って正しい教えを説かねばならない。三三節をこのように解すれば、三四節との間にそれ程大きな矛盾がないことがわかろう。三四節は二様に解しうる。七章との対比から言えば、イエスの明瞭な言葉を弟子達が理解しないから、イエスは弟子達には「すべてを説明する」必要がある。だから「自分達だけになった時に、イエスは自分の弟子達にすべてを説明した」という文は、決して、弟子達にだけは特別の秘義が明される、という意味にとる必要はない。明白なイエスの発言を弟子達が理解しないから、イエスはわざわざ弟子達に何度も同じことを解説せねばならないのである。第二の解釈は――こちらの方が文章の感じからいって可能性が強いが――ここでは二段階の教えについて語られている、とみるものである[58]。民衆にはその理解力に従って、譬話などでやさしく話される。しかしイエスの教えの微妙に深いところはやはりそれだけではつくせないのであって、これは弟子に話され、弟子たるものはそこまで把握していなければならない、というのである。

もっとも、この二段階の教えをルカが意味しているような教えの内容の差、と考えるのは正しくない。ルカ福音書では一二・四一のペテロの質問に示されているように、民衆一般に話されるべき譬話と弟子達だけに話される譬話と区別されている。これは教えの内容による区別である。内側に居る者に対する教育的な教えと、外の者に対する警告の言葉の違いである[59]。しかしマルコはこのような区別をしていない。民衆に与えられる教えも、弟子達に特に解説される教えも、本質的には同じ教えなのである。これを、民衆には一般的な教えしか与えられないが、弟子達には秘義、すなわちイエスのメシヤ性が示される、などと解釈するのはおよそ見当はずれである。実際、弟子達だけに与えられる解説の内容は様々であって、七・一七以下では清めの問題について、九・二七以下では悪霊祓いの方法について、一〇・二三以下では神の国にはいることについて、一三・三以下では黙示文学的教えが語られる。この四章でも、弟子達に特に解説されるのは、種まきの譬の意義である。このように多様な内容にわたっていながら、「メシヤ性」については特に記されていない。――マルコは、後世の解釈者のようにイエスのメシヤ性にやたらにこだわったりしないのだ。――そしてこれらの主題は、マルコ福音書では、民衆にも同じく語られているものである。ただ弟子達はその教えの微妙な深みを把握して然るべきであり、その把握の深みに立ちながら、それをやさしく言い直して民衆に語るべきなのである。難しいことがわからないからとて民衆をつき放し、自分達だけ特別な選ばれた者である、などと誇るべきではない。このように解釈すれば、四・一一—一二、一〇—一三、三三、三四などの一連の編集上の操作が無理なく理解できよう。

従ってマルコは、「弟子達」がイエスの教えを特別に受けた、という恵まれた立場に居ることを否定しようとはしていない。彼等はやはりイエスの直弟子なのである。だからこそマルコは、エルサレム教会を中心に伝えられていたイエスの教えの口伝伝承を数多く採用して福音書を書いているのである。「弟子達」を批判するからといって、マルコは別の宗派をつくろうとしているのではない。弟子達が伝えているイエスの言葉をマルコもまた受けついでいるのだ。またマルコは、イエスの教えが誰にでも気安く「ああ、わかったわかった」と言える程度のものである、などと幻想をいだいているのでもない。これが生きることを本質的に方向づける一大事である、ということをマルコはこの上もなく真剣に悟っている。だからこそマルコは弟子達に与えられた特別の教えを尊重する。ただその弟子達すら、この教えの伝承を知ってはいても形式的に保存しているだけで、その本質に食いこんで理解していない、ということがマルコには気になるのである。そしてまたその弟子達が、この特別な伝承を保存している、という理由で権威主義に走るのをマルコとしては批判せずにいられないのである。(60)

四　供食の物語

五千人の供食（六・三〇—四四）と四千人の供食（八・一—一〇）の二つの物語もまた弟子達の無理解の動機との関連において解釈すべきである。このことは、マルコが他の個所でこの物語をふり返って言及する場合には、かならず弟子達の無理解を示した出来事として扱っていることからも知られる（六・五二、八・一九―二一）。従ってマルコがこの物語に与えている意味は、この角度から解釈するのが正しいのである。この物語を、ユダヤ人と異邦人の問題に結びつけて解釈するのが正しくないことはすでにふれた。また、六・三〇―三四の導入句の部分はすでにくわしく分析したからここではふれない。

この物語は最近しばしば、旧約の出来事との類似対応（ティポロジィ）[61]として説明されている。出エジプトの際のモーセの姿と対応している、というのである。[62]羊飼の比喩、群衆を百人、五十人ずつに分かつ、などの物語の要素がこれを示す。「緑の草」（三九節）も羊飼の比喩と関連する。モーセがその民をエジプトから導きのぼったように、イエスも羊飼としてその民を導き教える。百人、五十人ずつに群衆を分けて坐らせた、という記述は、出エジプト記一八・一三―二七を思い出させる。ここでは、モーセは非常にいそがしかったので、イスラエルの民を、千人、百人、五十人、十人の組に分け、有能な人物を選んで各組内の問題を処理させた、と語られている。イエスもそのように、自分の民を五十人、百人ずつの組に分け、弟子達がこれらの組の代表者となってイエスとの間をとりもつのである。つまりここでは、古い契約の時の出エジプトに対して、新しい契約における新しい民の選びの物語がある、[63]というのである。

けれどもこのような類型論的解釈が成立するには二つの条件が満たされねばならない。いずれにせよこの物語では、これが類型論であるとはっきりと指摘されて書かれているわけではないのだから、もしそのようなものがあるとしても、一種の暗示にしかすぎない。一種の暗示にしかすぎないものが当時の読者に理解されるとすれば、モーセ・メシヤ類型論は当時の人々の常識になっていた、と前提されねばならない。第二に、このような前提が一般にあったとしても、マルコがそれを基本的に採用していた、ということがさらに証明されねばならない。ところが、このどちらの点も、実は証明されえないのである。第一のモーセ・メシヤ類型論の存在については、J・イェレミアスの努力にもかかわらず、新約時代にこれが一般化していたということは証明されない。(64)唯一のものはラビ・アキバの言葉で、「メシヤの時は幾日続くか」という問に対して、「イスラエルが沙漠で四十年過ごしたように、メシヤもその民を四十年沙漠に引きまわすであろう」と答えている。しかしこれだけでモーセ・メシヤ類型論が一般にひろまっていたと考えることはできない。単に沙漠の四十年ということが一つの類比として言われているだけだからである。ただし、一般にひろまっていた動機として、沙漠の動機は終末論的なものである。終末の時にメシヤは民を沙漠に導く、或いは終末の時に神の民は沙漠に出て行く、という動機であり、これは「沙漠」が実際の荒野と解されようと、(65)比喩的に解されようと、(66)かなり一般にひろまっていたものと考えねばならない。従ってここには広義の類型論はある。けれどもこの場合は、メシヤがモーセを型どっている、として一つの類似対応が指摘されるのではなく、沙漠（荒野）への脱出が終末論的動機として用いられている、というだけのことである。

第二の前提も否定される。狭義の類型論が成立するためには、二つの異った時代（アイオーン）——それも宇宙論的もしくは終末論的に考えられたアイオーン——の対立、という考え方が基本になければならない。古い世の時と新しい救いの時、とか、創造の時と終末の時、といった類の時間的二元論である。新しい時は古い時の否定的反復である。この意味で新約のキリストは旧約の出来事を繰返す。と同時に新しい時は古い時の否定である。この意味で、旧約の出来事は型にしかすぎないが、新約の出来事はその否定的成就である。このような時間的二元論の図式があってこそ、神学的類型論が成立する。(67)キリストがモーセの事蹟を繰返す、という類型論もこのような二元論の図式を前提としなければありえない。ローマ書五章のアダム類型論やヨハネ伝四章の生命のパンとしてのキリストと沙漠のマナの類似対応は、パウロやヨハネの思想にこのような時間的二元論の図式が強く基本にあるからこそ成立する。ところがマルコにはこの種の時間的二元論は片鱗も見せないのである。マルコは歴史的な出来事として現実に起ったイエスの出来事に目をうばわれている、このように思弁的な宇宙論的時間論を持ちこんでものを考える余裕はないのである。

この故に、マルコがはっきりと指摘しているならともかく、そうでもないのに一々わずかの言葉のひっかかりからモーセの出来事との対応を考えるわけにはいかない。(68)

この物語そのものの描写も、特に類型論的解釈を支持するものではない。「羊飼のない羊の如く」(三四節)という表現は旧約のあちらこちらに沢山出てくるのであって、新約にも数回あり、単に旧約的表現という以上には出ない。荒野の動機も、マルコはここでは異った意味に用いている。(69)(もっとも伝承の段階においては、福音書のいくつかの物語で、荒野の動機が終末論的意味あいを強く持っていることは否めない。)五十人百人という表現にしたところで、特別な表現とは言えず、当時のユダヤ人が大勢の人間を組分けする場合にそうした、というにすぎない。(70)従って我々は類似対応による解釈をここで採用するわけにはいかない。

そもそもこのような解釈は物語の要素を任意に抽出して解釈するのであって、どの要素を強調するかは解釈者の気儘に流れがちである。もう少し総合的に伝承と編集の関係を分析して、その上で、伝承においてどのような意味が強調されており、福音書記者が編集に際してそれをどのように位置づけたのかが検討されねばならない。そのためにまず簡単に資料の問題から考察してみよう。(71)

六・三〇—四四の物語はマタイ一四・一三—二一とルカ九・一〇—一七とに平行記事がある。マタイもルカもマルコをもとにして書き直している。従って、それぞれマルコの文章とよく似ており、一語一語一致する部分もかなりある。しかしよく注意してみると、マルコに対してマタイとルカとだけが一致する文章も少しある。いわゆる「小一致」(minor agreements)の現象である。もしもマタイとルカがそれぞれマルコのみを資料として互いに独立に書いているのならば、なぜこの両者がマルコに反して一致するような場合があるのか。多くの場合これはマルコの下手な文章を直していく際の偶然の一致とみなされる。実際その程度に「小さな一致」にしかすぎないからである。しかしこの物語の場合、小一致は無視できない程度に沢山ある。

㈠　マルコが単に「大勢」もしくは「彼等」と書いているところを、マタイとルカは「群衆」（ὄχλος）と書く。しかもこれが一致して三個所に現れる（マタイ一四・一三＝ルカ九・一一、マタイ一四・一五＝ルカ九・一二、マタイ一四・一九＝ルカ九・一六）。

㈡　マタイ一四・一三とルカ九・一一はマルコに対して一致して οἱ ὄχλοι ἠκολούθησαν αὐτῷ（群衆は彼に従って行った）と書く。

㈢　マルコ六・三四の「羊飼の居ない羊のように」という句を両者とも省略している。

㈣　マルコ六・三四はイエスが群衆を教えたことのみ記しているが、マタイ、ルカは教えと共に病人の治癒を伝える。

㈤　ルカ九・一二はマルコ六・三六の「あたりの部落や村々に」を「あたりの村々や部落に」と変える。このような語順の変化はそれ自体としては無意味である。ところがマタイの方は単に「あたりの村々に」となっている。ルカはマタイ（と同じ伝承）と一致して「あたりの村々」と書いてから、マルコ資料を考慮して「部落に」を附け足したのではないのか。

㈥　もっとも重要な点は、イエスと弟子達の会話の運びがマタイとルカは一致してマルコと相違していることである。これについては後述する。

㈦　最後の「パンくずの余り」（τὸ περισσεῦον τῶν κλασμάτων マタイ一四・二〇、τὸ περισσεῦσαν κλασμάτων ルカ九・一七）という表現もマタイとルカでほぼ一致し、マルコとは異る。

以上の七つの点は、マタイ、ルカの両者がマルコ以外に他の共通資料を用いていることを暗示する。一つ二つならともかく、一つの物語に七つもこのような一致点がある限り、そう考えざるをえない[72]。便宜上我々はこのマタイ、ルカの共通資料をQと名づける[73]。マタイとルカはこの物語を記す際に、マルコを主たる資料として用い、Qを補助資料としたことになる。[74]マルコの伝承以外にもパンの奇跡の伝承が伝えられていた、という事実は、ルカ九・一〇におけるベッサイダという地名の用い方からも推論できる。この記述は、ルカがマルコ以外にもこの物語を知っていた、ということを示唆する。[75]さらにまた、マルコ自身この物語の伝承を二つ知っていた（六・三〇—四四、八・一—一〇）という事実が我々の仮説を補助的に支持する。マルコだけでもこの伝承を二つ知っていたとすれば、他にも細部の異った伝承が伝えられていたとしても不思議はない。（もしヨハネが共観福音書を知らなかったとすれば、ヨハネ六・一—一四もまた別の伝承の存在を示す。）この物語は聖餐との関連からかなり重要視されていたことは間違いなく、従って、いろいろな形で広く伝えられていたものと考えられる。ちなみに、Ｑの伝承はマルコ六・三〇—四四よりも八・一—一〇の方に近い。右にあげた㈠㈢㈦の点はマルコ八・一—一〇にもみられるからである。[76]

以上の資料についての予備的考察をもとにして、マルコがこの物語をどのように解釈していたかを考えてみよう。Ｑ資料に対してマルコがもっとも異るのはイエスと弟子との会話の部分である。長さだけからいってもマルコの方がこの会話の部分はずっと長い。特にマタイの場合はこの会話部分を必要最小限度に縮めてしまって、なるべく早く物語の頂点であるパンをさきくばるイエスの荘重な行為の叙述へと急ごうとしているように思える。おそらくこの点においてマタイはＱに近いのだろう。そしてこの結果物語の焦点は奇跡物語というよりも、儀式的なイエスのパン裂きの行為に置かれている。ヴェルハウゼンがマルコのこの物語について評した言葉は、むしろマタイの方にあてはまる。「パンを食べた人数を別にすれば、これは奇跡物語ではない。[77]」つまりこれは教会の典礼の雰囲気であり、教会の儀式においてとり行うことを「歴史化」して物語っているのである。聖餐式の雛型がここにある。マルコの物語の世界はこれと違う。イエスと弟子との会話の運びによって、奇跡を行うイエスの姿が強調されている。この部分を、マルコの強調点に注目しながら、我々の筆で敷衍してみよう。

荒野でイエスが群衆を教えていたが、もう時が遅くなったので、群衆を解散させて、自分達と近所の村落で食物を求めて食事をさせるとよい、と弟子達が提案する。それに対してイエスは、弟子達が彼等を食べさせるように、と命ずる。Qの方では、これに答えて弟子達が、「私達はパン五つと魚二尾しか持っていません」という。つまり弟子達が食糧の用意をしてきているのを期待してイエスが弟子達に命じたのに、弟子達はそれだけの準備をしていなかった、ということなのだ。しかしパン五つと魚二尾だけでもある、ということに触発されたように、イエスは、それをよこしなさい、と言って、これだけの食物で多くの人々を満腹させる奇跡を行う。マルコの叙述は異る。イエスの命令に対して弟子達は、「私達が行って二百デナリものパンを買い、彼等に食べさせるのですか」と抗議する。自分達が彼等に食べさせることなどとてもありえない、というのである。これに対して、イエスは弟子達に持っているパンを数えさせる。そこで数えてみて、弟子達ははじめてパンを五つ持っていた、ということを発見する。Qの方ではパン五つしかないということを弟子達がイエスに注進するのだが、マルコでは、イエスの方は自分ではじめから知っていたかのように（ὑπάγετε ἴδετε という言葉の調子に注意）、弟子達にそれを数えさせる。そして、はじめから予定していたように、群衆を草の上に坐らせて、パンをとって彼等に満腹するほど食べさせる。イエスと弟子との会話は、超越的な力をもって何事でもなしうるイエスが、はじめから奇跡行為を見通してものを言うのと、「此世的」常識にたち、群衆の世話などに無関心な弟子達の思惑とが、いわば異った次元にあるもののように食い違う。会話がかわされればされるだけ、行われようとしている奇跡におよそ気がつかない弟子達の愚さと、超越的見通しをもった奇跡行為者イエスとが対照させられていく。これはいわばヨハネ的な雰囲気なのである。[78]

以上の特徴を注意すれば、この物語は「パンについてのイエスと弟子との会話」と名づけることもできよう。[79] ここでは群衆の前でイエスが奇跡的力を顕示する、ということが主眼ではない。登場人物は（主体的行動をとるのは）イエスと弟子達であり、パンも荒野もそして群衆も、場面を構成する道具立なのだ。群衆がイエスをどこまで理解したか、ということが問題なのではなく、イエスの群衆に対する行為を弟子達がどこまで理解したかが問題なのだ。マタイの叙述でも、これとは別の意味で、弟子達の役割が重視されている。弟子達はイエスと群衆の間をとりもつ仲介者としてえがかれている。(80) 彼等にはいわば典礼的な権威が附与されている。これに対してマルコはむしろ、「典礼的にすぐれた地位を主張する者達がこの場面で演ずる役割はあまり強調しようとしていない。(81)」かえってマルコはここで弟子達の無理解を強調する。イエスのしようとしていることを彼等はおよそ理解しようとしていない。

以上のような物語の強調点は、すでに検討したマルコ全体の傾向と一致する。弟子達の無理解を浮彫りにするような会話の運び（五・三一との類似)、奇跡を行うイエスに対して弟子達はおよそ信頼感も理解もないこと、など。だから、マルコがこの物語を二度もふりかえり（六・五二、八・一九)、その度に弟子達の無理解の動機と結びつけて言及しているのは、彼のこの物語のえがき方そのものと一致する傾向なのである。

ではマルコは、この物語において弟子達は何を理解していない、というのだろうか。これはすぐ次に続く嵐の物語で、弟子達がイエスを信頼せずこわがっているのは、パンの奇跡を理解しなかったのと同じことだ、と言っていること（六・五二）からして、弟子達はイエスが共に居るのに信頼感がない、ということを批判しているのであろう。しかしこの物語にはもう一つ重要な要素がある。誰でもこの物語を読む者は教会で行われている聖餐を思い出さずにはいられない。聖餐式の原因譚として語られている、と言ってもさしつかえない位である。そしてその故にこの物語が重要視され、単なる奇跡物語としてではなく、数多くの形で伝承されていたのであろう。だからもちろん、この物語と聖餐の結びつきは、マルコの手によるものではなく、伝承のごく初期の段階のものだ、と言ってよい。(82) 元来聖餐式の原因譚として語られていたものがやがて奇跡物語として展開したのか、或いは逆に、元来奇跡物語であったものが、その中心になるイエスの言葉が聖餐式設定の言葉と似ているので、奇跡物語的な面があまり強調されずに、祭儀的な面が強調されるようになったのか、そのあたりの消息は決定できない。(83) しかしマルコが福音書を編集する前の段階では、この物語はどちらかというと祭儀的な要素の方を強調していた、ということは確かである。Q資料、マルコ八・

一―一〇の伝承などはこのことを示す。もちろんはじめから奇跡物語としての要素もあったのだろうが、それを強調したのはマルコである。これは彼がその編集活動全体を通じて奇跡物語の採用、強調を一つの方針としていたことと一致する。[84]

では、祭儀的伝承を奇跡物語の方向に解釈することによって、マルコは何を言おうとしているのか。ここでA・ロワジィの言っていることが参照になる。[85] 彼は、この物語が聖餐の原型として語られているとすれば、聖餐の意義づけについて二つの異った伝承が初期教会に発達していたことになる、という。一方では、パウロが聖餐をイエスの死の記念として解釈している。他方ではこの物語のように特にイエスの死とは無関係に感謝の食事として聖餐をみなしている伝承である。この観察は基本的に正しい。もちろん、聖餐をイエスの十字架の死の贖罪としての意義と結びつけて解釈したのはパウロがはじめてではなく、ごく初期のパレスチナ教団からある伝承であろう。けれども、それと並んでやはりかなり古くから、聖餐を特に十字架と結びつけない理解の伝承があったのも確からしい。[86] 一世紀末か二世紀初めの頃に書かれ、かなり古い伝承を伝えている「十二使徒の教え」(ディダケー)では、聖餐に二度ほど言及していながら、これを十字架とは結びつけていない。聖餐を祝う時には、神がイエスによって我々に与え給うた「生命と知」(九・三)、もしくは「知と信仰と不死」(一〇・二)の故に神に感謝せよ、と言われているだけなのである。ブルトマンがこれをかなり古いパレスチナのユダヤ人キリスト教の伝承に帰しているのは正しい。原始教会のはじめから共同の食事が祝われていた(使徒行伝二・四六)という伝承が正しければ、聖餐というよりも、共に祝して食事をする共餐の伝承が古くからあった、というのは正しいだろう。これに神学的意義づけをして、もしくははじめからこれと並んで、聖餐のパンとブドー酒をイエスの肉と血と解して、キリストの贖罪行為にあずかるものとした聖餐の伝承があったのだろう。[87] とすると、「十二使徒の教え」や供食の奇跡の物語は、聖餐よりも共餐の伝承をひくものであっただろう。

とするとマルコは福音書で供食の奇跡を強調して採用することによって、聖餐の伝承についての自分の解釈を提供しようとしたのではないだろうか。マルコが独自の筆で独自の主張を持ちつつ書いたのは、いずれにせよ一三章までだから、(88) 一四・二二―二五の聖餐式設定の物語はマルコの考えを直接表現するものではありえない。受難物語を書かないでもマルコはイエス受難の意義づけをそこここで展開しているのと同じことで、聖餐の意義づけを六・三〇―四四の物語で主張しているのではないだろうか。つまり、聖餐のパンはイエスの肉で、ブドー酒はイエスの血で、等々の神学的議論から、神秘主義的なイエスの死と復活への信者の参与といったような意義づけなどに対して、マルコはむしろ、イエスが共に食事をする、それで十分なのだ、と強調しているのである。そこにマルコがこの物語の奇跡としての側面を強調した理由がある。イエスが共に居る。そこに奇跡的な共なる食事が祝われる。現在の信者の生活においてもイエスが共に居る。そのイエスに信頼していけばよいのであって、それ以上に聖餐の祭儀的な意義づけは必要としない、というのであろう。ここでは祭儀的キリストに対して奇跡物語のイエスが主張されている。

この物語のもう一つの伏線は、終末論的食事の待望である。終りの時の神の国での輝かしい食事の待望があったことは、ルカ一三・二九、一四・一五などから知られる。そして現在のルカ福音書の前後関係における意味が何であれ、ルカ二二・一四―二三の伝える聖餐式設定の伝承には、贖罪の死の意義と結びつけるものと並んで、イエスの最後の食事を終末論的食事の雛型である、と解する伝承が存在していたのも確かである。とすると、供食の奇跡物語などにみられる共餐の伝承は、おのずとこれに結びつく。初期教会の人達は、終末論的神の国の輝かしい食事として、もしくはその雛型として、共同の食事をとっていたのである。このことのよい類例はクムラン教団が与えてくれる。すでにヨセフスがエッセネ派の聖なる食事に言及しているが（ユダヤ戦記二巻八・五、一二九―一三二）、一QSa二・一一―二二、一QS六・四―五からいって、クムランのエッセネ派は、日々の共同の食事を終末論的食事を型どった聖なる食事と考えていた、(89) と言える。そして一QSa二・一一―二二の終末論的食事の描写が、五千人の供食の物語と似た雰囲気をもっているのである。(90) ただマルコのこの物語のえがき方は、もはや来たるべき神の国での食事を望み見た雛型、というようなえがき方ではなく、イエスの奇跡的食事にすべて満足している、という調子のえがき方である。その意味でマルコは終末論を現在化している、と言えよう。大げさな終末のかなたの食事についてあれこれ言うのではなく（マルコ福音書にはそのような「待望」が記されていないことに注意）、ガリラヤ湖畔でイエスとの共なる食事で十分である、というのであろう。現在の教会の共餐もそのように理解すべきだ、とマルコは言うのであろう。

以上の伝承との関連を考慮した分析から、マルコがこの場面を強調して弟子達の無理解の場面としてえがいている理由がわかるのである。

五　弟子の概念

最後にマルコ福音書における弟子の概念を分析してこの章を終えよう。弟子を表わす概念として、もっともよく用いられるのが *μαθητής*（マテーテース、通常「弟子」と訳される）である。これに対して、*οἱ δώδεκα*（十二人ないし十二弟子）と *ἀπόστολος*（使徒）はわずかしか用いられない。「弟子」の方が一般的概念であって、「十二人」や「使徒」は限定されている。「使徒」は一度しか出てこない。それも、宣教に派遣された弟子達が帰って来た場面で彼等を「使徒」とよんでいるのである。従ってマルコはこの概念もあまり重要視していず、また用いる場合には、その語の本来の意味（つかわされた者）に即して用いる。

「十二人」は全部で七回しか出てこない。十二弟子なるものがもともとどういうものであったのかは別として、少くともマルコが福音書を書いていた当時にはもはや、特別な権威をもった「十二人」は現実の存在ではなくなっていたので（十二人というのはそもそもはじめから単なる理念として存在していただけなのかもしれないが、その問題はここでは問わない）、それでマルコはこの表現をもそれほど重要視して用いないのであろう。また同時に、すでに彼にとってもこれは古典的な表現でしかなく、現実の存在ではなかったから、マルコはこれを一方では理想的な弟子の状態を示す語として用いることができたのであろう。このことは、三・一三―一九の十二人の選びの場面の叙述に現れている。もちろんこの物語そのものは伝承資料である。しかしその選びの目的を述べる一四節の句は、伝承の枠に属する故にマルコの解釈句である。そしてこれがまた二つの矛盾する目的をあげている、という事情も編集句であることを示す。つまりこの句によれば、十二人が選ばれたのは、「イエスと共に居り、そして宣教に派遣される」ためである。けれども実際には、イエスの生前に弟子たる者が、イエスのもとにとどまりつつ、しかもなお宣教に派遣される、というのは物理的にありえない。しかしこれが、現在にあって弟子たるもののあるべき姿を規定したマルコの理念だとすれば、決して矛盾してはいない。つまりマルコの現在において、真の宣教者たる者は常に「イエスと共に」居るべき者なのである。十二人の選びの物語にちなんで、マルコはこのように弟子たるべき者の本質を規定しているのであろう。マルコが六・七で宣教への派遣に際して「十二人」の語を用い、また物語の筋にあまり関係のないところで、「十二人」をイエスと共に居る者として言及する場合(一一・一一)には、この理念が表現されている、というべきであろう。しかし他方、「十二人」もイエスの意図を理解しない。九・三三―三七では、一連の弟子達の無理解の場面の一つとして十二人が登場する。一〇・三二で第三の受難予告の聞き手として十二人があげられるのも同じ意味であろう。第一と第二の受難予告のあとすぐ続いて「弟子達」がこれを理解していないことがはっきりと指摘されているし、第三の受難予告の直後に、十二人の中の重要な人物であるゼベダイの子等が何も理解していないことを如実に示した言葉をはいている。従って一〇・三二で十二人が第三の受難予告の聞き手として指摘されているのは、十二人がイエスの受難を理解しなかった、ということなのだろう。

もちろん、マルコの執筆当時に「十二人」が実際の権威をもった現実の存在であったとは考えられないから、マルコがここで十二人を直接批判しているとは考えられない。むしろ十二人の伝統をつぐと称して権威を主張していた者達をマルコは批判している、と考えた方がよさそうである。このことはおそらく、マルコ四・一〇の「十二人と共にイエスのもとに居た者達」という表現が示唆するものであろう。[91] 権威主義に頼って閉鎖的になっているのは、「十二人」という現実にはすでに存在しない権威の理念のもとに身を寄せていた人々である。

十二人に対して、この中の重要な三人、ペテロ、ヤコブ、ヨハネはもっと現実的な存在であった。そしてマルコ以前の伝承においてこの三人には特別な役割と尊敬が与えられている。イエスの最初の弟子はペテロ、アンデレ、ヤコブ、ヨハネである（一・一六―二〇）。ペテロの義母の癒しの際（一・二九―三一）にその家にイエスと共に行くのは、この三人にペテロの兄弟アンデレを加えた四人だし、会堂司ヤイロの娘の癒しの時もこの三人だけがイエスに伴う（五・三七）。山上の変貌の時もこの三人のみ山までイエスについて行く（九・二）。最後の黙示文学的説話の聴き手はアンデレを加えて四人である（一三・三）。マルコとて彼等がイエスの最も重要な弟子であったことを否定してはいないし、するつもりもなかっただろう。[92] イエスについての重要な伝承が彼等によって伝えられたものであることも、マルコの叙述からおのずと知られることである。けれども他方、マルコは彼等を批判することも忘れていない。彼等のそれぞれがいろいろな形で批判されていることは、すでに弟子達の無理解の動機の出てくる個所を総合的に分析した時に言及した。それだけでなく、彼等がそろって特別視されている右に指摘した個所においても、九・一―九の場面では、ペテロの的をはずれた発言が記されているし（九・五）、一三・三以下の場面でも、彼等の徴を求める態度（一三・四）を訂正する意味でイエスの長い説話が語られるのである。

これをたとえば反ペテロ主義などと呼ぶのは正確でない。そもそも何でもプロかコントラに色わけする、というのは、アメリカ映画の西部劇ならともかく、微妙さを要する歴史研究には不向きの場合が多い。マルコはペテロのみならず、三人の主要な弟子の重要さと権威とを一方では認めているのである。[93] だからこれは単なる反ペテロ主義などよりももっとずっと根本的な問題である。マルコとしてはこの三人を直接に批判する、というよりも、この三人のつくり出していった傾向、そして特に、この三人の権威をかついで小さく閉鎖しようとする亜流を批判する気持が強いのだろう。(94)

エルサレム教会の指導的立場にあったもう一人の人物、イエスの兄弟ヤコブ、およびおそらく他のイエスの親族達に対しては、マルコの批判はもっときびしい。(95)これは明瞭に反対的一色と言ってさしつかえない。そもそもマルコは彼等をほとんど無視してしまっている。一―一三章では二度しか出てこない。三・二〇―三〇では、すでに分析したように、彼等はおよそイエスの敵対者と考えられ、「エルサレムから下って来た律法学者」と同列に置かれている。彼等は最もエルサレム的な心性の持主である。――彼等とてガリラヤの人であるには違いないのだが、どこの国、どの時代でも時たま地方人に見受けられるような、主都に対して極端にコンプレックスを持った人物であったのだろう。エルサレム人よりもエルサレム的であろうとする人物であったのであろう。(96)――六・一―六のナザレの物語では、伝承そのものの言おうとしていることは、ナザレの村の人々は、イエスの親兄弟を知っていたので、かえってイエスの本質が理解できずにつまづいた、ということである。従ってイエスの親族の態度が問題なのではなく、イエスの親族を知っているナザレ人の態度が批判されている。ところがマルコは、編集上のちょっとした単語の附加によって、この物語をイエスの親族自身に向けられた批判としている。「予言者は故郷に入れられない」（六・四参照）という言葉は古代世界に広くひろまっていたものであって、イエスの言葉の伝承としても、福音書以外に、オクシリンクス・パピルス一・六に、「予言者はその故郷では受けいれられず、医者は自分を知っている者を癒さない」という言葉として伝えられている。これらの例はすべて、単に「故郷では」受けいれられない、とあるのだが、マルコ六・四ではそのあとに、非常に強調した趣きで「故郷と、親戚と、家族のもとでは」と附加している。従って、この「親戚と家族」は明らかにマルコの編集上の附加であり、これによって、イエスの親族がイエスを受け入れなかった、ということを端的に主張しようとしているのである。

最後にマルコでもっとも頻繁に用いられる「弟子」（マテーテース）についてはどうだろうか。[97]「弟子」もまた「十二人」と同じように、常にイエスに従う者として出てくる（六・一、[98]八・一〇、一一・一、一四）。またイエスの特別の教えを受ける者として出てくる（四・三四）。従って彼等の役割は基本的には「十二人」と同じである。[99]しかしこの語はもっとも多く「無理解」の動機が出てくる物語において用いられている（五・三一、六・三五、四一、四五、七・一七、八・一、四、六、二七、三三、九・一四、一八、二八、三一、一〇・一〇、一三、二四、一三・一）。従って、「弟子」と「十二人」はやや強調点を異にして用いられている、と言える。「弟子」という語をマルコは、イエスの直弟子たる権威、もしくはこれを継承したと考える者達にあてはめて用いているのであろう。マルコは「弟子」を「十二人」と実際にはほぼ同じ人々を頭に置いているのだが、強調点が違うのである。[100]「十二人」はどちらかというと古風な表現だが、「弟子」は、言葉自体が一般的な概念を持ちうるだけに、もっと現実的にマルコの当時直弟子としての権威の上に立つ伝統のにない手を意味する。[101]福音書記者は彼等をきびしく批判する。イエスのなくなる以前からその正統の弟子であったと主張しながら、彼等は、マルコに言わせれば、イエスの何たるかを、そしてイエスが何を教えたかを理解していない。マルコが一般民衆と弟子達を並べてイエスの教えの聴き手とし、イエスに従って歩いた者としてえがくのは（三・七、八・三四、一〇・四六、また三・一五以下参照）、決して何となく筆を走らせているのではない。一般民衆の中の多くの名もない人々もまた、直弟子のように年がら年中というわけではないが、やはりイエスの教えを聞き、イエスに従ったのだ。いや、彼等の中にこそ、今現在、本当にイエスに従っている者が居る。イエスは現在イエスを真に迎え入れる人々の中で生きている。

「マテーテース」の語は数個所においてやや異った意味の関連で用いられている。「弟子達」の態度がイエスの論敵の批判を招いて、その結果、イエスと論争がなされる場合がある（二・一八、二三、七・二、五、また二・一六参照）。しかしこの用法は限られた個所にしか出てこない。最初の論争物語集（二・一―三・六）と、清めについての論争（七・

一—二三）とである。従ってこれは、マルコが論争物語集の伝承の中に見出した古い動機であろう。[102] この動機からすぐにマルコ個人の考え方をうんぬんするわけにはいかない。この動機とマルコの処理の仕方の差は七・一—二三に明らかである。この物語で弟子達の態度は統一がとれていない。弟子達が手を洗わずに食事をしているのを見て、パリサイ人と律法学者とがイエスに議論をしかける。当時のパレスチナにおいて、手を洗わずに食事をするというようなパリサイ派的「清め」の理念に逆う行為をとるには、それに対して批判が生じることを当然予想し、またその批判に答える用意がなければできない行為である。ところが奇妙なことに、この物語でマルコの弟子達は自分達の行為の意味もわかっていないし、それに対するイエスの説明も理解しない（七・一七、一八）。イエスは彼等の無理解を非難する（七・一八）。すでに分析したように、この無理解の動機の方がマルコの編集上のものである。マルコは、エルサレム教会の指導者達がユダヤ教に対してキリスト教信仰に基く新しい倫理的行為を徹底して推進しようとはしない、と批判しているのであろう。彼等は部分的にしか行動していない。これが人間の全存在の方向に関することだ、ということがわかっていない。だから古い祭儀的倫理規定からぬけきれない。[103]

以上、無理解の要素を中心としたマルコにおける弟子達の姿の分析を通じて、我々は、マルコが何を批判しつつ福音書を書いたかを明らかにした。そしてその批判の中にはすでに、マルコが積極的に何を言おうとしているかも、かなりはっきりと示されている。次章以下において、マルコの主張の積極的な面を総合的に分析してみることにする。ただその前に、これは「ガリラヤとエルサレム」の問題のところでもふれたことだが、しばしば誤解があるので強調しておかねばならない。以上の弟子達の無理解を通じてマルコが示している問題点は、決して、エルサレム教会とパウロ的教会、ユダヤ主義キリスト教とヘレニズム・キリスト教の間の争い、ということではないのである。[104] このように、原始キリスト教史のすべての問題をパウロ的な型の異邦人キリスト教とエルサレム的ユダヤ人キリスト教の対立に帰するのはあまりに図式的にすぎる。確かにマルコの批判の対象もパウロの場合と同じく、エルサレムを中心としたユダヤ主義キリスト教である。けれどもマルコの批判はパウロの批判と同程度に独自の要素をもっており、パウロ及びいわゆるヘレニズム・キリスト教の方向とは異った面からの批判なのである。そのことが以下の章でもはっきりしよう。

註

1　W. Wrede, *Das Messiasgeheimnis*, 1901, S. 93ff.; 101ff.; 229ff.

2　ヴレーデはこの書物全体を通じて、メシヤの秘密や弟子達の無理解の動機が、単に史的事実の記述ではなく、福音書記者マルコの思想の言明である、ということの証明に努力している。そしてこれは見事になされており、我々が、現代の福音書研究はヴレーデを出発点とすべきだ、と繰返し主張するのも、そこに理由がある。

3　この二つの動機が元来異った起源をもつことは、ヴレーデ自身も認めている（前掲書二三五頁）。両者の共通性は、復活の重要性の強調という点にしかない、と彼は言う。

H. J. Ebeling, *Das Messiasgeheimnis und die Botschaft des Marcus-Evangelisten*, 1939, はヴレーデ以後メシヤの秘密の問題を総合的に論じた最初の人物であるが、彼は、「メシヤの秘密」と共に、「弟子達の無理解」、「譬話論」の三つを総合的に理解せねばならない、と繰返して主張する。弟子達の無理解の動機の重要性を認識している点でこれは正しい。しかし、メシヤの秘密と弟子達の無理解とを同じ事柄の表現として扱おうとしている点に無理がある。

4　たとえば、L. Cerfaux, L'aveuglement de l'ésprit dans l'évangile de Marc (écrit 1946,) *Recueil L. Cerfaux*, II, p. 1-15 などはこう考えている。

5　四・四〇—四一、五・三一、六・三五—三七、六・四七—五二、八・三—四、八・一四—二一、九・一八—一九などの場合は、奇跡物語との関連において出てくる、というだけですでに、厳密な意味での「歴史性」について論ずるわけにはいかない。八・三二—三三、九・三二の受難予告に伴う弟子達の無理解も、受難予告そのものが、イエス受難の実際を知っている者がさかのぼってイエスの口においた事後予言（vaticinium ex eventu）と考えられるから、やはり「歴史性」について論ずるわけにはいかない。

6　H・J・エーベリンク、前掲書一四七頁以下、特に一六一頁以下、はこのように解している。（もっとも彼は、イエスの偉大さ、とは言わずに、「イエスの教えの超越的性格」と言っている。）これは一面の真理には違いない。ヨハネ福音書もまた弟子達の無理解を強調するもう一つの福音書である。そしてこの場合は、弟子達というよりはむしろ人々一般の無理解が強調されており、それによって、イエスが「此世の者」ではないこと、イエスの超越性を示そうとしている。エーベリンクの説明はむしろヨハネにあてはまる。しかしマルコについては、もう少し別の意味合いの方が強い。人々の無理解でなく、殊更に弟子の無理解である点に注目すべきである。

7　おそらくこの方がヴレーデの真の意図には近いだろう。しかしヴレーデ自身この点についてあまり厳密でない。

8　このことはヨハネ福音書を見るとよくわかる。ヨハネ福音書の著者はマルコ福音書を知っていて、そこに出てくる弟子達の無理解の動機を解釈しようとしたのか、それとも、マルコ福音書とは独立に無理解の動機を強調したのかはわからないが、ともかく人々の無理解の動機を強調している（註6参照）。そしてヨハネはまさに、復活信仰の立場からでないとイエスの本質を理解できない、という意味でこの動機を用いている。「イエスが死人の中からよみがえった時に、弟子達はイエスがこう語ったことを思い出し、聖書とイエスの語った言葉とを信じた」（二・二二、同様な文は一二・一六にもある。）「私のしていることを今あなたは理解しないが、後にわかるだろう」（一三・七）。また弟子達がイエスの言葉をおよそ理解しないのに対して、イエスは自分が死後昇天する事実（ヨハネでは復活と昇天が同じである）を指摘して、それが彼の不可解な言葉の根拠づけになるのだ、という（六・六〇―六二。同様の場面は、「ユダヤ人」の無理解についてもえがかれている、八・二七―二八）。また告別説教において（一四章以下）、イエスの死後イエスを信ずる者に与えられる「助け主」（Paraklet）、すなわち聖霊について言及する場合も、このことが前提されている（一四・一六―一七、二六、一五・二六、一六・七、一二―一三）。「聖霊が……あなた方にすべてのことを教え、私があなた方に話したすべてのことを思い出させるであろう。」（一四・二六）

これでわかるように、無理解の動機を、復活信仰がなくてはわからない、という意味だと説明しようとするならば、おのずと、無理解の動機に言及する場合に、何度もこのような仕方でそれと復活信仰との関係を附け足さないわけにはいかないのである。ところがマルコはヨハネと違って、あれ程何度も弟子達の無理解を語りながら、それと復活信仰との関係を、ただの一度すら示唆することもないのである。だからヴレーデのように解するのは、マルコをヨハネの眼で見ることになる。

9　E・ローマイヤー、註解書該当個所。

10　三一四頁以下参照。「信仰」と訳した語は、この場合、特定の宗教に帰依する、という意味での信仰ではなく、主イエスに対する全き信頼を意味する。

11　二二三頁以下参照。

12　実際、ここのところの文はかなりぎこちない。イエスは群衆にむかって、「誰がさわったのか」とたずねる。そこに弟子達が、いわば脇から言葉をはさんで、妙なことを言う。イエスはこの弟子達の発言がまるで聞こえなかったかのように、それには一言も答えず、まわりを見廻している。そこでルカの平行記事では、弟子達の発言がうまく所を得るように書き直している（ルカ八・四五―四六）、マタイはこの会話の部分だけ省略してしまっている（マタイ一三・二〇―二二）。

13　たとえば、E. Best, *The Temptation and the Passion*, p. 181.

14　「驚くべきことに、弟子達はこの単純な言葉すら理解しない。」（E・クロスターマン、註解書該当個所）

15　一八四頁以下参照。

16　贖罪論的解釈の見られる一〇・四五については、日本聖書学研究所論集第六号所載予定の拙論「マルコの受難予告」参照。

17　この点、高柳伊三郎「新約聖書概論」六五頁以下は正しく見ている。

18　これに続く九・一の難解な句を、E. Trocmé, Prédication et Réprimande?, *Studia Evangelica II*, *TuU* 87, Berlin, 1964, p. 259–265 に従って、神の国到来の時までついに「福音のために生命を失う」ことを避けて逃げまわっているだろう、という非難の意味に解しうるとすれば、これは八・三二―三三の「無理解」の動機と密接に関連した文章である。

19　この前後の文章は、おそらく写本の段階で破損したのか、文のつながりがはっきりしない。すぐあとの一二節から一三節にかけての文脈も曖昧である。一〇節については、「彼等はこの言葉を心にとどめ、互に論じあった」と普通訳される文がはっきりしない。ἐκράτησαν は「心にとめた」よりもむしろ、「理解した」の意で、ここでは否定詞がぬけてしまっており、本来それを補って、「彼等はこの言葉を理解せず互に論じあった」という意味なのだ、というE・ローマイヤー、註解書一八一頁、の説明は、面白いが積極的な根拠はない。しかしいずれにせよここのところは、弟子達が復活の何たるかを理解しなかった、という意味であることは確かである。

20　註19参照。

21　R. Bultmann, *Die Geschichte der synoptischen Tradition*, S. 225f.

22　A. Loisy, *Les Evangiles Synoptiques*, II, p. 46–58.

23　H・J・エーベリンク、前掲書一四七頁がこの二つを強いて区別しようとするのはあたらない。彼は九・三三―三七の方は、弟子達はイエスの言葉を誤解しているのであって、これは正しいイエスの教えを導入するための教訓的教育的動機であり、それに対して、受難予告に対する無理解は、言われていることをおよそ把握することができないでいるのであって、これはイエスの人格自体を理解していないことを示す、という。しかしこのような技巧的な区別をマルコがなしているとは考えられない。三つのイエスの受難予告（八・三一―三三、九・三一―三二、一〇・三二―三四）のすぐあとにそれぞれマルコは、弟子たる者は同じく受難の道、すなわち仕える者としての道を歩け、という趣旨の言葉を置いている。これはマルコが受難の意義をどのように把握していたかをよく示す。従って、受難予告の無理解と仕える者の道を理解しないこととは同じことである。

24　K. L. Schmidt, *Der Rahmen der Geschichte Jesu*, S. 236; W. Grundmann, *Das Evangelium nach Markus*, ad loc. はそういう。

25　従ってここのところは、単にヨハネの「雷の子」(三・七）としての性格を示そうというだけのことではない。E・クロスターマン、註解書該当個所、に対して。

26　この言葉の伝承は、内容上の連関ではなく、そこに用いられる単語が同じである、ということによって鎖状につなげられている。いわゆる鍵言葉による結合である。四一節と四二節は、「キリストの者」「信仰者であるこれらの小さい者」によって結合している。それでもこの二つの節はまだ内容上の連関がある。四二節と四三節は「つまづかせる」という語によって結合される。四三―四八節は一連の言葉であるが、四八節と四九節は「火」という単語で、四九節と五〇節は「塩」で結合されている。このような鍵言葉による結合は暗記の助けとなったと考えられ、従って口伝伝承の段階のものである。R. Schnackenburg, Mk. 9, 33-50, *Synoptische Studien, A. Wikenhauser zum 70. Geburtstag dargebracht*, S. 184-206.

27　R. Bultmann, *Die Geschichte der synoptischen Tradition*, S. 23f.

28　三八節の「我々に従わない者」はこの意味に解すべきである。なおこの前後において福音書記者は「十二人」(九・三五）と「弟子達」(九・三一）とをはっきり区別して用いてはいないように思える。いずれにせよ、この「我々」は十二人を中心とした弟子集団をさす、と考えられる。「弟子」と「十二人」の関係についてはさらに後述する。

E・ローマイヤー、註解書該当個所、がこの「我々に従う」を「イエス及び弟子達に従う」と解しているのは正しくない。それではマルコの批判の中心がぼけてしまう。なおルカはマルコがここでなしている弟子集団の権威的閉鎖主義の鋭い批判をもはや理解せず（もしくは理解しようとせず）、平行記事（ルカ九・四九）においてこの文を「我々と共に従う」と、すなわち「我々と一緒にイエスに従う」の意味に直している。

29　この点、E. Wilhelm, Der fremde Exorzist, eine Studie über Markus 9, 38ff., *StTh* 3, 1951, S. 162-171（特に一六四頁）

はよく書かれている。つまりここでは「弟子達」と他の者の間の、自分の上にかがみこんだ教会と外に向う教会との間の論点が示されている、という。A. Loisy, *Les Evangiles Synoptiques*, II, p. 77 は、この「よそ者の奇跡行為者」は異邦人キリスト教徒の伝道者を示唆したものである、と解釈しているが、これはそれ程狭い意味ではない。マルコは、異邦人伝道者だから弁護しよう、というほどに心が狭いわけではない。この奇跡行為者はかならずしも宣教者ではなく、またかならずしもどこかの教会に属している、というのでもない。狭義の教会に属していないからこそ、「我々に従わない者」と呼ばれているのである。しかもマルコはこのような者をも「信仰者」(四二節) とよぶ。

30　W. Grundmann, *Das Evangelium nach Markus*, ad loc.; A. Loisy, *Les Evangiles Synoptiques*, II, p. 77 参照。特に「これらの」という語に注意。

31　いくつかの分析の例を示そう。M. Goguel, Avec des persécutions, étude exégétique sur Marc 10, 29-30, *RHPR*, 1928, p. 264-277, は二四節前半と後半の間に一応の切れ目を認めるが、一〇・一七—三一全体が統一のとれた物語であると考える。E. Klostermann, *Das Markusevangelium*, ad loc. は、一七—二二節が元来の物語で、二三—二七節がそれに属する第一の附加、二八—三一節が第二の附加である、と考える。R. Bultmann, *Die Geschichte der synoptischen Tradition*, S. 20f. はもう少し複雑であるが、ほぼ同じ分析をしている。最近の研究としては、N. Walter, Zur Analyse von Mc. 10, 17-31, *ZNW* 53, 1962, S. 206-218 が、一七—二四節前半がまとまった物語であり、二四節後半—二七節と二八—三一節は福音書記者による二つの附加である、とする。W. Zimmerli, Die Frage des Reichen nach dem ewigen Leben, *EvTh* 19, S. 90-97 も最近のものであるが、伝承史編集史の問題におよそ無関心であるので、別にどうという解釈を提供していない。

32　神の国に「はいる」という動詞も、二三節では未来形、二五節ではアオリスト形になっている。

33　このような教団のあり方を伝説的にもっともよく表現しているのは、アナニヤとサッピラの物語（使徒行伝五・一—一一）であろう。

34　このように人間的条件による救いの絶対的拒否と、神による救いの確かさを語る点において、マルコはいわゆるヘレニズム・キリスト教の方向を指していると言えよう。しかし、これを狭義の異邦人教会の考え方であると限定するわけにはいかない。むしろ生れたばかりのキリスト教一般の基本的考え方の一つであっただろう。ただその考え方をほとんど無視する者や、この考え方の含む徹底さが曖昧にされている場合や、逆にこれこそがキリスト教信仰そのものであると考える者や、強調点が千差万別であったのだろう。パウロはおそらくキリスト教のこの面にふれて回心した、といえよう。パウロのキリスト教はこの点を徹底して考えぬき、この点において生きることにあった。その意味でこの考え方はパウロのキリスト教の特色をなすが、しかしパウロがこれをつくり出したのではなく、パウロが回心前にふれたキリスト教にすでにこの方向が示されていたのである。従って、マルコの言葉も、パウロ主義とか、狭義の異邦人教会の神学とかいうのではなく、むしろこれらのものを生み出したキリスト教の一般的方向を示しているのであろう。そしてマルコ自身はといえば、この個所の示すように、この考え方の徹底さを十分に理解してはいるが、しかしパウロのように一事が万事口を開けばこの考え方にふれなければ気がすまない、というのではなく、他の個所ではまったくこれにはふれない。これは、「救い」ということを常に考えている非常に宗教的な思索の場合と違って、マルコは福音において生きる、という生き方の面をむしろ強調した考え方をしているからであろう。「救い」に関して宗教的に考える限りは、この徹底した神中心の信仰がキリスト教の基本をついている。しかしマルコの場合、人間がいかにして救われるか、という問を朝から晩まで問うていたわけではない。そこにマルコの思想の幅がある。

一〇・二三—二七をこのように分析してみると、一〇・一七—三一全体の編集史的構成について、一つの推論をなすことができよう。二八節でペテロが弟子達を代表して、「我々はすべてを捨ててあなたに従ってきたのですよ」と言う。このペテロの言葉は、思想的には明らかに二三節の立場を前提としている。すなわち、イエスから去って行った富める者と違って、自分達はすべてを捨ててキリストに従う者だ、と誇るのである。これに続けて、ペテロなどのこのような行為をほめるイエスの言葉が記されている。従って、二八—三一節は、一七節—二三節を前提として話が続いているのである。富める者の物語に続いて、これと対照的に弟子達の献身的な行為に言及し、それを賞讃するイエスの言葉で終る、というのがマルコの受けついだ伝承であったのだろう。——マルコ以前の段階でその伝承がどのように成長したのか、まず富める者の物語と二九—三一節のイエスの言葉とがそれぞれ独立の伝承であって、ある段階でそれが結合されたのか、などと問うても、想像以上の答は得られない。——とすると、この一連の伝承に対して、マルコは二三—二七節の部分でその伝承の言葉を適宜用いながら(駱駝の比喩もその一つであろう)、その基本的な考え方を批判的に解釈しようとしたのであろう。マルコが、イエスに従うことをこのように形式的な厳しさと考えずに、本質的な厳しさと考えていたことは、一〇・二九—三〇のイエスの言葉の伝承とよく似ている八・三四以下の言葉に見られよう。一〇・二九—三〇では、イエスに従うために財産家族を捨てることが賞讃されているのだが、八・三四以下では生命を捨てて従うことが求められているのである。また、富める者の物語を中心としたこの一連の伝承に対するマルコの解釈は、二三—二七節のほかに、最後に附加された謎のような言葉(三一節)にも見ることができるかもしれない。「多くの先の者は後になり、後の者が先となろう」というこの言葉は、ほかにも、マタイ二〇・一六、ルカ一三・

三〇に伝えられている。マルコ一〇章の前後関係においては、財産を捨ててイエスに従ったという行為は一応賞讃されるのであるが、それだけで「先の者」になったと安んじていることはできない、という意味に解しうる。（この解釈はかならずしも決定的とは言えまいが、いずれにせよ、この言葉のはじめにある「しかし」を考慮すれば、二九―三〇節の言葉に制限を加える意味であろう。この「しかし」を無視して、逆に「この故に」の意味に解するのは正しくない。E・クロスターマン、註解書該当個所、などその例である。）

35　この問題について、最近の文献ではたとえば、F. Hahn, *Das Verständnis der Mission im Neuen Testament*, S. 29, Anm. 3.

36　これについては、E. Trocmé, La Formation de l'Evangile selon Marc, p. 83ss. によい論証がある。

37　弟子達の無理解の動機に関してこの点もっともよく見ているのは、我々の知る限り、J. B. Tyson, The Blindness of the Disciples in Mark, *JBL*80, 1961, p. 261–281 である。けれども彼は、マルコのエルサレム教会に対する批判点をキリスト論の相違と見ている。すなわち、福音書記者は「王たるメシヤ」のかわりに、「苦難のメシヤ」を主張しているのだ、と。しかし、ここに列挙したように、弟子達の無理解の動機によってマルコの示している批判点は実に多岐にわたり、総合的なものであって、一つの論点にしぼることはできない。そもそもマルコは、このように狭義のキリスト論的議論をあげつらう態度自体を批判しているのである。それにまた、エルサレム教会が政治的な「王たるメシヤ」を考え、「受難のメシヤ」を考えてはいなかった、などというわけにはいかない。イエスの十字架の死を我々の罪のための贖いの死であると解釈するのがエルサレム教会のもっとも古い伝承である以上（第一コリント一五・三以下など）――この問題については、八木誠一『新約思想の成立』八二頁以下、一一二頁以下その他にくわしい――エルサレム教会は受難のキリストを主張しなかったどころか、それはエルサレム教会の信仰の主たる内容だったはずである。マルコの批判点はむしろ、イエスの受難を現在の自分達の生きる場においてどのように理解するか、という問題にある。

38　T. W. Manson, *The Teaching of Jesus*, p. 77 と J. Jeremias, *Die Gleichnisse Jesu*, S. 7ff. は、アラム語のもとをたずねることによって、この個所にイエスの真正の言葉が伝えられていると結論する。そして、その場合のイエスの言おうとしていることを論ずる。もっともアラム語の背景が想定できるからと言って、それだけでいきなりイエスの真正な言葉である、と結論する議論は粗雑である。アラム語を話したのはイエスだけではない。（これがイェレミアスの福音書研究すべてを通じる基本的な欠陥になっている。）また四・一二の ἵνα をアラム語の原語にもどそうとするT・W・マンスンの試みは、そもそもアラム語の知識に誤りがあるとM. Black, *An Aramaic Approach to the Gospels and Acts*, 2ed ed., Oxford, 1954, p. 157ff. が指摘している。また W. Manson, The Purpose of the Parables, a Re-examination of St. Mark Ⅳ, 10–12, *ExT* 68, 1957, p. 132–135 参照。

39　特に、R. Bultmann, *Die Geschichte der synoptischen Tradition*, S. 215, Anm. 1（また *Ergänzungsheft* 参照）、及び W. Marxsen, Redaktionsgeschichtliche Erklärung der sogenannten Parabeltheorie des Markus, *ZThk* 52, 1955, S. 255ff. 参照。どちらも、この言葉は教会でイエスの諸譬話を解釈する過程においてつくられた言葉である、と判断している。イエスの譬話は、それが語られた具体的状況が忘れられると非常に解釈し難くなった。この段階において、具体的状況はぬきにした隠喩（アレゴリー）的解釈が生れ、また一方では、なぜこのように難しい譬話を用いてイエスが話したのか説明する必要が生じた。四・一〇―一二の言葉は後者の目的のためにつくられたのであり、同時にまた、使徒達の手による一つ一つの解釈の権威を保証する目的もあった、という。

40　W. Wrede, *Das Messiasgeheimnis in den Evangelien*, S. 55ff. とA. Jülicher, *Die Gleichnisreden Jesu*, I, S. 118ff. 以来である。ユーリッヒァーは、誰にでもわかるように譬話を語ったイエスの意図と、譬話を難しい秘義とみなした福音書記者の意図との間の大きな差を強調する。

41　最近では、G. H. Boobyer, The Redaction of Mark Ⅳ, 1–34, *NTS* 8, 1961/62, p. 59–70 がもっとも強く主張する。この人は、信者と非信者の区別がマルコ福音書の最初の数章の基本的主題である、とさえ平気で言い切る。

42　W・ヴレーデ、前掲書六三頁。

43　同じ批判はいわゆる護教論的説明にもあてはまる。これは時々忘れられた頃姿を現す説であって、最近では、T. A. Burkill, *Mysterious Revelation*, p. 110（これは、彼が The Cryptology of Parables in St. Mark's Gospel, NovTest 1, 1956, p. 246–262 に発表した考えの再録である）が採用している。E. F. Siegmann, Teaching in Parables (Mc. 4, 10–12 par.), *CathBQ* 23, 1961, p. 161–181 は同じ説明を伝承の段階に対して適用している。これによると、福音書記者（もしくはこの言葉を伝えた人々）は、イエスのメシヤ性をなぜ実際に人々は理解できなかったのか、という理由を説明しようとしている。イエスが本当にメシヤだったのなら、もっと人々にそのことがわかってもよさそうなものではないか、皆が気がつかなかったのはイエスが実はメシヤでも何でもなかったからなのだ、というキリスト教会外からの批判に対して護教論的に答えるために譬話論が発明された、というのである。すなわち、イエスのメシヤ性の真理は譬話の中に隠されていたから、というのであり、従ってこれがわかるかどうかは、神の予定による選びの問題だ、というのである。しかし、何度も繰返して言わねばならないが、ここではイエスのメシヤ性が問題になっているのではないのである。

44　土屋博、「種まきのたとえ」の伝承構造、一九六五年一一月四日、日本基督教学会学術大会口述発表、は、四・一〇—一二をそのまま全部福音書記者に帰してしまい、また後述する一二節と一三節の間の矛盾にも気がついていないので、福音書記者の考えを正しくとらえるのに成功していない。

45　E. Trocmé, *La Formation de l'Evangile selon Marc*, p. 127, n. 71による。この観察をもとにして、トロクメもまた、一〇—一二節は伝承資料であると判断する。

46　たとえば、R. Bultmann, *Die Geschichte der synoptischen Tradition*, S. 351, Anm. 1は、「十二人と共に」は編集上の加筆である、という。最近では、R. R. Meye, Mark 4, 10; Those about him with the twelve, *Studia Evangelica* II, *TuU* 83, p. 211-218が新しい解釈を提供している。彼は、σύνという前置詞はこの場合「共に」の意味ではなく、「の中で」の意味である、という判断から、これは十二人の中の何人かがイエスのもとに居た、という意味だ、と解釈している。

47　J. Jeremias, *Die Gleichnisse Jesu*, S. 9によい比較の表がある。

48　たとえば七・六—七にあるイザヤ二九・一三の引用は、明らかに七十人訳によっている。なお、マルコが旧約を主として七十人訳に従って引用する、ということは、マルコが異邦人キリスト教徒であることの証拠にはならない。自分に自信のない言語で本を書く時には、引用文はなるべくその言語ですでに発行されている既成の飜訳に頼ろうとするものである。そのよい例は、私自身のフランス語の著作である。聖書の引用に関する場合、私はなるべく既成の仏訳から引用し、自分の独自な解釈を示したい場合にも、既成の仏訳の語句を部分的に取りかえることによってした。

49　なお、明らかに編集句である三三節との内容上の矛盾から言っても、四・一〇—一二の方が伝承資料に属する、と言える。

50　もしも、譬話論（四・一〇—一二）が伝承の段階から種まきの譬につけて伝えられていたものとすれば一〇節の τὰς παραβολάς（譬を）という複数形は、一連の比喩（路傍に落ちた種、石地に落ちた種、等々）を意味する複数形か（E・トロクメ、前掲書一二七頁註七一、この解釈は、古くは、A・ユーリッヒァー、前掲書第一巻一二一頁、の引用するところによれば、G・フォルクマル（Volkmar）も試みている）、或いは広義の「謎」の意味か（G・H・ブービヤー、前掲書六一頁以下）どちらかに解すべきである。このどちらかに解釈すれば、一つの譬話が語られただけなのに、一〇節で弟子達は複数形の譬話の意味をたずねているから、一〇—一二節は前後関係にあわない、といってしばしば指摘される「矛盾」は存在しないことになる。従ってまた、この「矛盾」を根拠に、九節までは伝承で一〇—一二節は編集である、と断定することはできない。もしも伝承の段階ではこの二つは独立の断片で、マルコがこれを結合したのだとしても、少なくともマルコ自身はこの複数形を上のどちらかの意味に解していた、と考えられる。この二つの中、マルコの段階に関する限り、フォルクマル・トロクメ説の方が正しいように思える。

51　四・一四―二〇がヘレニズム的伝承であることは、その用語から言って確実である。諸註解書参照。邦訳文献では、小島潤「種播きの譬話とその解明」、立教大学『基督研究』一九六六年、一一一頁―一三〇頁所載の一一二頁に西欧の研究の紹介がある。小島は「原始教団的な特色」としているが、むしろ、パレスチナの原始教団よりも、ヘレニズム教会の用語の特色である。

52　E・クロスターマン、註解書該当個所は、一二節と一三節の間の調子の変化に気がついていながら、そこから何の結論もひき出そうとしていない。

53　これについては特に、H. Strack und P. Billerbeck, *Kommentar zum Neuen Testament aus Talmud und Midrasch*, 3 Aufl., II, S. 7 参照。

54　A・ユーリッヒァー、前掲書第一巻一二頁。

55　最近のものではたとえば、T・A・バーキル、前掲書一〇五頁以下参照。従ってバーキルは、福音書記者が四・一三を強調していることに気がついており、四・一〇―一二だけを福音書記者の思想の表現とみなすことに反対している（一〇三―一〇八頁）。マルコは、「四・一〇―一一が想像せしめるように、弟子達と特別な教えを受けていない群衆とを鋭く区別する」などということはせず、「神の国の秘義は弟子達に与えられているかもしれないが、彼等にそれは理解できない」とする（一〇八頁）。さすがにもっとも新しい研究の一つだけあって、バーキルは見るべきところを見ている。しかし彼は、問題をイエスのメシヤ性の理解に限定してしまっており、また弟子達の無理解は復活以前だからである、として、マルコの批判的精神を見落している。

56　E・トロクメ、前掲書一二七頁註七一、H・J・エーベリンク、前掲書一八二―一八九頁。

57　R. Bultmann, *Ergänzungsheft zur Geschichte der synoptischen Tradition*, 2. Aufl. 1962, S. 52（本文三五頁に対する補足）は、「三四節は三三節の暴力的な意味の変更である」という。しかし「暴力的」な意味の変更があるとすれば、それは一二節と一三節の間である。

58　E・トロクメ、前掲書一二七頁以下、の解釈。

59　この点については、一二八頁以下参照。

60　譬話論については邦語の研究として註51にあげた小島潤氏の論文がくわしく、かつすぐれている。しかしもっとも基本的な点でこの論文は今日の世界の聖書学の成果をおよそ無視してしまっている。つまり、マタイとルカとはそれぞれその福音書編纂にあたってマルコを主たる資料として用いた、ということは、今日の聖書学が到達しているもっとも確実な結論の一つなのだが、小島潤氏の論文は、この事実が十分に意識されていないために、せっかくの内容についてのすぐれた理解も価値が差引かれている。マルコ四・一〇―一二の部分はマルコ以前の伝承によっている、というそれ自体としては正しい認識の根拠づけを、小島氏は、三福音書がこの部分ではほぼ一致しているから、という点に見出す(一一四頁)。しかし三福音書がほぼ一致している、という事は、決して伝承の古さの証明にはならず、マタイ、ルカがマルコを用いたからにすぎない。資料問題についての認識がこのように不確かだから、譬話論のテクストとしてはマタイが論理的にもっとももよく筋が通っているから、「マタイを骨子にするのが最も当を得ているであろう」(一二二頁)などという奇妙な発言となる。もっとも、ここで著者が「骨子にする」ということの具体的な意味がわからない。マタイがよい伝承を伝えている、というつもりなのだろうが、それなら著者自身の一二六頁の文章と矛盾する。こちらでは、各福音書間の相違は「それぞれの地域また教団においてそれぞれの伝承をもっていた」からである、としている。しかし、マルコから書き写している場合の相違点は、異った伝承に帰されるべきではなく、マタイ、ルカの独自の編集活動に由来する。そうでない場合もあるが、それは他の特殊の場合であって、少なくともここにはあてはまらない。譬話論の伝承の段階の意味について、譬というのは徴であり、「この徴を見分ける」ことが「奥義を知る」ことに連なる、と小島氏が解しているのは正しい(一二三頁)。しかし、方法論の上で右に示したような常識的欠陥があるものだから、伝承の段階に対するマルコの特色をえがく段になると、マルコ本文の意図とはおよそ無関係な文章の羅列に終ってしまう。その文章がいかそれ自体としては深く敬虔な信仰心の表白であっても、それでは古典文献の研究にはならないのである。

61　Typologie. 通常神学者は「予型論」と訳す。旧約の出来事は予め新約の出来事の型として生じているのである、という意味であるから、こう訳してよいようであるが、これでは「余計」と混同しそうで語呂が悪いし、予型という日本語はないから、原語の意味を知っている者には話が通ずるものの、そうでないと奇妙である。Typologie という単語そのものに「予」の意味はないのだから、やはり「類型論」と訳すのがよい。私は旧約との対応を特に強調する場合には類似対応とし、一般には類型論という普通の語を用いたい。この語に限らず、神学者仲間にしか通じない特殊な翻訳語を多数作りだすのは避けた方がよい。

62　このほかに、この物語と旧約との関係としては、列王紀下四・四二―四四のエリシャの奇跡物語があげられる。二十個のパンで百人の人が満腹して、なお食べ余した、という物語である。数字が新約聖書の物語よりつつましやかであるが、同じ型の物語である。しかしこれはこの種のパンの奇跡は奇跡物語の型としてかなり古くから存在していた、ということを示すだけで、物語の語り口に影響があるかもしれないが、新約の著者達が、イエスのパンの奇跡の意義を、エリシャの行為と特に関連づけて考えたとは言えない。ここに一種の類型があるのは確かだが、神学的な意味での類型論、すなわち、型としての旧約の出来事を新約の出来事が成就する、という意味での対応はない。

63　G. Ziener, Die Brotwunder im Markusevangelium, *BZ*, *NF* 4, 1960, S. 282–285 の解釈。G. Friedrich, Die beiden Erzählungen von der Speisung in Mark 6, 31–44; 8, 1–9, *ThZ* 20, 1964, S. 10–22; J. Jeremias, Artikel *Μωϋσῆς*, *ThWzNT* IV, 1942, S. 873 も基本的にはこれと同じ解釈をしている。

64　イェレミアスの博識をもってして集めた資料も以下で論ずるラビ・アキバ（九〇―一三五年）の一つの言葉を除くと、すべて紀元後四世紀に由来する。

65　ヨセフス、古代史二〇・一八八、ユダヤ戦記二・五九、の伝えるメシヤ運動の例。

66　一QS八・一四、CD五・一八以下などの例。

67　R. Bultmann, Ursprung und Sinn der Typologie als hermeneutischer Methode, *ThLZ* 65, 1950, Sp. 205–212 参照。

68　マルコがイエスの出来事のいくつかの点に、或いは少なくともその描写に、旧約との何らかの類比を考えたということは十分にありうることだが、これだけでは類型論の名に価しない。またマルコ福音書では、供食の物語のほかにもう一つだけ、荒野の誘惑の物語（一・一二―一三）がアダム類型論の意味でしばしば解釈されるが、この場合も類型論的説明が成立しないことは、H. G. Leder, Sündenfallerzählung und Versuchungsgeschichte, zur Interpretation von Mc. 1, 12f., *ZNW* 54., 1963, S. 188–216 が徹底した議論で証明している。

69　一二四頁以下参照。

70　これがその程度の一般的な表現にしかすぎないということは、死海文書の類例を見ればわかる。一QS一・一一、CD一三・一、一QSa一・一四―一五、一QM四・一―五参照。

71　これは拙著 *Miracles et Evangile*, 1966, p. 124ss. ではくわしく扱った。しかしあまりに議論が微細になるから、ここでは要点を紹介するにとどめる。

72　「小一致」の問題をもっともくわしく論じているのは、B. H. Streeter, *The Four Gospels, a Study of Origins*, p. 293ff. である。彼はこの物語の場合、マタイとルカの小一致は偶然の結果であるというが（三一三頁以下）、あまり納得できない。

73 これは便宜上であって、この資料がマタイとルカの共通に使用した語録資料（いわゆるＱ資料）と同じであることをかならずしも主張しているのではない。なお、この物語にマルコ資料以外にマタイとルカの共通した資料を認めるのは、Ｂ・ヴァイスにさかのぼる。E. Klostermann, *Das Lukas-Evangelium*, 2. Aufl., Tübingen, 1929, S. 105参照。クロスターマン自身この説を支持している。Ｈ・コンツェルマン、『時の中心』邦訳八九頁、もこれを認めているが、ルカ神学の分析に関しては重要な問題ではない、という。それは正しい。しかしマルコの分析については、手がかりが少ないだけに、この事実は重要である。

74 この現象を説明するのに、ルカはマルコだけでなくマタイも知っていた、という古い仮説を持出すのはあたらない。N. Turner, The minor agreements of Matthew and Luke against Mark, *Studia Evangelica* Ⅰ, *TuU* 73, p. 223–234.

75 九〇頁参照。

76 別に他の資料など存在せず、マタイとルカは、五千人の供食の物語を書く時に、マルコのその物語だけでなく、四千人の供食の物語の方も参照したから、それでマタイとルカは一致する点があり、これと四千人の供食の物語の方とが一致するのだ、と説明することはできない。たしかにルカは五千人の物語と四千人の物語をまとめて一つにしてしまっているが、マタイはこの二つを別の物語として記している（一四・一三―二一、一五・三二―三九）。また五千人の物語でのマタイとルカの小一致のうち四千人の物語の方と一致するのは一部だけである。

77 J. Welhausen, *Das Evangelium Marci*, ad loc.

78 この点を、H. Clavier, La Multiplication des Pains dans le Ministre de Jésus, *Studia Evangelica* Ⅰ, *TuU* 73, p. 441–457 及びE. Lohmeyer, *Das Evangelium des Markus*, ad loc. は正しく強調している。人々はおよそイエスの言葉を理解せず、イエスの方はますます謎のような言葉を重ねていく。イエスは「此世」とは別の秩序に属するのだ、とヨハネ福音書は全体として強調する。これに似かよった雰囲気がマルコのこの物語や、その他弟子達の無理解の動機を扱った個所に出てくるのは事実である。もっともこれは、マルコがヨハネ的である、というよりも、ヨハネがマルコ的な弟子達の無理解の動機を「此岸」と「彼岸」の対立という点で解釈した、という方が正しいだろう。

79 E. Lohmeyer, *aaO.*, S. 129ff.

80 マタイにおけるこの物語の意味については、H. J. Held, Matthäus als Interpret der Wundergeschichte, in Bornkamm-Barth-Held, *Ueberlieferung und Auslegung im Matthäus-Evangelium*, S. 174.

81 E. Trocmé, *La Formation de l'Evangile selon Marc*, p. 141.

82　この物語は聖餐と関係づけて語られていたものである、と解釈する者は多い。註解書の中では特に、ラグランジュ、ロワジィ、ブランスコウム、グルントマンがあげられよう。最近では、B. van Iersel, Die wunderbare Speisung und das Abendmahl in der synoptischen Tradition, *NovTest* 8, 1964, S. 167–194がこの点を正しく観察し、ていねいに論証している。

83　ヴァン・イェルゼルは後者の説明をとる（一八二頁以下）。この物語は奇跡物語としての完全な様式をととのえていないから、奇跡物語としては未発達であり、その理由は、元来奇跡物語だったものが、奇跡物語としての様式を完成する以前に、伝承の過程で祭儀的な要素の方に重きが置かれた結果である、という。しかし、ヴァン・イェルゼルは、奇跡物語の様式について誤解している。物語がだんだん発達していって完成した様式にいたる、というのではなく、奇跡物語が語られる場合には、はじめからそのような様式に従って語られることが多い、ということなのである。

84　この物語が聖餐の伝承とまったく無関係であると主張する小数の論者が居ないわけではない。J・ヴェルハウゼン、前掲書、がそうである。V・テイラー、註解書該当個所、もこの解釈を積極的には採用したくなさそうな様子を臭わせている。最近では、G. H. Boobyer, The Eucharistic Interpretation of the Miracles of Loaves in St. Mark's Gospel, *JThS*, *NS* 3, 1952, p. 161–171が最も強硬な反論を展開している。ただし彼の議論はずい分無理を犯している。マルコ及びマルコ以前の伝承を説明するのにヨハネ伝をもってきたり、パンをとり祝してさき……というイエスの動作がおよそ聖餐の伝承を想像せしめないものだ、と言ってみたり、マルコは第一コリント一〇・一—四を知っていたかどうかわからない、ということを根拠にしてみたり（第一コリント一〇・一—四を知らなければ教会の聖餐式を知らなかった、というのであろうか）、あまつさえ、この群衆は洗礼を受けた信者ではないのだから、洗礼前の人間に聖餐を与える、などということは考えられない、と言う。だいたいマルコがこのように頭の硬い形式主義の考えしか考えられなかったと思うのが解釈以前の幼稚さだが、それは別としても、これは正統主義的に組織づけられた教会の聖餐式の場面だ、などと誰も言っているのではなく、この奇跡物語は聖餐式設定との関連において語られているのではないだろうか、という問題なのである。聖餐式の意義は十字架の死と関係づけられるべきだし、従って、ここでは「ブドー酒」が言及されていないから聖餐との関連を見ることができない、という彼の議論も同じく問題点の誤解である。そしてまさに、以下に示すように、この物語では十字架の贖罪論と無関係に聖餐が語られているところが大きな特徴なのである。なおこのブービヤーの説に対しては、上記ヴァン・イェルゼルの論文と、T. A. Burkill, The Cryptology of the Parables in St. Mark's Gospel, *NovTest* 1, 1956 p. 246–262の二五五頁註一が正しい批判を加えている。

85　L'évangile selon Marc, p. 195.

86　ブルトマンも、初期キリスト教一般において、聖餐の意義づけに二つの伝承があった事実を指摘している。『新約聖書神学』(邦訳) 第一巻七四頁以下及び一八二―一九〇頁参照。

87　ブルトマンは共餐をパレスチナ教団に、聖餐をヘレニズム教団に帰しているが、これはいささか図式的にすぎる。パレスチナ原始教団の最初の神学的営みがイエスの死を我々のための贖罪と解釈することであったとすれば (八木誠一『新約思想の成立』八三頁ほか)、聖餐を十字架と結びつける伝承もかなり古いものであった、と言わねばならない (八木、同一九〇頁参照)。

88　三三八頁以下参照。

89　クムラン教団の食事についてはあまたの議論があるが、少なくともこの点は確かであろう。この問題については、特にK. G. Kuhn, The Lord's Supper and the Communal Meal at Qumran, in *The Scrolls and the New Testament* (ed. by K. Stendahl), 1957, p. 65-93 がすぐれている。ただし J. van der Ploeg, The Meals of the Essenes, *JSS* 2, 1957, p. 163-175 参照。

90　この点を指摘したのは、E. Stauffer, Zur apokalyptischen Festmahl in Mk. 6, 34ff., *ZNW* 46, 1955, S. 264-266 である。また W. Grundmann, *Das Evangelium nach Markus*, S. 137 も同じ見方をしている。

91　この解釈はE・トロクメ教授から口頭で聞いたものである。

92　もっともマルコは後の傾向に見られるように、ペテロ一人の権威を強調することはしていない。ペテロが最も重要な人物であったことは敢えて否定しないまでも、他の重要な直弟子とそれ程差を置いて考えている様子はない。他の福音書と比べて、これらの人物の出てくる回数は、マルコではもっとも均等に近いのである。すなわちマルコでは、ペテロ十九回 (受難物語を除けば十回、シモンを加えれば全部で二六回) に対して、アンデレ四回、ヤコブ、ヨハネが各十回出てくる。これに対しマタイでは、シモン十ペテロが二八回で、アンデレ二回、ヤコブ、ヨハネが各三回である。ルカではシモン十ペテロが三十回で、アンデレ一回、ヤコブ五回、ヨハネ七回である(E・トロクメ前掲書一〇〇頁以下による)。従って、後の福音書ではペテロ一人を重要視する傾向が強く、マルコではむしろペテロは三人の主要な弟子の筆頭と考えられていた。

93　O・クルマン『ペテロ』(邦訳) 二七頁以下はこの点一応正しい。

94　マルコが福音書を書いていた当時、ペテロはすでにエルサレムに居なかったし、すでに死んでいたのかもしれないのだから、マルコがペテロ批判をしながらエルサレム教会の批判をする、というのは歴史的事情にあわない、時のエルサレム教会の批判ならばむしろ主の兄弟ヤコブの批判に向うべきだ、という反論が我々に対してなされた(一九六五年六月、日本聖書学研究所公開講演の席上にて荒井献氏が提出した疑問点)。これに対しては次のように答えられよう。もちろん以下に述べるように、マルコは主の兄弟ヤコブを最も厳しく批判しているが、それだけでなく、ペテロを中心とした原始キリスト教会史を、我々はこのような「反論」をたてられるほど十分に知りうる史料を持っているかどうか疑問なのである。ペテロの歴史的行動やエルサレム教会の動向について伝えている信憑性のある史料はあまりにわずかであって、それを絶対的な基準としてマルコ福音書の研究をその枠にあてはめていけるような年表は作り得ないのである。むしろ、間接的ではあってもマルコ福音書自体が原始教会史のためのもっとも重要な史料の一つであって、他から得られた原始教会史についての推論（これも常に推論である）によってマルコ福音書の提供する素材を判断する、というだけでなく、逆に、マルコ福音書の研究結果から原始教会史についての推論を補正していく必要がある。（同じことはマタイ、ルカ、ヨハネにもあてはまる。）第二に、マルコの書かれた年代について我々は確かなことを知っていない。もしかするとまだペテロがエルサレムに居た頃書かれたのかもしれないのである。第三に、ペテロがいつエルサレムを離れたか決定できない。使徒行伝一二章によれば、四十年代のはじめには離れている。ところがガラテヤ書二・九によれば、使徒会議の四八年か四九年頃（この年代決定も問題があるにせよおよそこの頃）、なおペテロはゼベダイの子ヨハネと主の兄弟ヤコブと共に三人の主要指導者としてエルサレム教会に居たのである。第四に、ペテロがエルサレムを離れたというのはそもそもどういうことか。エルサレムを離れて後もはや再び戻っては来なかったというのか。それともむしろ、パウロがアンティオキアを根拠地にして宣教活動をしていたように、ペテロはエルサレムを根拠地として宣教活動をしていたのではないのか。第五に、ペテロがエルサレムを「離れた」前後から主の兄弟ヤコブがエルサレム教会の主導権をにぎった、という「常識」が一応正しいとしても、これはフルシチョフの失脚や、ファラオが前のファラオの名をオベリスクから削ったりしたのと同じことではない。指導者としての影響力、特に伝承の保持者としての権威は、「離れた」後でもエルサレム教会に強く残っていただろう。確かに、主の兄弟ヤコブの影響力がだんだん強くなっていって、ペテロ自身も彼に左右されるような場合があったとしても（ガラテヤ書二・一一―一四）、ペテロの影響力が消えてしまった、などということは考えられない。以上を総合して、いずれにせよ、マルコのエルサレム教会批判は単にエルサレム教会だけに向けられたというよりは、エルサレム教会的傾向全体に向けられているのであろうけれども、やはりその中心にエルサレム教会があるのは確かであり、その中にはペテロ批判も含まれていた、というのは事実である。（この事実が否定されるようなことがあるとすれば、それはマルコ福音書の内証の検討から以外ではありえない。）原始教会史を考える場合には、むしろこの事実を考慮に入れるべきなのである。

95　E・トロクメ、前掲書一〇四―一〇九頁。

96　実際、主の兄弟ヤコブはエルサレムの町の有力者の一人になっていて、パリサイ派と友好的な勢力者であり、その結果サドカイ派系統の大祭司アナヌスのまき返しの際に殺害されたのである。彼がエルサレム貴族社会にどの程度支持されていたかは、彼の殺害が違法とされて直ちに大祭司が更迭されたこと、アグリッパ二世もアナヌスの行為に反対であったことなどから知られる（ヨセフス、古代史二〇巻九・一、二〇〇—二〇〇参照）。

97　イエスの弟子、という意味では全部で二七回用いられている。

98　六・一の「弟子達」の言及は注目に価する。物語の導入句で彼等はイエスに伴う者としてえがかれているが、物語そのものではもはや言及されない。何故物語には用のない人物を、マルコはわざわざ自分が付け足した導入句では言及するのだろうか。K・L・シュミットは、これは古い伝承の残りである、と考える（*Der Rahmen der Geschichte Jesu*, S. 153f.）。しかしこの推論は逆であろう。この語は編集句の中に出てくるのであり、マルコは続く物語とは無関係に、弟子という者は常にイエスに従っているものだ、ということを、おそらく半分無意識に、弟子たる者は本来こういうものなのだと平素考えているままに、記してしまったのであろう。

99　しかし「十二人」と違って、「弟子」は宣教に派遣される者という意味では出てこない。「使徒」（アポストロス）という語を語源的な意味で宣教派遣の関連においてしか用いないマルコは、「学ぶ」（マンタネイン）という動詞から来ている「弟子」（マテーテース）もやはりその語源的な意味以上にはあまり広げて用いないのであろう。「弟子」はイエスの教えを学ぶ者である。従ってマルコは、古くからイエスに従った人々を中心として、イエスの教えを学びその伝承を保持している者達を「弟子達」と呼ぶのである。従ってまた、「弟子達」とはこのような者であるから当然イエスの教えを最もよく理解していなければならない、という要求もあるのであろう。そこに、マルコが彼等の無理解に特に不満を感ずる理由もあろう。なお註101参照。

100　R. R. Meye, Mark 4, 10. Those about him with the twelve, *Studia Evangelica*, II, 101*TuU* 83, p. 211–218 の二一三頁以下では、マルコにおいて「十二人」と「弟子達」は同義語であるという。実際にはほぼ同じ人々を指しているのは事実だが、しかし意味あいの相違にも気がつかねばならない。

101　この点で我々はE・トロクメ、前掲書一四三頁以下と意見を異にする。彼によれば、「かつてのラビ・イエスの弟子だけでなく」、復活のメシヤに従う信者もマルコでは弟子とよばれている、という。「『弟子』になるためには、最初に選ばれた者達の小さな集団に属している必要はない。」マルコの思想の本質的な認識から言えばこれは正しい。マルコはイエスの生前にずっとイエスについて歩いていた直弟子達と、イエスの死後信者となった者、もしくは生前のイエスにどこかでふれた経験があっても直弟子達のように常に一緒に歩いていたわけではない者とを質的に区別しない。むしろマルコは、現在自分達と共に生きているイエスに信頼して生活を送っているそこここの名も知れぬ人々も、十分深い意味での「キリストの者」(九・四一)である、と主張するのを一つの主眼点としている。この事実を指摘している点で右に引用したトロクメの文章はきわめて正しい。しかし、「マテーテース」という語の用法に関する限り、マルコはこのようにしてイエスを信ずる者を「マテーテース」とは呼ばないのである。やはりこの語は、マルコの環境においては、ラビに従う弟子（タルミード）という意味あいが強かったであろうから、マルコはこの語でもってイエスを信ずるすべての者を表現することはしなかったのである。この語はむしろ日本語の直弟子といった感じで用いられている。実際、E・トロクメが「十二人」の仲間に属さない他の人々も「弟子」として考えられている、として指摘する個所（三・三三―三五、五・一八―二〇、八・三四―九・一、九・三八―四〇、一〇・一七―三一、一〇・五一―五二）においては、「マテーテース」の語は彼等には適用されていない。言葉の用い方から言えば、マルコは「十二人」とその周囲に集った人だけでなく、広く一般にイエスに従う者がマテーテースである、と言っているのではなく、マテーテース（直弟子）だけでなく、広く一般にイエスに従う者は皆同等にイエスの兄弟であり、「キリストの者」だと言っているのである。

102　これは、R. Bultmann, *Die Geschichte der synoptischen Tradition*, S. 50 が言うように、伝承が論争物語として作られた時からすでに、状況設定として与えられていたのであり、史的状況ではなく、初期パレスチナ教団とユダヤ人指導層との論争を反映して書かれたものだからであろう。

103　伝承からマルコへの発展をたどると、動と反動、さらにそれに対する再批判と、複雑な屈折が見られて面白い。これらの論争物語をはじめに語り伝えた人々は、「断食」「安息日」「清め」などの祭儀的倫理規定をのり越え、キリスト教信仰に基く新しい倫理の道を歩んでいた人々であっただろう。ところがマルコの状況では、これらの問題を理解しない「弟子達」がえがかれている。キリスト教倫理の道を徹底させずに、むしろユダヤ教の枠内にとどまろうとする勢力が強くなっていることがこれでわかる。マルコはこれに再批判を加えている。だからマルコの歩む道を歩んだ先人は大勢居るのだ。その点マルコは特に独創的ではない。むしろすでに敷かれたイエスへの信仰の道を後にひきもどそうとする反動的傾向に対する再批判としてマルコは登場しているのである。そしてマルコの先人をたどっていけば、究極的にはイエスが始点に居たのである。

104　J・B・タイソン、前掲論文(註37)二六六頁以下、に対して。

第三章　イエス活動の二面

一　教えと奇跡

マルコはイエスの活動を具体的にはどのようなものとして把握していたのであろうか。福音書の主要部分は、イエスの活動を言葉による教えと病人の治癒を中心とする奇跡活動としてえがいている。そこで我々は、教えと奇跡というイエス活動の二面をマルコがどのようにえがこうとしているのかを調べてみよう。

他の福音書と比べて、マルコには教えの要素が少ない、ということはよく知られている。マタイやルカは、マルコに加えるにイエスの言葉集（Q資料）を資料として用いることによって、イエスの教えの具体例を豊富に補なおうとしている。彼等がマルコの業績にもかかわらず、自分達も似たような福音書を書こうとした動機は、ほかにもいくつか考えられるが、マルコにはイエスの教えがあまりにも貧弱な分量しか盛られていないからである。もしも我々が福音書としてマルコしか持っていないとすれば、イエスの教えの具体的内容をごくわずかな程度にしか知らないことになろう。山上の垂訓をはじめとして、有名なイエスの言葉の数々が我々には伝えられなかったことになる。つまりマルコはイエスの教えの具体的内容を数多く伝えることにはあまり興味がない。少なくともそこにあまり重大な意義は置いていない。そしてイエスの教えについて語る場合も、多くは律法学者、パリサイ人との論争、或いは弟子達の無理解をたしなめるもの、という形で提出されており、一般的な真理内容の叙述という形ではあまり記されていない。マルコは、イエスの教えそのものは重要ではない、というのだろうか。ところが他方、実に奇妙な現象なのだが、マルカの編集句の用語を調べていくと、編集句においては、イエスが教えた、という文章が非常に多数出てきて、大きな特色をなしている。(1) 共観福音書の中で、「教える」διδάσκειν という動詞を最も多く用いるのはマルコであるし、名詞の「教え」διδαχή についても同じことが言える。(2) しかもこの数多い例のうち、七・七、一二・一四を除いて、他はすべて編集句の中に出てくるのである。同じ語源から導びかれた名詞「教師、先生」(διδάσκαλος)を呼格に用いて、イエスに人々がよびかける場合に用いるのも、マルコがもっとも多い。(3) そして、他の二つの共観福音書は、イエスをこのように呼ぶのをやや躊躇している。マルコではイエスはすべての人々から「先生」と呼ばれている。弟子達から(四・三八、九・三八、一三・一)、多かれ少なかれイエスに親しみを感じている人々から(九・一七、一〇・一七―二〇)、またその論敵からも(一二・一四、一九、三二)こう呼ばれている。ところが、マタイは弟子達には一度もイエスをこのように呼ばせていない。つまりマタイは、このような呼び方は、イエスに信仰を持たず、イエスを単なるラビだと考えている人々のみ用いる間違った呼び方である、と考えているのだ。ルカの方はこの点それ程顕著な傾向は示していないが、いずれにせよ、マルコほど積極的ではなく、用いた資料に出てくるものを再録しているだけである。(4)

この事実をどう理解すべきであろうか。教えを非常に強調しておきながら、教えの内容はほとんど伝えていないのである。この一見矛盾する態度をどう説明すべきであろうか。ここにマルコのイエス理解の基本的特色がある、と言うべきであろう。(5) この事実を説明するのに、E・シュヴァイツァーは、マルコにとってイエスの教えの内容、すなわち伝承可能なもの、反復可能なものは重要ではなかった、言いかえれば、「史的に再構成できるようなイエス」が重要ではなかったのだ、という。マルコが伝えたいのは歴史家の手によって確認できるような事実ではなく、「信仰にのみ認識されうること、すなわちイエスの生涯において神自らが此の世に突入したということをマルコは宣言しているのである。」だからマルコは伝承可能な教えの内容は伝えず、むしろ教えを秘儀として、此の世には理解できないこととして把握しているのである、という。(6)

このような説明において、「歴史」という概念があまり厳密に把握されていないことはここでは問わない。ただいずれにせよ、新約の文書の説明を結局は神の行為にもっていくのではいささか安易にすぎないだろうか。これがヨハネ福音書ならば（歴史の概念は別として）、一応この説明はあてはまる。ヨハネ福音書の基本主題は、神なる言葉《ロゴス》（一・一）が肉となった（一・一四）ということだからである。けれども受肉の教義はヨハネ以外の文書の説明にいきなり適用できるものではない。「神がイエスにおいて此の世に行為した」ということを言いたいために、ヨハネは全篇を通じてこの意味を表わす文章をちりばめ、神の行為ということを直接何度も口にしないではいないのである。それをあからさまに言わないで、どうして「神がイエスにおいて此の世に行為した」ということを福音書の基本主題として主張しえようか。ヨハネは口をすっぱくして神の行為を語り続ける故に、彼が「此の世」の者はイエスを理解しない、と言う時に、それは、イエスの行為は此岸性からは理解できない神の行為である、と主張したいのだとわかるのである。しかし神の行為について直接にはおよそ口にしないマルコが一番言いたかったのはそれだ、と結論するのはどう考えても無理である。このようなことを主張する場合には、それを明からさまには言わず暗黙裡に理解されることを要求するのだ、などと言うわけにはいかないのである。ヨハネの例、またヨハネとはまったく同じではないにせよ、やはり直接に神の行為を語るパウロの例がある限り、このような説明は成り立たない。人は誰でも、わざわざ本など書く場合には、自分の一番言いたい基本主題は明からさまに強調するものだ。

　マルコ本文の説明もこれではうまくいかない。マルコの場合無理解は弟子達の無理解であって、一般に「此の世の人々」の無理解ではないことはすでに述べた。マルコは別に「此の世には理解できない秘儀」など語ろうとはしていない。マルコにおける秘密の動機も、後述するように、こう説明したのでは正しくない。譬話で語る、すなわち謎の言葉で語る、というのもこのような秘儀としての教えの性格を示す、とシュヴァイツァーは言うが、それでは、人々に理解できるように譬話で語った（四・三三）という句が納得しない。それにそもそも、マタイやルカほど多くないとはいえ、マルコはイエスの教えの内容をあげる時には、まさに具体的な問題をいつもとりあげているのである。事実問題について確認可能なはっきりした意見をマルコのイエスは述べているのである。安息日についての論争、清めについての論争、種まきの譬の解説、仕える者となれという要求、党派的閉鎖主義を批判した言葉、神殿破壊の予言等々、実に具体的な問題についてのはっきりした意見の表明なのである。「此世の人々」には理解できない神の行為の秘儀がイエスの教えだ、と言いたいのだとすれば、まさにヨハネ福音書にしばしば長い頁をさいて語られるイエスの説教のように、具体的事柄については何も語らず、イエスの出来事は神の行為だということばかりを謎のような言葉の連続で語ればよいのである。自分の言いたい趣旨でもないのに、どうして具体的な問題について論争的に明快な結論を次から次へと並べていくのか。(7)

このような福音書記者の意図の誤解は、教えの内容をあまり強調しないのに教えを強調する、という事柄をそれだけぬき出して考察する結果である。教えと共にマルコが非常に積極的に奇跡物語を採用している、という事実を考慮しなければならない。マルコがイエスの奇跡をどう意義づけているか、という問題を並べて考えてみてはじめてマルコがイエスの教えをどう理解したかが理解できる。マルコが奇跡よりも教えを重要視しているとは言えない。(8) マルコは福音書の前半に価値の少ない奇跡を置き、後半ではむしろ奇跡を否定して弟子達に対する教えの重要性を強調した、という二区分説が成り立たないことはすでに述べた。マルコが奇跡物語を積極的に集めて福音書を書いた、ということもすでに確認した。そしてマルコがイエスの活動を一般的にまとめて叙述しているまとめの句においても同じことが確認できる。以下、まとめの句を多少検討してみよう。

一・三二—三九。三二—三四節は明瞭に編集上のまとめの句であるが、ここではイエスの治癒活動一般が叙述されている。三五節以下では、伝承から与えられた動機を利用しているのかどうかわからないが、イエスの「来たこと」の目的は「宣教すること」(κηρύσσειν)である、と主張される。けれどもこれでもって、イエスの活動の主目的は奇跡よりも宣教である、と言っているのではないことは、続く三九節にこの部分のまとめとして、宣教と悪霊祓いとがイエスの一般の活動であったことが確認されていることからもわかる。かくしてこの個所では、教えと奇跡が等しく強調される。

三・七―一二。このまとめの句はイエスの治癒活動のみ記している。しかし、九節に小舟の動機が出てきて、これは明瞭に四・一以下の譬話による長い教えの場面を頭においている。従ってここでは、教えの活動も頭に置きながら、治癒をイエス活動の一般的な面としてえがいていることになる。なおこれに続く十二弟子の選びの場面でも、十二弟子は「宣教」に派遣されると共に「悪霊を追い出す権威を持つ」とされる。

六・六―一三。この部分はまとめの句とは言えないが、同じような観点が現れている。六節後半は前のナザレの物語の結びをなすものであって、次の弟子派遣の場面の導入句をなすわけではないが、(9)この句ではイエスは近隣の村々で教えをなす、とのみ伝えられている。しかしこれに続く弟子派遣の場面で、伝承資料を記したあと、一二、一三節でもう一度マルコは自分の言葉で言い直しているが、ここでは「悔改め」の宣教と病人の治癒とが並べられている。従ってここでも教えと奇跡の調和は破られていない。

六・三〇―三四。宣教活動からもどって来た使徒達は、自分達が「なしたことと教えたこと」を報告する。「教えたこと」と並べられている「なしたこと」は当然治癒活動を意味する。次いで三四節でイエスは民衆を教える。しかし、この教えに続く場面は、大きな奇跡の場面である。

六・五三―五六。ここでは奇跡活動のみ一般的なイエスの行為として記されている。従ってこの部分はやや奇跡の方に比重が傾いている。けれどもすぐ続く場面では、また長くイエスの教えが叙述されている。

以下一〇・一を除いて、まとめの句と言えるようなものはない。一〇・一ではユダヤとペレアにおける教えの活動に一般的にふれている。ここでは逆に奇跡に言及されていない。その理由は、おそらく、マルコはイエスの奇跡物語をガリラヤ地方中心に蒐集したため、ユダヤ、ペレアの地方のそのような民間伝承はあまり知らなかった（或いはこの地方にはそもそもあまり伝わっていなかった）からかもしれない。しかしいずれにせよ、マルコが、この地方でのイエスの活動が排他的に教えのみであった、と考えてはいなかったことは、一〇・四六―五二で治癒物語を一つ記していることからもわかる。

以上のまとめの句について確認できることを、もっと端的に一・二一―二八の物語は示している。これはイエスの公の活動の最初のものとしてここに提出されている。数多くの伝承の中から第一に選び出してこれを語るのであるから、マルコがこの物語を特に重要視していたことはわかるし、最初の活動として提出されている、という意味で、これをイエス活動の基本的な型としてマルコが把握していた、と考えてさしつかえない。この物語はマルコ福音書の中にあって、言わば、プログラム的性格のものである。[10] そしてしばしば指摘されるように、この物語では二つの要素が作為的に結合されている。[11] カペナウムの会堂でのイエスの教えと、そこで行われた悪霊につかれた者のいやしの物語とが機械的に結合されているのである。イエスの教えの場面のあと、いきなり悪霊につかれた者が出てくること（二三節）――安息日の会堂の中にこのような者が居たということがすでにあまりありそうでないが――また二七節の群衆の喝采の言葉は不器用に二二節の言葉を繰り返していることなどから言って、教えの物語（二一―二二節）と奇跡物語（二三―二八節）が結合されたものであることは明白である。[12] ここからも、マルコは教えと奇跡に同じ価値を置いていたことが知られよう。

二　奇跡の概念

ではマルコはどのような奇跡概念を持っていたであろうか。ある現象を考えるのに、それをどういう言葉で呼ぶか、ということは、その人がその現象について持っている概念をよく示すものである。しかし、マルコの奇跡観を調べると、まずこの点で面白い事実にぶつかる。少なくとも名詞概念に関する限り、マルコには「奇跡」を表わす表現が欠けている。ヘレニズム文学に多く出てくるθαυμα-を語根とする名詞で奇跡を表現する語はマルコにはない。[13] パラドクス（παράδοξ）というある意味では現代人の奇跡概念に最も近い用語もマルコにはない。[14] 七十人訳聖書の伝統的用語であるσημεῖον, τέρας, δύναμιςもマルコではほとんど重要な意味には用いられていない。事実のこの消極的側面を把握しておくことは、マルコの奇跡観を、これらの概念が大きな役割を果しているルカやヨハネと区別して理解するためにも、[15] 非常に重要である。

デュナミス（δύναμις、力）について言えば、マルコ福音書でもこの語は一応奇跡行為を表わすのに用いられ、この語のこの意味の用法はマタイ、ルカとほぼ同じ回数だけ見られる。[16] しかしこの語は特にマルコのイエス観を性格づけるようなものではない。マルコにとって、デュナミスは月並な人間も行うことのできる行為であった（九・三九）。[17] これは病気を癒す時に治癒行為者から患者へと移される「力」である（五・三〇）。その意味で治癒や悪霊祓いの行為が「力」と呼ばれるのである（六・二、五、一四）。だからマルコの場合、この語はまさにその字義通りの意味しか持っていない。その当時の人々の社会的通念として、病気の治癒がなされる場合には「力」が働かねばならない、と考えられていたことの表現である。だからこれは、いわば物理的もしくは医学的力である。マルコがルカ一〇・一三平行のような言葉を伝えていないのは偶然ではない。Q資料からきたこの言葉では、奇跡的「力」が行われれば、ツロ、シドンの人々でさえ悔改めたであろう、という。マルコではデュナミスはこのように信仰を生み出す力ではない。むしろ逆に、信仰（もしくは信頼）のないところではデュナミスは働かない（六・五）。[18] 洗礼者ヨハネもまたデュナミスをなすことのできる人だと考えられている（六・一四）。このような考えはルカには受けいれられない。ルカにとってはデュナミスという語はキリスト論的重みを持っているので、イエス以外の人がデュナミスを行うなどとは考えられない。[19]マルコはこの語を社会通念に従って用いているだけで、そのように重要な意味は与えていない。

「徴」(σημεῖον)の用い方はもっと特徴がある。使徒行伝で一貫してイエスの奇跡活動を表わす表現として用いられる複数形の*σημεῖα καὶ τέρατα*(徴と驚異)という表現は(二・一九、二二、四三、四・三〇。使徒その他のなす奇跡について、五・一二、六・八、七・三六、一四・三、一五・一二)、マルコでは一度しか出てこない。それも偽キリスト、偽予言者が行う、人をまどわす奇跡的行為という意味である(一三・二二)。「徴」が単独で用いられている場合、ヨハネ福音書では一貫してイエスの奇跡行為を徴と呼ぶのであるが、マルコでは一度もこの語をイエスの奇跡にあてはめていない。それはメシヤ的徴(八・一一—一二)、また終末論的徴(一三・四)を意味する語として用いられている。マルコではイエスの奇跡行為はメシヤ性を証しする「徴」ではなく、むしろ逆に、奇跡行為を行うイエスの人物が「徴」によって保証されることが求められる(八・一一—一二)[20]。注目すべきは、徴を求めるのはイエスの論敵と弟子だけであって、イエスは徴については否定的にしか語っていない、ということである。徴について論じられている左の二個所は、この線にそって解されるべきである。

八・一〇—一三では、徴を要求することを、まったく斥けている。この言葉のQ資料の方の伝承につけられた「ヨナの徴」(マタイ一二・三八以下平行)という表現が本来何を意味しようと[21]、また本来の伝承には「ヨナの徴」についての言葉がついていて、それをマルコが削ったのか、或いはまたマルコの受けた伝承にはすでにこの言葉がなかったのか、或いは逆に、マルコの伝承の方がQの伝承より古いのか、等々の問題は別として、マルコがこの言葉で言おうとしていることはこの上もなく明瞭である。メシヤ性を確証するような天からの徴を与えることを、マルコのイエスはおよそきっぱりと拒絶している。条件つきで、というのではなく、まったく拒絶しているのである。この前後関係において「天からの徴」は奇跡を意味しているのではなく、黙示文学的な宇宙論的徴である[22]。だからこの徴の拒絶の強さを、二種類の奇跡を区別することによってやわらげようとする解釈は成り立たない。イエスは自らの意志ですすんで行う場合は奇跡をなすのだが、パリサイ人などに要求されて行うのは拒絶したのだ、という解釈である。だがここではパリサイ人は奇跡を要求しているのではない。彼等は奇跡行為を行うこのイエスの権威を証明しうるような天からの徴を求めている。つまり、イエスが神からの権威によって行動していることを証明するような宇宙を震撼とさせる証を求めているのである。そしてイエスは絶対的にこれを拒否する。単にパリサイ人が要求する徴を拒否すると、いうだけでなく、徴一般を拒否するのである。[23] 福音書記者の態度は徹底している。徴を要求するパリサイ人の態度を批判する、というだけでなく、徴という概念を基礎としてものを見ること自体を否定している。

福音書記者はこの会話に続く物語（八・一四―二一）によって、もとの伝承の意味していた徴の絶対的拒否をゆるめているのだ、という解釈も成り立たない。[24] この解釈によると、原始キリスト教においては、イエスの復活と聖餐が徴として考えられていた。福音書記者マルコは、徴の拒否のあとでパンの奇跡に言及することによって、真の徴が何であるかを示そうとした。イエスはパリサイ人の要求する類の徴は拒否したが、それに代るに聖餐の秘蹟を象徴するパンの奇跡をさし示し、この徴はキリスト教徒に与えられ、キリスト教徒によってのみ理解されるのであるとした、というのである。しかしマルコがこのような秘儀的教義体系を保守することにはむしろ批判的だった、ということはすでに前章でくわしく論じた。確かに、パリサイ人の要求する徴をしりぞけた後、福音書記者は、パリサイ人とヘロデのパン種に注意せよ、という言葉に続けて、二つの供食の奇跡の意味するところを理解するように、と要求している。しかしマルコはここで徴という言葉をイエスのメシヤ性を証明すべき天からの徴という意味で用いているのであって、このような意味での徴の概念を供食の奇跡や聖餐式にあてはめて考えていた、というのははなはだ疑問である。そもそもマルコ当時の教会で徴という観点から聖餐を考える考え方が一般化していた、などということを証明する証拠はどこにもないし、一般に行われていなかったことを独自の見解として打出す、というのならば、マルコはパンの奇跡こそ徴である、と積極的に主張するはずなのだ。ところが実際にマルコが書いていることは、徴などという観念に従って物を考えずに、パンの奇跡の意味を理解せよ、ということなのである。マルコにとって、パンの奇跡の意味は徴の絶対的拒否をもととしている。前章で検討したように、マルコはパンの奇跡の物語を聖餐の新しい解釈として提出している。教会の共なる食事において知るべきもっとも重要なことは、イエスがそこに共に居る、ということ、従ってそのイエスに全幅の信頼を寄せるべきである、ということである。それ以上に、聖餐の行為をいろいろと救済論的メシヤ論的に意義づけしたりする必要はない。そのような宗教理論によって、イエスが共に居るということへの信頼を弱めてはならない。このようなパンの奇跡の解釈は、パリサイ派のパン種に注意せよ、という警告とよく一致している。八・一四—二一の物語の元来の構成がどのようなものであったにせよ[25]、八・一—一〇の四千人の供食の物語と、それに続くべき船中でのパンについての会話（八・一四—二一）の場面の間に徴を求めるパリサイ人の物語を入れたのはマルコの操作である[26]。従ってマルコは、徴を求めるパリサイ人の行為、パリサイ人とヘロデのパン種に対する警告、パンの奇跡の意義を理解するようにという要求、の三つの動機を互に関連するものとマルコは解しているのである。だから、パリサイ人とヘロデのパン種とは、徴を求める彼等の行為を指していることになる[27]。そしてパリサイ人のパン種の警告が間に入って他の二つの動機を結びつける。徴を求めることをやめて、パンの奇跡の意味を理解せよ。従ってパンの奇跡は徴を求める行為と厳格に対立するものとして把握されていることになる。これは拒否された徴に代るべきキリスト教的徴、などという意味で示されているのではない。ここで批判されているのは、徴が与えられるのを待っていないで厚顔にもそれを要求した、などということではない。そもそも徴という概念に基いてものを考えること自体が拒否されているのである。既存の宗教思想の体系の中に位置づけられた徴という概念によって、イエスの人物と行為を判断することが批判されているのである[28]。黙示文学的な徴の体系の理論がどこまでイエスにあてはまるかを議論することによってイエスを理解しようとすることが批判されている。このような徴をもととした理解では、その当時の社会に支配していた宗教的社会的規定にあてはめてイエスの宣教活動の正当性を認める（または認めない）、ということになる。それではイエスを理解するということは、固定化した思想体系の中にイエスという名をあてはめるだけのことにしかならない。マルコにとって、二つの供食の物語は古い徴に代って新しい徴を提出する、などというものではない。それは、月並な人間にはそれとして認められないような秘儀的な徴である、というのでもない。[29]新しい型であろうとなかろうと、徴という概念によってものを考えようとする限り、伝統的な宗教教義の枠内にイエスの現実をあてはめようとする行為であることに変りはない。マルコはむしろイエスの歴史的現実を強調した。イエスを信ずるとは、この歴史的現実に目を向けることであって、そこから具体性を捨象して、教義の体験に帰することではない。このような意味で、マルコの意図する限りでは、二つのパンの奇跡の物語は、徴の概念をもとにしてものを考えることを批判しているのである。このことを理解せよ、とマルコは要求している。

同じ問題意識は、一三章の黙示文学的説教の叙述にも見られる。ここでは八・一一―一三ほど断言的ではないが、それでも十分に明確に徴を求める態度が批判されているのである。[30]四人の弟子がイエスに、終末の時が始る徴は何であるか、とたずねる。この問に答える、という形で以下のイエスの長い黙示文学的説教がつづられている。その材料は、元来キリスト教のものかそれともユダヤ教から採用したのかは別として、[31]ともかくマルコ以前の伝承資料によっている。しかしマルコがこれにつけた枠づけの言葉は、要するに、何が終末論的徴であるかを考えるのは無用の問である、ということを言おうとしているのである。五―二三節に盛られた一つ一つの表象が具体的には何をさしているのかは別として、いずれにせよすべて歴史の過程内で起ることが表象されていると考えられる。それに対して、厳密な意味での終末の出来事の叙述は二四節にはじまる。すなわち、人の子の来臨の叙述から先が終末の描写である。[32]つまりこの文の前までにいろいろと並べられている表象は、すべて、終末の出来事とか終末のはじまる徴である、などと解されるべきではなく、歴史の過程内の出来事である、ということをマルコは言おうとしている。このことはマルコが各段落のはじめまたは終りに附した注意書にはっきりと示されている。弟子達の徴を求める質問にこたえて口を切ったイエスが最初に言う言葉は、「だれかがあなた方を迷わすことがないように注意しなさい」（五節）という警告である。この文は、黙示文学的説教のはじめに標題のような形で置かれており、明瞭に編集句である。従ってまた、マルコがこの章全体で言いたいのは、黙示文学的な表象そのものを並べることではなく、誤った表象から終末の徴を考えて騒ぐことに対する警告である。これに続いて、キリスト再臨を叫ぶ者、戦争が終末の徴だと言う者、地震、飢饉などがあげられ（一三・六―八）、マルコはこれは「まだ終りではなく」（一三・七）、「苦しみの始まり」（一三・八）であると言う。すなわち、これらのものを終末の徴と考えるのは正しくなく、苦しみはまだまだ此の世でいくらも続く、というのである。次の段落（九―一三節）の書き始めに、また編集句で、「あなた方自ら注意せよ」と言われ、キリスト教徒迫害について語られ、そしてこの段落を「最後まで耐え忍ぶ者は救われる」（一三節）と結ぶ。つまり、終末の徴を求めて浮き足だつのではなく、いつまでも長く続く迫害の時、苦しみの時を耐え忍ばねばならない、とさとされる。次の段落（一四―二三節）では黙示文学的色彩の強い描写で苦しみの時の様子が描かれる。この部分は特に伝承に依存する部分が多いだろう。しかしこれとて終りの時の徴ではない、とマルコは言う。この苦しみの時は長い（二〇節）。人が何と言おうとも、「あなた方は気をつけていなさい」（二三節）。イエスの口にただ一度だけ置かれた「徴と驚異」（σημεῖα καὶ τέρατα）という表現（二二節）も、偽キリストや偽予言者の行うことを意味しており、これが終末の徴だ、などと宣伝する者は偽キリストにしかすぎない、とマルコは言うのである。この文までずっとこのようにして間違った徴を忠告するマルコは、次いで、何が本当の徴かを示すのだろうか。もしもここで、正しくない徴の表象の体系を批判して、それに代る正しい黙示文学的表象を提出するのがマルコの意図だとすれば、当然そうあるべきである。ところが、実はそう書いてはいない。間違った徴を否定したあとで、マルコはいきなり終末そのもの、つまり人の子の来臨を描写する（二四―二七節）。要するに終末の時のはじまりを告げる徴などない。マルコは、古い伝承で終末の時の徴として語られていた数々の黙示文学的表象を並べて、これも本当の徴ではない、あれも終末とは無関係だ、といちいちあげつらい、そして結局、そもそも徴などない、と言うのである。終末は確かに来る。人の子が栄光をもって来たり、選ばれた者はその栄光に参与する喜びが与えられる。[33] けれどもこれは、黙示文学的徴の体系によって計算してその日に備えることができるような仕方で来るのではない。

続く「いちじくの譬」（一三・二八—二九）の置かれている一見奇妙な位置も、黙示文学的徴についての福音書記者の批判的態度が理解されれば、それ程不思議ではない。この位置に置くことによって、福音書記者はこの譬の本来の意味を変えているのである。この譬だけ独立に切離して考えれば、「これらのことが起るのを見たならば」という「これらのこと」は、終りの時に先立つ徴となる事柄をさすと考えられるだろうし、「戸口に近い」の主語としては人の子か神の国かその他終末そのものを表わすものが考えられよう。[34] けれどもこの前後関係に置かれた場合、[35]「これらのことが起るのを見たならば」という「これらのこと」は明らかに二四—二七節の人の子の来臨とそれに伴う出来事をさすことになる。[36] しかし、とするとこれは奇妙である。人の子が栄光をもって来る時にはもう終末が始っている。「戸口に近づいている」の主語が人の子だとすれば、[37] 人の子の来臨が人の子の来臨の徴なのだ、ということになる。[38] これは論理的におかしい。それとも、「戸口に近づいている」とは終末の出来事であって、人の子の来臨とはその発端を告げるものなのか。しかし二四—二七節では終末の出来事と人の子の来臨はこのような形で区別されてはいない。そしてこの場合でも、人の子の来臨は厳密には徴としての意味をなさない。人の子が来た時にはもう遅すぎる。もはや何もすることができない。[39] このようにして、「徴」はそれが予告すべき出来事の中に吸いこまれてしまっている。この前後関係に置くことによって、福音書記者は徴から終末を知ろうとする試みを所詮無益なものとして宣言しているのではないのか。[40] 終末の徴は人の子の来臨そのものである。だから徴によって終末の時を知ろうとするのは無益なのだ。実際、「その日、その時」がいつであるかは、「誰も知らない、天の使も、御子でさえも」（三二節）。一三章最後の譬話（三三節以下）がこのことを示す。その時がいつだかわからないのだから、目をさましているべきである（三三、三五節)。

だから一三章全体は、決して終末論的な徴の列挙なのではなく、あやまった徴に気をつけよ、という警告なのだ。何が終末の徴なのかと議論したり探しまわったりしないで、目をさましていよ。そのような徴など結局誰にもわからないのだから、むしろ覚醒して、現実の生活を着実に生きよ、と言ってマルコは福音書の主要部分を結ぶのである。従って四節の弟子達が徴を求める問は、それを問うこと自体正しくない、と批判されているのである。[41] 結論として、マルコはイエスの奇跡を徴という観点から見ていないことははっきりした。

三　奇跡物語の意義づけ

ではマルコはイエスの奇跡をどのように意義づけているだろうか。奇跡を表わす名詞概念をマルコはほとんど用いていないのであるから、奇跡物語を書く際の筆の運び方からマルコの奇跡観をさぐるよりほかには仕方がない。そしてまた事実この点に、明らかにマルコのものの見方の特色が現れている。まず例として、一・二一―二八の物語を検討してみよう。すでにのべたように、この物語は、イエスの最初の活動の物語として、マルコの考え方がはっきりと示されていると考えられるからである。

この物語で編集上の手が特に現れていると考えられるのは次の三点である。第一に、二一―二二節の教えについての記述と、二三―二八節の治癒活動についての記述の結合である。これについてはすでに論じた。第二に、一・二八の結びの句である。この最初の活動の結果イエスの噂がガリラヤ地方にひろく広まった。この種の物語の結びは総じて編集上の枠であって、福音書記者の手による。この句によってマルコはイエスの大衆的人気を強調しようとする。これまたすでに我々の注目してきた動機である。第三に、「驚き」の動機である（二二、二七節)。これが当面の問題に関して重要になる。マルコはまさにイエスの奇跡を「驚き」という面から問題にしているからである。[42]
もっとも、奇跡物語をそれを見た人々の驚きの動機で結ぶのはかならずしも福音書記者マルコの独創ではない。むしろ奇跡物語固有の様式に属する。特殊な神的な力の発現の物語として、それを見た人々の驚きが語られる。従ってこれはむしろ民間伝承の段階において好んで語られた動機であり、マルコはそれをそのまま採用しているにすぎない。[43]マルコに出てこない古い福音伝承でも奇跡的治癒が人々の驚きの動機で結ばれている例がある。マタイ一二・二二―二三とその平行記事であるルカ一一・一四がベルゼブル論争の導入として伝えている唖の癒しの物語がそうである。[44]従って奇跡的治癒の物語に関する限り、驚きの動機は伝承から採用されたものであると言える。しかしながら、マルコ一・二一―二八を見ると、マルコはこの動機を拡張し強調していることが明らかとなる。この短い物語でマルコは驚きの動機を二度くり返す（二二、二七節）。それだけですでに伝承から採用した動機のうちマルコがこの点を特に強調していることがわかる。さらにまた、伝承ではこれは奇跡物語固有の動機であるのに、マルコはこれをイエスの教えにまで拡張して用いる（二二節）。本来奇跡物語の動機でしかないものを教えの活動にまで適用するというのは明らかに編集上の操作である。これによって、マルコはイエスの教えと奇跡活動とを同じ意義づけをもって評価している、ということがわかる。一方では、奇跡物語の動機である「驚き」を教えの活動にも適用し（二二節）、他方では、イエスの奇跡活動を評価するのに、人々は驚いて「これは新しい教えだ」と言った（二七節）、と記す。つまりマルコはイエスの教えと奇跡の活動とを同程度に評価しているだけでなく、同じ意義を与えているのである。ここに、マルコがイエスの教えを強調しつつ、しかもなおその内容はあまり重視しない、という理由がある。もしもマルコが教えと奇跡を等しく重要視しつつも、その意義は異るもの、別個の次元に属するもの、と考えていたとすれば、まさにこの両者を区別するのがそれぞれの内容であるはずである。もちろんマルコはこの内容を無視したわけではない。しかし、教えも奇跡も基本的意義においては同じであると考えるからこそ、その内容の細部にはあまり拘泥していないのである。

言いかえれば、イエスが何を教えたか、ということよりも、イエスが教えたのだという事実自体が重要視されている。だから、イエスが教えたという事実だけが指摘された後で（二一節）、その内容にはふれずに、人々は驚いた、と言われるのである。

ではこの驚きの動機をどう理解すべきだろうか。多くの解釈者はこれを史的心理的に解そうとする。その場に居合わせた群衆がイエスの奇跡に仰天した。これはめずらしいものに対する物見高い興味から出た態度である、という。イエスの奇跡を見てイエスの本質を理解し信仰に至ろうとするのではなく、ただ不思議がって好奇心をかきたてているだけである。驚きは言いかえれば信仰の欠如にしかすぎない。これがガリラヤの民衆がイエスに見せた態度であった、というのである。[45] しかしこの説明はいろいろな点でつまずく。まず民衆の評価という点で正しくない。マルコはこの記事においても民衆の不信仰を批判しようなどとは試みていない。また驚きは軽薄な好奇心に通じる、というのもマルコ本文に対する読み込みである。マルコ福音書ではどこにも人々の驚きをこのようなものとして説明している個所はない。そもそもこの動機を、居あわせた人々の態度の説明と考えるのが正しくない。そこに居合わせた一群の人々がイエスの行為に対してどういう態度をとったか、ということを心理的に説明しようとするのではなく、イエスの行為がどういうものであるかを読者に説明するために「驚き」の動機が用いられているのである。このことは、物語の様式と「驚き」を述べる文章の形と両面から証明できる。第一に、すでに述べたように、奇跡物語の最後をそれを見た人々の驚きで結ぶのは、物語の伝承の型に属する。行われた行為がいかに奇跡的なものであるかということを最後に強調するために、それを見た人々の驚きが報ぜられる。これはいわばきまりきった物語の型に属すのであるから、その場合、実際にその場に居合わせた人々の態度を客観的に報告する、という意図があるのではなく、むしろ物語の性格づけとして持出される動機なのである。型にはまった叙述というのはそういうものであって、居合わせた人々が誰であろうと問題ではなく、奇跡物語を語るからには結びに人々の驚きを語る、という常套手段なのだ。従ってこの常套手段の意味するところは、これは奇跡物語ですよ、と強調するだけのことで、それ以上のものではない。

第二に、文法的な見地からも同じ結論にたどりつく。一・二二の「(彼等は) イエスの教えに驚いた」という文は、主語の限定されていない三人称複数形で書かれている。この主語なしの三人称複数形はマルコの文体の特色であって、特にどの人々が、というのではなく、むしろ無人称的に表現する場合に用いられる。(46) フランス語の on、ドイツ語の man を主語にした文章と似ていることが多く、日本語に訳す場合はむしろ受身に訳すか、或いは主語なしで訳すべき文である。この例は新約ギリシア語の文法書などにもしばしば上げられているから、ここでは一、二示すにとどめるが、五・三五は直訳すると「彼 (イエス) がまだ話しているところに、会堂司のところから (彼等が) 来て言う……」となるが、この文では「来る」という三人称複数の動詞の主語が問題なのではなく、「会堂司のところから人がつかわされてきて」という程度の軽い意味である。八・二二の「(彼等は) ベッサイダに来た。すると (彼等が) 盲人をイエスのところに連れて来……」とある文のはじめの文の主語はイエスと弟子達である。そしてすぐ続けて「連れて来て」という動詞も主語なしで三人称複数形であるから、文法上は前の動詞と同じ主語をとらねばならない。しかし内容上こちらの主語はイエスと弟子達ではありえない。かといって、「連れて来て」の主語を示すような語はこの前後にはない。すなわちこれも無人称的三人称複数であって、「すると一人の盲人がイエスのもとに連れて来られて」と受身に訳すべきところである。そのほか、かならずしも受身に訳さなくとも、何となく三人称複数形で無人称的に書かれる例は多い。一・二二の文でもそうである。「驚いた」の主語を示す語は与えられていない。この文の前にある三人称複数形の動詞による文は二一節の「彼等はカペナウムに来る」であるが、この「彼等」は明らかにイエスと弟子達であって、二二節の文の主語とはなり難い。つまりマルコとしては、カペナウムの会堂に集っていた会衆が、とか、その中のこれこれこういう傾向や派の人々が、とか、ましてや「ガリラヤの民衆が」とか限定された主語を考えているのではなく、何となく、人々はイエスの教えに驚いた、というのである。つまりこの文を書く上で著者の興味は、驚きの対象であるイエスの教えの方にあるのであり、驚いた人々の上にあるのではない。イエスの教えは驚くべきものであった、ということが言いたいのである。このような文章の形から言っても、これは居合わせた人々の態度を叙述したり批判したりする目的の文ではなく、イエスの行為に対する著者の価値評価の文である、ということが確かめられる。

同じことは、一・二七の文についても言える。ここでは「驚いた」に「皆が」という主語がつけられている。従って、文法論として厳格にはこれは無人称的三人称複数とは言えない。しかしこれも不定代名詞であって、限定された主語とは言い難い。何となく人々が、というところをやや強調して「皆が」と言っているのである。従って内容上の比重はやはり驚いた人が誰であるかというのではなく、そこにえがかれている事柄が驚くべきであった、ということにある。すべての人々が驚くほどに、それは驚異的出来事であった、というのである。

このようにしてマルコはイエスの奇跡も教えも驚くべきことだった、と評価する。ではこの「驚き」の動機にはどれだけの意味がこめられているのだろうか。ここにマルコがイエスの活動をどう理解したかを知る鍵がある。

註

1　cf. E. Schweizer, Anmerkungen zur Theologie des Markus, *Neotestamentica et Patristica, Freudesgade O. Cullmann* (Novum Testamentum Supplement 6), Leiden, 1962, S. 35-46.

2　「教える」はマルコで十七回、マタイで十三回、ルカで十五回、「教え」はマルコで五回、マタイで三回、ルカで一回である。マルコの長さ（他の二つの約三分の二）を考慮に入れれば、「教え」「教える」をマルコは他の福音書の二倍は用いている勘定になる。

3　E. Schweizer, Die theologische Leistung des Markus, *EvTh* 24, 1964, S. 337-354の三四一頁註一三で、マルコは *διδάσκαλος* の語は用いていない、と言っているのは何かの間違いであろう。

4 共観福音書一般における *διδάσκαλε* という呼称については、cf. F. Hahn, *Christologische Hoheitstitel, ihre Geschichte im frühen Christentum*, Göttingen, 1963, S. 74 ff.「ラビ」という語についても同じことが言える。

5 このことを認識した点で、E・シュヴァイツァーの註1、3にあげた二つの論文はマルコ研究に大きな貢献をなしたと言える。*Neotestamentica et Patristica*, S. 39 Anm. 1; *EvTh* 24, 1964, S. 341参照。またE. Best, *The Temptation and the Passion*, p. 63ff. et passim.

6 *EvTh* 24, S. 341. 彼はこの論文においてこの観点からマルコ全体の概略を叙述しようと試みている。これはまた、最近発行された彼のマルコ福音書註解（NTD）の骨格を示したものである。

7 E・ベスト前掲書の主要な論点もほぼE・シュヴァイツァーと同じである。マルコは教える人としてのイエスを強調する（六三頁以下）。しかし教えの内容にはわずかしか言及しない（八〇頁）。これは、「キリスト教共同体の外に居る者にとっては、イエスの言ったりしたりすることが難しいのだ、ということに注意をうながすためである。……『イエスが教えた』という文は、いつでも、『譬話において』すなわち『謎によって、難解な言葉によって』という意味を補って考えるべきなのである」（八〇頁以下）。ベストがこのようにして、要するにキリスト教徒以外にはわからないのだよ、と言う時に、我々はまさに、マルコの批判しているゼベダイの子ヨハネの言葉を思い出す。「私達に従って来ない者があなたの名を用いて悪霊を追出しているのでやめさせました」（マルコ九・三三）。「教会外の者」はイエスの言葉を理解しない、というのは、まさにマルコが批判しようとしている閉鎖主義者の立場ではないか（四・一〇―一二に対して四・一三）。

8 マルコが奇跡を重要視している、という事実を否定するところに、E・シュヴァイツァー、E・ベストの最近のマルコ研究の視野の狭さの理由がある。

9 vgl. K. L. Schmidt, *Der Rahmen der Geschichte Jesu*, S. 155.

10 W・グルントマン註解書該当個所の用いている表現。

11 たとえば、A. Loisy, *Les Evangiles Synoptiques*, I, p. 450. 最近の註解書では、W・グルントマン、該当個所。

12 R. Bultmann, *Die Geschichte der synoptischen Tradition*, S. 223f. 参照。なお、M. Goguel, *L'évangile de Marc*, 1909, p. 60はこの物語が元来統一性のあるものであることを主張する小数者の一人である。彼は自説の根拠として、奇跡物語を切離した残りの二一、二二節だけではあまりに話として粗末で、これだけでまとまって資料として伝えられていたとは考えられない、という。しかしM・ゴゲルのこの本はまだ様式史以前で、マルコのすべての文は何らかの資料からそのまま取られた、と考えているのだから、問題にならない。二一―二二節の短い文が独立した伝承として伝えられていた可能性は小さいかもしれないが、イエスの教えは権威ある者の教えであった、という人々の間の意見をもとにして、マルコが形成した文と考えられる。

13　マタイ二一・一五 θαυμάσια。ヘレニズム文学の例としては、ルキアノスのフィロプセウデースや、フィロストラトスのティアナのアポロニウス伝など参照。

14　ルカ五・二六。

15　σημεῖα καὶ τέρατα (καὶ δυνάμεις) という七十人訳的表現は、ルカの救済史観を構成する一つの重要な要素となっている。これについては、拙著 *Miracles et Evangile*, p. 189ss. 及び『日本の神学』(日本基督教学会年報) 第一号一九六二年所載の拙論「福音書記者の神学と奇跡物語」一二頁以下参照。

16　マルコ五回に対して、マタイ七回、ルカ八回。

17　ルカは平行記事において、この文だけ省略している (ルカ九・五〇)。ルカはデュナミスの行為を排他的にイエスに限定する。

18　ルカがマルコ六・一―六の物語を省略したのは、「きちんとした順番」を重んじた結果、イエスの公の活動はナザレからはじめらるべきだと考え、四・一七―三〇を書いたため、それと重複するマルコ六・一―六は採用しなかったのであろう。しかしいずれにせよ、ルカは、人々の信仰 (この場合信頼と訳すべきかもしれないが) が欠けているため、イエスはデュナミスをなすことができなかった、という見方は捨てている。イエスがナザレでデュナミスを行わないのは、自分の意志からしたことである。H・コンツェルマン『時の中心』(邦訳) 六一頁参照。

19　だからルカはマルコ六・一四を削っている。ルカではデュナミスは救済史的重みを持った行為なので、洗礼者ヨハネがこれを行うことは考えられない。

20　K. H. Rengstorf, Artikel σημεῖον, *ThWzNT*, VII, S. 233 参照。

21　この点については、A. Vogtle, Der Spruch vom Jonaszeichen, *Synoptische Studien, A. Wikenhauser zum 70. Geburtstag dargebracht*, S. 230-277が非常にすぐれている。

22　E・ローマイヤー註解書該当個所。

23　一二節の「この時代 (または世代)」という表現によって、徴の拒否はすべての人一般に及ぶものであることが示されている。八・三三、九・一九、一三・三〇参照。E・クロスターマン註解書七六頁。

24　A. E.J. Rawlinson, *The Gospel according to St. Mark*, London, 1925. 二五七頁以下が特別にこの部分をくわしく解釈して出している結論。

25　一五節（パリサイ人とヘロデのパン種を警告した句）は伝承の中に福音書記者の入れた挿入句であるかどうか。（これを認めるのは，J. Wellhausen, *Das Evangelium Marci*, ad loc.; R. Bultmann, *Die Geschichte der synoptischen Tradition*, S. 139; E. Klostermann, *Das Markus-Evangelium*, ad loc.; L. Cerfaux, La section des pains, *Synoptische Studien*, *A. Wikenhauser dargebracht*, p. 70s.）この文が物語の筋の運びにすこしずれている，というのは事実である。一五節以外の部分は弟子達の食糧についての心配とイエスに対する信頼の問題を中心としているが，これは全体が福音書記者の創作であると考えられたり（M. Dibelius, *Die Formgeschichte des Evangeliums*, S. 230f. 二つのパンの奇跡をふりかえっているところから推論する），マルコ以前の一般的な伝承だと考えられたり（K. L. Schmidt, *Der Rahman der Geschichte Jesu*, S. 204），史的事実だと考えられたり（V・テイラー，註解書）している。我々は，この物語の核になる部分は四千人の供食の物語と続けて語られていたのだ，と考える。四千人の供食の物語（八・一—一〇）に続けて，イエスが弟子達に，パリサイ人とヘロデのパン種に気をつけよ，と言った，という伝承をマルコがこのように拡大したのだろうか。或いはむしろ，この舟の中でのイエスの言葉は，野の花空の鳥についての言葉（マタイス・二五以下）と同じように，パンを持って来なかったことを心配している弟子達に対して，食べることについての憂慮をいましめたものだったのだろうか。それを，徴を求めるパリサイ人の言葉と結びつける都合上，パリサイ人のパン種に気をつけよ，という警告をマルコが附したのだろうか。我々としては後者の可能性の方が大きいと考えるが，どちらにせよ，二つの供食の奇跡をふり返り，弟子達の無理解を非難している一七—二一節は福音書記者の手によるものと考えるべきである。なお，このテクストを分析した拙稿「事実の重み」（『指』一九六六年一二月号）参照。

26　八九頁以下参照。マルコが六・三〇—四四の物語では比較的自由に自分の考えを入れて書いているのに，八・一—一〇の方は伝承をほぼそのまま記している理由もそこにある。八・一〇の解釈の方はこれに続く八・一一—二一とあわせた構成によって示しているのである。

27　V・テイラー，註解書三六三頁に対して。

28　その意味で，ここでパリサイ人とヘロデとが奇妙な形で結合しているのも理解できるかもしれない。パリサイ人とヘロデ党とが並べられる例は他に三・六と一二・一三にあるが，ヘロデと並べられるのはこの個所だけである。「パリサイ人のパン種」は八・一一—一三との関連で徴を求めることをさす，と理解できるが，「ヘロデのパン種」とは何をさすのか。伝承の句でこう言われていたのを、マルコはパリサイ人のパン種の方に重きを置いてここに記し、ヘロデのパン種が何を意味するかには特に関心をはらわなかったのか。そうかもしれない。しかしもしこの句が編集上の創作であるとすればどうなのか。いずれにせよ、「パリサイ人のパン種」と同じことを意味するものとして「ヘロデのパン種」を考えていたのはほぼ確かである。マルコ福音書でヘロデ自身が登場するのは六・一四―二九の伝説的な洗礼者ヨハネの死の物語だけである。この物語のはじめの部分（六・一四―一六）が福音書記者による導入句であることはすでに述べた。ここでヘロデは、イエスがエリヤなのか予言者なのか、洗礼者ヨハネの甦りか、という議論に関心を示して、自分としては洗礼者ヨハネの甦りだと思う、という意見を述べている。一種のメシヤ論的議論に興味を示しているのである。とすると、ヘロデのパン種とは、このようなメシヤ論的議論をさすのか。徴についての議論にせよ、このようなメシヤ論的議論にせよ。どちらもユダヤ教黙示文学の雰囲気にあるから、パリサイ人のパン種とヘロデのパン種がこのように並べられてもあながち不思議ではない。

29　徴を求める行為を徹底的に否定し切ってしまわないマタイとルカは、その平行記事においてそれぞれ「パリサイ人のパン種」という句を再解釈することをせまられている。マタイにおいては、「パリサイ人とサドカイ人のパン種」は彼等の教えのことである（一六・一二）。ルカにおいてはパリサイ人の偽善をさす。マルコの文を「パリサイ人の誤った宗教心とヘロデの非宗教的な心」(A. Loisy, *L'évangile selon Marc*, p. 231) とか、「パリサイ人の悪い傾向」（V・テイラー註解書）などと解するのは、マルコをマタイやルカの目で読むことである。

30　マルコ一三章について一般的には次の諸文献を参照。G. R. Beasley-Murray, *Jesus and the Future, an Examination of the Eschatological Discourse, Mk.* 13, *with Special Reference to the Little Apocalypse Theory*, London, 1954; H. Conzelmann, Geschichte und Eschaton nach Mc. 13, *ZNW* 50, 1959, S. 210-221; E. Gräßer, *Das Problem der Parusieverzögerung*, Berlin, 1959, S. 152-170; W. Marxsen, *Der Evangelist Markus*, S. 101-140; J. M. Robinson, *The Problem of History in Mark*, p. 60-63.

31　マルコ一三章に関して熱烈にたたかわされてきたこの議論は実はあまり意味がない。マルコがここでそれをとりあげている限り、ここに出てくる黙示文学的表象はその当時のキリスト教が考えていたものに違いない。しかしまた、その内容がユダヤ教黙示文学に似ていることも否定できない。一つ一つの表象の源泉がどこにあるのか、一四節のようにはっきりしているもの以外には定められない。確かなことは、マルコの当時のキリスト教徒が、少なくともその一部が、かなりユダヤ教黙示文学の思考に影響されたものの考え方をしていた、ということである。

32　H・コンツェルマン、右掲論文二一八―二二一頁による。

33　なお、マルコにおける終末論的人の子の像そのものについては、H. E. Tödt, *Der Menschensohn in der synoptischen Ueberlieferung*, S. 30ff. 参照。

34　この譬話はルカ一二・五四以下に別の伝承も伝わっていて、かなり古い独立の伝承であることが知られる。マルコ以前の意味については、W. G. Kümmel, *Verheißung und Erfüllung*, 3. Aufl. S. 14-16 はこれを終末の遅延の意識を反映したものとし、J. Jeremias, *Die Gleichnisse Jesu*, S. 102f. とC. H. Dodd, *The Parables of the Kingdom*, rev. ed., London, 1935, p. 137, n. 1 はどちらもこれをイエス自身にさかのぼるものとして、イエスの宣教の中に位置づけようとしている。

35　V・テイラー、註解書該当個所、はこの譬話の意味の曖昧さはまさにそれがこの前後関係に置かれた結果である、ということを正しく指摘している。

36　土屋博「マルコの終末観――第十三章の編集史的考察」(『宗教研究』第一八八号、一九六六年六月、二一―五八頁) 三二頁では、この譬をこの前後関係に置くことによってマルコが独自の意味を賦与しようとしていることを正しく指摘している。

37　口語聖書、塚本訳ともに原文に対して「人の子」という主語を補って訳している。前註にあげた土屋論文四〇頁はこの訳し方に無批判に従っているが、このような点もう少し慎重でなければならない。

38　E・ローマイヤー註解書。

39　E・トロクメ前掲書一六七頁以下参照。

40　この譬話についてはもう一つの解釈の可能性がある。すなわち、二九節の「これらのこと」(*ταῦτα*) は三〇節の「これらのことすべて」(*ταῦτα πάντα*) と同じことをさす、と考えるのである。これは、この二つの表現がすぐ続いた文に置かれていることからも可能性が強い。すると「これらのこと」は一三章でいろいろ言われていることである。この場合、二九節の *καὶ ὑμεῖς γινώσκετε* は命令文でなく平叙文である。いちじくの葉の様子から夏が近いことを知るように、「あなた方もまたこれらのことが起るのを見ると、(終末が) 戸口のところまで来ていることがわかる、と考える。だが実のところ (アメーン) あなた方に言っておく、これらのことが皆過ぎ去るまでは此の時代が過ぎ去ることはない。」つまり、あなた方は、これらのことが終末の徴だ、と知ったようなことを言っているが、実はこれらのことが起っても、此の時代がすぐ過ぎ去ることはなく続いて行くのである、というのだ。この二つの解釈のどちらをとるかは面白い問題だが、どちらにせよ、マルコが徴の考え方を批判している、という結論には変りないので、ここではこれ以上深入りしない。

41　註36にあげた土屋論文は、我々の知る限り、マルコ一三章についての邦語で唯一の研究である。それだけでもすでに貴重であるが、特にどの文がマルコによる編集上の附加であるか、という判断について、ほぼ我々と同じ結論に到達している（二三―三四頁、四一―四二頁、ただし一〇節がマルコによる附加である、という点は再考を要する）。従ってまた「福音書記者は、もはや黙示文学的徴を求めない」と結論するのも正しい。しかしそれに続けて、「今や徴はイエス自身であり、イエスの言葉であり、イエスの行為である」と言うのは根拠がない。（その根拠として土屋氏は M. Dibelius, *Jesus*, S. 61f.; R. Bultmann, *Das Urchristentum im Rahmen der antiken Religionen*, S. 98 を指摘しているが、ディベリウスもブルトマンも――それ自体正しいかどうかは別問題として――このことをイエス自身の終末思想について述べているのであって、マルコの終末思想について言っているのではない。）マルコは古い徴に対する新しい徴としてイエスの生を指摘するのではなく、徴ではなくイエスだ、と言っているのだ。

この点について土屋論文はもう一つ厳密さを欠くから、マルコ一三章は「キリスト論と終末論の相互連関を表わしている」（四八頁）などという結論まで出てしまう。その場合の「キリスト論」とは何なのか、意味がはっきりしない。また三三節以下について、「マルコにおいては、終末は、まさに来たりつつあるものであり、現在の功績はさしあたり問題にならない」（四九頁）というのも正しくない。マルコは「来たりつつある終末」を強調したいのではなく、それよりも各自、自分の現在の生を責任をもって生きよ、と言っているのである。現在の功績を問題にしない、ということと、現在の生を重んじないということは同じではない。

総じて土屋論文は、本文の分析に関して非常に緻密であるが、その結果がマルコの視点を総合的に論ずる場合にあまり反映しておらず、後者に関しては歴史と終末論についての一般的な神学的思弁に終っているのは惜しまれる。

42　二四節の「神の聖者」の語を強調したいがためにマルコはこの物語を採用したのだ、と解釈する人もいる。イエスが「神の聖者」である、というキリスト論的主張なのだ、というのである。A. Fridrichsen, *Le Problème du Miracle*, p. 78; A. Loisy, *Les Evangiles Synoptiques*, I, p. 450 などがそうである。フリートリックゼンは、マルコは奇跡物語そのものには好意的でなかったが、二四節に「神の聖者」という句を入れることによって、物語の焦点を奇跡からキリスト論的関心へと移した、という。しかしこれはまず方法論的に不備である。なぜこの物語の中で「神の聖者」という語のみ福音書記者による挿入もしくは福音書記者の特に強調した句、とみなすべきなのか理由がはっきりしない。解釈者の好みによって特定の句だけを強調するのは正しくない。事実、イエスを「神の聖者」と呼ぶことにマルコが拘泥しないことは、この後一度もこの呼称が出てこないことからもわかる。第二にこれは悪霊がイエスを呼ぶ場合に用いられており、呪術的世界観に基づく悪霊祓いの物語の型である(三三一頁以下参照)。従ってこれは民話に含まれる動機をそのまま採用したものであって、特にマルコ的動機とは言えない。そもそも、イエスが「神の聖者」であることを読者に訴えるのが目的なら、なぜマルコはことさらにその句を悪霊の口に置かねばならなかったのか。悪霊の発言というだけですでに、その言葉は否定的効果を持つ。悪霊の告白などというものが当時の読者にとっていかに説得力のないものであったかは、ヤコブ書二・一九に見られる。

43　R. Bultmann, *Die Geschichte der synoptischen Tradition*, S. 241; M. Dibelius, *Die Formgeschichte des Evangeliums*, S. 54f.; 77f. 参照。

44　ベルゼブル論争(マタイ一二・二四—三二、ルカ一一・一五—二三、またマルコ三・二二—三〇参照)そのものにおいては、マタイとルカはマルコのほかにQ資料に由来すると思われる古い言葉の伝承を用いていることは確かである。従って、マタイ、ルカでそれに附随する唖の癒しの短い言及も、おそらく同じ古い資料に由来するものであろう。

45　A・E・J・ロウリンスン、F・ハウク、E・ローマイヤー、各註解書該当個所。

46　C. H. Turner, Marcan Usage, Notes critical and exegetical, on the Second Gospel, *JThS* 25, 1924, p. 377-386 にこの例がすべて列挙されくわしく説明されている。最近の文献では、たとえば、J. C. Doudna, *The Greek of the Gospel of Mark*, 1961, p. 5-8参照。もっとも彼は一・二三はこの例とは考えていないが。彼は「無人称的」ということを狭義に考えすぎている。

第四章　驚きと恐れ

一　様式史的に

すでに述べたようにこれは奇跡物語に固有の様式である。その点をまずもう少し厳密に見ておこう。まずこれは、福音書の奇跡物語にのみ見られる型ではない。たとえば、「いとも賞讃すべきサラピス」にささげられた碑文では、サラピスの「数多くの驚くべき行為」(*μύρια καὶ θαυμβητὰ ἔργα*) について、(この場合特に奇跡的治癒が考えられている)、「すべての民は (*ἅπας λαός*) 日々サラピスに対してその徳に驚いた (*θάμβησεν*)」とある (IG, XI, 1299, 1, 90)。またアスクレピオス神殿の碑文で唖の少年の癒しについて記したもの (前三世紀) では、「父親は驚いて (*ἐκπλαγείς*) また息子にものを言うように〔命じた〕。すると息子は再びものを言い、こうして健康になった」とある (Dittenberger, *Sylloge*³, III, 1168, 42–48)。七十人訳聖書でも、特に偽典にはいくつか、奇跡が語られたあとで人々の驚きが記されている。盲目となっていたトビトの目が開かれた時、「彼が歩いているのを見た人々が、目が見えているので、驚いた (*ἐθαύμαζον*)」(トビト一一・一六)。ネヘミヤの神殿祭儀再開に際して、今まで消えていた祭壇の火が奇跡的に燃え出した、という話が第二マカベヤ書に記されているが、「大きな火が再び生じたので、皆が驚いた (*ὥστε θαυμάσαι πάντας*)」(一・二二) とある。

ヨブ記のギリシア語訳に加えられた変化は顕著である。大団円の場面 (四二・七以下) で、この苦しみの物語の主人公は病気も直って、親類縁者をよび集めて宴をはる。ヘブル語本文では、集った人々は「ヨブをいたわり、ヤハウュが彼に加えたすべての災について彼を慰めた」（一一節）とある。これは叙景的な文である。ところがギリシア訳になると、神の手が直接に介入した物語の最後を閉じるにあたって、単なる叙景的文章では満足せず、「主が彼に蒙らせたすべての事柄について人々は驚いた（ἐθαύμασαν）」とある。ここではもはや、ヨブが蒙った災だけが問題なのではなく、神の摂理によって行われたすべてのこと、ヨブの治癒をも含めたすべてのことについて、人々は驚いた、というのである。[1]

以上の例から言って、この動機は特にヘレニズム民間説話の奇跡物語にひろまっていた動機である、と一応考えられよう。しかし、実は探してみるとあまり多くの例は見つからない。ヘレニズム文学の奇跡物語では、かならずしも人々の驚きでもって物語を結ぶのが普通であるわけではない。[2]このことを主張するR・ブルトマンやM・ディベリウスの様式史研究においても、E・ペーテルソンの引用する例以外にはほとんど例をあげていない。[3]そしてペーテルソンの引用する例は皆新約以後のキリスト教文献、特に殉教者行伝などの例ばかりなのである。従って、福音書奇跡物語の驚きの動機は、ヘレニズム民間説話などに多少見られる例よりももっと定形化し、一つの特徴をなしている、と考えられる。もっとも福音書の場合もまだすっかり定形化したとは言えず、特に様式史の名づけるような「喝采」(Akklamation)とはいささか趣きを異にする。[4]むしろ後の殉教者行伝のようなキリスト教文学にいたってこの様式が完全に型にはまったものとなったと言えよう。共観福音書の場合はまだこのような定式化の途中にある。[5]

共観福音書相互の間においても、定式化の過程に差が見られる。次に各福音書の特徴を記してみよう。

≪マルコ≫

この種の動機の例として、一・二二、二七、二・一二、四・四一、五・二〇、四二、六・二、七・三七、九・六、一一・一七があげられる。その他のやや特殊な例については後で詳しく取上げる。このうち一・二二、六・二、一一・

一七は奇跡についてではなく教えについてである。六・二と九・六とは物語の結尾ではなく中途に出てくる。目立つ特徴としては、これらの例がすべて、無人称的三人称複数か一般的な主語「皆が」がつけられた三人称複数で書かれている、という点である。このうち問題になるのは、四・四一の「(彼らは)恐れた」である。前後関係から言えばこの主語は弟子達と考えられないことはない。この場面に他の人は居ないのだから。しかしこれも奇跡物語の結びの句であることを考えると、無人称的三人称複数と解した方がよさそうである。とするとここは、「これはすごい出来事だった。そして彼等(弟子達)は互いに言った……」と意訳することもできよう。いずれにせよ、この「恐れ」の動機を単純に弟子達の無理解の表現とのみ解するのは正しくないように思われる。[6] もっともこの物語では弟子達の無理解の動機が全体としてかなり強いのは事実であるが。マタイの平行記事(八・二七)はこの点で面白い。マタイはこの文に主語を補っている。「人々は驚いた (οἱ δὲ ἄνθρωποι ἐθαύμασαν)。」だからマタイはマルコ四・四一の文を弟子達の恐れを意味するものとは解さず、奇跡物語末尾の一般的定式と考えたことになる。これは特にマタイ的傾向とは言えないし、この種のものはむしろ社会通念に属しているから、マルコの文もマタイとほぼ同じ意味だと解して差支えあるまい。とするとマルコ四・三五―四一の物語では、弟子達の無理解の動機(四〇節)とイエスの奇跡の性格づけとしての恐れの動機(四一節)とが並んでいることになる。

なお四・四一と九・六の「恐れ」は他の個所の「驚き」とほぼまったく同じ意味である。同様な形式で書かれていることがすでにその証拠であるし、他の福音書でも奇跡物語に関する限り驚きと恐れは同じ意味に用いられている。そして特に、七十人訳では恐れを意味するヘブル語の単語を多かれ少なかれ驚きを表現するギリシア語の単語で訳している例が非常に多いこともこのことを証明する。出エジプト記一五・一一、三四・一〇、申命記二八・五八、歴代志下一五・五、ヨブ四・一、詩四四(四五)・五、六四(六五)・五、六七(六八)・三六、エレミヤ二一・一二、エゼキエル二七・三五、三二・一〇、ゼカリヤ一四・一三、ベン・シラ四三・二、八、二四、四七・一七参照。[7]

他方、この動機の表現の定式化はまだあまり進んでいない。表現の仕方も様々だし、用いられる動詞も、いずれも驚きもしくは恐れを表現するものであるが、いろいろ異った同義語が用いられている。θαμβεῖσθαι（一・二七）、ἐξιστάναι（二・一二、五・四二）、ἐκπλήσσεσθαι（一・二二、六・二、七・三七）、θαυμάζειν, ἐκθαυμάζειν（五・二〇、一二・一七）、φοβεῖσθαι, ἔκφοβος γίνεσθαι（四・四一、九・六）。後の文献になるとこの動詞は θαυμάζειν に統一される傾向がある。写本の伝承でも θαυμάζειν に書き変える傾向が見られるのはそのせいである。(8)

《マタイ》

マルコとの平行記事のうち、マルコ一・二七は物語全体と共に、マルコ五・二〇、四二、九・六は物語を縮小することによって、省略している。けれどもマタイがこの動機にマルコほど関心を示していないとは言えない。マルコ資料ではこの動機のついていないいちじくの木についての奇跡物語の末尾にマタイは驚きの動機を附加している（二一・二〇）。またマルコとの平行記事のほかに、ルカとの共通資料から（マタイ一二・二三）、及びこの物語を変形させた個所（九・三三）でも同じ動機が見られる。マタイのこの動機の処理の仕方では、次の三点が注目に価する。

(一)　マルコ二・一二の驚きの動機を恐れに変えている（マタイ九・八）が、逆にマルコ四・四一の恐れを驚きに変えている（マタイ八・二七）。これは、この種の動機では驚きと恐れがあまり区別されていないことを示す。特にマタイ的傾向ではなく、一般的な特徴である。

(二)　マタイ二一・二一（マルコ一一・一七）を別として、マタイは他のすべての個所に主語をつけている。群衆（ὄχλοι 九・八、三三、一二・三三、一五・三一）、人々（ἄνθρωποι 八・二七）、弟子達（μαθηταί 二一・二〇）、彼等（αὐτοί 一三・五四）である。この理由はマルコの無人称的三人称複数の用い方がギリシア語としてはいささか奇妙だからであろう。しかしマタイもこれらの動詞の主語が誰であるかということにそれ程興味をもっているわけではない。彼の附加する主語は、二一・二〇を除いてすべて曖昧な一般的表現である。
㈢　定式化はかなり進んでいる。θαυμάζειν が多い。マルコの三個所を θαυμάζειν に変えており（八・二七＝マルコ四・四一、一五・三一＝マルコ七・三七、二二・二二＝マルコ一二・一七）、マルコ以外の資料からとった三個所のうち二個所（九・三三、二一・二〇）でもこの動詞が用いられている。文章もきまり文句化する。ほとんど常に、「人々は驚いて言った……」（八・二七、九・三三、一二・二三、一三・五四、二一・二〇）か、「人々は驚いて神を讃美した」（九・八、一五・三一）という文である。厳密に言えば、奇跡物語末尾の「喝采の定式」というのはマタイにのみあてはまる。

《ルカ》

マルコ六・二と七・三七は、物語全体と共に省略されている。しかし省略の理由は物語自体にあるので、この動機の故ではない。マルコ五・二〇はこの動機だけ省略している。この場合ルカは、物語に対して驚きの動機がふさわしくないと思ったのだろう。驚きと恐れの混同はここにも見られる。マルコ二・一二では驚きの動機しかないのに、平行記事（ルカ五・二六）では驚きと恐れが両方並べられている。マルコ四・四一の恐れの動機には、驚きの動機が附け加えられる（ルカ八・二五）。

ルカ独自の傾向は歴史化する叙述にある。それぞれの物語の状況にふさわしく登場人物の驚きと恐れを心理的に動機づけようとする。従ってまた動詞にも限定された主語がつく。マルコ五・四二の無人称的三人称複数をルカは娘の両親の驚きに変えている（ルカ八・五六）。実際の出来事としてえがこうとすれば、その場に居あわせたのは娘の両親だけだから、驚いたのは彼等だということになる。マルコ九・六の「(彼等は)恐れていた」という文は、ペテロの発言と雲の動機の間に置かれて、いわば著者が物語の奇跡的性格を示すのに入れた挿入句という形である。それに対してルカ九・三四ではこの文と雲の動機との順を入れかえて、恐れの理由を示そうとする。雲につつまれてしまったので弟子達は恐れたというのだ。この歴史化し心理化する傾向は、マルコ資料以外からとられた物語の場合はもっとはっきりする（ルカ五・九、七・一六、九・四三、一一・一四）。

ルカのもう一つの傾向は驚き恐れのかわりに、人々が神を讃美した、という動機を好んで用いることである。マルコではこれは二・一二にしか出てこない。マタイはこれとの平行記事とその他一五・三一だけである。これに対して後のキリスト教文学では奇跡物語を人々の驚きや恐れで結ばず、神を讃美する言葉で終らせている例が非常に多い[9]。キリスト教以外のヘレニズム文献にも同じ現象は見られる[10]。共観福音書著者のうち、この傾向ともっともよく合致するのはルカである。マルコ二・一二の平行記事で讃美の定式を保存しているほか（ルカ六・二六）、七・一六、九・四三、一三・一七、一七・一五、一八・四三にこの動機を用いている。これに反比例して驚きの動機は減っている。つまりルカとしては、驚きや恐れはその場面に居合わせた人々の感情の表現として歴史化し心理化しているのだが、他方、奇跡物語末尾の定式として神の讃美を採用するのである。イエスの奇跡は神の力が直接に発現された救済史上特別な時期の出来事である、というルカの神学的観点がここに表現されている。ブルトマンは、驚きや恐れの動機はヘレニズム世界に属するが、神の讃美を奇跡物語の最後に置くのはユダヤ人キリスト教の考え方による、と判断している[11]。確かに驚きや恐れの動機がヘレニズム的なものであることは間違いない。しかしこれが七十人訳や旧約偽典に見られることから言っても、ヘレニズム期のユダヤ人の知っていた動機だし、一世紀パレスチナの民間説話ではかなり用いられていたと考えられる。他方神の讃美の動機は、δόξα という単語及びその派生語を神の栄光に関して用いるのは確かに聖書的ユダヤ的思惟の伝統である[12]。けれどもこれを奇跡物語の結びに用いるのまで単純にユダヤ的伝統に帰するわけにはいかない。福音書の中でもっともヘレニズム的なルカが初めてこれを大幅に採用しているからである。これはおそらく擬古典主義のルカが七十人訳の聖書的ギリシア語を採用する結果であろう。そこで表現としては旧約聖書の伝統を引くものであっても、これをイエスの奇跡物語の結びとするところにルカ的特色が現れる。ルカの叙述では、イエスの奇跡を見て人々はこのようなことをなした神を讃える。奇跡行為者イエスの頭上を超えて人々は神の手を見るのである。これはまたルカのキリスト論の特質を示す。キリストは神に対して従属関係にあるものと見られている。イエスは神の道具である。(13) これに対してマルコはもっと端的にイエスの行為そのものに目を注ぐ。

以上まとめると、奇跡物語の結びに驚き恐れの動機を置くのは一応ヘレニズム民間説話にひろまっていたものと考えられるが、これをイエスの奇跡物語に関して大幅に採用したのはマルコである。この際彼は、独得な無人称的三人称複数形でもって、これが出来事に対する彼自身の評価であることを示している。しかし他方まだあまり様式化していず、表現は稚拙である。マタイはこれを物語の様式の固定という方向に進めた。しかし一種のきまり文句として扱っているだけに、それ以上特にマタイの考え方の特色というものではない。きまり文句として型にはまっていく傾向はさらに後のキリスト教文学に受け継がれる。ルカは逆に、それぞれの場面の具体的叙景として驚き恐れの動機を扱う。従って表現はそれぞれの物語に従って変化する。そしてこれは奇跡物語に対するルカ自身の見方、というのではなく、登場人物の行動を説明する、という体裁のものである。他方定式化した表現としてルカは神の讃美の動機を導入する。これも後のキリスト教文学でさらに発展するものである。

以上が様式の観点から見たこの動機の分析である。次に、宗教史的に驚き恐れがどのような意義を持っていたのか観察してみよう。

二　宗教史的に

驚き恐れは元来神的存在の顕現（エピファニー）の物語に属する動機である。ホメロス以来のギリシア文学において、神的顕現は非常にしばしば驚き恐れの動機を伴ってえがかれる。E・ピスター（Pfister）がギリシア文学における神顕現の研究において、豊富に例をあげている。[14] ここでは二例をあげるにとどめよう。オデュッセウスの子テレマコスのところに女神アテネが現れ、父親のことを思い出させる。「(テレマコスは) 心に驚いた。神であることに気がついたからである」(I三二三)。ホメロス風讃歌、アフロディテI一八二では、アンキセスは自分が相手にしているのがアフロディテであると気がついて、「驚いて両眼をそむけた。」このように、自分の相対している人物が神であるということに気がついた時に、驚きが表現される。恐れについても同様である。驚き恐れは神的顕現に接した人間の反応である。

イスラエル文学においても驚きの動機は神のすべての行為に適用される。[15] 多少の例を上げると、詩六七(六八)・三六「神はその聖者達の中にあって驚くべく[16] (θαυμαστός)……」と、神自身が驚きで形容され、ベン・シラ一一・四「主の業は驚異 (θαυμάσια) である」と讃えられ、イザヤ二五・一「主よ……汝は驚くべき業を (θαυμαστὰ πράγματα) 行い給うた」と言われる。類似の例は数多く上げられる。神の創造の業と考えられた天体そのものにもこの形容詞が附される。それは驚くべき器 (σκεῦος θαυμαστόν) である (ベン・シラ四三・二)。特徴があるのは、七十人訳では旧約原典の驚きを示す語 (主としてplʾの変化形) を動詞θαυμάζειν をもって訳すことはなく、θαυμα- を語根とする名詞及び形容詞で訳していることである。つまり右のギリシア世界の例と異って、神的顕現に出会った人間の反応をのべる、というのではなく、神の業を驚異的なものとして客観的に形容するのである。この傾向はクムラン文書にも見られる。plʾ (または plh) の語が用いられるすべての場合において、多かれ少なかれ神の業の驚異的性格が語られる。しかもこの動詞はクムラン文書では常にヒフィルの形、特にヒフィル不定形で用いられる。すなわち、人々が神の業を見て驚いた、というよりも、神の業は人を驚かせる性格のものである、という言い方がなされる (一QS一〇・一六、一QpH七・八、一QM一四・九、一八・七、一QH五・一五、九・三八、一一・三、一五、一八・二二)。名詞形が用いられる場合も同様である (一QS一一・一五、CD三・一八、一QH七・三二ほか)。無人称的三人称複数形はこの文書にも時々出てくるが、「驚く」を意味する動詞には用いられていない。

驚きが神の形容に用いられるのに対して、恐れは神に対する敬虔な人間のとるべき態度として示される。その意味で「神を恐れる」という表現が詩篇を中心に旧約ではかなり多く見られる（申命記八・六、詩六五（六六）・一六、一二七（一二八）・一、ベン・シラ二・七、六・一六、イザヤ五〇・一五その他）。死海文書においても同様である（一QM一〇・一、一QH一三・一四、一QSb一・一、CD一〇・二）。[17]

従ってギリシア世界では驚き恐れは神的存在に出会った時の人間の反応であって、神顕現の物語に固有の動機と言える。それに対して旧約からクムラン文書までのイスラエル・ユダヤ文学では、驚きは一般的に神の業を性格づける形容詞であり、恐れは神に対する敬虔さの表現である。従ってユダヤ教の伝統においては、驚きも恐れもかなり一般的な動機であり、特別に神顕現の物語と結びついたものではない。しかし、旧約にも神顕現を特色づける表現がある。神が直接に人間の前に現れる時、人間は恐れる。その人間と相対するためには、神の側から「恐れるな」と呼びかけねばならない。この呼びかけを受けてようやく人間が神顕現に直面することが可能になる。創世記一五・一、二一・七、二六・二四、ダニエル一〇・一八などに出てくる表現である。この表現が七十人訳聖書においては神顕現を示す特殊な術語的表現と考えられていたことは、七十人訳がヘブル語本文に加えたと思われる二つの附加によって知られる。ベテルでの神顕現の物語で、ヤハウェがヤコブに言う、「我は汝の父祖アブラハムの神イサクの神ヤハウェなり」（創世記二八・一三）。七十人訳ではこの言葉の後に「恐れるな」と附け足される。イザヤ書一三章のバビロニアに対する予言は深く歴史的状況に根ざしているものと考えられる。けれども七十人訳ではこれは終末論的審判の現れと解釈され、その線にそって数多くの語が附加されている。一三・二の「恐れるな」もこの種の附加の一つであり、この予言のえがく場面が神顕現としての性格を持つことを示している。神と直接に対面する、もしくは神の力の現れを直接見る、ということは恐れるべきことなのである。それを神の側から語られる「恐れるな」という呼びかけによって、著者は、自分が記しているのがこの種の神顕現の物語である、ということを読者に印象づけようとする。

以上の関連において見る時に、マルコの奇跡物語の結びの句は、旧約における神の驚異的な業についての一般的な形容句よりも、ヘレニズム的な神顕現の動機に近い。イエスの具体的な行為に接した人間の驚き恐れがそのつど語られるのであって、神の創造の偉大さを詩篇のような仕方で驚くべきことと賞讃しているのではない。また、神顕現に出会った人間の驚き、という仕方で、動詞による表現が用いられているのもヘレニズム的な神顕現に近い。もっとも、動詞の主語が明らかにされず、むしろ無人称的に出来事の形容として驚きの動機が導入されているのだから、この点はかならずしもヘレニズム的とは言えない。(18) いずれにせよ、この事実から福音書の奇跡物語の大部分は異邦人キリスト教徒の間で成立したものであって、ヘレニズム思想を背景としている、と結論することはできない。(19) これはむしろ、その時代一般の雰囲気とでもいうべきものである。そもそも、何か異常な物語をえがこうとする時に、驚きや恐れの動機を導入する、というのは人間の感情として普通のものであり、(20) 特に民話的なものの場合、それがヘレニズム的であるなどと限定することはできない。福音書の奇跡物語は神顕現の動機を含んだ民話である、というのが無理のない結論であろう。M・ディベリウスが、奇跡物語の末尾の喝采の動機は、この意味で物語の驚異的性格、神顕現としての性格を強調するためのものである、と言っているのは正しい。(21) しかしこれは問題を奇跡物語に限った場合の話で、マルコ福音書ではこの動機がもっと多様に用いられている。奇跡物語以外にもマルコでは驚き恐れの動機が数多く出てくる。(22) 我々はすでに、マルコでは驚き恐れの動機は奇跡物語のきまり文句化した様式として固定しているわけではない、という事実を確認した。マルコはむしろこの動機を自由にイエスの出来事の評価として用いている。しかもこれは、居合わせた人間の自然な感情の描写としてはとても理解できないような場面にも出てくる。イエスの教えに対して、また従来から解釈上困難な個所として有名なマルコ九・一五、一〇・三二、一六・八の文の場合がそうである。これらの個所では、驚き恐れは、マルコがイエスの行為、人物を評価した言葉としてしか理解できない。以下これらの個所を検討してみよう。

三　マルコにおける驚き恐れの特殊な用法

《イエスの教えに対する驚き》

一・二二、二七についてはすでに論じた。このほか六・二、一〇・二四、二六、一一・一八、一二・一七に面白い記述がある。まず一二・一七は内容は教えについてであるが、形式的には奇跡物語の結びの形式とまったく同じである。カエサルに税金を支払うべきかどうか、という問題についての議論の終り（一二・一三―一七）に、福音書記者は驚きの動機を用いるのである。物語の結びであること、無人称的三人称複数形が用いられていることはマルコの特色を示す。従ってこれはこの物語に対するマルコの評価であって、驚いたのはこの物語の登場人物であるパリサイ人やヘロデ党ではないのか、などと問うのは無駄である。イエスの教えとは驚くべきものなのだ、ということをマルコは言いたいのである。なお面白いことに、ここでは、人々はイエスの教えに驚いた、とさえ言われていない。人々はイエスに驚いた、というのである。つまりルカ二〇・二六の平行記事が解釈しているように、論争に際してイエスの答え方が巧みだったので居合わせた人々が驚いた、というのではない。マルコはこのような心理的解釈はほどこしていない。言うことはいたって簡単である。話しているのはイエスなのだ、だから驚くべきである。

一一・一八は形式的にはやや異っている。ここでは無人称的三人称複数ではなく、はっきりと「群衆（オクロス）はイエスの教えに驚いた」、と主語が示される。これは祭司長律法学者がイエスを逮捕しようとたくらむのに対照させて、民衆はイエスの教えを歓迎していた、というのである。従って驚きの動機と民衆の動機とが重なっている。しかしもちろんこの二つは矛盾しない。イエスを逮捕しようとする敵対者に対して、民衆はイエスの教えが驚くべきものであるということを把握していた、というわけだ。驚きの動機そのものは他の場合と同じである。この文は宮きよめの物語（一・一五―一八）の結びとしてつけられた編集句である。物語そのものにはイエスの教えは言及されていない。にもかかわらず福音書記者は「群衆はイエスの教えに驚いていた」と言う。つまり、イエスの教えは驚くべきものである、という考えはマルコの基本的な主題の一つであって、物語の内容に直接関係があろうとなかろうと、ところかまわず顔を出す(23)。

六・二にはこの特徴がよく現れている。安息日に故郷の村の会堂でイエスが教える。「多くの者」がこれに驚く。しかしこれは単にイエスの教えについてだけではない。イエスの智慧についてだけでなく、奇跡行為に対しても人々は驚きを表明する。これは奇妙である。そもそもイエスはまだナザレでは奇跡を行っていない。しかもすぐ続く五節では、イエスはナザレの人々の不信仰の故に、ごく小数の病人を除いて治癒を行うことはできなかったと記されている。奇跡が行われないのに人々は奇跡に対して驚きを表明する。この矛盾する叙述はまさに、マルコが歴史的場面をそのまま平面的に記述しようとしているのではなくて、自分のイエス観を表明しようとしているのだということを示す。マルコがイエスの活動に言及する限り、それは驚くべきものだったという価値評価を伴う。しかもその驚きは、教えと奇跡というイエス活動の両面について等しく主張さるべきなのである。物語として、その場面で奇跡と教えとが共になされようとなされまいと、それは二の次の問題である。またその場面の登場人物が誰であろうと、ともかく驚き恐れは表明されねばならない。マルコにとって、これがイエス活動の基本的性格だからである。これと並んで批判的動機が示される。すでに論じたように、四節になされた附加によって、マルコはイエスの親族を批判しようとしている。イエスの教えと奇跡は本来驚くべきものなのであるが、イエスの身内の人達はそれを理解しなかった。六・一―六は物語ではなく、イエスの生についてのマルコの主張の列挙なのだ。

以上の個所と異って、一〇・二四―二六はやや複雑である。マルコはここで無器用な仕方で、イエスの言葉が弟子達を驚かしたということを二度繰返す。この無器用さがすでにマルコ的である。これがいかにぎごちない文であるかは、文体の良さを重んずるルカがその平行記事において二度とも驚きの動機を削除していることからもわかる（ルカ一八・二五―二六）。二四節の方は θαμβεῖσθαι という動詞が用いられているが、これは新約聖書中マルコしか用いない動詞である。とすると二四節の驚きの動機の方は少なくともマルコが入れたものだろうと想像される。ところが他方、この部分（一〇・一七―三一）の構造はかなりこみいっていて、伝承と編集とを見分けることが困難である。[24] マルコは通常、ギリシア語としてはかなり型破りに、「そして」（καί）で文章を始めることが多く、逆接の小辞 δέ でもって文を始めることはきわめて少ない。ところが第十章だけはこの点で別格なのである。[25] この種の文体の急激な変化は、第十章では他の章と違ってマルコは伝承の文を忠実に写し、自分の文体で書いていない、としか説明しようがない。とすると結局、二四、二六節の驚きの動機にどこまで編集者の意図が現れているのか定め難い。しかもこの場合のみ他の場合と異って、「弟子達」という明瞭な主語がついている。ここに弟子達の無理解を見るのは明らかにマルコの意図である。[26] とするとこの場合はおそらく、イエスの驚くべき教えを弟子達は理解しなかった、ということが言いたいのだろうか。もっともそれにしてもこの文は舌足らずである。

《九・一五》

この句は山上の変貌と癲癇の息子の癒しの物語のつなぎに置かれている。文体からも内容からも明瞭に編集句である。[27] 弟子達と律法学者とが群衆に囲まれて議論しているところにイエスが登場する。群衆はイエスを見て驚き、走り寄って挨拶する。福音書記者はこの驚きの理由を説明していない。イエスが向うから歩いて来たというだけで驚く、というのは人間の自然の感情としては心理的に理解できない。この驚きは以下に続く奇跡的物語の性格づけだと説明することもできない。癲癇の少年の癒しの物語の結論ではなく導入句に出てくるからである。前の山上の変貌の物語の結論と見なすことはさらに不可能である。前の物語はすでに一三節で閉じている。この驚きの動機をその場に居合わせた人々の心理描写として説明するのがいかに無理なことかは、現代の註解書著者達の説明を見ればわかる。多くの学者が様々の想像をめぐらし、いずれも実に強引な理窟をつけている。

B・H・ブランスコウムは、[28]ちょうど人々がイエスを必要としているところに符牒をあわせたようにイエスが来たので驚いたのだという。ラグランジュは、[29]人々はイエスが来ると思っていなかったのに来たので驚いたのだ、と言う。どちらも本文にないことを適当に想像しているにすぎない。モーセがシナイ山から下りる場面（出エジプト記三四・二九以下）との類似対応を見出だそうとするのも無理である。[30]山上の変貌の物語そのものにシナイ山におけるモーセに対する啓示の物語との類似対応を何らかの意味で読みとるのは不可能でないかもしれない。けれども、九・一五は山上の変貌の物語とは無関係である。[31]このような物語のつながりを気にするのはルカだけである。「山から下りて来ると大勢の群衆に出会った」（ルカ九・三七）。それに出エジプト記の物語では、モーセはヤハウェの神と語ってきた直後なので顔が輝いている。それを恐れて人々はモーセに近づかなかった、というのであるが、マルコ九・一五では人々はむしろイエスに走り寄って挨拶しているし、イエスの顔が輝いていたから人々が驚いた、などとは記されていない。ここには対応すべき類似性はない。

E・ローマイヤーは、今まで人々はイエスについて話をしていただけなのに、そこにイエス自身が現れたので喜んだのだ、と説明する。[32]群衆のこの喜びは、イエスの存在があらゆる議論を超えた力であることを示し、弟子達の無力は対照的にイエスの存在の力強さを浮彫りにするのだ、という。この説明は、物語の基本的方向（無益な議論、弟子達の無力に対するイエス存在の意義）を正しく把握している。しかし驚きの動機そのものは説明していない。ローマイヤーは西方写本の異読（普通の写本の「群像はイエスを見て驚き、走り寄って挨拶した」の代りに、「群衆はイエスを見て驚き、喜んで挨拶した」とする）に従って、「喜び」の理由を説明しようとしているのである。しかしこれは二次的な異読である。いずれにせよ「驚き」の動機が説明されねばならない。それに、イエスが来る前に議論していたのは弟子達であって群衆ではなく、また「イエスについて」話していたのでもない。

どうしてこのように註解書著者達の説明が混乱しているのであろうか。彼等は一様にこの驚きをその場に居あわせた人々の心理的反応として説明しようとするからである。そのためにマルコ本文にない奇妙な補足を補って説明することになる。しかしすでに我々の検討してきたところから言えば、これは福音書記者マルコがイエスの人物を形容しようとした文である、と考えれば、無理な想像を補わなくても、この文は素直に理解できる。「イエスが来る。それを見て人々は驚く。」つまり、今ここに登場するイエスは驚くべき存在なのだ、とマルコは説明しているのだ。しかもここでは人々はイエスを見て驚く。特定の状況に誘発されたのでもなく、イエスの人物、活動の特定の一面を見て、というのでもない。驚きはイエスの存在そのものに向けられる。マルコは単純である。イエスが居るから驚くべきだ、というのだ。こう見てくると、ディベリウスの説明がもっとも真実に近い。すなわち彼は、奇跡だけにではなく奇跡行為者にも驚きはあてはまる、奇跡行為者を神秘的な雰囲気がとりまいている、と説明する。(33) イエスの人物そのものに驚きが向けられているという点でこの説明は正しい。けれどもこれを神秘的な雰囲気と名づけるとすれば、いささかはずれている。マルコはイエスの存在の絶対的意義を主張する。しかしそれは、神秘的雰囲気などと言って片づけられるものではない。奇跡物語の枠内ならともかくも奇跡的力の持主という神秘的な雰囲気を考えることもできよう。しかしここではただ単にイエスが来ると人々は驚く、というのである。

《一〇・三二前半》

「(彼等は) エルサレムに上って行く途中だった。そしてイエスは彼等の先頭に立っていた。そして (彼等は) 驚き、従う者達は恐れた。」三人称複数の動詞が三つ出て来る。この主語を定めるのに解釈者は苦労する。はじめ「途中だった」は、イエスと弟子達とが主語である、と考えられる。あとの二つはどうか。ギリシア語の当り前の感覚からすれば、「驚き」と「恐れた」の主語は相異なる（οἱ δὲ がこれを示す）。そこで多くの註解者は、「驚き」の方は十二弟子が主語で、「従う者達」はイエスと十二弟子とに従う他の弟子達をさす、と解釈する。[34] しかしこれは、「イエスが彼等の先頭に立っていた」という文と矛盾する。イエス一人先頭に立ち、他の者はすべてこれに従っているのである。それに十二弟子に他の者が従う、という考えはマルコの排斥するものである。そもそも、十二弟子と他の弟子との区別はこの文ではおよそふれられていない。「驚き」の主語が十二弟子であることはどこからも確定できない。この解釈に限らず、これらの動詞の主語を確定しようとする試みはいずれもうまくいかない。[35] まして、驚き恐れの意義については、解釈がまちまちなのもやむをえない。これはマルコでもっとも難解な個所の一つなのだ。

　そこで本文を作り変えようとする試みがなされる。V・テイラーは、「驚いた」という動詞を三人称複数から三人称単数に読みかえる。[36] その理由としてアラム語の背景を考える。次の語の語頭につく「そして」を意味するワウの字が、前の語の動詞語尾と考えられた結果（その場合三人称複数語尾となる）、本来「(イエスは) 驚いた。そして従う者達は恐れた」という文が、「(彼等は) 驚いた。従う者達は恐れた」となったのである、という。しかし、このような読みはいかなる写本にも伝えられていないし、この文にアラム語の背景があったとは考えられない。この文がマルコの編集句であることは明瞭だし、そうでなくとも、マルコがアラム語の文書資料（このような間違いは口伝ではありえない）を用いたなどという証拠はどこにもない。また意味内容から言っても、イエスの驚き、というのはこの場合説明に苦しむ。テイラーは、これを「深い苦悩」(deep distress) と説明しているが、θαμβεῖσθαι という動詞は純粋に驚きを表現するものであって、苦悩の意味はない。「エルサレム到着を前にしたイエスの苦悩」などと説明するのは、解釈者の感傷にしかすぎない。

　同様に、驚き恐れの主語を確定して、そこからこの意味を判断しようとする解釈者は、いずれも無理な想像を導入している。イエスの威厳（Majestät）に驚いたのだ[37]、とか、エルサレムへの死の旅に上るイエスのきっぱりと決断した様子に驚いたのだ[38]、などと説明する。しかしイエスの威厳などここでは語られていないし、きっぱりとした受難の決意は、これに続く文で語られるのであって、この文の説明とはならない。イエスが受難の決意を宣言する度に、弟子達はおよそそれを理解しない（八・三二―三三、九・三二、一〇・三五以下）。この場合だけ、イエスが何も言う前から、弟子達がイエスの受難への決意を感じとって恐れた、というのは奇妙である。それにこれでは「驚き」の方は説明できない。

とすると、この文もまた登場人物の心理の説明ではなく、マルコの主観的意見の表明としてしか理解できないことになる。「驚いた」という主語なしの三人称複数形は少なくともそう解釈されるべきである。この点E・ローマイヤーは正しい[39]。けれども彼はこの説明として、実にもってまわった理窟をつけている。受難物語は初期キリスト教徒にとって非常に大きな意味を持っていた。イエスの受難のみが救いに関する唯一の啓示と考えられた。イエスのエルサレム旅行はこの受難に向っての動きである。従って、この旅行もまた神の行為の顕われと見なされた。神の行為である限りにおいて、イエスの驚くべき行為なのである。福音書記者は「弟子達や従う者達に、これらすべての事柄の意義についての初期キリスト教徒の意見を投影しているのである。」この最後の文は正しい。しかしマルコが一〇・三二前半の短い文を書くのに、これだけ面倒臭い論議を頭の中で経た上で書いているのだろうか。むしろマルコはもっと単純である。主語のないところはそのままにこの文を訳してみよう。「エルサレムに上る途中のことだった。イエスは自ら彼等の先頭に立っていた。驚くべきだった。従う者達は恐れた。」福音書記者にとってイエスが先頭に立っていた、というだけで十分なのである。イエスがそこに居る、それだけですでに驚くべき出来事なのだ。イエスの名を口にする時にマルコとしてはほとんど自動的に、このイエスこそ驚くべき存在だった、と附け足してしまうのであろう。それが ἐθαμβοῦντο 一語で果されている[40]。ちょうどラビ達が神の名に言及する時には、すぐに、その御名はほむべきかな、と文脈とは無関係に附け加えるのに似ている。もっともラビの場合は、モーセの十戒の第三戒との関係で、いわばあわてて「ほむべきかな」と言い足すのだが、マルコの場合、イエスの存在は驚くべきである、というのはもっと力点を置かれた根本的な主張となっている。

《一六・八》

マルコ福音書の結びの句である。[41] この句についてはあらゆる角度から議論されている。特にもともとマルコはここで終っていたのか、それともこのあとにまだ物語が続いていたのかということが議論の中心になる。この議論をここで一々詳細に取りあげることはできないし、その必要もない。元来マルコ福音書は一六・八で終っていたのではない、という説をとる人達は、一六・八は「恐れたからである」という短い文で、福音書の結びとしてはいささか唐突にすぎる。という。また他の者は、キリスト教の福音書が復活物語なしで終るのはおかしい、という。恐れの感情で福音書が閉じられるなどとはとても考えられない、キリスト教の福音書である限り、復活者と出会った弟子の信仰告白か喜びをもって終るべきだ、などと言う。しかしこの種の議論は、まず、キリスト教の福音書はかくあるべきだ、と先にきめてかかって、現在の福音書でそれにあわないものは脱落した部分があるからだと、想像する。これでは研究の順序が逆である。福音書という文学類型を創造した御当人のマルコにあの世でこれらの近代の学者達が出会ったら、彼等はマルコに、お前は福音書の書き方を知らない、と言って教えさとすことであろう。もしかすると彼等は、復活者顕現の物語を書かなかったお前はキリスト教徒ではない、といって宣言するかもしれない。マルコは天国でくしゃみするだろう。——研究者としてとるべき道は、与えられた材料を説明することであって、ないものねだりをして、自分で架空の材料を想像することではない。[42]

今まで我々の述べてきたことから言って、「恐れたからである」という文はマルコ福音書の結びとしてむしろふさわしい。これも無人称的三人称複数形で書かれている。これも恐れの動機である。これも奇跡物語の場合と同様に物語の結びであり、さらに福音書全体の結びである。福音書全体を通して、イエスの奇跡は、イエスの教えは、そしてイエスが単に旅行するとか、イエスがそこに居るというだけのことをも、驚くべき恐るべきこととして強調してきたマルコは福音書の最後の物語、空《から》の墓の物語（一六・一—八）を閉じるにあっても、これは恐るべきことだった、と言うのである。イエスの死後三日目の朝、その墓は空になっていた。イエスは復活したのだと天使が言う。これは恐るべき出来事である、とマルコは言う。そしてこれは単にこの物語についてだけではない。福音書全体の結びとして、「イエス・キリストの福音」（一・一）は驚くべき恐るべき事柄なのだ、とマルコは結論する。これはいかにもマルコらしい福音書の結び方だと言わねばならない。

我々と同じような結論に達している研究者が他に居ないわけではない。この文が単なる史的叙景ではなく、福音書記者の意見の表明である、ということに気がつけば、多かれ少なかれ似たような結論に到達するのは当然である。[43]ここでは特にR・N・ライトフットの名をあげよう。彼は空の墓の物語に特別な研究をささげている。[44]彼はこの「恐れ」の動機が福音書中にしばしば出てくる「驚き」の動機と共通することに気がついている。そしてこれは福音書記者が物語をどう理解しているか、という面から解釈されねばならない、ということに気がついている。つまり、その場面に居た三人の女の感情、というだけのことでなく、彼の言葉によれば、「超越的な神の行為を前にした人間の不適応」を示す。けれどもライトフットは続けて、驚きや恐れが神の啓示に対する人間の正しい態度を示すものかどうか、と問う。そして、福音書記者は、驚きや恐れは不十分な態度であるとして批判しているのであり、信仰に欠けたものと断じている、と結論する。神の啓示としての出来事の性格を感じとっているのだが、これを信仰をもって受け容れないのが驚き恐れである、と価値判断する。この観察は果して正しいだろうか。この点もう少し検討してみねばならない。

四　マルコのイエス観

ライトフットは右の説明の根拠を二区分説に求める。福音書前半においては、驚き恐れは主として奇跡によって惹き起される「圧倒的な驚愕」である。これは奇跡によって与えられる啓示を理解していないことを示す。後半ではこれは「宗教的畏敬の念」となる。奇跡の意味は理解しているのだが、まだ教えや、就中受難の意義は理解していない、というのである。[45] けれどもこの説明は二区分説によりかかりすぎているために、二区分説と運命を共にする。二区分説がおよそ根拠のないものであることはすでに詳論した。この点は別としても、ライトフットの説明は奇妙である。おなじ驚き恐れの動機を「圧倒的な驚愕」と「宗教的な畏敬」とに区別する理由はどこにもない。同じ驚き怖れの動機が、ある場合には奇跡を理解しないことの表現であり、ある場合には理解したことの表現である、などというのも奇妙である。それにそもそも、もしもマルコが恐れの動機をイエスに接するのに正しくない態度として批判したいのならば、なぜ恐れの動機をもって、しかもそれに何の説明も加えずに、福音書を閉じたのか。[46]

旧約聖書以来のユダヤ思想の伝統においては、驚きは神の創造行為の一般的な形容であり、恐れは神に対する敬虔な態度の表現であって、批判さるべき態度とはみなされていない。[47] その他驚き恐れが宗教的に不十分な態度として明らさまに批判されている例は、新約にも新約周辺の宗教文書にも見ることはできない。たとえば、グノーシス的キリスト教においては、驚きは宗教体験のもっとも高いものの一つに数えられている。コプト語トマス福音書でイエスの語録の第一としてあげられているものでは（八〇・一四以下）、宗教的態度の四つの段階が記されている。「探し」「見出し」「感動し」そして感動する者は「驚く」。[48] 驚きは最高の段階なのである。驚く者が永遠に支配する。オクシリンクス・パピルス六五四・一はこの偽典福音書のギリシア語断片であるが、ここでは、驚き、支配し、の次に最終段階として「休む」があげられている。憩いはグノーシス的宗教体系がしばしば目的とする究極的境地であるが、驚きはそれにいたる重要な段階と考えられている。

新約ではマタイがはじめて、宗教体験としての驚きが正しい態度かどうか反省を加えているように思える。水の上を歩くイエスの物語の結びの驚きの場面（マルコ六・五一）をマタイは、弟子達がひざまづいて「まことにあなたは神の子です」と告白する場面に書き変えている（一四・三三）。つまりマタイは一般的に言って弟子達の無理解の動機を取除こうとする傾向があるのだが、ここでもマルコ六・五一の弟子達の驚きを不信仰の表現と考えたので、それを信仰告白に変えてしまったのだ、と推量することができる。(49) しかしここから直ちに、マタイは驚きの動機を批判的に見ている、と結論するのは正しくない。マタイは弟子達の無理解の動機を変えたかっただけで、驚きの動機そのものに反対しているわけではない。たとえば、マタイ二一・二〇で、マルコの平行記事には驚きが言及されていないのに、マタイは弟子達の驚きの場面を積極的に附加しているのである。

従って、マルコ福音書の周囲を見渡す時に、驚き恐れの動機が不十分な信仰体験であるとして積極的に批判されている、という例はほとんど見あたらない。ではマルコ福音書の内部においてはどうだろうか。一見、驚き恐れが否定的に評価されていると思える個所が四つある。これを検討してみよう。

六・二〇。これはすでに扱った。ここでは驚きの動機とイエスの親族の無理解の動機とが並んで出てくる、というだけで、驚きの動機そのものは批判されていない。一〇・二四、二六の二個所では驚きの動機は弟子達の無理解と重なっている。残る一個所は六・五一後半である。水の上を歩くイエスの物語の結びとして、人々はいたく驚いた、と言われる。ここでも無人称的三人称複数形が用いられていることに注目すべきである。しかも奇跡物語の結びの句であるから、その限りでは他の場合と変りない。しかし、これに続く文によって、驚きの動機は弟子達の無理解と結びつけられているように見える。「彼等はパンのことを理解せず、その心は頑なになっていたからである」（六・五二）。この

「からである」と訳される接続詞γάρによって、弟子達の無理解が「驚き」の原因であったように解釈できる。けれども問題は、マルコ福音書においてはγάρはかならずしも理由を表わす接続詞ではないのである。単に文書の意味を強調するためにだけマルコがこの語を用いる例が多い。いわばこの語によってマルコは文章を括弧に入れるのである。註のような仕方で、今語っていることの、説明をつけるために、γάρによって導かれる文を導入する。[50]だから六・五二の文は六・五一の理由を述べるための文ではなく、物語全体の弟子達の態度を補足的に説明する、という文なのだ。五一節ではイエスの奇跡行為を性格づけて、これは驚くべき出来事だった、というのであり、五二節は弟子達の態度を説明して、要するに彼等は理解していなかった、というのである。この二つはマルコの基本的な主題だが、同一のことではない。

以上要するに、マルコは驚き恐れの動機を神の啓示に接するのにふさわしくない態度として批判している、などと言うことはできない。これが批判的要素とからまって出てくることがあっても、それはほんの二、三の場合に弟子達の無理解の動機と並んで出てくるだけであって、驚き怖れそれ自体が無理解を意味する、というわけではない。弟子達に無関係なところで驚き恐れの動機が示される場合は、無理解としては扱われていない。そもそも驚き恐れを神の啓示に対する人間の反応の一つの型として解釈しようとするのが正しくない。これはむしろ、マルコのイエス観なのである。イエスが何であるかを語るのに、マルコは、イエスの行為は、その奇跡的治癒の行為も、教えの活動も、受難も復活も、イエスの存在自体がすでに、驚くべき恐るべき出来事だった、と述べる。

このマルコのイエス観がとりも直さず福音書という文学類型を生み出したのである。マルコは古い宗教体系にイエスをあてはめて考えることを拒否した。メシヤ論的にイエスの人格の本質を意義づけたり、黙示文学的図式によってイエスの活動を位置づけるのを避けようとした。この点でマルコはエルサレム教団を中心とする人々と異った道をたどる。むしろ彼等のこのような宗教性を批判するのがマルコの第一目的だったのかもしれない。彼等に対してマルコは宣言する。イエスが重要なのはまさにイエス自身であったからだ、と。これが驚き恐れの動機の意味するところである。この動機をマルコは奇跡物語から得ている。そしてこれはもとを正せば神顕現の動機である。従ってマルコはメシヤ論的イエス観、黙示文学的イエス観、ラビとしてのイエス観などに対して、奇跡行為者としてのイエス観を代表するものである、と一応言うことができる。しかしマルコの特色は、驚き恐れの動機を奇跡物語や神顕現の動機として限定せずそれをイエスの活動一般に敷衍したところにある。[51] もちろんこれによってマルコはイエスが尋常一様の存在ではなく、到底把握し難い超越的存在である、ということを言おうとしている。けれどもこの超越性を特殊な概念によって把握し、それを特定の世界観の中に位置づける、というような操作はしていない。驚き恐れというような一見曖昧な表現を用いている理由もそこにある。そして驚き恐れですら概念として特に固定しようとはしていない。マルコにとって重要だったのはイエスの存在である。だからたとえば五千人の供食の物語（六・三〇―四四）などでは、驚き恐れの動機を用いずに、それと同じこと、つまりイエスの存在の絶対的意義を語ろうとするのである。だからマルコの信仰は実に単純なのだ。それがイエスであればそれだけで十分なのだ。しかしこの単純さのおかげで、マルコは教理的な問題よりもイエスの歴史的現実に目を向けるようになった。特定の教理体系としてでなく、イエスの存在自体ということを強調するならば、おのずと眼は歴史の事実へと向けられる。イエスのイエスたるところを示そうとするならば、イエスの具体的活動のあとをたどる以外にはない。

そこでマルコは福音書を書いた。マルコがガリラヤ地方をかけずりまわってイエスの奇跡物語を集めて来た理由もそこにある。我々の目から見て事実であったかどうかは別として、マルコにとっては、イエスの奇跡はもっとも具体的な事実だったのだ。ここには病気の人々、苦境にある人々に対してイエスがどのように接したか、という生々とした記録がある。マルコがイエスの教えをあれ程強調したのも同じ理由である。民衆に親しく教えを語るイエスの具体的な行為をマルコは強調したかった。だから教えの内容をあまり詳しく語ることはしなかった。教えそれ自体が無時間的真理として受けとられるのではなく、イエスの歴史的具体的活動の一環として意義がある、とマルコは考える。けれども他方、単なる事実性（Daß）だけが問題だったのではない。歴史的具体的活動としてイエスを把握するからには、当然具体的内容（Was）が語られねばならない。だからマルコは、マタイやルカほど多くの頁をさきはしないまでも、やはりイエスの教えの具体的内容をもいろいろ記しているのである。ただそれを、無時間的真理の表白とはしないで、歴史的場でのイエスの発言としてとらえる。マルコがまた、パウロなどのように、イエスの十字架と復活の贖罪論的意義ばかりを強調するのではなく、むしろ、生きた人として活動したイエスをえがいた理由も同じことである。マルコは神の子の死を書いたのではなく、イエスの生を書いたのだ。ここに福音書の誕生がある。この意味でこそ福音書はマルコの独創的創造なのだ。イエスの歴史的生の意義を把握しようとしたマルコのイエス観の意図的な表現なのだ。

註

1 G. Bertram, *ThWzNT*, III, *θαυμάζειν* の項、三一頁。

2 フィロストラトスのアポロニウス伝とルキアノスのフィロプセウデスに出て来る奇跡物語が主として様式史研究において福音書の奇跡物語の型と比較されるヘレニズム文学の例である。けれども彼等の提供する数多くの例の中で、驚きの動機をもって物語を結ぶのは、筆者の知る限り、フィロプセウデス一二のバビロニアの魔術師の物語だけである。ここでは魔術師が数多くの蛇を集めて燃してしまうのだが、それを見たと称する語り手は、「我々は驚いたものだったよ」と話を結ぶ。

3 E. Peterson, *Εἷς Θεός*, *Epigraphische, formgeschichtliche und religionsgeschichtliche Untersuchungen*, Göttingen, 1926, S. 193ff. そのほかにブルトマンは、ホメロス風讃歌アフロディテ八三、及び一八一以下、ピンダロスⅣ・五七以下を引用する（*Ergänzungsheft zur Geschichte der syn. Tr.*, 2. Aufl. S. 35）。ディベリウスはシシリアのディオドロスの例をひく（*Die Formgeschichte*, S. 78）。しかしホメロス風讃歌やピンダロスの場合、奇跡物語ではなく、神に出会った人の驚きの表現であり、この種のものはすでにオデュッセイアにもしばしば見られる。ディオドロスの方はわずかな例を加えるにすぎない。

4 ディベリウスは「合唱結尾」(Chorschluß) という術語をこれにあてはめ、ブルトマンはしばしば「喝采の定形句」(Akkla-

mationsformel) とよぶ。しかし見ていた人々が声をあわせて出来事の偉大さをたたえる、という意味での「喝采」の型はまだ共観福音書ではあまり発達していない。

5　福音書で「喝采」の定型化した表現があまり出てこない理由を、ペーテルソンはメシヤの秘密の動機に帰する。イエスのメシヤ性の秘密を保とうとした福音書記者は、それをあからさまに表明することになる民衆の喝采は手控えして書いた、というのである（前掲書一三一頁及び一九五頁）。しかしこれはメシヤの秘密の動機が不必要に拡大された解釈と言うべきである。共観福音書の場合はまだ定型化があまり進んでいなかった、という方が素直な説明である（R. Bultmann, *Die Geschichte der syn. Tr.*, S. 241)。

6　E. Lohmeyer, *Das Evangelium des Markus*, ad loc.; A. Loisy, *Les Evangiles Synoptiques*, I, p. 797s. はこの解釈をとる。

7　G. Bertram, *ThWzNT*, III, S. 32f. による。

8　Wは一・二七の θαμβεῖσθαι と二・一二の ἐξιστάναι とを θαυμάζειν に直している。

9　E・ペーテルソン、前掲書一九三頁以下。

10　O. Weinreich, *Antike Heilungswunder*, S. 108f.

11　*Geschichte der syn. Tr.*, S. 241.

12　*ThWzNT*, II, δόξα の項参照。

13　H・コンツェルマン『時の中心』三〇〇頁。

14　E. Pfister, Epiphanie, in Pauly-Wissowa, *Realenzyklopedie*, Suppl. IV, S. 317f.

15　G. Bertram, *ThWzNT*, III, S. 34.

16　ヘブル語聖書では、「聖所にあって」となっている。

17　他方死海文書では「驚歎と恐怖」(paḥadh w^{e}'ēmāh) という表現は神顕現や奇跡とは無関係に、教団が外から蒙る迫害を示すのに用いる成句として用いられている（一QS一・一七、一〇・一五、一QpH三・四、四・七）。

18　恐れの動機に関しては、旧約的な「神を恐れる」という表現はマルコには出てこない。ルカはこれを多く用いる（ルカ一・五〇、一八・二、四、二三・四〇、行伝九・三一、一〇・二、二二、三五、一三・一六、二六）。これはルカの擬古的七十人訳文体模倣の一例と考えられよう。他方、神顕現を性格づける「恐れるな」は、マルコ六・五〇平行、マタイ二八・五、一〇、ルカ一・一三、三〇、五・一〇に出てくる。

19　R・ブルトマン、前掲書二四一頁及び二五六頁以下。

20　たとえば法華経では仏陀を囲む宇宙的な世界がえがかれているが、その場面で、仏陀の業、人物に対する驚きが何度も表現されている。岩本裕訳註『法華経』（岩波文庫）上巻三一頁、四一頁、四七頁その他。

21　M. Dibelius, *Die Formgeschichte*, S. 94, vgl. auch S. 77 und 90.

22　M・ディベリウスはこの点を見落している。確かに彼は、奇跡物語（彼の呼ぶところの Novelle）の範疇にだけでなく、イエスの教えを中心とした物語（彼の呼ぶところの Paradigma）にも喝采の出てくる例がある、と認めているが、（前掲書五五頁以下）、しかし、このような Paradigmata の例として彼のあげているのは、内容としては奇跡物語に属するものばかりである。

23　従って、この文を聖書協会口語訳のように「群衆がその教えに感動していた」（塚本訳では「感心しきっていた」）と訳すのは、マルコの独特な術語に留意しない訳である、と言えよう。「驚いていた」「驚歎していた」と訳した方がよい。

24　二一一頁以下参照。

25　M. Zerwick, *Untersuchungen zum Markusstil*, Roma, 1937, S. 1ff. の計算によると、一―九章と、一一―一三章では καί で始まる文四四六に対して、δέ で始まる文は四九しかない。つまり δέ の文は両者合計の九・九％である。これに対して、第十章では、δέ の文二二に対し καί の文二七で、四四・四％となる。この数字は無視し難い。なおこの点でも一四―一六章は例外をなす。　三四四頁参照。

26　二一一頁以下参照。

27　「驚く」を意味するのに ἐκθαμβεῖσθαι を用いるのは、新約中マルコだけである。文頭の καὶ εὐθύς もマルコの文体の特色である。内容から言えば、一四―一五節は一六節以下の物語の内容と矛盾している。弟子達と律法学者の議論は続く治癒の物語とはおよそ無関係であって、律法学者は続く場面からは消えている。また一四―一五節では群衆が場面にはじめから居る。しかし二五節では、今まで群衆が場面に居なかったことになっている。（この点、H.J. Ebeling, *Das Messiasgeheimnis und die Botschaft des Marcus-Evangelisten*, 1939, S. 123 の説明は正しくない。つまり彼は、二五節を、群衆がますます増えた、という意味に解釈して矛盾を除こうというのだが、二五節にはそのように書いてない。

28　註解書該当個所。

29　*L'Evangile selon St. Marc*, ad loc., C. E. B. Cranfield, *The Gospel according to St. Mark*, ad loc. も同様。

30　J・シュニーヴィント、E・クロスターマン、W・グルントマン各註解書該当個所。

31　もしも一四節のCDΘ及びコイネー写本群の読みが正しければ、一四節以下と一―一三節との直接のつながりはますます稀薄となる。つまり、Bその他の写本の複数形の読みと違って、「弟子達のところに来て、多くの群衆がそのまわりに居るのを見た」という二つの動詞が単数形で書かれているのである。前の物語ではイエスと三人の弟子だけ離れたところに行っていたのだから、その続きだとすれば、「弟子達のところにもどって来る」のはこの四人でなければならない。ところが単数形の読みをとると、三人の主な弟子も含めて弟子達が議論をしているところにイエスが来た、という意味になる。この方が「より難しい読み」と考えられるから、複数形の読みは後の訂正であろう（K. L. Schmidt, *Der Rahmen der Geschichte Jesu*, S. 228による）。もっとも写本の古さから言えば複数形の方が支持されるから、この点確かには決定することができない。

32　註解書該当個所。

33　前掲書七八頁。

34　E・ローマイヤー、E・クロスターマン、F・ハウク、C・E・B・クランフィールドなど各註解書該当個所。これはすでに B. Weiß, *Das Markusevangelium*, S. 350 の提出している解釈である。

35　すでに、W. Wrede, *Das Messiasgeheimnis in den Evangelien*, S. 275f. にこの点のすぐれた批判が見られる。

36　註解書該当個所。彼はこの点で、C.H. Turner, J. V. Bartlet, C. C. Torrey など英国の学者の伝統に従っている。

37　J・シュニーヴィント、註解書該当個所。

38　M・J・ラグランジュ、W・グルントマン各註解書該当個所。

39　註解書該当個所。

40　もっとも、こう解釈しても「従う者達は恐れた」という文をどう説明するかは難しい。結局、W・ヴレーデ前掲書二七五―二七七頁のように、ここは写本の伝承の段階で本文がくずれたのだ、と説明したくなるのも無理はない。「驚いた」か「従う者は恐れた」のどちらかは元来マルコ本文にはなく、写本家が欄外につけた説明かそれとも異読であったのが本文にはいりこんだ、というのである。この可能性はしりぞけられない。かといって確証もできない。

41　後のあまり重要でない写本で一六・八に続く文をつけているものが多いが、古い写本は一致して一六・八で終っている。そして後の写本で一六・八以下につけている文は、いずれも二次的な附加であることは明瞭である。

42　この点、前田護郎『新約聖書概説』一六〇頁、が正しく説明している。なおこの個所に限らず、伝えられたテクストを解釈者の都合によって切ったり貼ったりせず、できる限り伝えられたままに理解すべきである、という前田教授の解釈の主張は、この点多少行き過ぎの感のある欧米の学者に対して、正しい批判である。

43　たとえば、W・グルントマン、註解書該当個所、がそうである。彼は「恐れ」はこの場面に登場する女達と共に、読者の持つ気持である、と言う。E・ローマイヤー、註解書該当個所は、「天的完全者」が恐れを呼び起す、だの、ここでは再臨の啓示と関係があるのだ、だのと妙な理窟を持出すが、この文がマルコの意見の表明である、という要所はさすがに押さえている。今となっては古くさいラグランジュの註解書ですら、これは「超自然的恐れ」であって、それ自体レゾン・デートルを持つものだ、と単なる叙景文ではないことを強調している。

44　St. Mark's, Gospel — complete or incomplete?　*The Gospel Message of St. Mark*, p. 80–97.

45　前掲書三七、四四、九二頁ほか。

46　J.M. Robinson, *The Problem of History in Mark*, p. 68–73 も驚きと恐れがマルコ福音書の重要な動機の一つである、と注目している。しかし彼は、本文の詳細な検討なしに、これはR・オットーの宗教学などで言うところのヌミノーゼ感情である、と言う。そしてこのヌミノーゼをもとにした宗教観はJ・M・ロビンスンが福音書記者マルコに帰そうとしている歴史神学の体系に一致しない故に、マルコはこの動機を正しからぬものとして批判し、啓示の正しい受容の態度である信仰と対置しようとしているのだ、という。しかしマルコに出てくる驚き恐れを単純にヌミノーゼ感情と規定するわけにはいかないし（この点については八木説と関連して後述する）、特にマルコが驚き恐れを信仰と対置して批判している、というのはマルコ本文には積極的根拠を見出さない。

47　G. Bertram, *ThWzNT*, III, S. 29ff. では、イザヤ五二・一四とベン・シラ一一・二一の二個所では、驚きは批判的に扱われ、真の信仰の前段階の如きものとみなされている、という。しかしこれは解釈の問題であって、我々はベン・シラ一一・二一もまた七十人訳に関する限りイザヤ五二・一四もこのような意味には解さない。くわしくは、拙著 *Miracles et Evangile*, p. 113s. 参照。

48　A. Guillemont, H.-Ch. Puech et al., *Evangelium nach Thomas*, Leiden, 1959 の訳による。J. Doresse, *L'évangile selon Thomas*, Paris, 1959 はこれを admirer と訳しているが、Ox. Pap. 654, 1 のギリシア語断片の用語（*θαμβεῖσθαι*）から言えば、やはり「驚き」と訳した方がよい。なお、この *θαμβεῖσθαι* という動詞は、新約ではマルコしか用いていない、という点に注目される。

49　G・ベルトラム、前掲書三七頁。

50　この点については、C. H. Bird, Some γάρ clauses in St. Mark's Gospel, *JThS*, NS 4, 1953, p. 171–187 参照。彼によるとこのような場合の γάρ は「これについての顕著な事実は」、「次の点に注意せよ」などといった意味合いである。その例として彼はマルコ一・一六、二・一五、五・四二、六・三一、一〇・四五、一六・八を挙げている。もっともこのうち六・三一と一〇・四五は通常の、前の文の理由を述べる意味であろう。このほかに九・六後半もこの例としてあげられよう。なお、バードは、マルコがこのように γάρ を用いる場合は旧約との象徴的なつながりを示唆している、というが、これは正しくない。文法的観察から直ちに神学的象徴にまで飛躍するわけにはいかない。M. E. Thrall, *Greek Particles in the New Testament*, p. 40–50 がバードのこのような象徴的意味づけを批判しているのは正しい。しかし、マルコの γάρ 用法が理由を述べるためだけのものでなく、補助的な註としての文を導入するものである、というバードの観察まで否定するのは正しくない。スラル自身、マルコは γάρ の文を「物語に補助的説明的細部をつけ足す」のに用いる、と認めている。

51　八木誠一『新約思想の成立』七一頁以下は、マルコのイエス観は基本的には奇跡物語にみられるヌミノーゼ的イエス観である、という。奇跡物語そのものがヌミノーゼ的感覚のものである、という彼の指摘は正しいし、その奇跡物語を大幅に採用したところにマルコの特色がある、という彼の見解も正しい。しかしマルコは単に奇跡物語だけを書いているのではない。奇跡物語的動機に出発しながら、それをイエスの全活動に適用するところにマルコの特色がある。イエスの教えもまた驚くべきだ、という時に、これはもはやヌミノーゼ感情ではない。そして次章で述べるように、イエスの歩んだ道を自分達も歩む、という意味で「従う」ことが強調される場合には、八木の用語を借りれば、マルコはイエスを非ヌミノーゼ化しているのである。

第五章　イエスの福音

結論をまとめよう。マルコはイエスの福音を書いている。福音書冒頭の句「イエス・キリストの福音の始」がそれを示す。そしてこれはイエスの生の記録である。具体的に生きかつ活動したイエスの生をえがくこと、そこに福音書の福音書たるゆえんがある。マルコはこのイエスを何か特定の理念から眺めようとはしていない。このことは、弟子達の無理解の動機、キリスト論の問題などの分析を通じて確認したことである。或いはまた、後に補論のところで述べるように、マルコはイエスの生涯の意味をその十字架の死によって代表させてはいない。そしてまた、イエスの生をも死をも、何か特定な神話論的救済論によって象徴的に意味づけたりはしない。まさにイエスの生を出来事としてえがく。そして、それも伝統的なキリスト教教義でいうところの一回限り(ein für allemal)の出来事としての史実性という形式原理なのではない。その場合は、出来事の内容は捨象されて、つまり出来事を出来事たらしめている歴史的重みがぬけ落ちて、ともかく地上に生起した、という限りでの史実性が主張される。だから、伝統的な信仰告白においては、「処女マリヤより生れ」という文にすぐ続いて、「ポンテオ・ピラトのもとに苦しみを受け、十字架につけられて死に」と語られるのである。生れて死ぬ、その限りで史実だというのであって、その生を生たらしめている誕生と死亡の間の部分には一言もふれられない。その意味でまさに、信仰告白の主張するイエスの生の史実性は形式原理でしかないのである。どうしてこのような形式原理としての史実性が主張されるのかというと、超歴史的存在としてのイエス・キリストが歴史の場に棲息する人間衆生とかかわりを持つために歴史の場に顕現した、ということが言いたいためなのであって、従って、いかに歴史の場での顕現について語られようとも、主語が超歴史的である限り超歴史的な広がりの中でしか意味を持ちえないのである。だから単なる形式原理としての史実性で事足りるのであって、その場合、史実性が歴史的に意味を持つのではなく、超歴史的広がりにおいて意味を持つ。従って形式原理として主張される史実性、イエスの出来事の一回性は、歴史的思惟の産物ではなく、むしろ、超歴史的もしくは非歴史的思惟の産物なのである。それに対して、自ら歴史の外に離脱して思弁することができない人間は歴史の出来事をその時間的空間的広がりにおいてとらえる。

このような意味で、マルコはイエスの出来事を歴史としてえがいている。(1) これは決して単に、ルカ三・一にあるような同時代の一般の歴史との年代上の一致を記す（シンクロニスム）とか、狭義の因果関係を求めるとか（因果関係を探すことだけが歴史であると感違いしている神学者が何と多いことか）、発展段階の図式を求めるとか（単純な進化論的発展段階の図式だけが歴史だと思いこんでいる思想家が何と多いことか）、そういったことではなく、出来事をその歴史的空間の広がりにおいて把握しようとすることである。ガリラヤとエルサレムの対立関係の中にイエスをとらえようとし、民衆に囲まれた者としてイエスを描こうとし、ガリラヤの田舎町を歩きまわって民間説話的なイエス伝承を採用しつつ、その町や村の土と民衆の臭いを福音書に盛込んでいったのも、素朴な仕方ではあるが、本質的に歴史に根ざしたイエス理解の方向であった、と言わねばならない。

だがマルコにとって、そのイエス、その出来事は単なる過去の事象ではなかった。単なる過去の事象ではないからこそ、それを現在の自分にとっての根本的な問題として福音書にえがいたのである。ではマルコにとって、過去のイエスと現在のかかわりはどのように表現されているだろうか。この問題についての反省は意識的には展開されていないし、従って、理論的にととのった結論を見出すことはできない。しかし、福音書に出てくるいくつかの語句が、マルコがこの問題にいかに対処していたかを明瞭に語ってくれる。

まず、「福音」という概念がこの関連で重要である。福音書冒頭の句「イエス・キリストの福音の始」が示しているように、マルコは自分が書いていることの内容を福音として把握している。おそらく、ギリシア語を話すキリスト教徒の間でキリスト教信仰の根本的事態を表現するのに用いられ初めた福音という語を、[2] イエスの生涯に関する伝承の中に初めて持込んだのはマルコである。[3] この語はマルコ福音書に全部で七回用いられているが、そのうち、受難物語に一度出てくる例は別として（一四・九）、少なくとも他の六回（一・一、一四、一五、八・三五、一〇・二九、一三・一〇）はすべて編集句に出てくる。ということは、マルコ以前の福音伝承においてはこの語は用いられていなかったことを示す。もちろんこの語そのものは、パウロにおける豊富な用例が示すように、すでにマルコ以前のキリスト教においてよく用いられていたのであるが、これをイエスの生涯を語る物語に適用するのはマルコが初めてなのである。そして面白いことに、マルコにとっては、福音とはイエスが宣教することの内容である（一・一四―一五）と共に、イエスの出来事、イエス・キリスト自身である（一・一）。従ってまたこれは、イエスを信ずる者達がまず何よりも告げ広めるべき事柄である（一三・一〇）。福音とイエスの間のこの微妙な関係は、八・三五と一〇・二九の句に最もよく表現されている。この二つのよく似た句において、イエスは、「私と福音とのために」自分の生命を、もしくは自分の財産兄弟などを捨てた者は、かえって真の救いにあずかるだろう、と言っている。同じ句のQ資料に出てくる場合（マタイ一〇・三九）との比較から言って、これは元来、「私のために自分の生命もしくは財産兄弟等を捨てた者は……」という句であったのを、マルコが「私のために」を説明して「福音のために」を附け足したのだ、と考えられる。ということは、マルコにとっては、イエスのためにということと、福音のためにということとは根本的には同じであったことになる。もっともこれを、現在の教会の福音宣教の中にイエスが生ける主として臨在する、という意味でイエスと福音とが同義語として扱われているのだ、と説明するとすれば、[4] やや事柄を狭く見過ぎている。むしろこの場合、イエスと福音とは単純に同一視されているのではなく、相補うものとして、というよりも相互に説明しあうべきものとして、さらにいうならば、相即すべきものとして示されているのである。だからマルコは単に「イエスのため」というだけ、または「福音のため」というだけでは満足せず、両者を並置しているのである。[5] マルコにとっても確かに、イエスは現在生きて自分達を導く者である（一六・七）。けれどもやはり、イエスの出来事は過去に属する。そしてマルコがイエスのことを口にする場合には、歴史としてのイエスの出来事を常に考えているのである。そしてそれが過去の出来事である限り、いかに「驚くべき恐るべき」決定的な出来事であろうとも、それがそのままに現在の信仰の事態とはなり難い。マルコ自身の現在の信仰がかかっているものは、イエスという歴史的人格そのままによっては表現されえない。それは福音という事態なのである。けれどもまた、マルコにとって福音とは、イエスの歴史的出来事から切離され無時間化され抽象化されうるような真理でもない。それはイエスが語った真理であると共に、イエス自身でもある。一・一の「イエス・キリストの福音」という表現はまさにこのことを示す。それはイエス・キリストの語った福音であると共に、イエス・キリストという歴史的出来事そのものでもあり、従ってまた、その出来事を語ることでもある。イエスの生、イエスの活動がその歴史的広がりにおいて意味していたもの、それがマルコにとって福音なのである。

　イエスと福音とのこの不即不離の関係と相まって、最後に、三つの動詞に注目しておこう。第一に「信ずる」という動詞（πιστεύειν）及びそれと並んで「信」（πίστις）という名詞である。重要でない二、三例（一一・三一、一三・二一）を除いて、この語は、マルコ福音書の著者が、イエスの出来事に出会った人間のとるべき態度と考えているものを表現している。「信ずる」とはまず第一にイエスの奇跡をなす力に信頼することである（五・三六、九・二三―二四）。イエスに対する信頼こそ病を癒す（五・三四、一〇・五二、また二・五、九・二三）。従ってまた、イエスの奇跡をなす力に信頼しようとしない弟子達は叱責される（四・四〇）。これはもともと神的な奇跡力、畏怖心をおこさせるような強烈な神的力に対する単純な信心であって、[6] 典型的な民間信仰の表現である。素朴な古代人であるマルコもこの民間信仰を疑いなく持っていた。しかしそれは単純ではあっても、イエスの存在に自分の人生を安心してゆだねていこうとすることによって、イエスの存在が人間の生に対して持っている根本義を承認し、証言するのである。ここから出発して、何に対してとか誰に対して、というのではなく、信という態度それ自体が山をも移すような力である（一一・二一以下）とされ、従ってまたそれが人間の生の基本的な革新力でもあると考えられる。ここまでくると、もはや単なる民間信仰以上の何ものかである。この「信」の態度こそイエスとかかわりを持つ者のあり方である。だから今日なら「キリスト教徒」とでもよぶべきところを、マルコは「信ずる者」（九・四二）とよぶのである。[7] ただ、以上の個所は、マルコ自身その考え方を受けいれ、自らもそれを強調しているとはいえ、多かれ少なかれ伝承に由来する。それに対して、マルコ独自の表現をとったものが有名な一・一五の句である。「福音において信ぜよ。[8]」つまり、信の態度を持つのは福音の中にあって、福音を根拠として、ということなのである。かつて生きていたイエスの力を信ずる、というだけのことならば、それは過去のことであり、過去にとどまる。マルコの信は過去にとどまるものではなく、イエスがその体現者であった福音を根拠とし、イエスの生の目ざしていたものの中に自ら身を置くことによって、信の態度を持て、というのである。

次に面白いのはケーリュッセインという動詞である。（ちなみにマルコではケーリュグマという名詞は出てこない。）「宣べ伝える」と訳してはいささか曖昧すぎるが「宣教する」と訳したのでは意味がせまくなりすぎるこの動詞は、イエスとイエスに従う者とが主として実践する活動を表現している。洗礼者ヨハネも「悔改めの洗礼」を「宣べ伝える」（一・四）。しかしイエスこそ特に宣べ伝える人である（一・一四、三八、三九）。しかもその内容は福音である（一・一四）。そして、このイエスの語っていたことであり同時にイエスが自らの生の中に具現していた福音をさらに宣べ伝えていくのが今この時にイエスに従う者達である。イエスに選ばれた弟子達は「宣教する」ことを使命とし（三・一四）、また事実それをなす。けれども狭義の弟子だけでなく、名もない誰彼も、イエスのなしたことを宣べ伝えるのである。以上のことを一まとめにして、マルコは「まず福音が宣べ伝えらるべきである」（一三・一〇）と主張する。すなわち、福音宣教はマルコが自らに、そして福音書の読者達に課していた課題なのである（一・四五、五・二〇）。

この課題がまた、イエスと福音との不即不離の関係をよく表現している。それは、イエスのなしたことを宣べ伝える、すなわち、イエスが自らの活動の中にいかに福音を具現していたか、ということを宣べ伝えるのと同時に、イエス自身がその福音なるものを宣べ伝えていたのと同じ行為の反復でもある。

この同じ行為の反復、という点で第三の動詞と結びつく。「従う」(ἀκολουθεῖν) である。これはマルコではもっとも数多く用いられる動詞の一つであって(十六回)、しかもそのほとんどが重要な意味に用いられている。単に空間的に先に歩く者のあとからついて行く、という意味(五・二四、一〇・三二、一一・九、一四・一三、五四)、或いはイエスとは無関係の場合(九・三八)を除いて、「従う」という態度はキリスト教徒たる者の基本的態度を表現する半ば術語的な用語である。それも、ほかの者に、というのではなく、イエスに従うのである。弟子たる者はイエスに従う。そもそも、イエスの方から「我に従え」という呼びかけがなされて、弟子達は従うのである(一・一八、二・一四、六・一、一〇・二八)。これまた狭義の弟子達だけでなく、「我に従え」という呼びかけは他の者にもなされるし(一〇・二二)、実際、女達(一五・四一)や無名の群衆(二・一五、三・七、一〇・五二)の中から従った者も多い。これは一応、イエスの命ずることを守ること、とも考えられよう。しかし、これだけなら単なる誡命の遵守にしかすぎない。マルコの「従う」はこれとはいささか趣きを異にする。イエスに従う、というのはむしろ、従うという動詞がもともと空間的に後からついていく、という意味であるように、イエスと実生活において行を共にすることであり、従ってイエスの諸活動に共同して自らも参与することである。けれども、これだけでは相変らず過去の事実にしかすぎない。マルコは今この時においてもイエスに従うということはありうると考えている。右の弟子達、女達、群衆の例も、マルコは単に過去の事象としてではなく、今もそのような人々が居る、ということをあわせて言いたいのである。そしてそのことがもっともよく表現されているのが八・三四である。「私のあとについて来たいと欲する者は、己を捨て己の十字架を負うて従って来なさい。」イエスが十字架の死という悲劇にいたりつくまで負い続けたそのことを、つまりイエスが自らの歴史の場において実現していった福音を、イエスのあとについて行く者は、今度は自分の歴史の場において実現し、しかもそれをイエスと同様に十字架の死という悲劇にいたりつくまでも負い続けよ、というのである。その行為こそ「イエスのため、福音のため」（三五節）というのである。この句に、イエスの過去に生きた姿をえがきつつ現在の自分達の生に対する語りかけをなそうとしたマルコの意図がはっきり現れている。そして、この意図が福音書を生み出したのである。(9)

註

1　この点、E. Trocmé, Pour un Jésus publique, *Oikonomia, Festschrift für O. Cullmann*, 1967, p. 42-50 が的確に指摘している。

2　G. Friedrich, *εὐαγγέλιον*, *ThWzNT*, Ⅱ, S. 718-734 の七二四頁以下で、この語のキリスト教的用法はユダヤ教の表現に由来する、と論ずるのは説得力がない。

3　vgl. W. Marxsen, *Der Evangelist Markus*, S. 83.

4　vgl. W. Marxsen, *ibid.*, S. 84f.

5　E. Trocmé, *La Formation de l'Evangile selon Marc*, p. 126, n. 68 はこの点を正しく指摘している。

6　vgl. R. Bultmann, *πίστις*, *ThWzNT*, Ⅵ, S. 206.

7　この句は正文批判上問題がある。ABほか数多くの写本の支持する「私（＝イエス）を信ずるこれらの小さい者」という読みをとるとすれば――写本の数の多さからいって、我々もどちらかというとこちらを採用する方に傾くが――キリスト教徒とはイエスに対して限りなく信の態度をとる者だ、ということになる。シナイ写本ほかあまり数多くはないが、マタイの平行記事と異っているという理由でしばしば採用される εἰς ἐμέ なしの読み、「信ずるこれらの小さい者」をとるとすれば、キリスト教徒とは信という態度を基本としている者だ、ということになる。もっとも、後者の読みをとるにせよ、この句の前後関係では、「信ずるこれらの小さい者」の例としてイエスの名を用いて悪鬼祓いを行っている者があげられているのであるから、どのみち、イエスに対する信頼を持つ者、ということになる。

8　この句は、様々な議論にもかかわらず、とどのつまり、「福音において信ぜよ」と訳すべきである。(この点については、遠からず発表する筆者のマルコ福音書註解を参照されたい。)「福音を信ぜよ」、つまり福音という語によって表現される一つの宗旨に帰依せよ、ということではない。

9　この章で論じたこと、特に最後の三つの動詞については、マルコの信仰論、就中マルコの倫理観という観点から本格的に分析すべきであって、ここでは素描にしかすぎない。それをくわしく論ずることは、また別の時の課題としたい。ここでは、マルコがなぜ福音書を書くにいたったか。という問に対する結論のまとめとなればそれでよい。

補論

その一　いわゆるメシヤの秘密の問題

一　問題点

今世紀初頭にあらわれた福音書研究の名著として、A・シュヴァイツァーの『イエス伝研究史』(*Geschichte der Leben-Jesu-Forschung*, 1. *Aufl.*,1906; 2. *Aufl.*,1913)と、W・ヴレーデの『福音書におけるメシヤの秘密』(*Das Messiasgeheimnis in den Evangelien*, 1901) の二つが通常あげられる。そしてシュヴァイツァーの著作が、言わば、十九世紀的な福音書研究に終止符を打ったものとすれば、ヴレーデの著作は二十世紀の新しい新約学の進むべき道を予告した、と言うことができる。このことは、それから半世紀たった今、ヴレーデの著作を読む時に、その鋭い文献批判の目によって、あたかもごく最近書かれた研究を読むかの如きみずみずしい印象を受けることからもすでに知られる。一九〇一年に初版が出、一九一三年に再版されたこの著作が、その後ちょうど五十年たった一九六三年に第三版の発行を見た、という事情もこのことを物語る。しかし他方、この第二版と第三版の間に横たわる五十年が意味深長なのである。その間に二度の世界大戦をはさんで出版事情が悪かったにもせよ、半世紀の長きにわたってこの書の新しい版が出なかったということ、しかも今再び大きな脚光をあびて第三版が我々の目にふれるようになったということの理由をたずねれば、おのずと、この書の示す問題がどこにあり、その解決がどの方向に進まねばならないか、ということが知られよう。

まず簡単にヴレーデの研究の要点を確認しておこう。マルコ福音書の記述には「秘密」に関する動機がいくつかある。悪霊に対して沈黙を命ずる動機、病人を癒した後にそのことを人に告げるなと命ずる動機、イエスが誰にも知られないように行動するという動機、いわゆる「譬話論」(Parabeltheorie)、すなわち人々に神の国の秘儀をかくすために譬話が用いられるという動機、そして弟子達の無理解の動機である。ヴレーデが第一に証明しようとしていることは、これらの動機を史的心理的に、つまり実際に起った出来事の叙述として理解することは不可能である、という点にある。この部分の論述は特にすぐれている(1)。史的叙述に無理を犯してまでもこれらの動機が強調して持ちこまれているからには、これらはむしろ福音書記者マルコの神学理念である、という結論になる。第二に、これらの動機は皆共通した動機であるとして、それをしめくくって「メシヤの秘密」と彼は名づける。イエスのメシヤ性の秘密が保たれる、という意味である。この第一と第二の観察に従ってヴレーデは、なぜマルコはメシヤの秘密の動機をつくり出さねばならなかったか、という問に答えようとする。

すなわち彼によれば、元来ナザレのイエスはメシヤ意識を持っていなかった。しかしキリスト教団はイエスをメシヤとしてあがめた。ここに一つの緊張関係が生ずる。そして教団もはじめの中は、イエスはその生前にはメシヤでなく、復活によって、復活以後メシヤになったのだ、と信じていた。しかしその信仰がだんだんと生前のイエスにまで投影され、やがて生前のイエスもメシヤとして描かれるようになる。このメシヤ信仰の二つの段階の過渡期においては、どちらの観念(復活してメシヤとなったという観念と、生前からすでにメシヤであったという観念)も緊張関係を保ちつつ併存する。マルコは、初期キリスト教教理史上で、まさにこの過渡期に位していた。そしてこの緊張関係を解決するためにメシヤの秘密の表象が提出されたのである。つまりイエスは、すでに生前からメシヤであったのだが、それが人々に知られることは欲せず復活の時まではそれを秘密に保とうとした、[2]というのである。

以上に述べたようなヴレーデの説がいかにすぐれたものであったかは、新約研究の多くの部面に独創的な業績をうちたてたR・ブルトマンが、メシヤの秘密の問題に関する限り、ヴレーデの説をおうむ返しに繰返していることからも知られる。[3]ブルトマンだけではなく、メシヤの秘密の問題については、未だに誰も基本的にはヴレーデを超えていないとも言えよう。しかしもちろん、ヴレーデに対して批判がないわけではない。彼の説明のどこに欠陥があるかというと、折角、メシヤの秘密の動機を福音書記者マルコの神学理念であるとして摘出しておきながら、[4]問題の解決の段になって、マルコ以前の教理史の発展によってこれを説明しようとしたところにある。H・コンツェルマンがヴレーデを批判して、ヴレーデは「史的、実用的に」(historisch-pragmatisch)問題を片づけてしまった、と言っているが、[5]これはまさに核心をついた批判である。つまり、初期教団におけるキリスト論の変化、発達という動機を持ちこんでいるという意味で「史的」であり、そのキリスト論の異った傾向の間を調整しようとしている、という点で「実用的」である。しかし、ヴレーデの長所がまさに、メシヤの秘密の動機はほかならぬマルコの編集上の動機である、ということを指摘した点にあったとすれば、ヴレーデ自身の意図に忠実に問題を解決するためには、このような「史的、実用的」な説明に逃げては正しくない、ということになる。マルコ自身が統一ある思想のいとなみをなしていたのであるから、この動機もマルコの思想全体の枠内で取扱うべきであり、マルコがイエスをどのように積極的に評価したか、という観点に徹して解答が出されるべきである。このような批判は、コンツェルマンだけではなく、今日ヴレーデの書物を正しく批判しようとする人は誰でも、多かれ少なかれ口にすることである。[6]

このような批判点から最近多くの学者達が新しい解決を試みているが、まだ誰もかつてのヴレーデの如き定説を提供するにはいたっていない、というのが現状である。ここにまた我々が独自の研究を提出する余地がある、と言ってよいだろう。

二　ヴレーデ以後

次に最近提出された解決の試みをいくつか簡単に紹介する。その際、なぜこれらの新しい説はヴレーデの研究を超えるほどの説得力がないのか、という点に焦点をあわせて述べていきたい。それによって、我々自身の研究の方向をつかむためである。結論めいたことを先に言うと、はじめに、ヴレーデの説は二つの観察に基いている、と我々は確認した。一つは、これらの動機はマルコの思想の表現として理解されること、一つは、これらのすべての動機が一様に「メシヤの秘密」の動機としてすべくくられていることである。そして実は、ヴレーデ以後の研究は、この第一の点にはあまり注目せず、第二の点に重きを置きすぎている、と言える。いわば、ヴレーデのつけた「メシヤの秘密」という合言葉から出発しているのである。あまりにも「メシヤの秘密」という「言葉」に踊らされている。「メシヤの秘密」という概念を既成のこととし、その概念をどう料理するかに腕のふるいどころがあると考えている。そこに後の研究者達の共通した欠陥があると言えよう。

これらの試みは主として六つの型に分けることができる。

(一)　史実主義

これはむしろ俗論であって、ヴレーデの著作を真剣に検討していれば出てくるはずがないのだが、いまだに啓蒙的な書物には多く見られるので取上げる。これによると、メシヤの秘密というのは、福音書記者マルコがつくり出した動機ではなく、イエス自身が自らに適用した態度であった、ということになる。すなわち、群衆のメシヤ理解はイエス自身の自己理解とは大きくへだたっていたので、イエスは自分がメシヤであることを群衆からかくそうとしたのだ、ということになる。[7] 群衆一般の政治的なメシヤ像をイエスはしりぞけたからだ、と説明する者もあるし、[8] 奇跡によってひき起される世上の軽薄な人気を避けようとしたからだ、という者もある。[9] いずれにせよ、マルコ福音書のテクストからはこのような説明は出てこない。ヴレーデの「メシヤの秘密」という概念から出発し、しかし、福音書の記述は何でもすべて史実の客観的描写であると考える保守主義が、その「メシヤの秘密」をもイエスの史実として説明しようとしたところから、このような見方にたどりついた、といえよう。史的批判をできるだけ退けようとする保守的な頑なさは別としても、この見解には滑稽な矛盾がある。すなわち、「メシヤの秘密」という問題が出てくるのは、あくまでも、福音書記者マルコの神学思想、という点に視点を定める場合だけであって、イエスの史実に着目する限りはこのような問題は出てこないのである。だから、ヴレーデの問題設定の趣旨をよく理解すれば、頑強に福音書をイエスの史実のための資料としてしか用いまいとするならば、「メシヤの秘密」の問題などそもそも起りえないのである。

(三) 護教論的動機

これも一種の俗論であり、すでにヴレーデ自身このような説明の成立たないことをはっきりと示している。[10] これによると、キリスト教外部からメシヤ信仰に関して、イエスの生前にはメシヤ性を示すような要素はなかったではないか、という反論がなされたのに対して、教会側は、それはイエス自身がそのことを秘密にしたからだ、と弁明した。このような護教論的動機によってメシヤの秘密の理念が生じた、というのである。しかし、マルコ福音書にはそのような護教論の必要性はおよそ示されていない、という事実から、この説もしりぞけられる。

㈢　文学的手法

H. J. エーベリンク(11)はヴレーデ以後の諸研究を回顧批判しつつ、ヴレーデ以上に強くこれらすべての動機が同じ意味を持っている、と主張した。そして、マルコの意図は「秘密」それ自体を語ることではなく、「秘密」にもかかわらずますます偉大な光を放っていく神の子としてのイエスの姿を強調することである。秘密にもかかわらず、といわば裏側を強調することによって、神の子イエスの啓示の偉大さという表側をえがき出す文学的手法だ、というのである。エーベリンクの功績は、ヴレーデの問題設定をその意図にそってヴレーデ以上に徹底させたところにある。すなわち彼は、「メシヤの秘密」の動機はマルコの思想表現としてしか考えられない、という点を正しくつかんでいる。またその説明も個々の場合に正しいこともある。しかし、すべての動機をみな裏返しにして、どれもこれも同じ事実を表現する文学的手法だ、とする点いささか牽強附会である。文学的手法にはちがいないのだが、マルコの用いる文学的手法は皆同じ事実を表現しようとしている、と一元化してしまうところに無理がある。ただ問題は、ヴレーデの意図をより忠実に徹底させたエーベリンクがこのような牽強附会におちいったとするならば、そもそも出発点たるヴレーデの研究自体、方法論的に無理を含んでいたことになる。

㈣　啓示の受容の差異

ブービヤーが最近提出した解決の試みで(12)、独創的な視点を見出だそうとする努力がうかがわれる。「秘密」の動機にばかり目をむけるからいけないので、「誰に対して、どのようにイエスは秘密を要求するか、誰が特別の啓示を受けるか、そしてそれはどのような状況のもとでか」を問わねばならない、とする。秘密の動機にばかり目をむけていても解決にならない、という着眼点は正しい。けれどもそれにかわって立てられた問に無理があるため、この試みも行きづまる。すなわち、問をこのように設定すると、答の内容もおのずと問に規定されてしまう。つまり、特別な啓示を受ける人と受けない人がいる、弟子達と群衆とである、そして、この啓示によって分けられる二つの層をえがくことが、マルコの目的であったのだ、ということが暗黙の中に前提される。これでは答がはじめから問の中に前提されている、という意味で、方法論的に無理がある。(13) その上、マルコのえがいている弟子と群衆の姿がこのような技巧的な区分にはそぐわない、という事実も反論になる。さらに根本的には――この点が我々の問題解決の出発点となるのだが――そもそも、どのようにイエスのメシヤ性が啓示され、それをどのように人々が理解したか、という問がマルコ福音書の叙述の中心問題であったかどうかが問題なのである。

㈤　救済史論的解決

E・ペルシーが試みているもので、(14) 救済史神学の枠内にメシヤの秘密の動機を位置づけようとしている。ヴレーデの解釈を逆の方向に転換させたものである。ヴレーデは解釈の鍵としてマルコ九・九の言葉を選び出したが、ペルシーもその点同様である。この句には「人の子が復活するまで」秘密を守るように、とある。そこからヴレーデは、復活を境とする二つの異ったキリスト論の間を調整するのがメシヤの秘密だ、という結論を導き出したのだが、ペルシーはこのように復活を消極的に評価するのではなく、もっと積極的に位置づけようとする。つまり、救済史の発展は復活によって新しい段階に突入する。復活の後に教会の時が来る。このように救済史の時をわかつ重要な点としての復活を強調しているのがメシヤの秘密の動機である、と。――この説がヴレーデよりも進んでいる点は、マルコの思想的活動を積極的に評価しようとする点にある。しかし、そもそもマルコには存在していない直線的救済史の理念を前提にしているために、前提と共にくずれ去る。彼はマルコをルカにしてしまった、と言わねばならぬ。(15)

(六)　ヘレニズム教会のキリスト論

これは近年ドイツの学者の間にかなりひろまっている解釈である[16]。この解釈も、メシヤの秘密の動機を福音書記者マルコの神学思想の積極的な表現としてみる点で、ヴレーデを超えようとしている。その際、マルコが全体として前提している神学思想は、「ヘレニズム教会のケリュグマ」に示されたキリスト論である、とされる。このキリスト論はピリピ二・五―一一のキリスト讃歌に典型的に示されている。そしてこのキリスト讃歌では、キリストの「へり下り」が中心的テーマである。「おのれを空しうして僕の形をとり、人間と等しい者となった。その姿は人間のようであり、おのれを低くして死にいたるまで従順であった。」マルコの「メシヤの秘密」は、いわば、このキリストの「へり下り」の動機を物語化したものである。――この解釈は、上の「文学的手法」、「啓示の受容者」、「救済史論」などをもととした解釈よりも、比較的正しくマルコの思想傾向をつかんでいる。確かに、マルコの思想傾向は直線的救済史観よりも、いわゆるヘレニズム・キリスト教の神学に近い[17]。けれども方法論的に言ってこの解釈も誤りを犯している。つまりここでは三段論法が誤って用いられている。マルコの思想はどちらかというとヘレニズム・キリスト教の思想の型に属する、というのは正しい。ヘレニズム教会の思想の一つの基本型がピリピ二・五―一一に見られる、というのも正しい。しかしそこから、ピリピ二・五―一一がマルコの思想の基本型である、という結論は導けない。ヘレニズム・キリスト教なるものが固定した唯一の神学体系を持っている、と仮定してのみこの三段論法は成り立つのだが、そのような意味でのヘレニズム・キリスト教はまったくの仮構にしかすぎない。さらに、秘密の動機はあくまでも秘密の動機であって、キリストの「へり下り」とは異る。ピリピ二・五―一一の「へり下り」は、神の子が人間となる行為をさしているのだが、マルコの秘密の動機は、人間イエスが人間以上の力をふるうのを秘密にしておけ、というのであるから、両者が同じ動機である、と言うのは無理である。

以上、最近の解決の試みをごく簡単に眺めたわけだが、これらすべてに共通する傾向がある。すなわち、まず全体としてマルコ福音書の思想の型を決定しておいて、その枠の中に「メシヤの秘密」の動機を上手にあてはめよう、とする仕方である。その際、果してヴレーデが導き出した多くの要素をすべて一義的に「メシヤの秘密」の動機として総括してよいかどうかには疑いをさしはさまない。むしろ彼の発明した「メシヤの秘密」という概念をもととして、その概念を再解釈している、という印象を受ける。そこにこれらの解釈の試みが、ヴレーデの欠陥に気がつきながらも、なお満足すべき答を出しえないでいる理由がある。

三　テクストの分析

では我々はどのような解釈をすべきだろうか。ここにストラスブールのトロクメ教授の発言が参照となる。[18] 彼は、ヴレーデの功績は、マルコの中に出てくる多くの動機を福音書記者の編集上の動機として認めたところにあるのであって、この点はもっと強調されねばならないという。しかしこれらの多くの動機をすべくくって皆「メシヤの秘密」という標語のもとに寄せ集めたところに無理があった、と批判する。だから今我々がなさねばならないのは、マルコの編集という角度からもう一度これらの動機を検討し直してみることだ、と。

この論文のはじめに我々は、ヴレーデの著作の第二版の後五十年たってから第三版が現れたところに一つの意味がある、と述べた。実はこの五十年があってこそはじめて、ヴレーデの提出した問題を解決する用意がととのった、と言うべきなのである。つまり、ヴレーデは福音書記者マルコの思想を研究の対象とするよう提案した。しかし彼は早く世に出すぎたのであって、まだそのための準備がととのっていなかった。そこでいったんヴレーデの問題提起はふせられて、様式史の研究に興味が集中し、その基礎の上に立ってはじめて一九五〇年代よりやっと、編集史的研究によって福音書記者の神学を解明する方法論が確立された。[19] この五十年の間にそれだけの方法論的進歩があったのである。そこでその進んだ方法論をもって、もう一度、ヴレーデが「メシヤの秘密」の語のもとに指摘した諸動機をテクストに即して検討し直す必要がある。我々は今そのような地点に立っている。

㈠　人々にかくして奇跡を行う動機（マルコ五・四〇、七・三三、八・二三）。

イエスが治癒活動を行う場合、癒すべき病人を人々の目にふれないようなところに連れて行き、当事者以外は誰も居ないところで奇跡を行う、という動機がこの三箇所に出てくる。これは確かに秘密の動機である。しかし「メシヤ」の秘密ではなく、奇跡の秘密である。[20]イエスの奇跡はイエスのメシヤ性の啓示としてのみ意味がある、とマルコが考えていたのでない限り——これはおよそ疑わしい——この動機を「メシヤの秘密」とは呼べない。この三箇所の前後関係に共通することは、いずれも特徴ある奇跡的治癒の方法をえがくことに物語の一つの主眼を置いている、ということである。七・三三—三四では、イエスは指を耳にさし入れ、つばきし、天を仰いでため息をつき、エッパタと言った、とある。八・二三にもよく似た描写が出てくる。五・四〇の方も、それ程くわしくはないが、四一節に「タリタ・クミ」という奇跡を働かす呪文が記されている。これらは多かれ少なかれ魔術的な奇跡力を示しているのであり、古代の奇跡物語の枠内ではこのような力は人の見ていないところではじめて効果的に働く、という表象がある。[21]つまり奇跡を働く力をより効果的にするために、第三者がその場に居ることを許さないのである。これが「奇跡の秘密」の動機と言えよう。

またこの動機はマルコ以前のものである。これら三つの個所はどれも物語の叙述そのものに属し、物語の枠、つまり編集者の主観が現れている部分には属していない。つまりマルコはこの動機を、これらの奇跡物語の一部としてそのまま採用しただけのことなのである。彼がこの動機を重要視していないことは、他の奇跡物語では奇跡は公衆の面前で行われていることからも知られる。

㈢ 癒された病人に対する沈黙の命令（五・四三前半、七・三六、八・二六、一・四四―四五また五・一八―二〇参照）

この動機の出てくる四つの個所のうち、一・四四―四五は多少異っている。他の三つは互いによく似ている。特に「命ずる」という意味の動詞に διαστέλλεσθαι が用いられていることがこの三個所に共通する。（なお、この動詞はマルコではあと九・九に出てくるだけである。）次に、この三個所は、上の項目で取上げたばかりの、奇跡を人にかくしてなす、という動機と同じ物語の中に出てくる。とするとこの二つの動機は互いに何らかのつながりがあることがわかる。すなわち、ヤイロの娘（五・二一―二四、三五―四三）、デカポリスのつんぼ（七・三二―三七）、ベツサイダの盲人（八・二二―二六）の三つの治癒物語では、奇跡を行う場面も、奇跡の結果も人にかくされる。どちらも奇跡の秘密の動機なのである。奇跡物語は奇跡行為者に対するヌミノーゼ感情がもととなって作られた、と考えられるから[22]、それを物語る場合に、神秘的な効果を与えようとする傾向が生じるのはごく当然である。奇跡を、その行われる場面においても、その結果が人に知られることも、かくす、という動機は、このようなヌミノーゼ的な、宗教心理的「おそれ」の表現だと思われる。従ってまた、これらのつながりから言って、今行われた奇跡を人々に告げるな、という動機も、奇跡を人にかくして行う、という動機と同様にマルコ以前のものであり、奇跡物語の伝承に固有の動機である。マルコはそれを物語と共に受けついでいるのである。

しかしこの動機の場合、マルコはそれを裏返すことによって独自の主張を打出している。すなわち、七・三六である。三六節後半と三七節がマルコによる編集句であることはいろいろな点から明瞭であるが[23]、この三六節後半でまさにマルコは三六節前半に出てくる動機を裏返しにしている。人々に語るなと禁じれば禁じる程ますます人々はイエスの物語を宣べ伝えた（ἐκήρυσσον）[24]のである。従ってマルコは単に、奇跡の結果を語ることを禁じる秘密の動機を伝承のままに伝えることで満足せず、むしろこれを逆用し、禁止にもかかわらずますますイエスの名声は広まった、と、イエスの福音がいかに広く民衆に受け入れられたかを強調する。これがマルコの一つの主題であることは、マルコにおける民衆の役割を検討すれば明らかになる。マルコに出てくるイエスは常に民衆にとりまかれ、民衆に歓迎される者なのである。

この観点から一・四四―四五も理解できる。四四節前半でイエスは癩病人に、誰れにも何も話すな、と言う。これはおそらく、四四節後半の、自分の身体を祭司に見せ、モーセの命じたものを供えよ、という言葉と共に、癩病人に対して、自分は癒されたと思って勝手にそれを人中にふれてまわらず、まずその前に、律法の規定通りに必要な手続きをふめ、と命じている言葉である。とすれば、イエスもまた律法に忠実な者だったのだ、と主張する原始教団の護教論を表現している、と考えられる。或いはまた、ごく単純に、七・三六その他のような奇跡の秘密の動機なのかもしれない。いずれにせよ、伝承に固有の要素であって、福音書記者が附加したものではない。そして、この言葉が伝承の段階でどのような意味を持っていたにせよ、マルコはその意味を強調せず、四五節で彼独自の動機を展開している。四五節の方は明瞭に編集句であるが[25]、ここでマルコは七・三六と同じ動機、すなわちイエスの名声がひろめられた、という面を強調する。そして、四五節の編集作業により、七・三六以下の場合のように四三節の沈黙の命令の意味が変えられる。沈黙の命令にもかかわらず、イエスの名声はますます広まるのである。

マルコの編集の意図が、秘密よりも、むしろ出来事がひろく伝えられることを強調する点にあることは、やはり治癒奇跡の結びの句をなしている五・一八―二〇によっても知られる。これは、ゲラサの悪霊の物語の結尾であるが、ここでは治癒のあとに、そのことを人に語るな、という命令は記されていない。むしろイエスは、今癒されたばかりの者に、その地にとどまって積極的にこのことを告げ広めるように、と命ずる。この一八―二〇節が編集句であることは、多くの理由から確かと思われる[26]。マルコが自らすすんで物語に編集句による結論をつける場合、それは秘密の動機ではなく、語りひろめる動機であることは注目に価する[27]。

㈢　悪霊に対する沈黙の命令

これは二番目に扱った動機と似ているようで、区別しなければならない。前者は、今癒されたばかりの病人に、その奇跡を人々に告げるな、と命ずる動機なのだが、こちらは、わめき叫ぶ悪霊を黙らせる、という動機なのだから、明瞭に異る。そして沈黙を命ずる場合の「命ずる」という動詞が、前者の場合と異っている。すなわちこの動機は、一・二五、三四、三・一二、四・三九の四個所に出てくるが、やや異った言い廻しを用いている一・三四以外は、三個所とも一致して ἐπιτιμᾶν（厳格な態度でのぞむ、非難する、叱る）が用いられている。[28]

この四個所のうち、一・二五と四・三九はそれぞれの物語に不可欠な要素として物語中に編みこまれているから、マルコ以前の伝承と考えるべきであり、一・三四と三・一二は「まとめの句」(Sammelbericht) の中に出てくるのであるから、福音書記者が編集上の動機として利用していることになる。そこでこの動機の場合は、すでに伝承にも見られる動機をマルコ自身も積極的に利用している、ということになる。この点が第一項、第二項で扱った動機の処理の仕方と大きく異る点である。

一・二五と四・三九の伝承の句に関する限り、いまだに、O. Bauernfeind の研究が正しい結論を示している、と言わねばならぬ。[29] つまり、わめき叫ぶ悪霊や嵐に対して沈黙を命じて「叱りつける」のは、いわば一種の呪文であって、それによって相手の活動を封じる、という悪霊祓いの型なのである。これは悪霊のとびかう古代社会において、しばしば用いられた悪霊封じの手法なのである。[30] ブルトマンは、伝承の段階においては確かにこの動機はそういう意味を持っていたが、マルコの編集の段階においてはこれはメシヤの秘密の動機と考えられて居たであろう、という。段階に限定をつけて、ヴレーデとバウエルファイントの両者の説を支持しているのである。けれども、こういう社会的通念に属するような動機が伝承と編集の段階で異る、というのは疑問である。伝承と編集の間で意識的に意味づけが変えられるのは、神学的理念の場合にはいかにもありそうなことなのだが、社会的通念に関してはあたらない。マルコとて同じように悪霊の存在が現実であった古代社会に生きていた人であり、伝承が知っていた悪霊封じの公式をマルコだけ知らなかったとは考えられない。またもしも、ヴレーデのあげている諸動機のすべてが一様に「メシヤの秘密」をあらわしているのだとすれば、悪霊に対する沈黙の命令も、福音書記者はメシヤの秘密の動機とみなした、と考えるべき積極的理由が存在することになるが、すでに我々が述べてきたことでも十分にわかるように、マルコには一義的に「メシヤの」秘密として統括できるような動機はないのであるから、敢えて伝承の与えている意味に反してまで、この動機は編集の段階ではメシヤの秘密の意味である、と主張すべき積極的な理由もない。[31]

とすると、マルコの編集句でこの動機を採用している一・三四と三・一二についても同じことが言えよう。一・三四で悪霊に語ることを許さなかった、というのは、とりもなおさず、悪霊の力を押えつけた、という意味である、三・一二についても同様である。

ただしかし、これらの個所で問題となるのは、悪霊がイエスのキリスト論的称号を呼ぶと、それに対してイエスが沈黙を命ずる、という点である。一・二五と三・一二がそうである。一・三九でも、はっきりそうは書いていないが、同様の趣旨が前提されている。（四・三九は嵐の物語だからこの場合は考慮に価しない。）もちろん、魔術的精神に支配されている古代社会において、名を呼ぶ、ということは相手に対して力をふるうことになるのだから、悪霊がイエスの称号を呼び、イエスがそれを封ずるのは、悪霊ばらいにおける両者の対決において、必要なことである。従ってこのことはそれなりに一応説明のつくことだが、それにしても、マルコに出てくる数少ないキリスト論的称号が、ことさらに悪霊の口にばかりのせられ、それに対してイエスが嫌悪の情を示しつつ沈黙を命ずる、という描写は注意をひかざるをえない。[32]あたかもマルコは、キリスト論的称号をもってイエスをよびかけるのは悪霊の行為であり、それははっきりと禁じらるべきだ、と言っているかの如くである。実際マルコは数多くある伝統的なメシヤ称号の中の一つをイエスにあてはめる、というイエスの理解の仕方におよそ好意を示していない。このことは弟子達の無理解の動機、及び八・二九―三〇によって明らかである。

㈣ 弟子達の無理解

㈤ 譬話論（四・一〇―一三）

㈥ マルコ八・二九―三〇

右三項目については、すでにそれぞれ、本論第二部第一章と第二章とでくわしく論じたから、ここではとりあげない。ヴレーデ以来、これらはメシヤの秘密の動機であると考えられてきたが、実はそうではない。譬話論をも含めて弟子達の無理解の動機は、右の㈠、㈡、㈢いずれとも、また「メシヤの秘密」とも無関係である。八・三〇の沈黙命令は一方では弟子達の無理解の動機の一つであるが、他方では、キリスト論的称号による議論をさけようとすること、サタンの動機（三三節）、用いている動詞（ἐπιτιμᾶν）によって㈢と共通する。しかしいずれにせよ、ヴレーデの考えるようなメシヤの秘密とは無関係である。

㈦ 山上の変貌の後（九・九）

以上の諸動機の分析の結果、我々はこの句をメシヤの秘密の動機と考える理由をもたないし、ましてや、その動機を理解する鍵になるなどとは言えない。このことが確認できれば、この小論の目的は達せられたのであって、九・九の理解は一連のメシヤの秘密の動機との関連でなされるべきでなく、山上の変貌の物語の編集史的分析からなされるべきである、という一般論がここで言えればよいのである。それ以上は他の機会にゆずるが、一応結論だけ素描しておくと、次のようになる。

これも一種の奇跡物語である。そして沈黙の命令の内容は「今見たこと」、つまり、この奇跡のことを人に知らすな、ということである。そして、「命ずる」という動詞に διαστέλλεσθαι が用いられている。これらの特徴はすべて、第二項で扱った「癒された病人に対する沈黙の命令」と共通する。とすればこれは奇跡の秘密の動機であり、マルコ以前の伝承において山上の変貌の物語の結尾として伝えられていたものであろう。もしもここにマルコの附加した解釈句があるとすれば、秘密の守らるべきは「人の子が死人の中よりよみがえる時まで」という限定である。ちょうど治癒奇跡に関して、たとえ禁じられても物語は広くひろまった、という点に福音書記者が重点を置き直しているように、ここでは、もう復活のあとなのだから自由にこの物語を語るべきなのだ、という意識が現れていると言ってよかろう。他方、復活のイエスと生前のイエスを同一視するマルコの見地から、ここで復活の動機を強調したのであろう。

四　結　論

マルコにメシヤの秘密はない。しかしこれらの諸動機を福音書記者の思想の枠内で理解せよ、とした点にヴレーデの天才がある。従って我々はこれらの動機をそれぞれの物語の枠内にもどして編集史的に分析し直す必要がある。その際、マルコの神学的通念だけでなく、彼の思想的状況全体を、そして彼の立っている歴史的社会的立場が省みられた上で解釈がなされる。それぞれの動機は一応別物なのであって、それぞれ別個の意味をもっている。意味だけでなく、伝承史的にみても、あるものは単に伝承の物語動機の再録であり、あるものは、伝承の動機に多少味つけがなされ、またあるものは、編集上の持込みであって、福音書全体を枠づける基本的方向を示している。いずれにせよ、これらを一括して「メシヤの秘密」とは言えないのである。

註

1 *Das Messiasgeheimnis in den Evangelien*, 3. unveränderte Aufl., Göttingen, 1963, S. 9-149。

2 復活の時を手がかりとしてメシヤの秘密を解明しようとするこの仕方は、マルコ九・九の秘密の動機を全体の解釈の鍵とするところから生ずる（*ibid.* S. 69, 227 f.）。

3 *Theologie des Neuen Testaments*, Tübingen, 1954², S. 32.

4 もう少し厳密に言うと、ヴレーデは、この動機を発明したのはマルコではなく、彼の属していた集団に支配していた概念であろう、としている。しかし、マルコもこの概念の形成に参与し、それを強調して、イエスについての叙述に持込んだのだ、と（一四五頁）。

5 H.Conzelmann: Gegenwart und Zukunft in der synoptischen Traditon, *ZThK* 54, 1957, S. 294.

6 たとえば E. Percy: *Die Botschaft Jesu*, Lunds Universitets Årsskrift, N. F. Avd 1, Bd. 49, Nr. 5, 1953, S. 277ff. における批判。

7 啓蒙的な文章に多く見られるほか（たとえば、平野保「様式史的研究」、竹森・船水編『聖書講座』第四巻、一九六五年、五〇頁）、学術雑誌にのったものでは、T. A. Burkill: The Hidden Son of Man in Mark, *ZNW* 52, 1961, S. 261-268 などはこの俗論の一つの変形と言って差しつかえない。また V. Taylor: *The Gospel according to St. Mark*, London, 1952 はこのような見方によった註解書の典型である。

8 しかしそもそも、政治的メシヤ像と（宗教的な）受難のメシヤ像とを二元的に対立させて考えるのはあまりに単純な割切り方である。

9 こちらはおよそセンチメンタルな宗教心をイエスに押しつけている。

10 W・ヴレーデ、前掲書二二四―二二六頁、またE・ペルシー、前掲書二八一頁以下。

11 H-J. Ebeling: *Das Messiasgeheimnis und die Botschaft des Mc.-Evangelisten*, Berlin, 1939.

12 G. H. Boobyer: The Secrecy Motif in St. Mark's Gospel, NTS 6, 1960/61, pp. 225-235.

13 文献の解釈においては問は文献から内在的に立てらるべきであって、文献の外から問を持ちこんではならない、ということを示す適例である。

14 E・ペルシー、前掲書。

15　救済史観を前提として問題の解決をはかる他の例として、弟子達の無理解に関してしばしば次のように説明される。E. Sjöberg: *Der verborgene Menschensohn in den Evangelien*, Lund, 1955; A. Kuby: Zur Konzeption des Markusevangeliums *ZNW* 47, 1956; W. G. Kümmel: *Einleitung in das Neue Testament* (Feine-Behm), 1963^{12}, Heidelberg, S. 50f. などにみられる。これによるとペテロ告白の前後で弟子達の無理解の仕方が異る。八・二七以前ではそれはメシヤ性に対する無理解 (Nicht-verstehen) なのだが、八・二七以後ではメシヤの受難に対する誤解 (Mißverstehen) である。それに従って秘密の内容も異ってくるというのである。しかし無理解と誤解をこのような形で区別するのは詭弁であるし、ペテロ告白の前後でマルコの叙述に異った段階を認めようとするのはテクストに根拠を持たない。

16　M. Dibelius の有名な言葉、マルコ福音書は「秘密の神顕現」(geheime Epiphania) をえがいている (*Die Formgeschichte des Evangeliums*, 3. Aufl. 1959, Tübingen, S. 232)、がすでにこの方向を示している。近年もっとも強くこの解釈を主張しているのは、J. Schreiber: Die Christologie des Markusevangeliums, *ZThK* 58, 1961, S. 154ff. である。その他、S. Schulz: Markus und das A. T., *ZThK* 58, 1961, S. 186; H. Conzelmann, op. cit., S. 294.

17　もっとも R. Bultmann: *Die Theologie des Neuen Testaments*, S. 33ff. に見られるように、初期キリスト教を機械的図式的にパレスチナ・キリスト教とヘレニズム・キリスト教とに分けるのは正しくない。そして彼は、*Die Geschichte der synoptischen Tradition*, 3. Aufl. 1957, Göttingen, S. 362ff. で、マルコを一義的に「ヘレニズム・キリスト教」の代表者の一人としてしまっているが、これは片寄った割切り方である。このような意味での「ヘレニズム・キリスト教」となると、およそあいまいな概念であるし、それよりもまずマルコはガリラヤ的福音書なのである。

18　E. Trocmé: *La Formation de l'Evangile selon Marc*, Paris, 1963, p. 99. 参照。その他この問題について筆者は教授から大学での演習、個人的対話などを通じて多くの示唆を受けている。

19　編集史的方法については、本書序論参照。

20　この動機がメシヤの秘密の動機ではないということは、すでに、R. Bultmann: *Die Geschichte der synoptischen Tradition*, S. 239 が指摘している。

21　vgl. R. Bultmann. *ibid.* S., 239.

22　八木誠一『新約思想の成立』、一九六三年、七一頁以下参照。

23　ペリコーペの結びであること、ἐκήρυσσον, ἐξεπλήσσοντο などマルコの好む単語が出てくること、そしてまさにここで語られる理念が福音書記者の特徴を示す。

24 口語訳聖書では「言いひろめた」と訳しているが、これは κηρύσσειν がマルコではかなり特殊な術語であることを見落している。

25 ペリコーペの結びであること、κηρύσσειν, ὁ λόγος などの語、群衆が押寄せてくるので、イエスは「淋しい場所」にとどまった、という動機。

26 この物語は一五節の καὶ ἐφοβήθησαν で一応完結しており、一六節一七節はなぜイエスがすぐにこの地を離れたかを示す編集句である（一六節と一四節の重複参照）。とすると一八—二〇節はさらにそれに附加された編集句、ということになる。T. A. Burkill: Concerning Mk. 5, 7 and 5, 18–20, *Studia Theologica* 11, 1958, pp. 159-166 が、五・一八—二〇は物語に本来属していたのだ、とするのは説得力がない。

27 U Lutz, Das Messiasgeheimnismotiv und die markinische Christologie, *ZNW* 56, 1965, S. 9–30 も治癒物語における沈黙の命令はメシヤの秘密とは無関係である、として、我々とほぼ同じ結論を示している（一一—一七頁）。

28 四・三九は嵐を鎮める物語の中に出てきて、直接悪霊には言及されていないが、悪霊祓いの物語とよく似た構成を持っており、嵐が悪霊と同じように人格化されて語られている。

29 O. Bauernfeind: *Die Worte der Dämonen im Markusevangelium*, Stuttgart, 1927, S. 31f. また E. Rhode: *Psyche*, II, S. 427. 参照。

30 註29に上げた二著に引用されている例、また E. Percy, op. cit., S. 276, Anm. 1 であげている例を参照のこと。

31 E. Percy, *ibid.*, S. 276 についても同様の批判があてはまる。

32 一・二四、三・一一のほかに五・七、一〇・四七以下の「ダビデの子」も治癒物語の枠内である。八、二九については別に論ずる。（一四・六一以下、一五・二—三九は受難物語であって、マルコにおいては異質の部分である。）一・一の「キリスト」はキリスト論的称号というよりも、固有名詞として考えられている。一・一の「神の子」は後の写本家の挿入とみなすべきである。

その二　マルコ受難物語に関するトロクメ仮説

イエス受難の物語に関する研究は数が多い。しかしそのほとんどすべては、実際には出来事はどのように生じたのか、という観点からの研究である。この数年我々が手にする受難物語についての大冊な諸研究も、この観点からのものである。(1)このような大冊な研究が相ついで現れるのも理由がないわけではない。新約聖書の中で四福音書の受難物語ほど歴史的よそおいの強いものはないし、従って新約聖書に記録されている諸事件の中で、かなり細部にまでわたって歴史的事実を確認する可能性があるのは、イエスの死の出来事だけなのである。従ってこれは歴史家の研究欲を刺戟する。しかも他方、四福音書間に、またそれぞれの福音書自体においても、受難物語ほど矛盾を多く含むものはない。従って議論は紛糾する。そして微に入り細にうがった研究がますます押し進められていく。

様式史研究といえどもその例外ではない。特にブルトマンのものは、伝承史をさかのぼることによって、受難物語のはじめの核となった部分を確定しようとする試みである。(2)或いはまた、テイラーの大きな註解書もこの点では同様である。(3)これらに対して、ディベリウスの研究、特にその問題意識を発展させたG・シレの論文(4)は様式史固有の問題領域、すなわちなぜ教団は受難物語を伝承したのか、という問に答えようとしており、その結論は別としても、すぐれた問をたてている、と言わねばならない。

以上どの研究もそれぞれ正当な問をたてているわけで、従ってそれぞれの角度から評価されねばならないが、それとは別に、我々はもう一つの問をたてねばならない。すなわち福音書記者マルコは受難物語をどのように評価したか、という問である。これは、マルコがイエスの受難をどのように意義づけたか、という問と混同してはならない。後者の問は前者の問よりも広い問であり、前者に答えることが後者に答えるための一つの前提となる。すなわち、現在のマルコ一四―一六章に置かれている物語を福音書記者がどう評価して用いたのか、という問である。実は、マルコ思想を研究の主対象とした最近のいくつかの研究――いわゆる編集史的方法に立脚した、それ自体としてはすぐれた研究――においても、この問にはあまりふれられていない（J・M・ロビンスン、W・マルクスセンその他）。T・A・バーキル(5)はほかの部分ではマルコの思想を中心に分析しているのに、受難物語については史的関心が先に立っているようである（皮肉にも、この本の中で比較的面白いのはこの部分である）。一九六五年に発表された二つの面白いマルコ研究においても、E・ベストの場合は(6)、その標題からもわかるように、マルコの救済論をイエスの受難という点に重きを置いて論じているものだが、受難物語そのものにはあまりふれていない。――これは著者自身意図的にそうしたのではないだろうが、それだけにかえって、マルコ研究にとって面白い示唆を与えてくれる。つまり、マルコがイエスの受難をどう見たか、ということは、一四章―一六章の受難物語よりも、一―一三章の部分でイエス受難に言及しているところの方が示唆するところ多いのである。A・ズールの研究はといえば(7)、マルコの旧約引用を主たる研究対象としたものでそれなりにすぐれているが、しかし旧約引用の態度が受難物語と他の部分とでは異っている、という事情には気がついていない。マルコ受難物語の特殊性に注目しなかったからである。そしてまさに、マルコ福音書の中で受難物語のしめている特殊な位置に着目することから、我々の問題を解決する糸口がほどけてくる。このために根本的な示唆を与えるのが、次に紹介するE・トロクメの仮説である。トロクメ教授のマルコ福音書に関する近著は(8)、マルコ福音書がどのようにして形成され、そこに福音書記者マルコの主張がどのようにして現れているか、ということの追求が研究の主たる目的であり、受難物語についての仮説はいわばそこから派生的に生じたものなのであるが、いささかこの仮説ばかりが有名になってしまったきらいがある。(9)しかしそれはトロクメ教授の本意ではないのであってこの仮説ばかりでなく、それよりも彼の研究の主要部分がもっと議論にのぼってしかるべきであると思うが、それはそれとして、この仮説自体も右に述べたような意味から非常に重要である。

問題の受難物語についての仮説は、本書の最後の章、すなわち第四章で展開されている。簡単に結論を言えば、元来のマルコ福音書は一三章までで完結しており、一四―一六章は後になって別の編集者の手によって附加されたものである、と彼は主張する。すなわち元来のマルコ福音書は受難、復活物語を含んでいない。これが正しいとすると、「福音書」という文学類型は、そのはじめには、常識的に福音書の名のもとに考えられているものといささか違ったものであったことになる。トロクメ教授がこの仮説をとるにいたった動機の一つは、ルカ福音書は受難物語に関する限りマルコを資料として用いてはいない、という認識にある。他の個所ではマルコを基本的資料として用いているルカは（単語の一致が五十％以上）、受難物語（二二―二四章）では他の資料を基本として用いている（マルコとの単語の一致は同じ事柄を叙述しているにもかかわらず二十七％）。可能性としては、ルカは受難物語に関してマルコ以外にも同種の資料を手に入れ、マルコ一四―一六章よりもこちらの資料の方がすぐれている、と思ったので、マルコを捨ててこちらを採用したのだ、という説明はありうる。しかしこれは可能性にしかすぎないのであって、実際問題としては、他の個所であれほどまでに忠実にマルコを資料として用いているルカが、いかに他によい資料を見出したからとて、ここでまったくマルコを捨ててそちらに乗りかえる、というのはあまり考えられない。とすると残る可能性は一つ、ルカの用いたマルコ福音書は一三章までで終っていた、だからそれ以後はルカはやむをえず他の資料を主体としたのである。

＊　　＊　　＊

とすると、一―一三章が原本マルコであったことになる。これはガリラヤ、或いはいずれにせよパレスチナ北方で成立したものであり、その思想内容から言ってもかなり早い時期に（五十年代？）、おそらく行伝六章の伝えるヘレニストの一人によって書き上げられたものである。これに対して受難物語の方は、元来、イエスの死の日を記念する礼拝乃至祭典に用いられた独立の物語乃至は式文であって、これがローマに持ちこまれ、その地で原本マルコと結びつけられて、現在の正典マルコが出来上った。その際正典マルコの編集者はただ単に両者を結びつける、という機械的な操作で満足し、本文に加えた附加は一一—一三章にある二、三の日附上の文章だけである。これによって正典マルコの編集者は、聖なる一週間の受難週という図式をつくり出し、キリスト教の「過越祭」を金曜日にあわせて、礼典的な目的に役立つようにした。この正典マルコはおそらく八十—八十五年頃に成立した。

以上結論のみ紹介すると、またぞろ古めかしい資料仮説の亡霊が姿を現した、と思われるかもしれないが、この場合は問題が異る。この仮説を実際に支えているのは、福音書記者の思想の研究であり、実際に本書のはじめの三章はそれに費されている。すなわち第一章ではマルコの前提している伝承について、第二章では福音書記者は何を批判しつつ書いたか、第三章では福音書記者はどのような動機を積極的に打ち出しているかについて、編集史的研究を行っている。その意味で第二、第三章が名実共に本書の中核をなすものであり、第四章でとりあげられている受難物語についての仮説はいわばこの中核から派生してきたものと言ってもさしつかえないのである。従ってこの仮説に関して重要なのは、実は、結論よりもそれを裏づける過程として示される一—一三章と一四—一六章との思想内容の相違である。右に述べたように、出発点では一応古典的な資料仮説の如き体裁をとっているが、トロクメ教授自身それは決定的な議論ではないとし、むしろ次に述べる思想内容の相違の方に重きを置いて議論を展開する。

では実際、どのような点で一四—一六章は福音書本体と思想内容を異にしているのであろうか。まず第一に構造の点で問題がある。一—一三章の構造はこれで完結している。歴史的部分の叙述のあとに、一三章において終末論的未来を見通して人の子の最後的勝利を語る。だから、その終末の時までは、「汝等に語るこのことは実は万人に向って語ることなのだ。目を覚していよ」という一三章最後の荘重な句が、一巻の結びとしていかにもふさわしい。ところが一四章からまた歴史的記述に逆もどりしており、それだけですでに、一四章以下は一種の附録的印象を受ける。次に事柄の叙述の視点が異る。たとえば、イエスと弟子との関係についても、一—一三章では、常に弟子と共に居る者としてのイエスが強調される。このことは三・一二（編集句）にはっきりと示され、そして実際に一—一三章ではイエスは弟子と離れては行動しない。それに対して、一四—一六章ではイエスは弟子達と離れて孤独の存在である。（これを歴史化する説明ですますわけにはいかない。たとえば、イエスは事実として最後の時期まで弟子達に囲まれていたのだが、受難の折にはついに弟子達もイエスを理解できずに離れていったのだ、などと説明することはできない。マルコには、受難の折だけ弟子達が理解しなかった、などという動機はないし、そもそもマルコには異った発展段階をえがく、などという意識はない。彼の場合、イエスが常に弟子達と共に居る、ということは、決して単に歴史的過去の事実ではなく、復活者イエスが生きて現在の弟子達と共に居る、という理念をも含む。三・一二の記述はこの意味にしか理解できない。過去の事象を単に叙述するのではなく、現在における弟子達のあるべき姿をもこれによって示しているのである。従ってまた、一—一三章と一四—一六章のえがき方の方向が異る。一四—一六章では過去の出来事としての弟子達の振舞に興味を持っている。）

この最後に述べた点がまさに両者の間のもっとも基本的な差異となる。一—一三章では、イエスの出来事について著者は語りつつも、同時に読者自身に「歴史をつくり出す」（faire l'histoire）ようにと呼びかけている。ところが一四—一六章では、このような現在的な歴史との対決は見られず、「一つの出来事を物語る」（raconter une histoire）ことが主眼点となる。これは前者においてはイエスが永遠に現在のものとして把握されていることと関連する。そこで、キリスト論についての姿勢も問題となる。一—一三章ではキリスト論的称号を用いてイエスを理解しようとする試みが根本的に批判されている。それに対して一四—一六章ではむしろ積極的にキリスト論的称号を打出そうとしている（一四・六一以下、一五・二以下、一五・三九）。その他一—一三章ではユダヤ人対異邦人の問題が意識されていないのに対して、一四—一六章では福音と異邦人のつながりが強調され、その意味での世界主義（universalisme）が強くなる（一四・九、一五・三九など）。

これらの相違点に見られる基本的な姿勢は、「福音」の概念にも反映している。一―一三章ではこの語は「神が此世を訪れた、という救いの告知」を意味している。従って現在における意味が重要視されている。これはただ単にイエスの語った説教ではなく、宣教活動を通じてあらゆるところに出来事として生ずる事実なのである。マルコ一・一、一五の「福音」はその意味に解される（同書一二〇頁参照）。これはまたイエスの人格そのものと同一視されるのでもなく、現在における救いの事実という意味でそれよりも広義である。これがマルコ八・三五、一〇・二九でイエスの人格を示す。「私」をさらに言いかえて、「福音」としていることの意味である（一二六頁註六八）。これに対して、一四・九の「福音」は「キリストについての福音」(Evangelium de Christo)、すなわちキリストの行ったことについての記録である。伝承として過去の記録を伝えていくことである（一八七頁以下）。

反論として、受難についての言及は、一―一三章と一四章以下とでは共通している、と言われるかもしれない。一―一三章で受難に言及している個所では、一四章以下の物語を頭に置いて語られている、というのである。しかし、二・一九―二〇、九・九―一〇、八・三八、一三・二六―二七などのイエスの死、復活、再臨などの言及はあまりに一般的で、一四―一六章と直接のつながりがあるとは言えないし、三・六ではイエスを殺そうとする者（パリサイ派とヘロデ党）が受難物語の場合と異る。さらに、六・四一―四二、及び八・七―八における聖餐の暗示は、一四・二二―二五における聖餐の意義づけと異るし、神殿破壊に関する一三・一―二の予言は、むしろ、一四・五七―五九、一五・二九とうまく一致しない。すなわち、これらの個所における受難およびそれに関連する事柄の言及は、受難物語の叙述と一致しない場合こそ多けれ、それを前提として書かれているとは言えないのである。

同じことは有名な三つの受難予告（八・三一、九・三一、一〇・三三―三四）にもあてはまる。ここではピラトにも十字架にも言及されておらず、従ってローマ当局の責任についてはおよそ口をつぐんでいる。これらの受難予告では復活が「三日後」とされているが、一五・四二、一六・二から想像される三日目とは一致しない。特に問題なのはこの三つの受難予告が置かれている位置である。通常これらの受難予告はそれによってだんだんと最後の受難物語へと叙述を盛上げていくためのものだ、と解釈されている。しかしそうだとするならば、これらの受難予告によって読者の関心をイエスの受難へと集中させたそのすぐ後に受難物語が置かれてこそ、福音書全体の構成が受難物語を軸として有機的につくられている、と言うことができるのだが、事実はそうではない。受難が主題となっているのは八—十章であり(受難予告もこの部分に集中している)、受難物語の直前に置かれている一一章—一三章では主題はむしろ他のことに移っている。

以上の観察から言って、一—一三章と一四章以下とが異った視点を持つ人物によって書かれていることは明らかである。そしてこの観察がまさに編集史的方法をもとにした福音書記者の思想の研究なのであり、その点で古典的な資料仮説とは似て非なるものである。重要なのは一—一三章の思想方向と一四章以下のそれとの相違の認識であって、この仮説をそのままの形で受けいれるかどうかは別としても、この認識は正しいものとして認められねばならない。

＊　＊　＊

では我々はこの仮説をどのように受取るべきだろうか。まずこの仮説をさらに強化する要素として、トロクメ教授が気がついていないもしくは強調していないが、注目に価する事実を二、三あげておくと、

㈠　文章のはじめを καί (そして) で書き出す文体はマルコに特有のものである。一—一三章(一〇章は例外だが)はほとんどこの文章で書かれており、δέ (しかし) ではじまる文はごくわずかしかない。つまり、一三章までは καί 文章四七三に対して δέ 文章七一、前者は後者の六・六六倍であるが、一四章以下では δέ 文章の比率が通常のギリシア語に近いくらいに増え、前者一〇九に対し後者四二、すなわち前者は後者の二・五九倍にしかすぎない。このような基本的な文体の変化は、同一著者の同一著作においては理解しがたい。もっともこの点一六章は一—一三章に近い(καί 文章八に対して δέ 文章はわずか一つ)[10]。

㈡　民衆の性格が決定的に異る。一—一三章（一四・一、二も含む、後述）では、一貫して、イエスを常に民衆に囲まれた者として、民衆の友として描いており、民衆こそもっとも喜んでイエスの教えを聞く者なのである（第一部第四章参照）。イエスの敵対者がなかなか手出しできずに居るのも、民衆を恐れるからである（一一・一八、三二、一二・一二、一四・一—二）。敵対者は民衆がイエスを支持していたのにイエスを殺してしまった、という見方がここではは っきりとうち出されている。それに対して受難物語では一転してイエスは孤独である。群衆はここではイエスの敵対者の側につく（一四・四三）。彼等はイエスを十字架につけよと叫ぶ者である（一五・一一以下）。これは決して同一の群衆の心変りなどというものではない。名もない一般民衆に対する親近感が異ってこそ、このように異った叙述が生れる。

㈢　予言証明の動機が受難物語では大きな役割を果している（一四・二一、二七、四九、一五章の十字架場面の叙述）。旧約の予言がイエスの十字架上の死において実際に成就したという考え方である。この図式がマルコ受難物語の一つの根幹となっている。これに対して、一—一三章で旧約の言葉が引用もしくは暗示されている場合には、決してこのような予言証明の図式にはよっていない。（一・二—三のみ例外である。だが、この例外がまさにイエスについての叙述ではなく、洗礼者ヨハネについての叙述に出てくる、ということは意味深長である。）一—一三章では旧約の言葉は例示として言及される場合か、或いは旧約を批判してそれに対する新しい立場を示すために用いられている。旧約聖書に関する福音書本体と受難物語のこのような見方の相違は、初期教会において旧約のしめていた位置を思う時、重要である。

右の三点をつけ加えることによって、トロクメ仮説はさらに強固なものとして説得力をもってくる。けれども他方、この仮説はそのままでは受けいれ難い。まず、ルカがマルコ一四—一六章を知っていたかどうかだが、これは諸説のわかれるところで、(11)いちがいには決定し難い。いずれにせよ、これを基礎としてその上にさらに新しい仮説を築き得るほどには、この問題について確実な答を出すわけにはいかないのである。せいぜい可能性としてどちらが強いか、という推量をなすことができる程度である。我々としては、トロクメ教授及びそれ以前の多くの学者と共に、ルカは受難物語についてはマルコ以外の資料を主資料として用いている、と考える。しかしたとえそうだとしても、他方、ルカがマルコ一四―一六章を補助的資料としてこの主資料とあわせ用いていることもほぼ確かと思われる。ルカ二一・一以下の受難物語全体に対する導入句は、マルコ一四・一以下の句を書き直したものとしか考えられない。ルカ二二・三三―三四のペテロが三度イエスをいなむことの予言は、二二・二四―三二（これはマルコ以外の資料からとられている）と無理に結びつけられている印象を受ける。これはマルコ以外の資料に、マルコ資料からとられた文章を書き添えた結果と考えられる。（この段落において、シモンの名が三四節のみペテロとなっている点を参照せよ）。ルカ二三・一八以下でバラバ物語が実に唐突な感じで導入されているのも、主資料の枠内にマルコ資料の要素をはめこんだ結果と考えられる。二三・四四の「第六時」「第九時」は明瞭にマルコ一五・三三―三四を反映している。特に問題なのはルカ二四・六である。これはマルコ一六・七のガリラヤを強調した非常にマルコ的な句を、ルカが苦労してエルサレム中心の図式にあわせるために作りかえたものである。その他いくつか例を上げることができよう。いずれにせよ、ルカの用いたマルコ福音書は、一三章までで終っていたのではなく、一六・八まで含んだものであった。

この補論は、一九六五年秋に日本基督教学会学術大会にて口頭にて発表したものを骨子としているが、その時の原稿をトロクメ教授に送ったのに対して、教授は拙論の各論点を克明に批判された（一九六六年一月二日附書簡）。ここにそれを紹介しつつ再批判することにする。

教授は、右のようなルカ受難物語とマルコ受難物語の類似点は、両者が共通の原型から出たものとすればそれで理解がつく、という。たとえ一歩ゆずって、ルカは主資料のほかにマルコ一四―一六章の如き副資料を用いたと仮定しても、その副資料をルカはマルコ福音書の末尾からとったと考える必要はない。マルコ一四―一六章にあたる部分が独立に伝えられていたのを副資料として用いたとも考えられる、という。

この反論は理論的には可能だが、我々が右に指摘したいくつかの個所は、ルカが主、副二つの資料を受難物語に関して用いていること、そのうち、副資料の方はマルコ一四—一六章と一致するものであることをよく示す。とすれば、この副資料をルカはマルコ以外から手に入れた、と考えるよりは、もともとルカの用いたマルコは一六章まであったと考える方が自然ではないだろうか。

決定的なのは、一四—一六章に出てくる編集句にあたる部分がルカの受難物語に採用されている、という事実である。そしてこれらの編集句は、一—一三章における編集句より知られるマルコの思想傾向と一致したものを示している。ということは、一—一三章と一四章以下とを結びつけたのは、ほかならぬ福音書記者マルコ自身であり、従って、それらの編集句をルカが読んでいた、ということは、ルカはマルコの編集した一六章までの福音書を手にしていた、ということになる。まず、一四・一—二がこの種の編集句である。この句は受難物語を一—一三章に結びつけるための編集上の句であるが、まさにこの句の民衆動機は受難物語の本体とは矛盾し、一—一三章の民衆を好意をもってえがく傾向と一致する。さらに一四・二八と一六・七の有名なガリラヤ動機もここにあげることができよう。この二つの句は編集者が物語に挿入したものであることは、一般に註解書において認められていることである。[12] そしてこの二つの句の示している理念は、ガリラヤが強調されていること、生ける復活者イエスが弟子達と共に居て弟子達を導いていること、などの点においてまさしく一—一三章の思想傾向と一致する。[13]

トロクメ教授の右にあげた書簡においては、一六・七は編集句ではなくもともと物語にあった要素だ、という。一四・一—二と一四・二八は確かに編集句であるけれども、これらは福音書記者マルコの手によるのではなく、さらに後になって、マルコ本体と受難物語を結びつけた「正典マルコ」の編集者の手によるものだ、とする。

確かに、一四・一—二では思想傾向は一—一三章と同じであっても、「民衆」をあらわす語が異っている。すなわち、前者で

は用いられない λαός がここでは用いられている。この点に関する限り、トロクメ教授の仮説の方が有利であろう。このような場合、問題はそれぞれの仮説に有利な点を数えあげていって、結局どちらに比重が傾くか、ということである。一六・七は編集句ではないかもしれないが、一四・二八との関連からいって、編集者の強調することであるのは確かである。トロクメ教授自身、《Avec Jésus》et《en Christ》, les évangiles comme miroir de la différentiation croissante entre deux thèmes religieux primitivement confondus, *RHPR* 42, 1962, p. 225–236において、この二つの句は福音書記者マルコの思想的方向に根本的に一致することを認めている。

従って我々の結論としては、トロクメ仮説を修正しつつ次のように考えたい。福音書記者マルコは、一—一三章をかなり主体的に、しかも一応これなりに完結したものとして編集した。しかしその後に（その直後に？　或いはしばらくたった後に受難物語の存在を知ったので？）、いわば附論として、すでにまとまって独立なものとして伝承されていた受難物語を半ば機械的に結合した。従って一四章以下に関しては福音書記者マルコは本来の意味での編集者とは呼べない。むしろまとまって別に存在していたものを附加しただけのことである。ただその際、一四・一—二、また一四・二八、一六・七などの句をわずかに編集上の操作として挿入した。ペテロが三度イエスを知らぬと言いはった物語（そのうち少なくとも一四・五三、五四、六六—七二）も彼が挿入したのかもしれない。ペテロに対する批判的な態度、一つの物語を二分してその間に他の物語をはさむ手法などは福音書記者マルコの手を思わせる。また一六・一—八の空虚な墓の物語は元来受難物語と密接に結合しているわけではなく、その奇跡物語的動機、七節のガリラヤ動機、八節の「おそれ」の動機など、一—一三章と共通するものが多いから、この物語は受難物語に対する結論として福音書記者がつけ足したものと考えた方がよい[14]。

以上の我々の結論は、すでに様式史的研究が受難物語の伝承について確認していることと、とどのつまり一致するわけで、その意味ではごく当然な結論と言えよう。けれども、トロクメ仮説を手がかりとして得た我々のこの結論は、マルコ福音書の本質について重大な認識をもたらす。

第一に、マルコ福音書の構成に関して。M・ケーラーの有名な言葉、「福音書（複数）は長い序論をもった受難物語である」という判断は、他の福音書はともかく、マルコにはあてはまる、というのが近年しばしば採用される見解である。たとえばW・マルクスセンは、少なくとも記者の理念においては受難物語がはじめに存在し、そこからさかのぼることによって福音書が生れたのだという。しかしこれは逆である。マルコは受難物語という附録を持った生けるイエス・キリストの記録である。彼の頭の中にはじめに構成されたのは、生きかつ活動するイエスをえがくことであり、受難物語は名実共にそれに対する附加でしかない。従ってまた、マルコ福音書においては、受難は一つの主題には違いないが、中心的主題であるとは言えない、ということになる。

第二に、これに伴って、福音書記者のイエス受難についての見方が知られる。すでに出来上っている受難物語を一括して福音書の結尾に置いた、という事実が示しているように、彼にとっては、イエス受難の個々の面、それにまつわる数々の挿話が重要なのではなく、すなわち、受難を物語ることが重要なのではなく、受難の事実性（Daß）が重要なのである。彼にとってはイエスの受難の事実を語ればよかったのであり、どのようにして受難したのか、何がその際起ったのかを物語るのにさしたる興味は持たなかった。もっとも、このことを、たとえばR・ブルトマンなどが原始キリスト教の宣教説教一般について主張していること、つまり、イエスの出来事の事実性（Daß）のみが原始キリスト教の信仰と宣教説教にとって問題だったのであり、その出来事の内容（Was）は問題ではなかった、という主張と混同してはならない。これはこれなりに重要な問題であるが、我々がここでマルコ受難物語に関して言っていることはそれといささか趣きを異にする。マルコはイエスの出来事の内容に関心がなかったどころか、まさにその点を重要視したからこそ福音書を書いたのだ。マルコはイエスの歴史を書いている。そしてマルコのこの基本的な態度こそが、イエスの死に関してはその事実性を強調しても、物語の微細な構成要素は気にかけない、という態度を生み出す。

なぜなら、イエスの歴史を書くということはイエスの生に注目するということであって、その死は生の帰結としてのみ理解される。死ぬためにはその前に生きていねばならなかったから、死の序曲として生をえがく、というのではなく、かくの如く生きたイエスのそのとぎすまされた生の帰結として死も理解するのである。十字架の死からイエスの生を意義づける、というのではなく、イエスの生の全体義の中に受難と死も位置づけられる。この故にマルコは、その福音書の記述の中でイエスの活動をえがきつつもその活動の帰結としての死を暗示するのである（二・二〇、三・六、八・三一その他）。従って厳密に言えば、マルコはイエス受難の事実性のみ強調し、内容は強調していない、というのとはやや感じが異るかもしれない。マルコはイエス受難の内容をも問題にしている。しかしそれはイエスの生全体の中で受難の死がしめている本質的内容であって、これはイエスの生の歴史的把握の中に理解される。新聞記事的な事件の経過が問題なのではない。マルコにとって、イエスの受難は重要であったが、受難物語を物語ることは二の次の問題だった。だからマルコにおいて受難物語は一種の附録なのである。

それならば逆に、福音書記者は一三章までで筆をおいて、たとえ附論としてであれ、一四章以下を附け足す必要はなかったではないか、附け足したからにはその具体的内容の一々も重要視していたからだ、と反論されるかもしれない。しかしこの種の反論はいささか単純すぎて、編集史的研究の持っている方法論的な深みを知らない、と言わねばならぬ。福音書は決して均質な作品ではない。伝承と編集とが緊張関係に置かれているものである。特定の発光体から出る光を分析すると不連続不均質なスペクトルが見られるように、福音書の記述も濃いところと薄いところがある不均質な文なのである。福音書記者の目にとってすべての文が等価値なのではない。だから、編集史的研究にとって重要なのは、それが書かれているという事実よりも、それがいかに書かれているかという観察なのだ。受難物語が福音書の末尾に置かれている、という単なる事実よりも、どのような意味でつけ足されているのか、という点が問題なのだ。従って重要なのは、受難物語が有機的に福音書全体の構成に組込まれているのではなく、附録として置かれている、という点なのだ。

他方それでは一三章の共観黙示録もやはり附録ではないか、という批判もありえよう。同様に附録なら受難物語のみ特別扱いするわけにはいかないと。確かに、福音書以前にすでにまとまっていた資料を用いている、という点で一三章は受難物語と共通する。しかしそれでは、二章―一二章の論争物語、四章の譬話集なども同様であり、マルコは附録ばかりの集積、ということになってしまう。しかしそうではなく、受難物語と他の部分の資料の扱い方は大きく異るのである。第一に、共観黙示録も含めて受難物語以外の部分では、採用された資料が福音書全体の構成に有機的に組込まれている、という点で異る。（すなわち、一・一―一三の序曲の後に、一・一四―三・一二においてイエス活動の基本型が提示され、三・一三―八・二九において、このイエスに従う弟子たる者のあるべき姿を頭においた叙述が続き、八・三〇―一〇・五二においては、この「べき」が特に受難と結びつけられて、展開され、最後に一一・一―一三・三七は敵対者に対する勝利と終末の栄光を見通して終っているのである。トロクメ前掲書六七頁参照。）第二に、共観黙示録も含めて一―一三章では、資料を採用しつつもその資料に対して緻密な編集活動を行って（削除、附加、変更）、記者のイエス観を強く示そうとしている。この意味での編集活動は一四―一五章では稀薄である。

福音書記者マルコがイエス受難の事実性のみ強調して受難物語の各構成要素には無関心だったことの一つの理由は、受難の現在的意義である。彼にとっては、過去に起った出来事のイエス受難がそれだけで重要だったのではなく、自分達現在の人間がそれとどうかかわるのか、というところに関心があった。現在的意義の強調という点でパウロと共通する。しかしながらパウロのように十字架の救済論的意義が重要だったのではない。この点でパウロと異る。これは一〇・四五にもかかわらず強調しておかねばならない。イエス受難を万人の罪の贖いの死として把握することに受難の現在的意義が（少なくともその中心が）あったのではない。イエスに従う者達も、イエスと同様に受難を恐れずに福音の宣教をなすべきである、という意味で、現在のキリスト教徒のあるべき姿の型として重要なのである。これは、八・三一、九・三一、一〇・三三―三四、四五の置かれた前後関係を見れば非常にはっきりする。イエスの死について言及すると、マルコはすぐそれと並べて、「自分を捨て自分の十字架を負って我に従え」（八・三四）、「一番先になろうと思う者は一番後になり、皆に仕える者となれ」（九・三五）、「あなた方は私の飲む杯を飲み、私の受ける洗礼を受けることができるか」（一〇・三八）、「仕える者となり、万人の僕となれ」（一〇・四四）、などと読者によびかける。イエス受難を知る者は、自らも進んで受難者となり、仕える者となるべきである。イエスの示した姿勢を型として、それに従う者となれ、とマルコは言うのである。

第三に結論をまとめると、福音書という文学類型をマルコがはじめてつくり出した、という事柄の認識がここでも問題となる。もし我々の仮説が正しければ、マルコの著述の意図は、受難したイエスなる人物を紹介することではなく、或いは受難したメシヤについてのキリスト論を展開することでもなく、生きかつ活動していたイエスの姿を描き出すことにあった。それによって彼はまた、現在も自分達と共に生きかつ活動している（もしくは彼がそう信じている）生けるイエスの像をこの叙述の中に織りこんでいる。そこにまた彼が、この生前のイエスについての物語をそのまま現在の自分達のあり方を示す型として把握している意味がある。マルコ福音書の著者が、十字架の救済論のみを中心としたイエス観に対して、敢えて新しく福音書なる形式をとって自分のイエス観を公にした理由もここにある。(15)

註

1 J. Blinzler, *Der Prozess Jesu*, 3. Aufl., Regensburg, 1960; P. Winter, *On the Trial of Jesus*, Berlin, 1961; J. Jeremias, *Die Abendmahlsworte Jesu*, 3. Aufl., 1960.

2 *Die Geschichte der synoptischen Tradition*, S. 282ff.

3 V. Taylor, *The Gospel according to St. Mark* 該当個所及び巻末のこの問題についての附論参照。

4 G. Schille, Das Leiden des Herrn, die evangelische Passionstradition und ihr Sitz im Leben, *ZThK* 52, 1955, S. 161–205.

5 T. A. Burkill, *Mysterious Revelation, an Examination of the Philosophy of St. Mark's Gospel*, New York, 1963.
6 E. Best, *The Temptation and the Passion, the Markan Soteriology*, Cambridge, 1965.
7 A. Suhl, *Die Funktion der alttestamentlichen Zitate und Anspielungen im Markusevangelium*, Gütersloh, 1965.
8 E. Trocmé, *La Formation de l'Evangile selon Marc*, Paris, 1963.
9 たとえば E. Haenchen, *Der Weg Jesu, eine Erklärung des Markus-Evangeliums und der kanonischen Parallelen*, Berlin, 1966, S. 33, Anm. 8ではトロクメの著作を紹介しつつも、この仮説にしか言及していない。
10 以上の数字は、M. Zerwick, *Untersuchungen zum Markus-Stil*, Roma, 1937, S. 1ff. による。
11 W. G. Kümmel, *Die Einleitung in das Neue Testament*, S. 79 に代表的な諸説が紹介されている。
12 特にE・ローマイヤーの註解書該当個所参照。
13 この二つの句について、くわしくは、筆者の論文、「福音伝承に見られる時の理解の変遷」、日本聖書学研究所論集第一号『聖書と救済史』九七頁以下参照。
14 我々の仮説に対する一つの有力な反論として、八・三一（及び一〇・三三）の「長老、祭司長、律法学者」の言及があげられよう（この点について佐竹明氏より示唆を受けた）。この長老祭司長の仲間は受難物語及びこの二個所でイエスの死の責任者として登場してくる。ところが、マルコ自身の編集句では、イエスの死を計画した者は別の人々（たとえば「パリサイ人とヘロデ党」三・六）である。従って、八・三一と一〇・三三とは受難物語を反映しているのではないか、という反論である。もしそうだとすれば、福音書記者は一―一三章を書く場合に一四章以下を頭においていたことになり、やはりマルコは一三章までで完結していたのではなく、一四章以下も一三章までの叙述と有機的に結合していたことになる。
しかしこれに対してはまず、（三つの受難予告をくわしく検討することは後の機会にゆずるが）三つの受難予告の中で八・三一と一〇・三三とはマルコ以前の伝承を採用している可能性が強く、従ってその字句のすべてを福音書記者の思想の表現とは言えない、ということである。むしろ九・三一が福音書記者の手になると考えられよう。この句がガリラヤに設定されていること、この句は他の二つの要約の如き感じを与えることから、そう判断できる。そしてこの句では他の二個所で「祭司長、律法学者、長老」としているところを、単に「人々」と書いている。次に、「祭司長、律法学者、長老」という表現はイエス受難とは無関係な個所にも出てくる。一一・二七の論争物語ではイエスの論敵として登場する。一一・一八ではこの連中をイエスの死を計画した者とみなしているが、これは受難物語の反映というよりは、一一・二七の反映である（二七節は伝承、一八節は編集)。従ってこの動機が一三章以前に出てくる場合、マルコはそれを一四章以下の受難物語から知った、というのではなく、もっと一般的に、イエスの敵対者は「祭司長、律法学者、長老」であったと伝える言い伝えから知ったのである。それにそもそもこれはサンヘドリンの構成員をよぶ通称であったと考えられるから、この呼び方の出所は一四章以下の受難物語である、などと限定して考えるわけにはいかない。マルコは、この連中がイエスの死の責任者である、という点にだけ興味を持ったのではなく、もっと広く、彼等はもっとも強硬なイエスの敵対者であった、ということを指摘し、そしてこのサンヘドリンの貴族達こそ民衆と離れた者だ、と強調しているのである。

15　トロクメ仮説をとるにせよ、我々の修正仮説をとるにせよ、マルコ福音書の根本的思想方向の認識には大差ない。この点は前掲のトロクメ教授の書簡も確認している。

文献目録

本書で直接引用した現代の研究書に限った。辞書、一般的参考書などは省いた。邦訳のあるものは邦語文献の項目に入れた。邦語文献の『 』と欧語文献のイタリックは書名、そうでないものは論文名である。

ア行

小島 潤、新約聖書マルコ伝研究序説、東京女子大学『論集』一九五二年所載

種播きの譬とその解明、立教大学『キリスト教学』一九六四年、一一一―一三〇頁

カ行

神田盾夫、マルコ伝雑考、国際基督教大学『人文科学科紀要』第一号、一九六二年、一―一二頁

マルコ福音書への一考察――主に文学史の角度から――、国際基督教大学『人文科学科紀要』第二号、一九六三年、一―一七頁

クルマン、O、『キリストと時』(前田護郎訳) 岩波書店、一九五四年 (O. Cullmann, *Christus und die Zeit*, Zürich, 一九四六)

コンツェルマン、H、『時の中心――ルカ神学の研究』(田川建三訳) 新教出版社、一九六五年 (H. Conzelmann, *Die Mitte der Zeit*, 4. Aufl., 1962, Tübingen)

サ行

シュヴァイツァー、A、『イエス伝研究史』(遠藤彰、森田雄三郎訳) 白水社、シュヴァイツァー著作集第一七―一九巻、一九六〇年 (A. Schweitzer, *Geschichte der Leben-Jesu-Forschung*, 6. Aufl. 1951, Tübingen)

『イエス小伝』(岸田晩節訳) 白水社、シュヴァイツァー著作集第八巻、一九五七年 (*Messianitäts- und Leidensgeheimnis eine Skizze des Lebens Jesu*, 1901, Tübingen)

タ行

高柳伊三郎、『新約聖書概論』一九五二年、新教出版社

プロト・ルカ仮説について、『福音書研究――高柳伊三郎教授献呈論文集』一九六七年、創文社、七一―九二頁

田川建三、福音書記者の神学と奇跡物語、日本基督教学会年報『日本の神学』第一号、一九六二年、九―二二頁

福音伝承にみられる時の理解の変遷、日本聖書学研究所論集第一号『聖書と救済史』一九六二年、山本書店、七八—一〇九頁
マタイ福音書における民族と共同体、日本聖書学研究所論集第五号『聖書学の方法と課題』一九六七年、山本書店、一一六—一三二頁
マルコのキリスト論——それを問うことの意味、『キリスト論の研究——小田切信男博士献呈論文集』一九六八年、創文社、二五—五〇頁
土屋　博、マルコの終末観——第十三章の編集史的研究、日本宗教学会『宗教研究』一八八号、一九六六年、二一—五八頁
マルコ福音書における地理的表象——「ガリラヤ問題を中心として」——、日本オリエント学会『オリエント』第九号、一九六七年、一〇三—一一九頁
ディベリウス、M、『イエス』(神田盾夫訳) 新教出版社、一九五二年 (M. Dibelius, Jesus, Sammlung Göschen, Berlin, 一九三九)
ドッド、C・H、『使徒的宣教とその展開』(平井清訳) 新教出版社、一九六二年 (C. H. Dodd, *Apostolic Preaching and its Development*, London, 一九三六)

ハ　行

ブルトマン、R、『イエス』(八木誠一、川端純四郎訳) 未来社、一九六三年 (R. Bultmann, *Jesus*, Tübingen, 1926)
『新約聖書神学』(川端純四郎訳)、I—II巻 (III巻未発行)、新教出版社、一九六三—六六年 (*Die Theologie des Neuen Testaments*, 2. Aufl, 1954, Tübingen)

マ　行

前田護郎、『新約聖書概説』岩波全書、一九五六年
松村克己、『イエス』弘文社、一九四八年
松木治三郎、『ローマ人への手紙——翻訳と解釈』日本基督教団出版部、一九六六年

ヤ　行

八木誠一、『新約思想の成立』新教出版社、増補第二版一九六六年
山谷省吾、『新約聖書解題』新教出版社、改訂第二版一九五八年

『新約聖書神学』教文館，一九六六年

Albertz, M., *Die synoptischen Streitgespräche, ein Beitrag zur Formgeschichte des Urchristentums*, Berlin, 1921

Alt, A., Galiläische Probleme, *Kleine Schriften zur Geschichte des Volkes Israel*, Bd. II, München, 1953, S. 363–435,

……, Die Stätten des Wirkens Jesu in Galiläa, territorialgeschichtlich betrachtet, ebd., S. 436–455

Barrett, C. K., The Background of Mark 10, 45, *New Testament Essays in Memory of T. W. Manson*, Manchester, 1959

Bartsch, H. W., Zum Problem der Parusieverzögerung bei der Synoptikern, *EvTh* 19, 1959, S. 116–131

Bauernfeind, O., *Die Worte der Dämonen im Markusevangelium*, Stuttgart, 1927

Beasley-Murray, G. R., *Jesus and the Future, an examination of the eschatological Discourse, Mark 13, with special reference to the Little Apocalypse Theory*, London, 1954

Best, E., *The Temptation and the Passion, the Markan Soteriology*, Cambridge, 1965

Billerbeck, P. et Strack, H., *Kommentaur zum Neuen Testament aus Talmud und Midrasch*, 3. Aufl. 1922/61, München.

Bird, C. H., Some γάρ clauses in St. Mark's Gospel, *JThS*, NS 4, 1953, p. 171–187

Black, M., *An Aramaic Approach to the Gospels and Acts*, 2nd ed., Oxford, 1954

Blass, F. et Debrunner, A., *Grammatik des neutestamentlichen Griechisch*, 10. Aufl., Göttingen, 1959

Blinzler, J., Die litterarische Eigenart der sogenannten Reiseberichte im Lukasevangelium, *Synoptische Studien, Alfred Wikenhauser zum 70. Geburtstag dargebracht*, 1953, München, S. 20–52,

……, *Der Prozess Jesu*, 3. Aufl., 1960, Regensburg

Boobyer, G. H., The eucharistic interpretation of the miracles of loaves in St. Mark's Gospel, *JThS*, NS 3, 1952, p. 161–171,

……, The miracles of the loaves and the gentiles in St. Mark's Gospel, *ScJTh* 6, 1953, p. 77–87

……, The secrecy motif in St. Mark's Gospel, *NTS* 6, 1960/61, p. 225–235

……, The redaction of Mark IV, 1–34, *NTS* 8, 1961/62, p. 225–235

Bowman, J., *The Gospel of Mark, the New Christian Jewish Passover Haggadah*, Leiden, 1965

Brandon, S. G. F., *The Fall of Jerusalem and the Christian Church, a Study of the Effects of the Jewish Overthrow of A. D.*

70 on Christianity, London, 2nd ed. 1957
……, The date of the Marcan Gospel, *NTS* 7, 1960/61, p. 126–141
Branscomb, B. H., *The Gospel of Mark* (The Moffat New Testament Commentary), London, 1937
Bultmann, R., *Die Geschichte der synoptischen Tradition*, 3. Aufl., Göttingen, 1957, mit *Ergänzungsheft*, 2. Aufl., 1962
……, *Das Evangelium des Johannes*, 14. Aufl. 1956 (=10. Aufl. 1941), Göttingen,
……, Ursprung und Sinn der Typologie als hermeneutischer Methode, *ThLZ* 65, 1950, S. 205–212
……, Die Frage nach dem messianischen Bewusstsein Jesu und das Petrus-Bekenntnis, *ZNW* 19, 1919/20, S. 165-174
Burkill, T. A., The Cryptology of Parables in St. Mark's Gospel, *NovTest* 1, 1956, p. 246–262
……, Concerning Mk. 5, 7 and 5, 18-20, *StTh* 11, 1958, p. 159–166
……, The Hidden Son of Man in Mark, *ZNW* 52, 1961, p. 261-268,
……, *Mysterious Revelation, an Examination of the Philosophy of St. Mark's Gospel*, Ithaca (N. Y.), 1963
Cerfaux, L., *Recueil Lucien Cerfaux*, t. I et II, Gembloux, 1954
Citron, B., The Multitude in the synoptic Gospels, *ScJTh* 7, 1954, p. 408-418
Clavier, H., La multiplication des pains dans le ministère de Jésus, *Studia Evangelica* I (*TuU* 73), p. 441–457
Conzelmann, H., *Die Apostelgeschichte* (Handbuch zum Neuen Testmament 7), Tübingen, 1963
……, Gegenwart und Zukunft in der synoptischen Tradition, *ZThK* 74, 1957, S. 277–296
……, Geschichte und Eschaton nach Mc. 13, *ZNW* 50, 1959, S. 210–221
Cranfield, C. E. B., *The Gospel according to St. Mark*, Cambridge, 1959
Cullmann, O., *Die Christologie des Neuen Testaments*, 3. Aufl., 1963
……, Que signifie le sel dans la parabole de Jésus? Les évangélistes, premiers commentateurs du Logion, *RHPR* 37, 1957, p. 36–43
……, Parusieverzögerung und Urchristentum, *ThLZ* 83, 1958, Sp. Iff.
Dalman, G., *Les Itinéraires de Jésus*, Paris, 1930
Dodd, C. H., *The Parables of the Kingdom*, rev. ed. London, 1935

……, *New Testament Studies*, Manchester, 1953

Dibelius, M., *Die Formgeschichte des Evangeliums*, 3. Aufl., Tübingen, 1959

Doudna, J. C., *The Greek of the Gospel of Mark*, JBL Monograph Series XI, New Brunswick, 1961

Dupont-Sommer, A., *Les écrits esséniens découverts près de la Mer Morte*, 2e ed., Paris, 1960

……, Exorcismes et Guérisons dans les écrits de Qumrân, *Supplements to Vetus Testamentum* 7, 1959, p. 246-261

Ebeling, H. J., *Das Messiasgeheimnis und die Botschaft des Marcus-Evangelisten*, *Beiheft zur ZNW* 19, Berlin, 1939.

Evans, C. F., I will go before you into Galilee, *JThS*, NS 5, 1954, p. lff.

……, The Kerygma, *JThS*, NS 7, 1956 p. 25–41

Farrer, A., An Examination of Mark XIII, 10, *JThS*, NS 7, 1956, p. 75–79

Feuillet, A., *Introduction à la Bible* (sous la direction de A. Feuillet et A. Robert), t. II: Nouveau Testament, Tournai, 1959

Fiebig, P., *Jüdische Wundergeschichten des neutestamentlichen Zeitalters*, Tübingen, 1911

……, *Rabbinische Wundergeschichten des neutestamentlichen Zeitalters*, Tübingen,

Fridrichsen, A., *Le problème du miracle dans le christiansme primitif*, Strasbourg-Paris, 1925

Friedrich, G., Die beiden Erzählungen von der Speisung in Mark 6, 31–44; 8, 1–9, *ThZ* 20, 1964, S. 10–22

Goguel, M., *Introduction au Nouveau Testament*, t. I: Les évangiles synoptiques, Paris, 1923

……, *L'evangile de Marc et ses rapports avec ceux de Matthieu et de Luc*, Paris, 1909

……, Avec des persécutions, étude exégétique sur Marc 10, 29–30, *RHPR*, 1928, p. 264–277

Grässer, E., *Das Problem der Paruseieverzögerung*, *Beiheft zur ZNW* 22, Berlin, 1959

Grant, E. C., *The Gospels, their origin and their growth*, London, 1957

Grundmann, W., *Das Evangelium nach Markus*, (Theologischer Handkommentar zum N. T. 2), erweiterter Nachdruck, Berlin, 1962

Haenchen, E., *Der Weg Jesu, eine Erklärung des Markus-Evangeliums und der kanonischen Parallelen*, Berlin, 1966

Hahn, F., *Christologische Hoheitstitel, ihre Geschichte im frühen Christentum*, Göttingen, 1963.

……, *Das Verständnis der Mission im Neuen Testament*, Neukirchen, 1963

Hauck, F., *Das Evangelium des Markus* (Theologischer Handkommentar zum N. T.), Leipzig, 1931

Held, H. J., Matthäus als Interpret der Wundergeschichte, in Bornkamm-Barth-Held, *Ueberlieferung und Auslegung im Matthäusevangelium*, Neukirchen, 2. Aufl., 1962, S. 155–287

Hummel, R., *Die Auseinandersetzung zwischen Kirche und Judentum im Matthäusevangelium*, München, 1963

Jeremias, J., *Die Abendmahlsworte Jesu*, 3. Aufl, 1960, Göttingen,

……, *Jesu Verheissung für die Völker*, Stuttgart, 1956

……, *Die Gleichnisse Jesu*, 5. Aufl, Göttingen, 1958

Jersel, B. M. F. van, Die wunderbare Speisung und das Abendmahl in der synoptischen Tradition, *NovTest* 8, 1964, S. 167–194

Jülicher, A., *Die Gleichnisreden Jesu*, Darmstadt, 1963 (=1. Aful. 1910)

Karnetzki, J., Die galiläische Redaktion im Markusevangelium, *ZNW* 52, 1961, S. 238–272

Kilpatrick, G. D., *The Origins of the Gospel according to St. Matthew*, Oxford, 1946

Klostermann, E., *Das Markusevangelium* (Handbuch zum N. T. 3), Tübingen, 4. Aufl. 1950

Kuhn, K. G., Ueber den ursprünglichen Sinn des Abendmahls und sein Verhältnis zu den Gemeinschaftsmahlen der Sektenschrift, *EvTh*, 1951, S. 508–527

Kümmel, W. G., Das Gleichnis von den bösen Weingärtnern (Markus 12, 1–9), *Aux sources de la tradition chrétienne, Mélanges offerts à M. Goguel*, Neuchâtel, 1950, p. 120–131,

……, *Einleitung in das Neue Testament* (Feine-Behm-Kümmel), 12. Aufl. 1963, Heidelberg

……, *Verheissung und Erfüllung, Untersuchungen zur eschatologischen Verkündigung Jesu*, 3. Aufl., Zürich, 1956

Lagrange, M.-J., *Evangile selon saint Marc*, édition corrigée et augmentée, Paris, 1947

Leder, H.-G., Sündenfallerzählung und Versuchungsgeschichte, zur Interpretation von Mc. 1, 12f., *ZNW* 54, 1963, S. 188–216

Lightfoot, R. H., *The Gospel Message of St. Mark*, Oxford, 1950

……, A., Consideration of three Passages in St. Mark's Gospel, *In Memoriam E. Lohmeyer*, 1951, Suttgart, p. 110–115

Lohmeyer, E., *Galiläa und Jerusalem*, Göttingen, 1936

……, Das Evangelium des Markus (Kr. -ex. Kommentar), Göttingen, 1937, 10. Aufl. (=14. Aufl. 1957)
Loisy, A., *Les Evangiles synoptiques*, 2 vol., Ceffonds, 1907
……, *L'evangile selon Marc*, Paris, 1912
Luz, U., Das Geheimnismotiv und die markinische Christologie, *ZNW* 56, 1965, S. 9–30
Manson, T. W., *The Teaching of Jesus*, 2nd ed., 1935, Cambridge
Manson, W., The purpose of the parables, a re-examination of St. Mark IV, 10–12, *ExT* 68, 1957, p. 132–135
Marxsen, W., *Der Evangelist Markus, Studien zur Redaktionsgeschichte des Evangeliums*, 2. Aufl. 1959, Göttingen,
……, Redaktionsgeschichtliche Erklärung der sogenannten Parabeltheorie des Markus, *ZThK* 52, 1955, S. 255ff.
……, *Einleitung in das Neue Testament, eine Einführung in ihre Probleme*, Gütersloh, 1963
Maurer, Ch., Knecht Gottes und Sohn Gottes im Passionsbericht des Mk. -Evangeliums, *ZThK* 50, 1963, S. 1–38
McCasland, V., Signs and Wonders, *JBL* 76, 1957, p. 149ff.
Menoud, Ph. -H., Remarques sur les textes de l'Ascension dans Luc-Actes, *Neutestamentliche Studien für R. Bultmann, Beiheft zur ZNW* 21, 1954, S. 148–156
Meye, R. R., Mark 4, 10: Those about Him with the Twelve, *Studia Evangelice* II (TuU87), 1964, Berlin, p. 211–218
Michel, O., *Der Brief an die Römer* (Kr. -ex. Kommentar über das Neue Teslament), 11. Aufl. 1957, Göttingen
Milik, J. T., Prière de Nabonide et autres écrits d'un cycle de Daniel, Fragments araméens de Qumrân 4, *RB* 63, 1966, p. 407–415
Mosley, A. W., Jesus audiences in the Gospels of St. Mark and St. Luke, *NTS* 10, 1963/64, p. 139–149
Nineham, D. E., The Order of Events in St. Mark's Gospel— an Examination of Dr. Dodd's Hypothesis, *Studies in the Gospels, Essays in Memory of R. H. Lightfoot*, Oxford, 1953
Percy, E., *Die Botschaft Jesu*, Lund, 1953
Peterson, E., *Εἷς Θεός, epigraphische, formgeschichtliche und religionsgeschtichtliche Untersuchungen*, Göttingen, 1926
Ploege, J. Van der, The Meals of the Essens, *Journal of Semitic Studies*, 2, 1957, p. 167–175
Rawlinson, A. E. J., *The Gospel according to St. Mark*, London, 1925

Riesenfeld, H., Tradition und Redaktion im Markusevangelium, *Neutestamentliche Studien für R. Bultmann, Beiheft zur ZNW* 21, Berlin, 1954, S. 157–164
Robinson, J. A. T., The most primitive Christology of all?, *JThS*, NS 7, 1956, p. 177–189
Robinson, J. M., *The problem of history in Mark*, Lonbon, 1957
Schille, G. Bemerkungen zur Formgeschichte des Evangeliums, I und II, *NTS* 4, 1957/58, S. 1–24, 101–114
……, Das Leiden des Herrn, die evangelische Passionstradition und ihr Sitz im Leben, *ZThK* 52, 1955, S. 161–205
Schmauch, W., In der Wüste, Beobachtungen zur Raumbeziehnng des Glaubens im N. T., *In Memoriam E. Lohmeyer*, Stuttgart, 1951, S. 202-223
Schmidt, K. L., *Der Rahmen der Geschichte Jesu, litterarische Untersuchungen zur ältesten Jesusüberlieferung*, Darmstadt, 1964 (=1. Aufl. 1919, Berlin)
Schnackenburg, G., Mk. 9, 33–50, *Synoptische Studien, A. Wikenhauser zum 70. Geburtstag dargebracht*, München, 1953, S. 184–206
Schniewind, J., *Das Evangelium nach Markus* (Das Neue Testament Deutsch), 8. Aufl. Göttingen, 1958
Schreiber, J., Die Christologie des Markusevangeliums, Beobachtungen zur Theologie und Komposition des zweiten Evangeliums, *ZThK* 58, 1961, S. 154–183
Schürer, E., *Geschichte des jüdischen Volkes im Zeitalter Jesu Christi*, Leipzig, 1909
Schulz, S., Markus und das Alte Testament, *ZThK* 58, 1961, S. 184–197
……, Markus und das Urchristentum, *Studia Evangelica* II (TuU 87), 1963, Berlin, S. 135–145
Schwartz, E., Der verfluchte Feigenbaum, *ZNW* 5, 1904, S. 80–84
Schweizer, E., Zu den Reden der Apostelgeschichte, *ThZ* 13, 1957, S. lff.
……, Anmerkungen zur Theologie des Markus, *Neotestamentica et Patristica, Freudensausgabe O. Cullmann*, Leiden, 1962, S. 35–46
……, Die theologische Leistung des Markus, *EvTh* 24, 1964, S. 337–354
……, Das Evangelium nach Markus, (Das Neue Testament Deutsch), 11. Aufl. 1967, Göttingen

Siegmann, E. F., Teaching in Parables (Mc. 4, 10–12 parr.), *CathBQ* 23, 1961, p. 161–181
Sjöberg, E., *Der verborgene Menschensohn in den Evangelien*, Lund, 1955
Stauffer, E., Zur apokalyptischen Festmahl in Mk. 6, 34 ff., *ZNW* 46, 1955, S. 264–266
Strecker, G., *Der Weg der Gerechtigkeit, Untersuchungen zur Theologie des Matthäus*, Göttingen, 1962
Streeter, B. H., *The four Gospels, a Study of Origins*, London, 10th ed., 1961 (=4th ed. 1930)
Suhl, A., *Die Funktion der alttestamentlichen Zitate und Anspielungen im Markusevangelium*, Gütersloh, 1965
Tagawa, K., *Miracles et Evangile, la pensée personnelle de l'évangéliste Marc*, Paris, 1966
Taylor, V., *The Gospel according to St. Mark*, London, 1957 (=1st ed., 1952)
Thrall, H. E., *Greek Particles in the New Testament*, Grand Rapids (Michigan), 1962
Tödt, H. E., *Der Menschensohn in der synoptischen Ueberlieferung*, Gütersloh, 2. Aufl. 1963
Trilling, W., *Das wahre Israel, Studien zur Theologie des Matthäusevangeliums*, 3. Aufl. München, 1964
Trocmé, E., *Le“ Livre des Actes” et l'histoire*, Paris, 1957
……, “Avec Jesus” et “en Christ”, les évangiles comme miroir de la différentiation croissante entre deux thèmes religieux primitivement confondus, *RHPR* 42, 1962, p. 225–236
……, *La Formation de l'Evangile selon Marc*, Paris, 1963
……, Marc 9, 1: prédiction ou réprimande ?, *Studia Evangelica* II, (TuU 87), Berlin, 1964, p. 259–265,
……, Pour un Jésus Publique, *Oikonomia, Festschrift für O. Cullmann*, 1967, Hamburg, p. 42–50
Turner, C. H., Marcan Usage, Notes critical and exegetical on the Second Gospel, *JThS* 25, 1924, p. 377–386
Turner, N., The minor agreements of Matthew and Luke against Mark, *Studia Evangelica* I (TuU 73), 1959, p. 223–234
Tyson, J. B., The Blindness of the Disciples in Mark, *JBL* 80, 1961, p. 261–268
Viehlhauer, *Aufsätze zum Neuen Testament*, München, 1965
Vogtle, A., Der Spruch von Jonas Zeichen, *Synoptische Studien, A. Wikenhauser zum 70. Geburtstag dargebracht*, München, 1953, S. 230–252
Walter, N., Zur Analyse von Mc. 10, 17–31, *ZNW* 53, 1962, S. 206–218

Wellhausen, A., *Das Evangelium Marci*, Berlin, 1905

Wikenhauser, A., *Einleitung in das Neue Testament*, 3. Aufl., Basel, 1959

Wilckens, U., Kerygma und Evangelium bei Lukas, *ZNW* 49, 1958, S. 223 ff.

……, *Die Missionsreden der Apostelgeschichte*, Neukirchen, 1961

Wilhelm, E., Der fremde Exorzist, eine Studie über Mark 9, 38 ff., *StTh* 3, 1951, S. 162-171

Wrede, W., *Das Messiasgeheimnis in den Evangelien, zugleich ein Beitrag zum Verständnis des Markusevangeliums*, 3. Aufl., 1963, Göttingen (=2. Aufl., 1913)

Zerwick, M., *Untersuchungen zum Markusstil*, Roma, 1937

Ziener, W., Die Brotwunder im Markusevangelium, *BZ* NF 4, 1960, S. 282–285

Zimmerli, W., Die Frage des Reichen nach dem ewigen Leben, *EvTh* 19, 1959, S. 90–97

略 語 表

BZ ……Biblische Zeitschrift
CathBQ ……Catholic Biblical Quarterly
EvTh ……Evangelische Theologie
ExT ……Expository Times
HarvThRev ……Harvard Theological Review
JBL ……Journal of Biblical Literature
JThS ……Journal of Theological Studies
NovTest ……Novum Testamentum
NTS ……New Testament Studies
RechSR ……Recherches de Science Religieuse
RHPR ……Revue d'Histoire et de Philosophie Religieuses
ScJTh ……Scottish Journal of Theology
StTh ……Studia Theologica
ThLZ ……Theologische Liteiaturzeitung
ThWzNT ……Theologisches Wörterbuch zum Neuen Testament
ThZ ……Theologische Zeitschrift (Basel)
TuU ……Texte und Untersuchungen zur Geschichte der altchristlichen Literatur
ZNW ……Zeitschrift für die neutestamentliche Wissenschaft
ZRGG ……Zeitschrift für Religions-und Geistesgeschichte
ZThK ……Zeitschrift für Theologie und Kirche

著者略歴

1935年　東京に生まれる
専　攻　新約聖書学
連絡先　〒377-1411　群馬県吾妻郡長野原町応桑郵便局私書箱3
著　書『歴史的類比の思想』(1976年、勁草書房)
『イエスという男』増補改訂第2版(2004年、作品社)
『書物としての新約聖書』(1997年、勁草書房)
『新約聖書・訳と註』全7巻のうち1-5巻(2007〜、作品社)
『キリスト教思想への招待』(2004年、勁草書房)
ほか
訳　書『ウィリアム・ティンダル』(2001年、勁草書房)、ほか
ホームページ　http://www6.ocn.ne.jp/~tagawakn

原始キリスト教史の一断面　福音書文学の成立

1968年8月5日　第1版第1刷発行
2006年9月5日　新装版第1刷発行
2013年6月10日　新装版第2刷発行

著者　田《た》川《がわ》建《けん》三《ぞう》

発行者　井村寿人

発行所　株式会社　勁《けい》草《そう》書房

112-0005　東京都文京区水道2-1-1　振替　00150-2-175253
(編集)電話03-3815-5277／FAX 03-3814-6968
(営業)電話03-3814-6861／FAX 03-3814-6854
総印・青木製本所

ISBN978-4-326-10164-1　Printed in Japan

マルコ福音書引用個所索引

「マルコ福音書」章・節	本書頁
1・1—13	*178, 351*
1	*300, 313, 337, 343*
2—3	*345*
3—4	*126*
3	*140*
4—5	*63*
4	*140, 315*
9—11	*70*
9	*37, 40, 76, 106*
11	*63, 191*
12—13	*19, 70, 250*
12	*126, 140*
14—3, 12	*351*
14—15	*313*
14	*38, 40, 106, 313, 315*
15	*175, 180, 310, 315, 343*
16—20	*29, 69, 132, 235*
16	*38, 40, 106, 310*
18	*316*
21—45	*79, 179*
21—34	*71*
21—28	*76, 262, 270, 271*
21—22	*262, 270, 275, 276*
21	*105, 272, 273*
22	*270, 271, 273, 281, 283, 285, 292*
23—28	*262, 270*
23	*262*
24	*76, 186, 337*
25	*187, 331, 332*
27	*181, 262, 270, 271, 274, 283, 285, 292, 306*

「マルコ福音書」章・節	本書頁
28	*38, 40, 270*
29—31	*29, 77, 235*
32—39	*123, 260*以下
32—34	*14, 180, 260*
34	*186, 331, 332*
35—39	*78, 132, 140, 203, 260*
35	*126, 127, 140*
36	*29*
38	*14, 315*
39	*38, 40, 77, 80, 126, 127, 140, 315*
40—45	*71, 78*
43	*330*
44—45	*329, 330*
45	*78, 80, 123, 126, 127, 132, 140, 315, 330*
2・1—3・6	*63, 79, 179, 237*
2章	*351*
1—12	*71, 79, 127, 179, 181*
1—2	*13, 158*
1	*78, 79, 80, 112*
2	*158*
4	*121, 124, 128*
5—10	*79*
5	*204, 314*
8	*79*
10	*199*
11	*158, 191*
12	*283, 285, 286, 287, 306*
13	*79, 121*
14	*316*
15	*310, 316*

16	*79, 237*
18	*79, 237*
19—20	*343*
20	*175, 350*
23	*237*
24	*79*
27	*10*
28	*199*
3・6	*13, 128, 175, 181, 185, 277, 343, 350, 353*
3・7—8・26	*181*
3・7—6・13	*195*
7—12	*14, 38, 61, 71, 79, 107, 179*
7—8	*80—82*
7	*38, 40, 41, 61, 180, 237, 242, 316*
8	*41, 43, 61, 94*
9	*61, 108, 121, 128*
10—12	*60*
11	*186, 191, 192, 332, 337*
12	*185, 187, 331, 332, 342*
13—8・29	*351*
13—19	*122, 179, 234*
13	*185*
14	*234, 315*
15以下	*237*
19—20	*13*
20—35	*46, 63, 128, 179*
20—30	*236*
20—21	*77, 121, 122*
20	*82, 112, 121, 158*
22—30	*19, 281*
22	*41, 43, 132*
31—35	*122*
31	*121, 122*
32	*121, 122*
33—35	*256*
34—35	*138, 139*
34	*15, 122, 221*
4章	*69, 176, 177, 219, 222, 351*
4・1—34	*179, 181*
1—20	*219*
1—9	*214, 216, 219*
1—2	*61, 128, 129, 132, 220, 221, 223*
1	*13, 14, 79, 82, 108, 121, 130*
2	*194*
7—12	*261*
7—8	*108*
10—13	*203, 204, 214—223*
10—12	*141, 246, 247, 248, 249, 275*
10	*234, 247, 333*
11	*175*
12—13	*165, 247, 248*
12	*245*
13	*248, 275*
14—20	*152, 216, 218, 219, 248*
21	*31, 220*
24	*220*
26	*175*
30	*175*
33—34	*220, 221, 248*
33	*223, 247, 259*
34	*216, 223, 237*
35—5・43	*179, 195*
35—41	*71, 204, 205, 284*
36	*220*
38	*258*
39	*187, 331, 332, 337*
40—41	*239*
40	*204, 284, 314*
41	*283, 284, 285, 286*
42	*286*
5・1—43	*71*

1—20 82—84, 91, 107, 181
7 186, 191, 192, 337
9 31
14 263
15 31
16 337
17 337
18—20 256, 329, 330, 337
20 283, 285, 286, 315
21以下 107
21—24 329
21 121
24 121, 316
25—34 107, 124, 127, 162
27 121, 128
30—33 121
30 263
31 124, 204, 230, 237, 239
34 158, 204, 314
35—43 329
35 273
36 314
37 29, 235
40 328
41 328
42 283, 285, 310
43 329
6・1—6 16, 63, 76, 84—86, 236, 276, 293
1 237, 316
2 263, 284, 285, 286, 293, 302
4 236, 293
5—6 177
5 263, 283
6—13 261
7—12 154
7 234
12—13 261
14—56 71
14—29 28, 71
14—16 185, 278
14 112, 263, 276
21 40
27 31
30—44 86—88, 90, 111, 124—126, 144, 150, 152, 153, 154, 179, 203, 204, 205, 223—233, 277, 304
30—33 139
30—34 158, 224, 261
31—8・26 195, 197
31 127, 140, 216, 310
32 140, 216
34 121, 132, 153, 158, 194, 261
35—37 239
35 126, 140, 237
41—42 343
41 237
45—8・26 90, 91, 93
45 86, 88, 237
46 140
47—52 88, 162, 205, 237, 239, 337
50 306
51 302, 303
52 13, 205, 224, 230, 302, 303
53—7・23 91
53—56 14, 261
53 86, 87, 88
7章 219
1—23 63, 159, 160, 179, 237以下
1—15 206
1 41, 43
2 237

3 146
4 31
5 237
6—7 247
6 118, 119
7 258
14—15 219
14 121, 129
15 205, 206
17—23 205—206, 219, 222
17 158, 211, 237, 238
18 238
24—37 71
24—31 91, 93, 107, 179, 144, 150, 152, 155—160
24 81, 94, 157, 158
26 93, 159
27 155, 156, 157, 159, 166
28—29 204
28 166
31 38, 40, 73, 81, 91, 94
32—37 91, 95, 107, 125, 151, 329
33—34 328
33 216
36—37 14, 330
36 329, 330
37 283, 285, 286, 329
8—10章 344
8・1—10 71, 86, 88, 89, 90, 144, 150, 151, 152, 165, 179, 203, 206, 223—233, 266, 277
1 121, 151, 237
2 121
3—4 239
4 126, 140, 237
5 109
6 121, 237
7—8 343
10 86, 87, 89, 90, 105, 237
10—13 91, 264 277
11—21 277
11—13 63, 89, 90, 179, 264—267, 277
14—21 90, 179, 206, 239, 265—267
15 185, 277
18 220
19 230
19—21 153, 224
21 138
22—26 71, 90, 96, 329
22 86, 89, 90, 273
23 328
26 329
27—10・52 197
27—10・31 181
27—33 97
27—30 81, 91, 96, 171, 174, 184, 188, 197, 200, 204
27 95—97, 237
29—30 333
29 29, 237
30—10・52 351
30 186, 187, 333
31—10・45 181
31—33 171, 185, 242
31 42, 74, 136, 176, 244, 343, 350, 352, 353
32—33 206, 208, 239, 241, 298
32 187
33 29, 237, 276, 333
34—9・1 256
34—38 206, 244
34—35 129
34 121, 129, 141, 175, 237, 244, 316, 352

35　*313, 317, 343*
38　*343*
9・1—13　*307*
1—9　*235*
1　*175*
2—8　*71, 162*
2　*29, 216, 235*
5　*29, 235*
6　*283, 284, 285, 286, 310*
7　*63, 191*
9—10　*343*
9　*329, 333, 335*
10—13　*204*
10　*207, 241*
11—13　*207*
12—13　*241*
13　*295*
14—29　*71, 107, 176, 181, 207—208, 307*
14—15　*207, 307*
14　*121, 213, 237, 308*
15　*121, 206, 291, 294*以下
16以下　*307*
17　*258*
18—19　*239*
18　*207, 237*
19　*276*
21　*187*
23—24　*314*
24　*204*
25　*121, 187, 207, 307*
27—29　*207, 222*
28　*158, 216, 237*
30—32　*97—179*
30　*38, 40, 97, 99*
31—32　*242*
31　*42, 176, 237, 242, 243, 352, 353*
32　*208, 239, 298*
33—37　*100, 179, 208, 213, 234, 241*
33　*97, 112, 114, 208, 275*
34　*208*
35　*208, 242, 352*
36　*208*
37　*208*
38—42　*208—289*
38—40　*107, 256*
38—39　*209*
38　*208, 258, 316*
39—50　*69, 209*
39　*263*
40—41　*209*
41　*209, 242, 256*
42　*210, 242, 243, 315*
43—48　*242*
47　*175*
49　*242*
50　*242*
10章　*245, 294, 307*
10・1　*14, 73, 81, 96, 97, 100, 101, 115, 121, 129, 174, 176, 261*
2—31　*101*
10　*211, 237*
11　*176*
13—16　*211*
13　*237*
14　*175*
15　*175*
17—31　*176, 186, 294*
17—24　*243*
17—23　*244*
17—20　*258*
17　*176, 186*
21　*316*
23以下　*175, 222*
23—27　*211, 243, 244*

24—26	*293—294*
24	*211, 237, 292, 294, 302*
25	*211, 243*
26	*211, 292, 294, 302*
27	*211*
28—31	*243, 244*
28	*244, 316*
29—30	*245*
29	*313, 343*
32—34	*75, 97, 98, 100, 114, 179, 242*
32	*42, 43, 97, 102, 234, 291, 296—299, 316*
33—34	*343, 352*
33	*42, 43, 147, 353*
35—45	*179, 213, 298*
35	*208*
38	*352*
42	*147*
44	*352*
45	*208, 241, 310, 351*
46—52	*71, 102, 176, 262*
46	*97, 102, 121, 237*
50	*28*
51—52	*256*
52	*158, 204, 314, 316*
11章以下	*43*
11—13章	*341, 344*
1—11	*74, 134, 177, 179*
1	*42, 97, 102, 237*
9	*316*
11	*42, 98, 234*
12—14	*71, 102, 176, 177*
12	*102*
14	*237*
15—18	*102, 293*
15	*42*
17	*43, 148, 161*
18	*63, 121, 135, 136, 142, 292, 345, 353*
20—21	*71, 102, 176*
21以下	*315*
21	*29*
22—25	*69, 181*
22—23	*176*
27—12・44	*177*
27	*42, 164, 353*
31	*314*
32	*118, 135, 136, 142, 345*
12章	*351*
12・1—12	*143*
1—11	*13*
1—9	*164*
1	*175*
12	*13, 63, 119, 135, 136, 142, 164, 345*
13—17	*292*
13	*277*
14	*31, 176, 258*
17	*283, 285, 286, 292*
19	*258*
21	*92*
27	*14*
29	*145*
32	*258*
34	*175*
35—40	*186*
35	*176*
37—38	*129, 175*
37	*63, 64, 121, 135*
41—44	*179*
42	*31*
46	*123*
49	*123, 176*
13章	*69, 177, 232, 269, 270, 278, 279, 280, 341, 351*
13・1—37	*179*
1—3	*179*

1—2	*102, 213, 343*
1	*237, 258*
2	*33, 43*
3以下	*222, 235*
3	*29, 216, 235*
4	*235, 264, 270*
5—23	*267*
5	*268*
6—8	*268*
8	*148, 268*
9—13	*268*
9—11	*161*
10	*148, 162, 163, 166, 280, 313, 315*
13	*82, 268*
14—23	*268*
14	*33, 278*
20	*268*
21	*314*
22	*264, 268*
23	*268*
24—27	*268*
24	*267, 268, 280*
26—27	*343*
26	*42*
27	*268*
28—29	*269—270*
29	*279*
30	*276, 279*
32	*191, 269*
33以下	*280*
33	*269*
35	*269*
14—16章	*71, 177, 178, 190, 338—354*
14・1以下	*346*
1—2	*136, 142, 345, 347, 348*
2	*63, 118, 119, 136, 142, 345*
9	*163, 313, 342, 343*
12—25	*43, 343*
13	*316*
21	*190, 345*
22—25	*232*
24	*190*
25	*175*
27	*345*
28	*36, 39, 40, 45, 47, 64, 347, 348*
30以下	*29*
32—42	*140*
37以下	*29*
43	*133*
48	*134*
49	*190, 345*
51	*43*
53	*348*
54	*316, 348*
57—59	*343*
58	*213*
61以下	*337, 342*
61	*190, 191*
62	*45*
65	*34*
66—72	*29, 348*
15章	*345*
15・2以下	*337, 342*
2	*146*
4—5	*190*
8—15	*133*
8	*134*
9	*146*
11以下	*345*
12	*146*
15	*34*
16	*31*
18	*146*
26	*146*

29	*213, 343*
32	*146*
33—34	*346*
39	*31, 191, 192, 342*
40—41	*39*
41	*40, 43, 62, 316*
42	*343*
44以下	*31*
47	*61, 62*
16・1—8	*62, 105, 300, 348*
1	*61, 62*
2	*343*
7	*36, 40, 44, 45, 47, 64, 314, 346, 347, 348*
8	*60, 291, 299*以下, *308, 310, 346, 348*
9以下	*60*